LE SCANDALE DES COMMANDITES
LE DÉSHONNEUR DES LIBÉRAUX
de Gilles Toupin
est le huit cent quinzième ouvrage
publié chez VLB éditeur
et le trente-huitième de la collection
« Partis pris actuels »
dirigée par Pierre Graveline.

D0887987

VLB éditeur bénéficie du soutien de la Société de développement des entreprises cultu-relles du Québec (SODEC) pour son programme d'édition.

Gouvernement du Québec – Programme de crédit d'impôt pour l'édition de livres – Gestion SODEC.

Nous reconnaissons l'aide financière du gouvernement du Canada par l'entremise du Pro-gramme d'aide au développement de l'industrie de l'édition (PADIÉ) pour nos activités d'édition.

Nous remercions le Conseil des Arts du Canada de l'aide accordée à notre programme de publication.

LE SCANDALE DES COMMANDITES
LE DÉSHONNEUR DES LIBÉRAUX

Gilles Toupin

LE SCANDALE DES COMMANDITES

Le déshonneur des libéraux

vlb éditeur

VLB ÉDITEUR
Une division du groupe Ville-Marie Littérature
1010, rue de La Gauchetière Est
Montréal (Québec) H2L 2N5
Tél.: (514) 523-1182
Téléc.: (514) 282-7530
Courriel: vml@sogides.com

Maquette de la couverture: François Daxhelet

Données de catalogage avant publication de Bibliothèque et Archives Canada

Toupin, Gilles, 1950-
    Le déshonneur des libéraux
    (Collection Partis pris actuels)
    En tête du titre: Le scandale des commandites.
    Comprend des réf. bibliogr.
    ISBN 2-89005-931-6
    1. Commandites, Scandale des, Canada, 1997- . 2. Corruption (Politique) – Canada.
3. Parti libéral du Canada. 4. Canada – Politique et gouvernement – 1993- . I. Titre.
II. Collection.

JL86.P8T68   2006   352.7'48'0971   C2005-942330-7

DISTRIBUTEURS EXCLUSIFS:

- Pour le Québec, le Canada
  et les États-Unis:
  LES MESSAGERIES ADP*
  955, rue Amherst
  Montréal (Québec) H2L 3K4
  Tél.: (514) 523-1182
  Téléc.: (450) 674-6237
  *Filiale de Sogides ltée

- Pour la Belgique et la France:
  Librairie du Québec / DNM
  30, rue Gay-Lussac
  75005 Paris
  Tél.: 01 43 54 49 02
  Téléc.: 01 43 54 39 15
  Courriel: direction@librairieduquebec.fr
  Site Internet: www.librairieduquebec.fr

- Pour la Suisse:
  TRANSAT S.A.
  C.P. 3625
  1211 Genève 3
  Tél.: 022 342 77 40
  Téléc.: 022 343 46 46
  Courriel: transat-diff@slatkine.com

Pour en savoir davantage sur nos publications,
visitez notre site: www.edvlb.com
Autres sites à visiter: www.edhomme.com • www.edtypo.com
• www.edjour.com • www.edhexagone.com • www.edutilis.com

Dépôt légal: 1er trimestre 2006
Bibliothèque nationale du Québec
Bibliothèque nationale du Canada

Liste des sigles

BCP	Bureau du Conseil privé
BDC	Banque de développement du Canada
BIC	Bureau d'information du Canada
CPM	Cabinet du premier ministre
DGSCC	Direction générale des services de coordination des communications au ministère des Travaux publics
GRC	Gendarmerie royale du Canada
LCM	Lafleur Communication Marketing
NPD	Nouveau Parti démocratique
PLC	Parti libéral du Canada
PLCQ	Parti libéral du Canada section Québec
PPC	Parti progressiste conservateur
SPROP	Secteur de la publicité et de la recherche sur l'opinion publique
SVPM	Société du Vieux-Port de Montréal
TPSGC	Ministère des Travaux publics et des Services gouvernementaux du Canada

Du scandale du chemin de fer
à celui des commandites

> Si l'État est au service d'une classe ou
> d'un groupe, il n'y a plus de démocratie
> et cet État doit être combattu.
> ALBERT JACQUARD

Des enveloppes bourrées d'« argent sale », des paiements faramineux à des agences de communication proches du pouvoir pour un travail souvent mince ou fictif, des fonds détournés de manière à contourner les lois électorales, des sociétés d'État mises à contribution dans des transferts illicites d'argent… Voilà le genre de révélations qui sème la stupéfaction chez les Québécois et les Canadiens pendant les audiences publiques de la Commission d'enquête sur le programme de commandites et les activités de publicité qui se tiennent de septembre 2004 à juin 2005. L'un après l'autre, les témoins et les acteurs de ce feuilleton expliquent jour après jour devant les caméras et devant un juge de la Cour supérieure, lui-même souvent estomaqué, comment des sommes tirées d'un fonds de plus de 330 millions de dollars du Trésor public aboutissent dans des comptes de banque privés et servent à financer illégalement des activités électorales du Parti libéral du Canada (PLC).

Le scandale des commandites n'est pas, comme tentent de le faire croire pendant un certain temps de hauts responsables au PLC, l'affaire d'une petite bande qui œuvre « en marge » de cette formation politique, considérée par bien des politologues et analystes comme le parti « naturel » de gouvernement au Canada. Ce scandale n'est pas non plus un fait divers. Il éclate dans la foulée

d'une véritable machination, née dans la panique qui s'est emparée du gouvernement libéral de Jean Chrétien après le référendum
de 1995 sur la souveraineté du Québec. Tout est fait dans la préci-
pitation et l'improvisation. Le programme de commandites est
conçu par des hommes politiques qui croient qu'il suffit de brandir
le drapeau unifolié au nez des Québécois pour faire vibrer leur fibre
nationaliste canadienne. Du moins, ceux qui sont en mesure de
prendre les décisions aux lendemains de la quasi-défaite du camp
fédéraliste décident que c'est là la manière de reconquérir le Québec pour qu'il ne songe plus à quitter le giron du Canada. On trouve même des manières de rationaliser la perversion du système :
dans une situation de quasi-état de siège et d'urgence nationale,
qui a le temps de respecter les procédures mises en place par le
Conseil du Trésor ? « Nous étions en guerre », dira Charles Guité,
le responsable du programme de commandites au Ministère des
Travaux publics et des Services gouvernementaux du Canada
(TPSGC). Autrement dit, tous les coups sont permis, même la tri-
cherie, même celui de mettre en veilleuse l'État de droit.

Tous ne sont cependant pas d'accord, au sein du gouvernement
Chrétien, avec cette approche grossière ; mais ceux-là sont mis à
l'écart. L'ancien ministre des Affaires intergouvernementales
Stéphane Dion résume fort bien le point de vue de ceux qui ne
croient guère en cette sratégie. Il déclare aux journalistes après son
témoignage devant la commission Gomery, le 26 janvier 2005, qu'il
aurait été « très surpris », à l'époque, qu'on lui dise que le programme de commandites était au centre d'un dispositif d'unité nationale. « Je n'ai jamais tellement été adepte d'une conception pav-
lovienne de la politique », précise-t-il ce jour-là.

Ce scandale donc, qui défraye les manchettes dès 2002 grâce
en partie à la vigilance de la presse, est aujourd'hui considéré à
juste titre comme le Watergate canadien. Lorsqu'en février 2004 la
vérificatrice générale du Canada, Sheila Fraser, rend public son
Rapport sur les commandites et les activités de publicité du gouvernement fédéral, les Canadiens sont d'abord confrontés à ce qui
a l'apparence d'une série de manquements administratifs graves :
contrats alloués sans appel d'offres, fausses factures, commissions
faramineuses… Toutes les règles de la loi sur les finances publiques
sont violées. Les Canadiens découvrent, grâce à Sheila Fraser, que
certains ont en effet trouvé le moyen d'abuser des deniers publics
et de siphonner des millions de dollars des coffres du gouverne-

ment. Ces individus passent en un tournemain d'une honnête ai-
sance à la prospérité et à la vie de château. Plus tard, au fur et à mesure des travaux de la commission Gomery, on apprend que la corruption atteint le PLC même, que des sommes d'argent, issues des
commandites fédérales, sont discrètement acheminées au parti,
quand elles ne servent pas tout simplement à payer les salaires des
« bénévoles » lors des campagnes électorales, et cela en contravention directe de la loi.

Lorsque, à la suite du cambriolage de juin 1972 dans les locaux
du Parti démocrate, les révélations à propos du Watergate éclatent
aux États-Unis, les Américains sont quotidiennement confrontés à
des histoires de corruption pendant presque deux années complètes.
Le scandale des commandites – en particulier avec l'engouement
général pour les travaux de la commission Gomery – est aussi servi
goutte à goutte aux Canadiens et aux Québécois qui découvrent à
leur tour, avec stupeur, des histoires sordides de gaspillage de fonds
publics et des responsables politiques qui refusent systématiquement de rendre des comptes et de reconnaître leurs torts. Aujour-
d'hui, nous découvrons que ceux qui tirent les ficelles dans l'affaire
des commandites considèrent l'État qu'ils ont le privilège de diriger
comme leur propriété privée. Le PLC, au premier chef, a déjà acquis
la réputation d'un parti dont les dirigeants sont prêts à dire n'importe quoi pour se faire élire, comme en fait foi l'épisode de la promesse jamais tenue de Jean Chrétien d'abolir la taxe sur les produits
et services (TPS) en 1993. Avec le scandale des commandites, le
PLC démontre que certains de ses membres sont prêts également à
faire n'importe quoi pour arriver à leurs fins, c'est-à-dire pour trouver l'argent qui leur garantit de bonnes élections. Après le dévoile-
ment du scandale, les libéraux – il est vrai qu'ils n'ont guère le choix
s'ils veulent survivre politiquement – se drapent dans des principes
de justice, affirmant qu'ils ont tout mis en œuvre pour connaître la
vérité, affirmant que l'affaire des commandites n'est que le lot d'une
poignée d'individus, alors que ces supercheries demeuraient le ca-
det de leurs soucis lorsqu'elles n'étaient connues que d'eux seuls
et avant qu'elles ne soient dénoncées par Sheila Fraser. Ceux qui
savent passent délibérément sous silence ce qui se passe autour
d'eux et ceux qui prétendent n'avoir rien su manquent, s'ils disent
vrai, au devoir de vigilance imposé par leur charge.

Les libéraux fédéraux font preuve dans cette affaire de ce qu'il
convient d'appeler une éthique sélective. Il est vrai que tous les

dirigeants politiques du PLC ne peuvent en toute vraisemblance avoir été informés de ce qui se tramait en coulisse. Mais il est aussi vrai qu'une chaîne n'est pas plus forte que son maillon le plus faible, surtout lorsqu'il s'agit d'une formation politique ayant un poids historique aussi grand que celui du PLC. En ce sens, nous avons affaire, comme n'a cessé de le répéter le chef conservateur Stephen Harper durant la campagne électorale de 2004, non pas à un scandale canadien, non pas à un scandale québécois, mais bien à un « scandale libéral ».

Certes, le scandale des commandites n'est pas le premier scandale politique à marquer l'histoire du Canada. Qui n'a pas entendu parler, au plus fort de la prohibition en 1925, sous le gouvernement de Mackenzie King, de la crise gouvernementale déclenchée par la révélation qu'un ministre des Douanes, Jacques Bureau, un alcoolique notoire, venait en aide à des contrebandiers pour faire passer de l'alcool aux États-Unis ? Qui n'a pas eu vent des déboires du ministre conservateur de la Défense Pierre Sévigny avec une présumée espionne du KGB, Gerda Munsinger, entre 1958 et 1961 ? Qui n'a pas spéculé sur les trafics d'influence qui marquent la politique canadienne des années 1980 ?

Le scandale des commandites s'apparente bien étrangement aussi à cet autre scandale qui, à la naissance de la Confédération, a ébranlé le pays avec pour toile de fond la constante du rêve national canadien, celui d'unir le pays d'un océan à l'autre par une voie de chemin de fer. Sir John A. Macdonald, le premier des premiers ministres de l'ère confédérative, en est l'acteur central. Des sommes importantes, du moins pour l'époque, sont versées directement dans les coffres de campagne de Macdonald et d'autres politiciens conservateurs par Hugh Allan, le constructeur du chemin de fer Canadien Pacifique. « J'ai besoin d'un autre 10 000 dollars », supplie Macdonald dans un désormais célèbre télégramme adressé à Allan six jours avant les élections de 1872. « C'est la dernière fois. Ne me laissez pas tomber. Répondez aujourd'hui », précise le message. C'est en novembre 1873 que le scandale éclate. Le premier ministre Macdonald se défend en affirmant que les dons reçus du Canadien Pacifique – plus de 300 000 $ en tout – n'ont aucun lien avec les millions de dollars de contrats gouvernementaux consentis à Allan. Évidemment, personne ne croit cette défense pas plus qu'aujourd'hui on ne croit à l'ignorance de certains dirigeants libéraux de ce qui se tramait avec les commandites fédérales.

Macdonald est renvoyé par la population sur les banquettes de l'opposition, puis est réélu à la tête du pays en 1878, où il reste en poste jusqu'à sa mort en 1891.

Le successeur désigné de Macdonald, le député de Québec Hector Langevin, est à son tour l'acteur du dernier grand scandale du XIXᵉ siècle, un scandale dont les similitudes avec le scandale des commandites sautent aux yeux. Dans un article du *National Post*, Bradley Miller surnomme d'ailleurs Hector Langevin le « grand-père de Gagliano[1] ». Tout comme le scandale des commandites fait un tort considérable aux libéraux fédéraux, le scandale McGreevy-Langevin de 1891 a détruit la crédibilité des conservateurs au Québec. Tout comme Alfonso Gagliano, Hector Langevin était ministre des Travaux publics. Il était aussi le lieutenant de Macdonald au Québec. En poste de 1869 à 1873, ainsi qu'en 1879, il a su gagner la confiance du premier ministre, et le portefeuille idéal lorsqu'il s'agit de distribuer les contrats gouvernementaux. L'année 1890 est le commencement de la fin pour Langevin. Son beau-frère et collègue député de Québec-Ouest, Thomas McGreevy, met au point un stratagème qui permet aux deux hommes pendant six années consécutives de puiser dans la caisse de l'État et de s'enrichir tout en garnissant les coffres du Parti conservateur. McGreevy joue un rôle de premier plan au sein du Parti conservateur puisqu'il en est le trésorier pour la province de Québec. En 1882, il négocie en secret un arrangement avec l'entreprise de construction Larkin & Connoly qui permet à son frère, Robert McGreevy, d'en devenir partenaire sans avoir à verser la moindre contribution financière. En échange, Thomas se sert de son influence pour faire obtenir à Larkin & Connoly de lucratifs contrats gouvernementaux. Hector Langevin, de son côté, s'arrange pour qu'une part des profits de l'entrepreneur soit versée à Thomas McGreevy et à la caisse du Parti conservateur.

Le scandale des commandites est certes en comparaison le scandale le plus important de notre génération, et sans doute de toute l'histoire politique canadienne si on le juge à l'aune des progrès chez nous de la démocratie, de la morale politique et de l'éthique depuis un siècle.

Avant de raconter les péripéties de cette affaire d'État, il est nécessaire de rappeler brièvement le climat qui prévaut dans le camp fédéraliste après le référendum de 1995 sur la souveraineté du Québec. Jean Chrétien fait à l'époque le pari de remporter la victoire sans faire aucune concession constitutionnelle au Québec. Mais plus le jour fatidique du 30 octobre approche, plus les troupes fédéralistes paniquent. Les sondages n'indiquent rien de bon pour le camp du NON qui court à la défaite. La peur commence à prendre le dessus, raconte Lawrence Martin dans son livre sur Jean Chrétien[2]. Peter Donolo, le directeur des communications du premier ministre, trouve l'atmosphère surréaliste : « Quand je repense à cette période, je pense à deux semaines consécutives de nausées si fortes que j'en étais presque physiquement malade », affirme-t-il sans chercher à minimiser l'ampleur de la crise, comme le feront d'autres témoins de l'époque. « Nous paniquions de tous bords tous côtés », ajoute Peter Donolo[3].

Le camp du NON remporte la victoire par moins de 1 % des voix et ce n'est pas grâce à Jean Chrétien que les souverainistes échouent. Le premier ministre est conscient du désarroi de ses troupes. Sa survie politique dépend de sa capacité à renforcer les liens du Québec avec le Canada. Il sait aussi que sa place dans l'histoire risque d'être bien peu glorieuse s'il ne trouve pas les moyens de regagner le terrain perdu. Les Canadiens sont déçus de son incapacité à rallier solidement les tenants d'un Canada uni. La panique s'est installée non seulement au sein de ses troupes, mais chez l'homme lui-même, ce qu'il n'avouera sans doute jamais.

Le lendemain du référendum, M. Chrétien se rend à Toronto participer à un dîner-bénéfice de partisans libéraux. L'accueil est glacial. L'assistance semble hostile. Jean Chrétien promet alors que jamais plus il ne permettra qu'une telle chose se reproduise. Jamais plus, affirme-t-il, il ne laissera le pays frôler ainsi la catastrophe. Comment le premier ministre s'y prendra-t-il pour tenir cette promesse ? Nous le verrons dans les pages qui suivent.

Ainsi, les activités de commandite au Québec après 1995 naissent de cette panique qui brouille l'entendement du gouvernement. Jean Chrétien, comme d'autres dans son entourage, croit que le patriotisme canadien des Québécois peut s'acheter avec 300 millions de dollars de drapeaux unifoliés, agités et plantés dans toutes les foires de la province. La peur des leaders fédéralistes à Ottawa et leur action de gribouille sont ainsi à l'origine du scandale.

Nous avons écrit le récit de cette affaire d'État unique dans les annales canadiennes afin que l'on n'en oublie pas les éléments les plus importants et les plus significatifs. La frénésie médiatique peut entraîner l'usure des mémoires ; la patine du temps aide trop souvent à recouvrir les manquements les plus graves de certains de nos dirigeants. C'est pour lutter contre cette banalisation, c'est pour éviter que ne gagne un certain désabusement que nous avons écrit cette chronique.

CHAPITRE PREMIER

Une stratégie d'unité nationale

En quittant ce jeudi matin du 1er février 1996 sa résidence officielle du 24 de la promenade Sussex pour se rendre à l'édifice Lester B. Pearson, le siège du ministère des Affaires étrangères, Jean Chrétien sait qu'une tâche importante l'attend. Il se rend présider une retraite de deux jours de son conseil des ministres, une réunion vraiment pas comme les autres. Cela fait déjà vingt-sept mois qu'il a ravi le pouvoir aux conservateurs de Brian Mulroney et environ la moitié de son mandat est écoulée. Dans l'économie habituelle d'un mandat, les prochaines élections devraient être déclenchées tout au plus dans une vingtaine de mois, soit quelque part à l'automne 1997. Le premier ministre a donc préparé avec minutie cette importante retraite du Cabinet. Il lui faut ni plus ni moins sortir de cette rencontre avec en poche un consensus ministériel sur les grandes lignes d'une « stratégie pour l'unité nationale ».

Les résultats du référendum d'octobre 1995 sur la souveraineté du Québec ont miné la confiance que le Canada anglais, les membres de son propre parti et les fédéralistes du Québec avaient en lui. Il le sait. Jean Chrétien a conscience qu'il joue son va-tout, qu'il ne pourra jamais être réélu pour un second mandat s'il ne démontre pas avec célérité et fermeté qu'il peut garder le Canada uni, qu'il a repris la situation en main malgré la grande frousse du 30 octobre, une frousse dont il porte la responsabilité. Il lui faut faire quelque chose, frapper un grand coup. Mais comment s'y prendre ? Que dire à ses ministres qui doutent de sa capacité à préserver l'unité nationale ? Comment se gagner l'appui des Québécois et se débarrasser une fois pour toutes de la menace séparatiste ?

Jean Chrétien a confié à neuf de ses ministres, au lendemain du référendum, la tâche de brasser ensemble des idées et de préparer un plan. Ce comité spécial, présidé par le président du Conseil du Trésor, Marcel Massé, a d'abord élaboré une version préliminaire d'un rapport que Chrétien reçoit avant la fête de Noël 1995. Le 26 janvier 1996, Marcel Massé lui transmet la version finale de ce rapport du comité spécial sur l'unité nationale. « Notre comité s'est réuni à plusieurs reprises au cours des dernières semaines, écrit Massé dans sa lettre de présentation au premier ministre. Nous avons pu ainsi réaliser des progrès importants, en particulier sur les questions de la promotion de l'identité canadienne. » Le rapport contient en effet des propositions concrètes « concernant des programmes identitaires », écrit le président du Conseil du Trésor.

L'heure est grave

À 9 heures du matin, ce 1er février 1996, Jean Chrétien, assis dans une salle de conférence du ministère des Affaires étrangères, est entouré de tous ses ministres, de ses secrétaires d'État, de son chef de cabinet, Jean Pelletier, de son fidèle conseiller, Eddie Goldenberg, de sa conseillère Chaviva Hosek, du greffier du Conseil privé et secrétaire du Cabinet, Jocelyne Bourgon, du sous-ministre et secrétaire associé du Cabinet, Ron Bilodeau, et du sous-secrétaire du Cabinet, Wayne Wouters, sans compter des représentants du ministère de la Justice et du Conseil privé, dont Alex Himelfarb qui allait succéder plus tard à Mme Bourgon au poste de plus haut fonctionnaire de l'État. De nouveaux venus sont pour la première fois présents autour de la table du Conseil des ministres. Ils se nomment Alfonso Gagliano, tout juste nommé ministre du Travail, Stéphane Dion, ministre des Affaires intergouvernementales, Pierre Pettigrew, ministre de la Coopération internationale et de la Francophonie, Martin Cauchon, secrétaire d'État (Bureau de développement régional du Québec), Fred Mifflin, ministre des Pêches et Océans qui vient de remplacer Brian Tobin rentré à Terre-Neuve pour devenir premier ministre de sa province, Jane Stewart, ministre du Revenu national, et Hedy Fry, secrétaire d'État (Multiculturalisme et Situation de la femme). Paul Martin, en tant que ministre des Finances, assiste évidemment à la rencontre et est donc un témoin, sinon un acteur, de la mise en place de cette « stratégie pour l'unité nationale ». Quant à Dion et Pettigrew, ils font partie déjà de la stratégie post-référendaire personnelle de Jean Chrétien qui souhaite s'entourer de fédéralistes du Québec capables de susciter la passion du Canada – du moins le croit-il – et de lutter de front contre le Parti Québécois.

Jean Chrétien ouvre la séance par des remarques personnelles empreintes de gravité. Les documents secrets de cette réunion, ainsi que le procès-verbal, qui normalement n'auraient pas dû être rendus publics avant l'année 2026, en font état. Ces documents secrets ont été divulgués par le premier ministre Paul Martin avant le déclenchement des élections générales du 28 juin 2004 afin d'aider la Commission d'enquête sur le programme de commandites et les activités publicitaires à faire toute la lumière sur le scandale. Jean Chrétien a aussi donné son accord à la divulgation de ces documents. C'est même son avocat, Peter Doody, qui en fait état pour la première fois devant le commissaire John Gomery, au grand étonnement des procureurs de la commission. Aux prises avec la grogne populaire qui suit la publication en février 2004 du rapport de la vérificatrice générale sur les commandites, Paul Martin voit dans cette stratégie une façon de se distancier du scandale et de conserver les acquis libéraux au Québec. Son geste n'a certes pas les résultats escomptés mais il a l'avantage de nous fournir aujourd'hui des renseignements précieux sur la genèse de l'affaire des commandites.

Le premier ministre Chrétien aborde donc directement ce matin du 1er février 1996 la question de l'unité nationale, affirmant qu'il s'agit de la priorité de son gouvernement. Toute la première journée des travaux est ainsi uniquement consacrée à cette question et ce qui naîtra de ces discussions aura des conséquences majeures pour le Canada, annonce-t-il gravement à ses ministres. Chrétien poursuit en affirmant que cette réunion du Cabinet allait sans doute s'avérer la plus importante de toutes celles de son gouvernement. Sur le front de l'unité nationale, ajoute-t-il, le pays est confronté à l'un des plus difficiles défis de son histoire ; le référendum avait été gagné de justesse et le temps n'était pas à la complaisance. La victoire du NON donne un peu de répit aux forces fédéralistes mais le gouvernement n'a pas de temps à perdre pour faire preuve d'un leadership fort et démontrer qu'il est déterminé à garder le Canada uni. Le gouvernement a commencé à remplir les promesses qu'il a faites lors de la campagne référendaire ; il a fait adopter aux Communes en novembre 1995 une motion qui reconnaît que le Québec forme au sein du Canada une société distincte par sa langue, sa culture et sa tradition juridique. Il a déposé un projet de loi qui engage Ottawa à ne jamais adopter une résolution constitutionnelle à laquelle s'opposerait une des quatre régions du pays, l'Atlantique, le Québec, l'Ontario et l'Ouest (plus tard cinq, lorsque la Colombie-Britannique sera considérée comme une région distincte dans l'Ouest). Enfin, le gouvernement est en train de se retirer, par le moyen d'un projet de loi, de tous les programmes de formation de la main-d'œuvre pour en laisser la responsabilité aux provinces. Chrétien ne dit pas un mot, si du moins l'on se fie au procès-verbal de la rencontre, de la réception catastrophique de ces mesures au Québec : elles sont rejetées quasi unanimement par la classe politique, toutes tendances confondues, qui les juge nettement insuffisantes pour répondre aux attentes des Québécois. Il ne parle pas non plus de leur rejet par les autres partis fédéralistes, le Parti réformiste de Preston Manning, le Parti progressiste-conservateur de Jean Charest et le Nouveau Parti démocratique d'Alexa McDonough. Il confie cependant à ses ministres qu'il faut faire encore davantage dans le dossier de l'unité. Le but de la réunion, lance-t-il, est d'établir un consensus général autour des éléments qui constitueront la stratégie gouvernementale pour l'unité nationale.

Le rapport du comité spécial

Le premier ministre passe ensuite la parole au ministre Marcel Massé qui dévoile le projet mis au point par son fameux comité spécial et dont doit débattre par la suite l'assemblée. Le comité, dont la formation a été annoncée en catastrophe au début de novembre, n'a pas reçu bonne presse au Québec. Il est qualifié tour à tour par les commentateurs dans les grands quotidiens de « comité bidon », de « frime » ou encore de « comité de rêve ». Il est composé de « poids légers » sur le plan de la réflexion intellectuelle qui sont simplement là pour leur représentativité politique régionale. Lise Bissonnette écrit d'ailleurs à cet égard : « On comprend beaucoup mieux, enfin, pourquoi M. Chrétien n'y a affecté parmi son caucus québécois que des poids légers, Lucienne Robillard qui n'a jamais eu une idée constitutionnelle de toute sa vie politique, et Michel Dupuy, qui s'en est dit membre en raison de son "expérience diplomatique", utile à huiler des rouages grinçants

mais rarement à réinventer le monde[1]. » Pour le Québec, on retrouve donc sur ce comité le président du Conseil du Trésor,
Marcel Massé, le ministre du Patrimoine, Michel Dupuy, et la ministre de la Citoyenneté et de l'Immigration, Lucienne Robillard.
Pour l'Ontario, Jean Chrétien y a nommé le ministre des Affaires
indiennes, son ami Ron Irwin, le ministre de l'Environnement,
Sergio Marchi, le ministre de la Justice, Allan Rock, et le solli-
teur général, Herb Gray. Anne McLellan, qui est ministre de
l'Énergie, représente la voix de l'Alberta et Brian Tobin, encore
ministre des Pêches et Océans à l'époque, celle des provinces de
l'Atlantique.

Le président du Conseil du Trésor annonce d'abord que la stratégie pour l'unité nationale doit être accompagnée d'un « programme d'espoir » pour les Canadiens, c'est-à-dire d'un programme
social et économique qui permettra la création d'emplois et la protection des programmes sociaux clés. Ce volet de la stratégie est
discuté au deuxième jour de la retraite, le 2 février 1996, ainsi que
lors de l'élaboration du discours du trône et des priorités politiques
pour la deuxième moitié du mandat. Pour l'heure, c'est le volet
consacré aux changements administratifs à apporter à la fédération
– donc forcément cosmétiques – et à une stratégie de propagande
qui est au cœur de l'exposé de Marcel Massé. Cette stratégie se sub-
divise en quatre grandes sections : le programme de changements
administratifs susceptibles de répondre « aux besoins réels » des Canadiens, tout en évitant à tout prix « l'enlisement dans le dossier
constitutionnel », la contestation des « règles du jeu qui sous-
tendent la stratégie du Parti Québécois », la promotion de l'attachement au Canada et une stratégie de communication pour rejoindre les gens et mettre en échec « les mythes séparatistes ».

« On dispose de peu de temps, avertit Marcel Massé. Il faut
faire plus vite que lors des négociations intergouvernementales. » Il
souligne à ses collègues le « désir d'accroissement de l'autonomie
locale », en particulier au Québec, mais il insiste sur le maintien de
l'union sociale et économique. « Il n'est pas nécessaire de rouvrir
la Constitution, enchaîne-t-il. Il faut plutôt se concentrer sur les
changements administratifs requis pour se préparer au prochain
siècle. Il faut mettre l'accent sur les rôles et responsabilités des
deux paliers de gouvernement. » Dans le rapport qu'il a soumis au
premier ministre, le comité spécial a explicité davantage cet aspect
du projet :

> Les ministres ont longuement discuté de l'importance que le rôle du gouvernement fédéral soit perçu comme attrayant. Les Québécois doivent être convaincus que le gouvernement n'a pas comme seul objectif les compressions budgétaires, mais veut plutôt être vu comme un moyen de soutenir le filet de sécurité sociale. Un gouvernement fédéral vu comme agissant dans l'intérêt des particuliers, par ses politiques, est plus susceptible de gagner l'appui des Québécois.

À ce chapitre, la recommandation que formule le comité au gouvernement fédéral manifeste déjà le caractère agressif et propagandiste de ce qui se prépare. « Les ministres recommandent que le gouvernement fédéral *s'approprie les valeurs fondamentales des Canadiens*[2], qu'il en fasse la promotion de façon énergique et qu'il les défende, par exemple la démocratie, la tolérance, la générosité et le respect des droits fondamentaux. » En somme, par cette appropriation des « valeurs fondamentales des Canadiens », le gouvernement se fera le partisan de la vertu. Et qui osera s'élever contre la vertu ? C'est en tout cas, malgré sa faiblesse criante, le raisonnement qui se dégage de cette recommandation du comité Massé. Les membres du comité suggèrent donc « que le Cabinet convienne que le prochain budget fédéral, les travaux du comité spécial sur l'emploi et ceux du comité chargé de la politique sociale feront partie intégrante des initiatives en matière d'unité. Tous ces travaux doivent être soumis au test de la promotion de l'objectif du gouvernement d'empêcher la séparation du Québec. »

Le comité Massé formule cependant ses recommandations sous la contrainte. S'il insiste sur le fait qu'il n'est « pas nécessaire de rouvrir la Constitution » pour procéder à des changements, c'est pour suivre le plan arrêté par Jean Chrétien avant même la conclusion des travaux du comité. Le premier ministre a en effet annoncé le 27 novembre 1995, en conférence de presse, son intention de ne pas enchâsser le principe de société distincte pour le Québec dans la Constitution, se contentant d'en faire une motion à la Chambre des communes. Marcel Massé avait des réticences face à cette façon de faire. À Montréal, le 28 novembre 1995, lors d'une rencontre avec le bureau des gouverneurs du Conseil du patronat du Québec, M. Massé avait affirmé que le gouvernement fédéral pourrait un jour enchâsser la reconnaissance de la société distincte et le droit de veto du Québec dans la Constitution lorsque les conditions le permettraient, une position tout à fait contraire à celle de Jean Chrétien. À Auckland en Nouvelle-Zélande, le 9 novembre

1995, lors du sommet du Commonwealth, le premier ministre est très clair sur le rôle du comité spécial : « Ce n'est pas un comité pour nous permettre de rouvrir la Constitution et de revenir aux débats de Meech et Charlottetown », tranche-t-il. Ainsi, dans la rédaction de ses recommandations finales, le comité Massé s'incline de toute évidence devant la volonté du premier ministre.

C'est donc dans cet esprit que les autres volets de la stratégie suggérée par le comité spécial sur l'unité nationale sont forcément orientés ; on y privilégie des moyens plus terre à terre comme des activités de commandite et de publicité.

Il faut en somme, comme l'écrivent les membres du comité, « promouvoir une vision du Canada en mettant l'accent sur ce qui nous unit et sur ce qui fait que nous sommes un pays unique au monde ». Parlant aux membres du Cabinet de la nécessité de faire la promotion de l'attachement au Canada, Marcel Massé explique qu'il faut trouver les moyens de « susciter la passion » de l'identité canadienne. « Les ministres recommandent, lit-on encore dans le rapport du comité au premier ministre, que des initiatives soient prises pour contrer la croyance selon laquelle les Canadiens du reste du Canada n'aiment pas les Québécois et ne les respectent pas. » On suggère de travailler avec le caucus libéral et le secteur privé à appuyer un éventail d'initiatives qui, comme le grand rassemblement du NON à Montréal à la veille du référendum, resserreraient les liens entre les Canadiens et les Québécois. Il est notamment suggéré d'organiser des voyages d'échange pour les jeunes entre le Québec et le Canada, de soigner les contacts avec la population, de faire des consultations, sans pour autant « délégitimer le gouvernement ». Il faut mettre sur pied des « campagnes énergiques pour promouvoir ce qui nous unit », plaide Marcel Massé devant le Cabinet, « il faut cultiver la fierté d'être Québécois et Canadien ». On demande au ministère de la Citoyenneté et de l'Immigration de célébrer de façon « retentissante » la semaine nationale de la Citoyenneté en 1996 et en 1997, on lui suggère de célébrer aussi en 1997 le 50ᵉ anniversaire de la Loi sur la citoyenneté, de moderniser le serment de citoyenneté et de rédiger une déclaration du citoyen. Du côté de Patrimoine Canada, le comité suggère au ministère de faire de la fête du patrimoine un événement majeur, tout comme pour celle du drapeau – ce drapeau qui allait être placardé par la ministre Sheila Copps partout sur le territoire québécois –, sans oublier de faire de la participation canadienne aux Jeux olympiques d'Atlanta un véritable hymne à l'unifolié. On envisage même l'institution d'une fête nationale en l'honneur des Canadiens autochtones. Pour renforcer davantage l'identité canadienne, le comité mise également sur l'accroissement du contenu canadien sur Internet dans les deux langues, et dans les domaines du film, de la vidéo et de la télévision et sur la promotion des voyages et des échanges de groupes culturels et d'artistes. On pense même solliciter le concours des transporteurs et d'organisations non gouvernementales pour mettre sur pied cette sorte d'agence de voyage patriotique.

Dans l'intérêt bien compris du pays

Marcel Massé explique à ses collègues du Cabinet qu'il faut désormais une approche « mieux ciblée et plus énergique des communications », c'est-à-dire qu'il faut « recenser et réfuter les arguments et mythes séparatistes », « appuyer les porte-parole fédéralistes », « préparer des messages et des documents de communication » et « recenser et coordonner les activités de communication ». Si on ne parle pas en termes explicites d'un ministère de la Propagande, le projet en a tous les contours. Derrière le mirage de ce discours technique et aseptisé, le comité pose les balises de ce qui deviendra l'année suivante, en juillet 1996, au sein du ministère du Patrimoine, le Bureau d'information du Canada (BIC) et, parallèlement, en novembre 1997, au sein du ministère des Travaux publics et des Services gouvernementaux (TPSG), la Direction générale des services de coordination des communications (DGSCC), cette cellule chargée des activités de commandite qui sera dirigée par un personnage singulier et haut en couleur, Charles « Chuck » Guité. Le comité pour l'unité nationale recommande de créer « une équipe de réaction rapide », d'organiser « un effort coordonné pour accroître *la visibilité et la présence fédérales au Québec*[3] », « des activités ciblées pour rejoindre les gens et les amener à appuyer le programme du gouvernement ». Le rapport remis à Jean Chrétien est encore plus explicite: « Les ministres recommandent la création d'un secrétariat ou organisme bien financé, travaillant à temps plein et doté d'un mandat précis, pour élaborer et mettre en œuvre la stratégie et les tactiques en matière de communications et de politiques. » Les ministres recommandent qu'un tel secrétariat ou organisme mette sur pied une équipe dont la tâche sera de contrer

« les tentatives des séparatistes de créer de nouveaux mythes, de faire de la désinformation ou d'imposer leur interprétation des événements ». On souligne également la nécessité de bien doter ce secrétariat, alors que le gouvernement Chrétien vient d'opérer des coupes draconiennes dans la fonction publique et dans les transferts aux provinces afin de terrasser le déficit monstre dont il a hérité en 1993. Mais ce n'est pas tout. Marcel Massé insiste sur le caractère unique du futur secrétariat : « Il est essentiel qu'il soit très différent des activités régulières de communication du gouvernement. Ce secrétariat ou organisme devrait s'apparenter à l'ancien Centre d'information sur l'unité canadienne », un organisme aboli par les conservateurs en 1984. Marcel Massé conclut son exposé en insistant sur « l'effort coordonné » que le gouvernement libéral devra déployer pour accroître la visibilité et la présence du Canada au Québec.

> Les initiatives et programmes existants et nouveaux dont peuvent bénéficier les Québécois devraient être publicisés à grande échelle, systématiquement et à répétition. Les ministres fédéraux, le premier ministre et les députés devraient être constamment vus au Québec. Leurs discours, quel que soit le but ou l'événement où ils sont donnés [*sic*], devraient toujours transmettre des messages au sujet du Canada qui soient clairs, positifs, bien ciblés et coordonnés.

La retraite du Cabinet de ce 1er février 1996 prend soudain une tournure inattendue. Alors qu'il s'agit d'une réunion au sommet de la branche exécutive du gouvernement du Canada, de ceux qui sont responsables au nom des citoyens des leviers de l'État, et que la discussion porte en toute légitimité sur les affaires relatives à la survie de l'État constitué en 1867, ne voilà-t-il pas que les délibérations prennent soudainement des couleurs partisanes. Le rapport du 26 janvier souligne certes l'urgente nécessité d'un effort concerté « pour s'assurer que toutes les forces fédéralistes au Québec travaillent ensemble pour promouvoir l'option fédéraliste », mais il glisse du côté partisan, c'est-à-dire qu'il fait passer les intérêts d'un parti politique pour ceux du pays. « *Les ministres recommandent*, est-il écrit en toutes lettres dans le rapport du comité, *un renforcement substantiel de l'organisation du Parti libéral du Canada au Québec. Cela signifie embaucher des organisateurs, trouver des candidats, identifier des comités qui peuvent sortir gagnants à la prochaine élection fédérale et utiliser les techniques politiques les plus modernes pour rejoindre les électeurs ciblés*[4]. » Cela signifie aussi – et il n'en est nullement question dans le rapport – qu'il faudra beaucoup d'argent aux libéraux de Jean Chrétien pour se maintenir au Québec. Cela signifie également qu'il faudra trouver cet argent d'une façon ou d'une autre.

Il est légitime de se demander aujourd'hui, d'un point de vue strictement éthique, pourquoi le gouvernement libéral met l'appareil d'État au service de sa formation politique, pourquoi il adopte en conseil des ministres une stratégie pour l'unité canadienne qui exclut du jeu les autres partis politiques fédéralistes, réduisant, dans un chauvinisme exacerbé, la question de l'unité nationale à une question qui serait strictement du ressort du Parti libéral du Canada (PLC).

Cet aspect encore peu éclairé du scandale des commandites est d'ailleurs au cœur du mandat de la Commission d'enquête que préside à partir de février 2004 le juge John H. Gomery de la Cour supérieure du Québec. La Commission doit en effet voir si la distribution des fonds de commandite à des agences de communication du Québec a, comme l'énonce le juge Gomery dans sa déclaration préliminaire, « été influencée par des interventions politiques, notamment [voir] si les bénéficiaires de ces fonds ont fait des contributions ou des dons de nature politique, directement ou indirectement ».

Répliquer aux péquistes

La stratégie pour l'unité nationale n'est pas le fruit de l'imagination d'un paranoïaque, pas plus que le Bureau d'information du Canada qui allait entretenir une liaison de travail très serrée avec le Secteur de la publicité et de la recherche sur l'opinion publique (SPROP) dirigé par Chuck Guité à Travaux publics, ce même SPROP qui devient en novembre 1997 la DGSCC.

Les dérapages du programme de commandites sont le résultat d'une volonté concertée du gouvernement Chrétien de mettre en branle peu après le référendum de 1995 une machine de propagande bien huilée. Le contournement des lois et le trafic d'influence au profit d'agences de communication proches des libéraux découlent directement de la stratégie endossée par le Cabinet à la suite de cette fameuse retraite des 1er et 2 février 1996. Autrement dit : sans l'adoption de cette stratégie, ces dérapages n'auraient pas été possibles.

C'est Alfonso Gagliano lui-même, qui a été ministre des Travaux publics au plus fort des activités de commandite, qui confirme dans une lettre ouverte aux journaux le 28 octobre 2004[5] l'origine de la stratégie antisouverainiste du gouvernement Chrétien.

Gagliano évoque encore une fois le climat qui règne au sein des troupes fédéralistes après la grande frousse du référendum d'octobre 1995.

> Face à de tels résultats, bon nombre de Canadiens furent consternés et bouleversés de voir que le pays aurait pu connaître une césure importante pour les générations futures. Dans un tel climat, le gouvernement fédéral devait absolument poser des gestes. L'idée d'un bon gouvernement à Ottawa ne suffisait plus aux yeux des Québécois. C'est alors que le premier ministre a demandé à un groupe de ministres d'étudier et de faire rapport au conseil des ministres dans le but d'élucider les circonstances d'un tel résultat et faire des recommandations appropriées pour qu'une telle situation ne se reproduise jamais.

« Au début du mois de février 1996, écrit-il plus loin dans sa lettre ouverte, lors de la première retraite de l'année du Cabinet, le groupe de ministres chargé d'étudier les résultats du référendum fit rapport de la situation cahoteuse de l'élection référendaire au Québec. » M. Gagliano rappelle que les ministres du Québec étaient bien au fait des tenants et aboutissants des résultats du référendum mais qu'il fallait que le reste des membres du Cabinet « puisse prendre la mesure exacte, faire des commentaires et entamer une discussion sérieuse sur le sujet. La conclusion était claire : *Nous étions absents, Ottawa était loin des régions, nous étions peu sensibles aux différences des Québécois*[6]. »

« Tous les ministres ont appuyé alors la stratégie et le déploiement à suivre, poursuit-il, y compris les membres du Cabinet actuel comme Paul Martin, Anne McLellan, Ralph Goodale, Pierre S. Pettigrew, Stéphane Dion, Lucienne Robillard et d'autres. Nous devions alors communiquer mieux avec les Canadiens et surtout avec les Québécois. » Il précise encore :

> Par ailleurs, il est bon aussi de rappeler qu'à chaque fois que le Parti Québécois prenait le pouvoir dans la capitale provinciale il savait utiliser les services du gouvernement pour faire passer ses messages à la population du Québec. Sur le plan des communications son action était presque toujours concertée et portait fruit dans bien des domaines. Il faut bien le souligner, le PQ avait à cette époque une brillante stratégie

de communication en s'assurant que chaque service du gouvernement ou que chaque geste posé le soit avec le label *Québec*, renforçant par le fait même la dimension patriotique et le sentiment d'appartenance. De plus, le système d'éducation du Québec n'enseignait pas la même histoire du Canada que dans le reste du pays. Il donnait aux étudiants québécois une perspective totalement différente en mettant l'emphase sur le sentiment national et les racines locales. Le PQ a toujours su que pour atteindre son objectif ultime [la souveraineté du Québec], il devait manier avec brio l'utilisation des communications avec comme arrière-plan l'idée de renforcer le sentiment d'appartenance. Il réussissait également à montrer que le gouvernement fédéral n'était pas en mesure de répondre aux besoins des Québécois et que son action était trop centralisatrice. Souvenons-nous qu'à cette époque le PQ était présent sur tous les fronts : avec les sociétés d'État – Hydro-Québec, SAQ, Loto-Québec, notamment – et dans tous les secteurs – organismes socio-communautaires, organismes sportifs et culturels, etc.

Pour légitimer la stratégie du gouvernement fédéral, Alfonso Gagliano se sert donc de celle du gouvernement péquiste de Jacques Parizeau sans s'embarrasser, il faut bien le dire, de toujours comparer des choses comparables. L'ancien ministre raconte ensuite que les fonds n'étaient pas encore disponibles à Ottawa pour mettre en branle cette machine à gaver les Québécois de logos « Canada » et de drapeaux unifoliés.

À cet égard, la première liste d'événements à soutenir a été approuvée par le Conseil du Trésor en 1996. Il n'y avait pas de budget régulier pour un tel financement et les fonds sont venus de la Réserve pour l'unité nationale mise en place par Brian Mulroney. Rappelons que les commandites n'étaient pas un programme, ni une politique, mais plutôt une stratégie de communications pour mieux faire passer nos messages auprès des Canadiens et surtout auprès des Québécois.

Ce qu'omet de dire dans sa lettre l'ancien ministre c'est que cette première fournée d'événements à commanditer, financée à hauteur de 17 millions de dollars par les contribuables, est confiée dans sa totalité à une seule et unique agence de communication de Montréal, Lafleur Communication Marketing inc. (LCM), une agence qui a continué à jouer un rôle de premier plan par la suite dans l'ensemble des activités de commandite dénoncées par la vérificatrice générale.

Les commandites existent tout de même bien avant cette période à Ottawa, notamment avec le SPROP à Travaux publics.

Elles vont, à partir de ces décisions du gouvernement, prendre un essor sans précédent au Québec, alors qu'elles étaient pratiquement inexistantes dans le reste du Canada. Dans sa lettre ouverte, Alfonso Gagliano raconte :

> Au tout début, le gouvernement du Canada a apporté son support financier à la Formule 1 et aux Canadiens de Montréal, se donnant par le fait même une grande visibilité. Par la suite, après ma suggestion, le gouvernement a cherché à appuyer financièrement des événements de moins grande envergure dans les différentes communautés et ce, dans toutes les régions du Québec pour mieux rejoindre les organisations locales de bénévoles désirant mettre sur pied des événements de rayonnement.

Et Chrétien créa le BIC

On le voit bien, la retraite des 1er et 2 février 1996 porte ses fruits. Jean Chrétien convoque à son bureau au mois d'avril un haut fonctionnaire de Patrimoine Canada, Roger Collet, un Franco-Manitobain dont il a entendu vanter les mérites, notamment en raison du rôle qu'il a joué dans la campagne de Sheila Copps, ministre du Patrimoine. Roger Collet travaille sur les questions d'identité à Patrimoine Canada, en tant que sous-secrétaire d'État adjoint, et il a souvent déploré, lui qui a fait une grande partie de sa carrière dans l'Ouest, que beaucoup d'édifices gouvernementaux soient dépourvus du drapeau à feuille d'érable. Le premier ministre commence d'abord par jauger le visiteur en l'interrogeant sur ses idées et son passé. Il l'informe ensuite de ce qu'il a l'intention de faire pour donner de la visibilité à son gouvernement. Roger Collet résume dans un français laborieux, devant la commission Gomery le 1er décembre 2004, la teneur des propos de M. Chrétien :

> Donc finalement, l'image de marque, la notoriété Canada semblait être en baisse dans certaines régions et dans ce contexte-là, il m'a mentionné le territoire du Québec et la province de Québec entre autres et qu'il songeait à mettre sur pied – à ce moment-là on ne l'appelait pas bureau mais une activité quelconque qui viendrait analyser les causes de ceci et de penser des façons nouvelles pour essayer des différentes choses pour mieux faire connaître le Canada.

Trois semaines après cette rencontre, Roger Collet est informé par ses supérieurs qu'il est choisi pour diriger un nouvel organisme gouvernemental, le Bureau d'information du Canada (BIC).

La décision du Cabinet de créer le BIC est annoncée dans l'énoncé du budget de mars 1996. Par la suite, le premier ministre Chrétien entreprend de rendre effectives ces décisions, c'est-à-dire qu'il définit le mandat de l'institution, qu'il passe un ordre en Conseil – ce qui est un instrument quasi législatif – et qu'il désigne un ministre responsable. Quant à l'attribution d'un budget au BIC, cela avait déjà été fait par le chef du gouvernement. Pour la première année, soit pour l'exercice 1996-1997, il a attribué au BIC 20 millions de dollars. Cet argent est puisé à même le Fonds de réserve pour l'unité nationale, un fonds connu seulement de quelques hauts fonctionnaires et camouflé de telle manière dans les comptes rendus budgétaires que les élus ne peuvent en connaître l'existence.

Le BIC a donc été créé en juillet 1996 avec pour premier directeur exécutif Roger Collet. Le gouvernement Chrétien venait ainsi de remplacer par le BIC le Centre d'information sur l'unité canadienne créé par Pierre Trudeau en 1977 et aboli par Brian Mulroney en 1984. Si ce centre sert de modèle aux libéraux fédéraux des années Chrétien pour créer le BIC, c'est qu'il avait aussi pour objectif de promouvoir l'unité canadienne au lendemain de l'élection du premier gouvernement souverainiste à Québec. On sait bien à Ottawa que le BIC ne fait pas l'unanimité. Le gouvernement confie à la firme Créatec, en octobre 1996, le mandat d'organiser des groupes de discussion sur l'agence et de faire des études de marché. Les points de vue des participants sur le mandat de l'organisme soulèvent cependant davantage de questions qu'ils n'apportent de réponses. Plusieurs, même après avoir lu le mandat du BIC, continuent de se demander quel est son rôle, y voyant surtout une mission de « propagande ». « Cette idée, lit-on dans le rapport de Travaux publics[7], est renforcée, surtout à Montréal, par les références à l'opération "drapeaux" menée par la vice-première ministre, Sheila Copps. » On trouve également que les coûts associés à un tel bureau sont trop élevés, qu'il est futile de dépenser ainsi l'argent des contribuables pour de la « propagande » – un secteur jugé non essentiel – alors que le gouvernement Chrétien essaie de persuader les citoyens qu'il faut sabrer dans les dépenses publiques. On se demande même à qui s'adresse le BIC : aux fédéralistes ou aux souverainistes ? « Dans les deux cas, lit-on encore dans l'étude, on s'interroge sur l'efficacité d'un tel organisme à convaincre les Québécois des vertus du Canada. » « Toujours à Montréal, ajoute-t-on, il faut souligner que plusieurs participants, même chez ceux sympathiques à la cause fédéraliste, doutent de l'"impartialité" du gouvernement fédéral lorsque vient le temps de donner de l'information. On peut donc prévoir certains problèmes de crédibilité pour le BIC auprès des francophones du Québec. Cette perception de "partialité" est loin d'être apaisée par le mandat. » Dans une note de service du 5 juillet 1996 adressée au premier ministre, Jocelyne Bourgon le met en garde. Les journaux ont déjà commencé à publier des articles sur le BIC qui font état de la préoccupation des citoyens à propos des dépenses envisagées pour ce genre d'initiative assimilée à de la propagande.

Qu'à cela ne tienne! Le gouvernement Chrétien va de l'avant. Dans un document sous forme de questions et réponses préparé par le BIC à l'époque afin d'aider ses dirigeants et les ministres du gouvernement à faire face au scepticisme du public et des médias, on prévient les coups en formulant une question qui en dit long sur la perception interne que l'on avait du mandat du bureau : « Le BIC n'est-il pas uniquement un instrument de propagande ? », peut-on lire à la question 3. Réponse : « Le Budget des dépenses est très clair à cet égard. Ce document décrit en fait la mission du BIC comme étant de "fournir des renseignements sur le Canada – son histoire, son patrimoine, sa culture, ses institutions et sa composition socioculturelle". Fournir aux Canadiens et aux Canadiennes une information factuelle sur leur pays n'a rien à voir avec de la propagande. »

Pourtant rien n'est plus faux. Michelle d'Auray, qui travaille au secrétariat des Affaires intergouvernementales de septembre 1994 à septembre 1996 et qui a été à partir de septembre 2000 la dirigeante principale de l'information au BIC, a confié à la commission Gomery le 9 décembre 2004 qu'elle a formulé à l'époque « certaines réserves » sur la vocation qu'on entend donner à la nouvelle agence. Mᵐᵉ d'Auray, une experte du contenu des messages, doute de la stratégie et des approches envisagées par le gouvernement. « J'avais certaines réserves, rapporte-t-elle, surtout vis-à-vis la nature de certaines activités, pas nécessairement quant à la création d'un organisme ou d'un secrétariat. » Mᵐᵉ d'Auray craint à juste titre que cette approche soit perçue par les Québécois comme proche de la propagande la plus puérile. Elle préconise une approche directe, honnête et sans subterfuge :

J'aurais plutôt questionné la pertinence d'entreprendre ce genre d'activités ; qu'il fallait continuer à répondre, à faire des répliques, oui ; qu'il fallait continuer à contrer les mythes, oui ; qu'il fallait continuer à être le plus direct possible dans notre message, oui. Mais là où, moi, j'avais certaines réserves, c'est ce que j'appellerais de la communication indirecte, c'est-à-dire l'affichage de drapeaux, l'affichage – la participation – transmettre le message de façon indirecte. Je suis plutôt d'avis que, lorsque la communication se fait directement, le message passe mieux, c'est plus clair[8].

Le BIC reçoit du gouvernement Chrétien, pour son implantation, 20 millions de dollars du Fonds de réserve pour l'unité, et le même montant lui est octroyé pour 1997-1998. Bénéficiant d'un budget propre, l'agence a pratiquement le statut d'un ministère. Le Conseil du Trésor demande même au premier ministre Chrétien, au nom du BIC, que les règles qui entourent l'octroi des contrats soient assouplies. Le directeur du bureau, Roger Collet, voit ainsi le seuil de 25 000 $ au-dessus duquel les projets doivent obligatoirement être attribués après appel d'offres porté à 150 000 $, ce qui lui laisse une grande latitude pour choisir les agences de communication qui en seront responsables. On l'autorise également, afin de mettre une équipe en place rapidement, à engager des fonctionnaires à la retraite plutôt que de s'en tenir à la liste habituelle des candidats à la fonction publique.

Si la création et l'existence du BIC revêtent une telle importance dans l'histoire du scandale des commandites, c'est qu'elles sont d'abord « un projet du premier ministre » Chrétien, comme témoigne Roger Collet devant la commission Gomery. M. Collet affirme au procureur principal de la commission, Me Bernard Roy, le 1er décembre 2004, que les ministres sont au courant de la création du BIC et qu'ils ont accepté le projet. M. Collet a même discuté avec Paul Martin, le ministre des Finances de l'époque, du mode de financement du bureau. Ce qu'on retient de la création du BIC, c'est d'abord qu'il n'a pas été lui-même un modèle de gestion, comme en fait foi une vérification interne de Conseil et vérification Canada mise en preuve à la commission Gomery. « Le Bureau d'information du Canada, affirme le sommaire de la vérification, n'est pas en mesure de prouver que les biens et services acquis l'ont été d'une manière qui contribue à accroître l'accès, la concurrence et l'équité et qu'il a obtenu la meilleure valeur en contrepartie de l'argent dépensé[9]. » Et ensuite que le BIC a transféré les yeux fermés dès le début de son existence des sommes considérables au SPROP, une branche du ministère des Travaux publics et des Services gouvernementaux dirigée par Charles « Chuck » Guité et qui est chargée des fonctions de commandites et de publicité. C'est que le BIC a plusieurs cordes à son arc, témoigne Roger Collet. Il utilise à l'occasion les commandites qu'il confie volontiers au SPROP et, plus tard, à la DGSCC. L'ancien directeur exécutif du BIC confirme qu'il n'y a pas eu d'entente formelle avec le SPROP pour faire en sorte que ces transferts de fonds soient conformes aux politiques en vigueur au gouvernement. « La façon pourquoi [*sic*] on n'a jamais eu une entente, déclare Roger Collet, c'est que c'était une indication claire et nette que lorsque nous embarquions dans une campagne de publicité depuis le temps que j'ai été sous-ministre adjoint et même en région, on transigeait avec ce secteur-là de Travaux publics. C'était leur spécialité, c'était leur travail. » Le BIC ne pose pas de questions, même pas pour savoir comment a été faite la sélection des agences qui travaillent pour le SPROP et vérifier que toutes les règles d'attribution des contrats sont respectées.

Pourtant Roger Collet relate ses réunions au bureau du premier ministre avec Jean Pelletier, le chef du cabinet, Jean Carle, le directeur des opérations du cabinet, et Chuck Guité afin de discuter des commandites. M. Collet affirme même au procureur principal de la Commission, Me Bernard Roy, qu'il a en main pour la rencontre du 27 août 1996 une liste de commandites de 10 millions de dollars, « coulées dans le béton », et une autre liste de projets évalués à 4,6 millions de dollars. Ces projets doivent servir à préparer une soumission pour obtenir 17 millions de dollars du Conseil du Trésor, soumission qui est présentée le 17 novembre 1996, et approuvée par Jean Chrétien lui-même et par la ministre des Travaux publics de l'époque, Diane Marleau, le 21 novembre 1996. Il est rarissime que le premier ministre prenne la peine d'entériner lui-même ce genre de document, selon de hauts fonctionnaires. Il y a là véritablement une volonté politique de faire avancer les choses. Tout cet argent provient du Fonds de réserve pour l'unité canadienne, qui continuera d'être utilisé en grande partie par la suite pour les commandites. Me Bernard Roy demande d'ailleurs à Roger Collet s'il savait que presque tous les contrats donnés grâce à ces 17 millions avaient été coordonnés à l'époque par la seule agence Lafleur Communication Marketing qui n'a pas manqué d'en tirer au passage de larges bénéfices. Le témoin répond qu'il en a été informé « pièce par pièce ».

Le Fonds de réserve pour l'unité canadienne

De multiples documents secrets déposés en preuve à la commission Gomery révèlent un certain nombre de choses sur cette mystérieuse réserve que contrôlait Jean Chrétien. Même à l'époque, quand la ministre du Patrimoine annonce la création du BIC, elle est incapable de dire aux journalistes d'où provient le financement de l'organisme, alors qu'on sait aujourd'hui qu'il provenait de ce fonds secret. Le BIC reçoit, nous l'avons vu, 20 millions de dollars du Fonds de réserve pour l'unité pour chacun des exercices de 1996-1997 et 1997-1998. Il faut savoir, comme le révèlent les documents de la commission, que le budget fédéral de 1996 a prévu une réserve annuelle de fonds pour l'unité nationale de 50 millions de dollars pour les exercices 1996-1997, 1997-1998 et 1998-1999. Cette réserve sert non seulement au financement du BIC mais aussi à des activités de commandite de TPSGC, de Patrimoine canadien et du ministère de la Justice. Travaux publics et le service dirigé par Chuck Guité, le SPROP, obtiennent de ce fonds 17 millions de dollars pour l'exercice 1996-1997 ainsi qu'un autre montant de 17 millions pour l'exercice suivant, 1997-1998, pour commanditer au nom du premier ministre des événements spéciaux, tel le Grand Prix Molson du Canada, et pour payer de la publicité fédérale. Patrimoine canadien reçoit de son côté 11 millions de dollars en 1996-1997 et 14 millions en 1997-1998 pour financer diverses initiatives en vue de célébrer les symboles, la culture et les réalisations du Canada et de promouvoir l'unité canadienne. Des 11 millions reçus par Patrimoine en 1996-1997, 3,5 ont servi à couvrir les coûts du programme des drapeaux. Somme bien insuffisante, comme en témoignent les documents secrets du bureau du Conseil privé, qui révèlent que Sheila Copps a dû demander une rallonge de 13 millions au Fonds de réserve pour l'unité canadienne « afin de couvrir un déficit du ministère à la suite de l'initiative sur le drapeau canadien », une rallonge consentie par le premier ministre Chrétien après recommandation du Conseil du Trésor. Quant au ministère de la Justice, il obtient un financement de 875 000 $ pour l'exercice 1996-1997, de 4 645 000 $ pour l'exercice 1997-1998 et de 3 420 000 $ pour l'exercice 1998-1999.

Cet argent sert notamment à couvrir les coûts du renvoi en Cour suprême sur la sécession du Québec, le fameux plan B du ministre Stéphane Dion.

Toutes ces propositions, décrites de façon sommaire seulement, sont présentées au gardien du Fonds de réserve pour l'unité nationale, Jean Chrétien. Ce dernier décide « au cas par cas », sur les airs du Conseil privé. Une fois l'approbation du chef du gouvernement obtenue, le Conseil privé informe le Conseil du Trésor qui avise le ministère de lui préparer une demande officielle. C'est pour mettre au point ces demandes, à partir de listes d'événements à commanditer, que les Chuck Guité, Roger Collet, Jean Carle et Jean Pelletier se réunissent régulièrement au bureau du premier ministre. Le seul problème, comme le fait remarquer Jocelyne Bourgon dans une note de service à Jean Chrétien le 6 juin 1996, c'est qu'on ne sait pas encore si les fonds de la réserve « sont utilisés adéquatement » et « si les différentes initiatives en cours d'élaboration appuient une stratégie efficace de communication sur l'unité ». La greffière du Conseil privé et secrétaire du Cabinet recommande donc à M. Chrétien « d'attendre qu'un processus officiel soit instauré pour évaluer la pertinence des nouvelles initiatives sur l'unité avant de prendre une décision concernant leur financement », une recommandation que rejette le premier ministre.

Jocelyne Bourgon a pourtant raison de s'inquiéter du flou qui entoure la gestion de cet argent. La création d'un logo pour le BIC donne un bel exemple du gaspillage de fonds publics. Il en coûte en effet 690 000 $ pour commander à cinq agences de communication la conception d'un logo destiné à identifier le BIC. Comment une dépense aussi folle est-elle possible ? Pourquoi faut-il cinq agences pour concevoir un seul logo d'une banalité incroyable et qui, par-dessus le marché, n'a jamais été utilisé par le BIC ? Ce logo a d'ailleurs été commandé grâce aux bons services de la DGSCC à Travaux publics, la structure qui gère les commandites au ministère. À titre comparatif, il en coûte moins de 100 $ à la GRC pour trouver un logo – grâce à un concours interne – destiné à marquer le 125e anniversaire du corps de police en 1999.

Devant la commission Gomery, Roger Collet tente tant bien que mal d'expliquer pourquoi le 31 juillet 1996 cinq agences sont retenues pour la conception du fameux logo, soit BCP, Vickers and Benson, Palmer Jarvis, Compass Communication et Groupe Everest. C'est M. Collet qui a pris la décision d'engager les cinq agences de communication en demandant à Chuck Guité de les mettre sous contrat. Si le logo n'a jamais été utilisé, explique-t-il, c'est qu'il a été décidé que le bureau devait garder un profil bas et ne pas « se distinguer de l'appareil gouvernemental ». M. Collet assure à la Commission que les cinq contrats n'ont pas servi seulement à trouver un logo pour le BIC mais également à recueillir des informations sur la nature du sentiment d'appartenance au Canada dans diverses régions. Les contrats ont servi aussi, ajoute M. Collet, même si rien ne l'indique dans les documents, à la fabrication du logo d'Attractions Canada, un autre projet du BIC. Le commissaire John Gomery paraît sceptique devant les explications de l'ancien fonctionnaire à la retraite. Il ne comprend pas notamment pourquoi au moins 50 000 $ par agence sont consacrés au logo alors qu'un seul logo, conçu par Compass, est retenu. Il ne comprend pas non plus pourquoi les factures présentées par les agences indiquent seulement, règle générale, qu'il s'agit de travail de design pour le logo. Le commissaire Gomery qualifie ces factures d'« erronées » puisque aux dires mêmes de Roger Collet elles ne précisent pas toutes les tâches requises auprès des agences par le BIC. « Avec respect M. Collet, reproche alors John Gomery en pleine audience, vous avez choisi le moyen le plus cher au lieu de choisir le moyen le plus efficace. » Les factures mises en preuve à la Commission sont d'ailleurs extrêmement éloquentes à propos des largesses du BIC à l'égard des agences de communication. L'une d'elles, soumise par Groupe Everest et d'un montant de 41 800 $, réclame notamment 40 heures de travail pour le président de cette agence, Claude Boulay, soit 8 000 $. La Commission établit d'ailleurs lors du témoignage de M. Collet que ce dernier et Claude Boulay entretiennent des liens sociaux, voire d'amitié, en dehors du travail.

Donc, à partir de juillet 1996, le BIC est en place à Patrimoine Canada. Au mois de juin 1998, pour plus de commodité et selon le désir du nouveau ministre, le BIC passe au ministère des Travaux publics, ce qui donne encore plus de prise à Alfonso Gagliano sur les activités de commandite. Le bureau, dont le bilan est jugé décevant par l'appareil gouvernemental, survit jusqu'en septembre 2001, alors qu'il est remplacé par Communication Canada.

En fait, qu'il s'agisse du SPROP, de la DGSCC ou du BIC – des organismes du gouvernement Chrétien qui fonctionnent selon le principe des vases communicants –, toutes les conditions sont en place, sous une direction politique on ne peut plus évidente, pour que des dérapages inouïs se produisent. La genèse même du scandale des commandites, ses origines, se trouvent là, dans cette hâte à vouloir mettre en place une machine de propagande sans véritable réflexion préalable. La stratégie pour l'unité nationale est une occasion en or pour certains amis du régime de se remplir les poches.

CHAPITRE II

Les déclencheurs

Le 15 janvier 2002, le leader du gouvernement à la Chambre des communes, Don Boudria, député franco-ontarien de Glengarry-Prescott-Russell, succède à Alfonso Gagliano comme ministre des Travaux publics et des Services gouvernementaux. Pour ce passionné de politique qui entreprend sa carrière comme garçon de cuisine au Parlement et, plus tard, comme page à la Chambre des communes, c'est là un juste tribut. C'est le couronnement d'une ascension politique pour laquelle il a durement travaillé, faisant preuve d'une loyauté exemplaire à son chef, Jean Chrétien, et cela, même lorsque les libéraux sont sur les banquettes de l'opposition. Don Boudria succède donc à Alfonso Gagliano à la tête d'un des plus gros ministères du gouvernement, un ministère qui distribue des milliards et des milliards en contrats en tout genre chaque année, un ministère qui de surcroît est chargé de gérer les commandites, la publicité et les sondages d'opinion du gouvernement.

Il ne faut pas beaucoup de temps avant que les nuages ne commencent à s'amonceler au-dessus du nouveau royaume du ministre Boudria. Le 11 mars 2002 à la Chambre des communes, lors de la période des questions, tout le gouvernement libéral est dans le plus grand embarras. L'opposition insiste en effet pour savoir où est passé un rapport préparé par l'agence de communication montréalaise Groupaction en 1998, rapport qui a coûté 550 000 $ au ministère des Travaux publics et dont on ne retrouve plus la trace. Il y a au moins deux ans que le journaliste Daniel Leblanc du quotidien *The Globe and Mail* a fait, sans obtenir de réponse, une demande d'accès à l'information pour obtenir copie du rapport. Ce rapport, en vertu du contrat, doit suggérer au gouvernement fédéral des moyens d'augmenter sa visibilité au Québec. Or, le ministre Boudria doit admettre qu'il ne réussit pas à mettre la main sur le document en question. Le rapport sur la visibilité est soudainement devenu invisible. Don Boudria découvre, lorsqu'il remplace Alfonso Gagliano, que celui-ci a depuis une année sur son bureau la demande d'accès à l'information du *Globe*. Comment une telle demande a-t-elle pu traîner si longtemps ? Que cache un tel retard ? Pour Don Boudria, c'est inacceptable et il ordonne qu'on réponde immédiatement à la requête du quotidien torontois. Des fonctionnaires l'informent alors qu'ils ne trouvent plus le rapport. Voilà qui est fort embêtant. Peu importe, a ordonné en substance le ministre, que l'on réponde à la demande d'accès à l'information et que l'on dise la vérité, que le gouvernement reconnaisse publiquement que le rapport est introuvable.

À la recherche du rapport perdu

Maintenant que l'opposition s'est emparée de l'affaire, le gouvernement Chrétien doit manœuvrer pour éviter le pire. Aucun fonctionnaire au ministère ne peut en effet trouver le fameux document et la firme Groupaction, qui affirme en avoir expédié trois copies au gouvernement fédéral en 1999, n'en a conservé aucun exemplaire sur papier ou sur ordinateur, du moins c'est ce qu'elle prétend. Don Boudria commence peut-être à réaliser qu'il n'est pas aisé de succéder à Alfonso Gagliano, l'ex-ministre, nommé ambassadeur au Danemark en janvier après que des accusations de favoritisme et d'ingérence eurent été lancées contre lui par les partis d'opposition. Et comme par hasard, Groupaction est une agence qui fait preuve de grande générosité à l'égard du Parti libéral du Canada, ayant versé depuis 1993 à la caisse des troupes de Jean Chrétien 112 162 $, ce que l'opposition ne manque pas de souligner dès qu'elle en a l'occasion. En échange, le gouvernement libéral a été prodigue pour la firme de Jean Brault, lui octroyant, entre 1997 et 2002, des contrats qui totalisaient 60,83 millions de dollars.

« Je déplore le fait que le document en question, rédigé il y a trois ans, ne soit plus disponible aujourd'hui », concède d'abord Don Boudria à la Chambre des communes le 11 mars. Cette franchise du ministre ne suffit pas à arrêter la tempête. « La firme Groupaction a donné 70 000 $[1] à la caisse des libéraux en échange d'un contrat de plus d'un demi-million pour un rapport de visibilité bidon que le gouvernement a perdu», dénonce le député Rahim Jaffer, de l'Alliance canadienne, accusant de plus le gouvernement de vouloir «acheter les Québécois» et d'être «malhonnête envers les contribuables». «Le principe d'un gouvernement responsable est de rendre compte aux citoyens des sommes dépensées ou engagées en leur nom, renchérit Ghislain Lebel, du Bloc Québécois. De deux choses l'une : ou bien le rapport n'existe pas, et on a payé un demi-million à Groupaction en échange de sa contribution de 70 000 $ au Parti libéral, ou bien le contenu du rapport n'est pas montrable. » Don Boudria ne sait plus à quels saints se vouer. Devant les journalistes à la sortie des Communes, il ne peut dire qui, au sein de son ministère, s'est servi du rapport en question et à quelles fins. Il se dit convaincu cependant que le rapport a bel et bien été réalisé puisque, annonce-t-il, des «documents d'appuis» reliés à la préparation du rapport ont été retrouvés. Il reconnaît aussi que le gouvernement se doit de retrouver le rapport coûte que coûte. Mais les paroles du ministre ne suffisent pas à l'opposition qui se dit outrée et qui affirme que toute l'affaire a des odeurs de scandale. «Il faut se demander si ce rapport a bel et bien été fait, interroge encore Rahim Jaffer. Je crois que la GRC doit enquêter là-dessus pour savoir si l'argent des contribuables a été utilisé à bon escient. » Le lendemain, 12 mars, le ministre Boudria refuse une enquête indépendante sur le rapport disparu.

Deux jours plus tard, coup de théâtre! Le rapport est retrouvé. Don Boudria est rayonnant et se dit soulagé qu'un rapport ayant coûté 550 000 $ au Trésor public, de surcroît introuvable depuis deux ans, réapparaisse au grand jour. Il somme aussitôt l'opposition de passer à autre chose. Il lui demande même de présenter des excuses à Groupaction. Le ministre a enfin la tête tranquille pour entreprendre, ce jeudi 14 mars, une visite de travail de deux jours à Washington. Il parcourt, avant de quitter Ottawa, une copie reconstituée du rapport de Groupaction et se déclare satisfait de ce qu'il voit ; le travail a bel et bien été fait par la firme montréalaise, constate-t-il. «Je ne suis pas content, dira-t-il ensuite, de Washington, sur un ton plus modéré, mais je suis soulagé. Je suis soulagé que quelqu'un ait trouvé les renseignements mais je ne suis pas content parce qu'on aurait dû les trouver au préalable. » Puis il ajoute : «Cela prouve que le travail a été fait. Cela, il n'y a pas de doute. Les gens de mon ministère l'ont examiné, ont examiné la réquisition, les documents de progrès et de paiements afin de prouver l'authenticité du document. Ils ont conclu qu'il s'agit bel et bien de la même chose. »

Jean Brault, le président de Groupaction, y va aussi de quelques commentaires par la voie d'un communiqué. Lui qui avait gardé le silence le plus complet depuis l'éclatement de la controverse au début de la semaine, se met à expliquer l'énorme travail fourni par sa maison pour produire le rapport : « Plus de 3 300 heures de travail ont été consacrées à ce mandat par des employés de notre firme. » M. Brault prend bien soin également de souligner que son entreprise conserve « rarement » les rapports produits au-delà d'une période de 18 à 24 mois. « Plusieurs fonctionnaires, ajoute-t-il, se rappellent très bien avoir reçu ce rapport et l'avoir utilisé à plusieurs reprises. Nous sommes d'autant plus surpris que le rapport soit introuvable que les fonctionnaires avec lesquels nous transigeons font toujours preuve d'une très grande rigueur professionnelle et administrative. Il faut cependant tenir compte qu'un tel rapport devient vite périmé, puisque les activités dont il fait l'inventaire changent beaucoup d'une année à l'autre. »

Il est étonnant que personne, pas plus la presse que les hommes politiques, ne s'étonne à l'époque que ce rapport, qui n'est qu'une simple compilation d'événements culturels et sportifs à commanditer, demande autant de travail. Le chiffre avancé par Jean Brault équivaut en effet au travail d'une personne huit heures par jour, sept jours par semaine, pendant 13 mois et demi. Il est inimaginable qu'une simple compilation de ce genre ait coûté au gouvernement un demi-million de dollars.

Le document remis au gouvernement fédéral ce 14 mars, retrouvé sur le serveur où Groupaction a transféré le contenu des disques durs des ordinateurs que la maison utilisait à l'époque, n'est qu'une reconstitution du rapport de 1998 et ne comprend pas la page couverture, ni les graphiques et les photos qui accompagnaient le rapport original, précise Don Boudria. L'opposition, elle, est loin d'être satisfaite. Gilles Duceppe, le chef du Bloc Québécois, maintient qu'il faut une enquête pour faire toute la lumière sur cette affaire, « (…) pour savoir comment se fait-il qu'on a perdu ce rapport et qu'on en retrouve aujourd'hui des bribes ou des parties, mais pas l'ensemble ». Le Parti conservateur de Joe Clark n'est pas plus rassuré. « Il n'y a aucun moyen de savoir quand exactement ce document a été produit, indique le leader parlementaire du parti, Peter MacKay. Nous espérons bien que ce soit le bon. »

En fait, il ne faut pas plus de quatre jours pour se rendre compte que cette histoire de rapport perdu et retrouvé cache autre chose de bien plus grave. Le vendredi 15 mars, le secrétaire parlementaire de Don Boudria, le député de Halifax-Ouest Geoff Regan, dépose aux Communes non seulement le fameux rapport manquant mais un second rapport, celui-là daté de 1999 et payé à Groupaction par TPSGC 575 000 $. L'un des journalistes du bureau d'Ottawa du quotidien *La Presse*, Joël-Denis Bellavance, se procure immédiatement les deux rapports, le second étant consacré, encore une fois, à « la visibilité du gouvernement fédéral au Québec ». Le journaliste n'en croit pas ses yeux. Il vient de passer la journée dans son bureau de l'édifice national de la presse, rue Wellington à Ottawa, à éplucher ce second rapport et à le comparer minutieusement au fameux rapport de 1998. « Eurêka ! », s'écrie-t-il au comble de l'excitation. Page pour page, point pour point, il constate que les deux rapports sont identiques à la seule exception d'un bref sommaire de huit pages ; en fait, que celui de 1999 est une copie du rapport de 1998 et que les deux documents ont bénéficié de deux contrats différents. Joël-Denis Bellavance constate de plus que les événements de commandite énumérés dans le rapport de 1999 non seulement sont les mêmes que ceux du rapport de 1998 mais portent les mêmes numéros de classification. Voilà qui tranche fortement avec la déclaration de Jean Brault qui assurait quelques jours plus tôt que de tels rapports devenaient vite périmés « puisque les activités dont [ils font] l'inventaire changent beaucoup d'une année à l'autre ». Joël-Denis Bellavance téléphone aussitôt à l'attaché de presse du ministre Don Boudria, Marc Roy, qui est à Washington en compagnie de son patron. « Excusez-moi mais j'ai une mauvaise nouvelle à vous annoncer, lui dit-il. Les deux rapports de Groupaction sont en fait un seul et même rapport. » « Non, non, non, ce n'est pas vrai », répond l'attaché de presse du ministre qui est à ce moment-là attablé à la terrasse d'un restaurant de la capitale américaine profitant d'un chaud soleil printanier. « Téléphonez à cette dame à Communication Canada et elle va tout vous expliquer », répond-il alors au journaliste. Bellavance prend rendez-vous avec Diane Viau, la responsable en question, pour le lundi matin 18 mars 2002 à 9 h 30 dans les bureaux de Communication Canada rue Queen's à Ottawa. La fonctionnaire qui écoute les explications du journaliste et compare les deux rapports ne tarde pas à se rendre compte de ce qui se passe. Les deux rapports sont identiques. « Elle est devenue blanche, raconte Bellavance. Elle m'a dit : je pense que vous avez raison. Je vais devoir aviser le bureau du ministre. »

Le journaliste de *La Presse*, qui doit partir pour Edmonton le soir même afin de couvrir le congrès à la direction de l'Alliance canadienne, fait part de sa découverte aux partis d'opposition afin d'obtenir des réactions rapides pour l'article qui sera publié dans l'édition du 19 mars du quotidien de la rue Saint-Jacques. De plus, il informe son collègue du *Globe and Mail*, Daniel Leblanc, de la nature de sa découverte. Le Parti progressiste conservateur, l'Alliance canadienne et le Bloc Québécois décident de passer à l'attaque le jour même, avec le consentement de Bellavance, et d'utiliser la période des questions de 14 h 15 aux Communes pour demander des explications au gouvernement Chrétien. Si le journaliste Joël-Denis Bellavance n'avait pas eu la présence d'esprit de comparer les deux rapports, peut-être que le scandale des commandites n'aurait jamais éclaté.

Don Boudria a bien sûr été informé de l'affaire par ses gens de Communication Canada avant la période des questions. Il veut savoir si Groupaction a livré consciemment ou par erreur deux fois le même document. Il ordonne alors une enquête interne afin de savoir pourquoi Groupaction s'est fait payer deux fois, soit une somme totale de 1 125 000 $, pour ce qui n'était en fait qu'un seul et unique rapport. Cette décision ne suffit pas à calmer l'opposition qui exige du gouvernement la tenue d'une enquête indépendante. Joe Clark va plus loin et estime qu'on ne peut passer outre une enquête policière s'il s'avère que Groupaction a soumis volontairement le même rapport pour deux contrats différents. Le député bloquiste Ghislain Lebel affirme lui aussi qu'une enquête interne à Travaux publics ne suffit pas. « Je suis à moitié satisfait parce que je pense qu'il faut faire une enquête publique et indépendante, dit-il. (…) Je crois que nous sommes encore dans le maquillage et, malheureusement, dans le magouillage. » Le ministre Boudria, qui fait face aux journalistes après la période des questions, se refuse à juger les documents qui lui ont été remis. « Je ne défends pas l'indéfendable. Je ne défends rien du tout. Je mets les faits tels que je les ai sur la table », déclare-t-il. Les partis d'opposition, eux, n'hésitent pas à parler de fraude, le chef conservateur Joe Clark le premier.

Il apostrophe le gouvernement à la période des questions : « Comment le gouvernement peut-il justifier d'avoir payé 550 000 $ pour une photocopie et prétendre qu'il s'agit d'un rapport nouveau et distinct ? (…) J'ai en main les huit pages du nouveau rapport. C'est la seule différence entre les deux rapports. Cela équivaut à 72 000 $ la page pour un rapport préparé par leurs amis libéraux. Si cela n'est pas de la fraude, qu'est-ce que c'est ? Une simple coïncidence ? » Quant au leader parlementaire du Bloc Québécois, Michel Gauthier, il n'y va pas non plus de main morte : « Les deux rapports déposés par le ministre sont essentiellement les mêmes. Les fiches au sujet des événements comportent exactement le même numéro dans les deux rapports. La seule différence, c'est que le rapport fait en 1998 est curieusement plus complet que celui fait en 1999. » Don Boudria est dans l'eau chaude. Il répond aux partis d'opposition que si les deux rapports sont identiques, Groupaction et les deux hauts fonctionnaires au ministère des Travaux publics, Chuck Guité et Pierre Tremblay, qui prétendent avoir reçu les rapports en 1998 et en 1999 ont agi dans « l'illégalité ».

De rebondissement en rebondissement

La situation devient de plus en plus intenable pour le gouvernement Chrétien. Le ministre Boudria est non seulement ébranlé par les attaques de l'opposition mais il est troublé par la conclusion de ses fonctionnaires de Communication Canada qui affirment que les deux rapports sont essentiellement des jumeaux. Don Boudria n'a d'autre choix que d'offrir une autre parade à l'opposition ; il demande à la vérificatrice générale Sheila Fraser de faire enquête sur toute l'affaire. Si l'enquête démontre que les deux rapports sont identiques, le ministre affirme qu'il prendra d'autres mesures. « Je demanderai à Communication Canada, dit-il, de donner des directives au ministère de la Justice afin qu'une lettre soit expédiée à Groupaction demandant un remboursement des sommes versées et ceci afin de protéger les intérêts du contribuable canadien. Je confierai ensuite le dossier à la GRC afin qu'elle fasse enquête, si nécessaire. »

Ce qu'ignore le ministre cependant à ce moment-là, c'est que son chef de cabinet, Alain Pilon, a reçu un coup de fil d'un dirigeant de Groupaction qui lui demande ce qu'il peut faire pour lui rendre la vie plus agréable… Groupaction craignait justement que

M. Boudria ne remette le dossier entre les mains de la vérificatrice générale et de la GRC. Alain Pilon n'a pas répondu aux avances de Groupaction et il n'a jamais dit à son patron qu'il avait reçu un tel appel.

Don Boudria est aux prises avec une situation dont il n'est nullement responsable et qui s'est développée sous le règne de son prédécesseur à Travaux publics, Alfonso Gagliano. Ce dernier est d'ailleurs de passage à Ottawa afin de répondre devant le comité permanent des affaires étrangères de la Chambre des communes de sa capacité à occuper le poste diplomatique que Jean Chrétien lui a confié. L'opposition veut saisir l'occasion pour obliger M. Gagliano à rendre des comptes sur sa gestion à Travaux publics et sur cette histoire des rapports identiques de Groupaction. Alexa McDonough, chef du Nouveau Parti démocratique, mène la charge aux Communes le mardi 19 mars 2002 et demande au premier ministre de suspendre la nomination de Gagliano au poste d'ambassadeur au Danemark. Jean Chrétien n'apprécie guère la manœuvre et se porte à la défense de son ancien lieutenant. « Il n'y a aucune allégation contre le ministre, répond-il. Il y a peut-être quelque chose qui est allé de travers dans le ministère. La vérificatrice générale fera la lumière sur tout cela. » Le premier ministre qualifie la manœuvre de Mme McDonough de « campagne de salissage ».

N'empêche que le mot est donné au gouvernement libéral de limiter les dégâts. Devant le comité permanent des affaires étrangères, Alfonso Gagliano est protégé de tous côtés par la majorité libérale qui y siège. L'opposition tente en vain d'interroger le nouvel ambassadeur sur les allégations de trafic d'influence qui entourent son départ du cabinet de Jean Chrétien et sur l'affaire des rapports de Groupaction. Les libéraux, évoquant sans cesse le règlement, réussissent à bâillonner les représentants des partis d'opposition.

Le mercredi 20 mars connaît un autre rebondissement inouï. Le Réseau de l'information (RDI) de Radio-Canada dévoile en effet que ce ne sont pas deux rapports jumeaux que la firme montréalaise Groupaction a fournis au gouvernement fédéral sur sa visibilité mais bien trois rapports quasi identiques. Et ce troisième rapport, qui s'intitule *Canada visibilité 96*, a rapporté à Groupaction un autre 500 000 $. Il a été commandé en 1996 par le même haut fonctionnaire de TPSGC qui a commandé les rapports de 1998 et 1999, Charles Guité. Le rapport aurait été remis au ministère en mai 1997. Selon le journaliste Patrice Roy, le document contient une quarantaine de pages d'analyse et la même liste de festivals et d'événements que celle contenue dans les deux autres rapports. En tout, les contribuables canadiens ont déboursé 1 625 000 $ pour un rapport et ce qui semble en être deux « photocopies ». Don Boudria confirme aussitôt que ce nouveau rapport fera partie de l'enquête qu'il a demandée à la vérificatrice générale au sujet des deux premiers rapports jumeaux produits par Groupaction. L'opposition n'en croit pas ses oreilles. Cette dernière révélation ajoute à ses soupçons. Les quatre partis d'opposition aux Communes sont persuadés que l'affaire Groupaction n'est que la pointe de l'iceberg d'un système de trafic d'influence qui permet au Parti libéral du Canada de garnir généreusement sa caisse électorale. Le député allianciste Vic Toews reproche au gouvernement, pendant la période des questions, de reproduire un stratagème qui a mené en avril 1998 au plaidoyer de culpabilité d'un organisateur du PLC, Pierre Corbeil, dans une affaire de trafic d'influence au Québec. M. Corbeil, à partir d'une liste confidentielle de compagnies ayant fait une demande de subvention au Fonds transitoire de création d'emplois du ministère du Développement des ressources humaines, avait sollicité ces entreprises pour obtenir des « dons » destinés au PLC. « Toute l'affaire Gagliano-Groupaction, lance Vic Toews, est une copie au carbone de ce système de retour d'ascenseur mené par Pierre Corbeil et qui a mené à des accusations de trafic d'influence. »

Gilles Duceppe, le chef du Bloc Québécois, qui estime que toute l'affaire commence à sentir trop mauvais, intervient alors pour demander au gouvernement d'élargir l'enquête de la vérificatrice générale à tous les contrats octroyés par le ministère des Travaux publics sous le règne du ministre Alfonso Gagliano. Don Boudria répond qu'il n'a pas besoin d'agir de la sorte puisque la vérificatrice générale « a toute autorité d'exercer son mandat selon des articles de la loi ». Le bureau de Mme Fraser confirme en effet que la vérificatrice générale a tout le loisir d'élargir l'enquête à sa guise et qu'il n'y a aucune limite à son pouvoir d'examiner l'ensemble du système gouvernemental d'attribution des contrats. Devant le tollé que provoque l'apparition de ce troisième rapport « bidon », pour employer le mot du député bloquiste Ghislain Lebel, le ministre Don Boudria n'a d'autre choix que de suspendre le 21 mars tous les contrats de Groupaction jusqu'à ce que toute la lumière soit faite sur l'affaire.

Il faudra peu de temps à Sheila Fraser pour se rendre compte que ce qui s'est produit avec les contrats de Groupaction peut s'être produit avec d'autres contrats gouvernementaux. À la mi-avril, dans une lettre au ministre Boudria, elle avertit ce dernier qu'elle a l'intention d'élargir son enquête à d'autres entreprises de marketing ayant reçu des contrats du gouvernement au cours des dernières années. « L'enquête, écrit-elle au ministre, évaluera la façon dont les entreprises sont sélectionnées et la manière dont les contrats sont octroyés. L'enquête pourrait aussi inclure un examen des contrats accordés à d'autres entreprises. » Depuis l'arrivée des libéraux au pouvoir en 1993, trois agences de publicité de Montréal ont obtenu la part du lion des contrats de commandite du gouvernement fédéral. Et ces trois agences, Groupaction, Groupe Everest et Lafleur Communication, se sont montrées particulièrement généreuses à l'endroit du Parti libéral.

Pendant que l'affaire Groupaction se développe à une vitesse folle, les journaux révèlent peu à peu les liens pour le moins suspects entre diverses agences de communication de Montréal et des élus libéraux ou encore Chuck Guité, celui qui a dirigé la DGSCC et les activités de commandite à TPSGC à l'époque des contrats en question. Dès le 11 mars, l'Alliance canadienne tente d'établir un lien entre Don Boudria et Chuck Guité. Le député Vic Toews révèle aux Communes que Guité, alors à la tête de sa propre entreprise, ORO Communication inc., a versé 1000 $ à la campagne électorale de M. Boudria en 2000, bien avant la nomination de ce dernier à la tête de Travaux publics. Pourquoi Chuck Guité s'intéresse-t-il ainsi à Don Boudria ? Pourquoi contribue-t-il à sa campagne électorale plutôt qu'à celle d'un autre ministre libéral ? Don Boudria se défend devant les journalistes de connaître Chuck Guité. Il affirme qu'il l'a seulement rencontré une fois ou deux et qu'il y a au moins 1000 personnes dans sa circonscription qui ont contribué à sa campagne électorale.

Un week-end en famille

Don Boudria s'en tire à bon compte mais il n'est pas au bout de ses peines. Le 16 mai, on découvre en effet que le ministre et sa famille ont passé le week-end des 16 et 17 mars – juste avant la découverte des deux rapports identiques de Groupaction – en Estrie à la luxueuse résidence de campagne de l'un des fournisseurs de son ministère, le président du Groupe Everest, Claude Boulay. Le Groupe Everest fait partie depuis un bon bout de temps déjà des agences de communication choyées par le gouvernement Chrétien. À elle seule, l'agence a reçu 67,67 millions de dollars de contrats du gouvernement depuis 1995. L'affaire est d'autant plus embarrassante pour le nouveau ministre que Jean Chrétien lui a confié la responsabilité de défendre l'intégrité du gouvernement dans l'affaire Groupaction. Les apparences jouent contre le ministre. Ce dernier est accompagné, lors de cette fin de semaine au chalet de Claude Boulay, de son épouse Mary Ann, de ses deux enfants, Daniel et Julie, et des conjoints de ces derniers. Pris à partie aux Communes, M. Boudria soutient n'avoir obtenu aucune faveur en séjournant chez Claude Boulay puisque son fils, Daniel, a loué la maison pour 400 $ la nuit et que M. Boulay n'était pas présent pendant le week-end. Pour faire la preuve de sa bonne foi et tenter de faire taire l'opposition, Don Boudria remet aux journalistes le vendredi 17 mai une photocopie d'un chèque de 800 $ daté du 18 mars et signé par Paule Charbonneau, la femme de Daniel Boudria. Ce chèque, fait à l'ordre de Diane Deslauriers, la femme de M. Boulay, a été remis aux paroisses des quartiers Saint-Henri et Petite-Bourgogne de Montréal par le président du Groupe Everest. Pour le Bloc Québécois, ce n'est que de la poudre aux yeux. La photocopie d'un chèque ne prouve pas que le paiement a été fait, estime le Bloc, et il demande au ministre Boudria de déposer aux Communes l'original du chèque. « Nous voulons voir ce qu'il y a au verso de ce chèque, exige Gilles Duceppe. Qui l'a encaissé ? À quelle date a-t-il été encaissé ? Ce serait intéressant de savoir cela pour s'assurer que le chèque n'a pas été fait après les révélations. » Le chef du PPC, Joe Clark, exige aussi la même chose, estimant que cela est de la première importance dans cette affaire. Don Boudria esquive toutes les questions à ce sujet, aussi bien aux Communes que devant les journalistes. « Je ne sais même pas quand le chèque a été écrit, dit-il. Je ne l'ai jamais vu. Je n'ai jamais vu aucun des deux côtés du chèque. » Quant au responsable des paroisses des quartiers Saint-Henri et Petite-Bourgogne de Montréal, le curé Gilles Savoie, il se tourne en ridicule en refusant de dire quand il a reçu le chèque et s'il l'a encaissé. « Je suis sous le secret professionnel ou le secret de la confession », dit-il avec le plus grand sérieux. Même si les explications de Don Boudria semblent pour le moins étranges, le premier ministre Jean Chrétien lui-même se porte à son secours.

« Il a occupé la maison et il a payé 400 $ par soir, déclare-il. Je trouve qu'il n'y a pas une grande faute là-dedans. S'il n'avait pas payé, cela aurait été autre chose. (…) Nous devons vivre ! Il a payé. Je n'y vois pas un conflit d'intérêts. » Le 22 mai on apprend que le paiement du séjour au chalet de Claude Boulay, qui devait avoir été remis aux bonnes œuvres, a finalement été encaissé par l'épouse du président du Groupe Everest. Toutes les explications données au préalable s'avèrent donc douteuses. L'opposition ne tarde pas à demander la démission du ministre des Travaux publics, seule « chose honorable » à faire dans les circonstances, affirme le chef de l'Alliance canadienne, Stephen Harper. Don Boudria reconnaît, au moins à quatre reprises, qu'il a fait une erreur de jugement en acceptant les faveurs d'un fournisseur de son ministère mais il maintient tout au long de l'affaire qu'il n'est pas en conflit d'intérêts dans le dossier. « Il n'y a rien d'illégal qui a été fait, dit-il. Mais si vous me demandez si je le referais encore, bien sûr que non. »

Le gouvernement confie donc à son conseiller en éthique, Howard Wilson, le soin d'examiner les circonstances qui ont mené le ministre à passer une fin de semaine au chalet de Claude Boulay, pour déterminer s'il ne s'est pas mis en conflit d'intérêts. Ce geste n'impressionne guère l'opposition qui n'a aucune confiance en Howard Wilson, un commissaire à l'éthique choisi et nommé par Jean Chrétien et qui ne se rapporte qu'au premier ministre. Howard Wilson indique néanmoins que le code régissant la conduite des titulaires de charge publique touchant les conflits d'intérêts s'applique non seulement aux ministres, mais aussi à leur personnel politique. Or, Daniel Boudria, le fils de Don Boudria, est à ce moment-là l'adjoint principal de la ministre du Patrimoine, Sheila Copps. Et Julie Boudria, la fille du ministre, occupe un emploi similaire au bureau du ministre de la Justice, Martin Cauchon. Il faut savoir aussi que le Groupe Everest est l'une des deux agences au pays ayant le statut de fournisseur accrédité auprès du ministère du Patrimoine. « De fait, lit-on dans *La Presse* du 22 mai 2002, le ministère de Sheila Copps a accordé une douzaine de contrats en publicité d'une valeur totale de 1,1 million de dollars au Groupe Everest dans les jours qui ont suivi la fin de semaine de ski de la famille Boudria dans la résidence de M. Boulay, selon des chiffres fournis hier par le député conservateur Peter MacKay[2]. » Tout en refusant de se prononcer sur le fond de la controverse, Howard Wilson déclare à *La Presse* dans le même article : « Le code touchant les conflits d'intérêts s'applique aussi au fils de M. Boudria qui a organisé le voyage. Il s'applique aussi à sa fille. Alors j'ai demandé à mes adjoints de me préparer une description des faits afin d'examiner ce dossier davantage. » L'article du code, adopté par le gouvernement Chrétien en 1994, stipule en effet que « le titulaire d'une charge publique doit éviter de se placer ou de sembler se placer dans des situations où il serait redevable à une personne ou à un organisme, ou encore au représentant d'une personne ou d'un organisme, qui pourrait tirer parti d'un traitement de faveur de sa part. » Or, le fils de Don Boudria entretient des liens étroits avec des agences de publicité du gouvernement, ce qui le place en conflit d'intérêts. Dans ces circonstances, Jean Chrétien ne peut plus en toute conscience se porter publiquement à la défense de son ministre des Travaux publics. Le 26 mai, Don Boudria est rétrogradé et redevient leader du gouvernement à la Chambre des communes. Ralph Goodale le remplace aussitôt à Travaux publics.

D'autres révélations sur les liens étroits des libéraux fédéraux avec certaines agences de communication de Montréal continuent de soulever maintes interrogations. On apprend notamment le 7 mai 2002 que Denis Coderre, alors ministre de la Citoyenneté et de l'Immigration, a travaillé en 1996 et 1997, à titre de vice-président aux affaires publiques, pour le Groupe Polygone, l'éditeur de l'*Almanach du peuple,* qui bénéficie de plusieurs millions de dollars de commandites du gouvernement fédéral. Le ministre, qui ne s'est pas vanté de cette ancienne relation d'affaires, a paru ébranlé par ces révélations. Denis Coderre se défend d'avoir fait quoi que ce soit de mal ou d'illégal. « J'ai gagné ma vie comme vice-président aux affaires publiques du Groupe Polygone pendant six mois à l'automne 1996, plaide-t-il devant les journalistes qui l'interrogent. Je pense qu'on a le droit de gagner sa vie et de faire vivre ses enfants, et c'est ce que j'ai fait. » Le ministre reconnaît cependant qu'il a fait ce travail alors qu'il venait tout juste de devenir candidat pour le Parti libéral et que Groupe Polygone était une entreprise de sa circonscription de Bourassa. « J'étais là pour faire des affaires corporatives, et il serait tendancieux de faire des liens avec quoi que ce soit », prévient-il, visiblement sur la défensive. Reste que l'agence Groupaction, choisie pour gérer les commandites de Groupe Polygone, a reçu d'importantes commissions pour le placement de publicités dans l'*Almanach du peuple,* et que l'Alliance canadienne voit là un potentiel conflit d'intérêts. Elle demande même au gouvernement d'ouvrir une enquête sur les liens entre Polygone et Denis Coderre, une enquête qui n'aura jamais lieu.

Denis Coderre doit également admettre qu'en 1997, à la suite de problèmes matrimoniaux, il a été hébergé pendant six semaines au condominium de Claude Boulay, le président du Groupe Everest, à l'Île-des-Sœurs. Coderre a d'abord refusé d'admettre les faits pour reconnaître ensuite qu'il est lié à Claude Boulay qu'il considère comme un véritable ami.

Martin Cauchon, alors ministre de la Justice, craignant sans doute aussi les conséquences néfastes pour lui des liens étroits qu'il entretient avec l'agence de publicité Lafleur Communication Marketing, n'attend pas pour sa part d'être pris dans les filets médiatiques avant de se confesser publiquement de ses amitiés. Il va donc au-devant des coups le 29 mai 2002 en révélant qu'il a participé à plusieurs excursions de pêche en compagnie du grand patron de Lafleur Communication, Jean Lafleur. «Oui, je suis un pêcheur de saumon, déclare-t-il de son propre chef à la presse cette journée-là. On me dit que le Bloc commence à regarder ça (…) J'ai pêché le saumon avec Jean Lafleur à quelques reprises. Jean Lafleur n'a jamais payé pour moi. Jean Lafleur, c'est un ami à moi. Je n'ai jamais caché cela.» Martin Cauchon est responsable de l'organisation du Parti libéral au Québec à l'époque et il ne peut ignorer que Lafleur Communication est, depuis janvier 2001, une filiale de Groupaction.

Il y a donc de toute évidence un réseau de copinage bien établi entre certains membres influents du Parti libéral du Canada et certaines agences de communication qui reçoivent d'importants contrats du gouvernement Chrétien.

Un premier rapport de la vérificatrice

Le lundi 6 mai 2002 la vérificatrice générale Sheila Fraser remet enfin au gouvernement son rapport d'enquête sur les trois contrats d'une valeur totale de 1,6 million de dollars octroyés à Groupaction. Dans une conférence de presse tenue le mercredi suivant, le verdict de Mme Fraser est cinglant: «Les hauts fonctionnaires ont contourné à peu près toutes les règles.» Le rapport tend à attribuer la responsabilité du scandale à l'ancien ministre des Travaux publics, Alfonso Gagliano. La vérificatrice générale ne peut «confirmer ou infirmer ce que le ministre savait ou non» mais elle reconnaît que ce dernier est en premier lieu responsable des actes des fonctionnaires qu'il a sous sa tutelle. Sheila Fraser, qui soupçonne que l'affaire peut avoir des ramifications plus étendues, annonce avoir transmis le dossier à la GRC. « Les hauts fonctionnaires chargés de la gestion des contrats, souligne-t-elle dans son rapport, ont manifesté un mépris flagrant à l'égard de la Loi sur la gestion des finances publiques, du Règlement sur les marchés de l'État, de la Politique sur les marchés du Conseil du Trésor et des règles visant à garantir que les contrats gouvernementaux sont octroyés et administrés avec prudence et probité. » Les fonctionnaires, soit Charles Guité et Pierre Tremblay, « ne se sont pas acquittés de leurs responsabilités avec la prudence et la diligence voulues ». Mme Fraser énumère ensuite longuement les lacunes que ses vérificateurs ont trouvées. Les dossiers sont si mal documentés que de nombreuses questions sur la sélection de l'entrepreneur, la méthode utilisée pour établir le prix et l'étendue des travaux stipulée demeurent sans réponse. « À notre avis, ajoute Mme Fraser, le gouvernement n'a pas reçu tout ce qui était stipulé dans les contrats et ce pourquoi il a versé l'argent. » La vérificatrice générale confirme ainsi que personne n'a pu trouver le rapport prévu au terme du deuxième contrat pour lequel le gouvernement a versé 549 990 $. Elle établit que les fonctionnaires ont approuvé des paiements pour des travaux qui différaient considérablement de ce qui avait été demandé. Qui plus est, elle affirme que, dans quelques cas, ces fonctionnaires ont approuvé des paiements tout en sachant parfaitement que les exigences portées aux contrats n'avaient pas été remplies. Elle rapporte qu'au ministère des Travaux publics, on s'est défendu en lui affirmant que ces paiements avaient été faits pour des conseils donnés verbalement. Mais ces conseils, rétorque-t-elle, ne sont pas prévus aux contrats : « il n'existe aucune preuve dans les dossiers que des conseils ont été reçus ». Mme Fraser constate également que le premier des trois contrats, établi d'abord à 250 000 $, a été modifié de façon à en doubler la valeur sans qu'elle ne trouve de documents pour justifier cette modification : « Aucun des documents que nous avons examinés ne contient d'explications sur la façon dont le gouvernement a déterminé les services requis et sur les raisons pour lesquelles il a décidé que la passation d'un contrat serait la meilleure façon d'obtenir ces services. » De plus, le bureau de la vérificatrice générale n'a trouvé aucune preuve d'un processus quelconque de sélection approprié pour l'attribution du premier contrat, non plus que du deuxième et du troisième. Enfin, les fonctionnaires n'ont même pas vérifié si le nombre d'heures facturées par l'entrepreneur correspondait raisonnablement au temps requis pour effectuer les travaux. Toute l'affaire est, pour employer des termes moins comptables et techniques que ceux employés par Sheila Fraser, une vaste fraude. Le rapport de la vérificatrice générale rappelle d'ailleurs que le ministère des Travaux publics a failli à sa responsabilité première de « veiller à ce que tous les contrats de services passés au nom du gouvernement du Canada résistent à l'examen du public quant à la prudence et à la probité et reflètent l'équité dans les dépenses publiques. Il incombait au Ministère d'assurer un contrôle et une surveillance appropriés de toutes les dépenses imputées à son crédit. »

Interrogé au cours de l'enquête, l'ancien directeur de la DGSCC, Chuck Guité, tente de justifier les anomalies constatées en affirmant platement à la vérificatrice générale que c'était sa « façon de faire des affaires ». Quant à la firme Groupaction, elle refuse de commenter le rapport, se contentant d'émettre un communiqué qui soutient qu'elle a « fourni la prestation de services qui était attendue dans le cadre des mandats de communication-conseil que le gouvernement du Canada lui a confiés ».

Devant ce mépris flagrant de toutes les règles gouvernementales et les malversations évidentes mises en lumière par Sheila Fraser, l'affaire ne peut en rester là. La vérificatrice générale annonce, le mercredi 8 mai 2002, qu'elle entreprend une vérification « d'optimisation des ressources » de tous les programmes de publicité et de commandites du gouvernement. « On ne peut pas mettre trois contrats aussi mal gérés devant un vérificateur et croire qu'on ne va pas aller tous les voir, lance Sheila Fraser aux journalistes. C'est comme une évidence ! »

Le gouvernement de Jean Chrétien doit soudain faire face aux pires allégations de corruption lancées contre lui depuis son arrivée au pouvoir en 1993. Le premier ministre, en voyage en Espagne, refuse de répondre aux questions des journalistes sur l'affaire. Au sein de la représentation libérale à Ottawa, certains élus sont pris de panique et mettent bêtement en doute l'impartialité de la vérificatrice générale. Dominic LeBlanc, du Nouveau-Brunswick, et Dan McTeague, de l'Ontario, mènent la charge. M. LeBlanc, fils de l'ancien gouverneur général Roméo LeBlanc, soutient notamment qu'il faut prendre ce rapport avec un grain de sel et que le bureau de la vérificatrice générale n'est pas « infaillible ». Le chef du Bloc Québécois, Gilles Duceppe, qualifie d'« ignoble », d'« épouvantable » et de « déplorable » la tentative de dénigrement des LeBlanc et McTeague. Joe Clark, le chef du PPC, n'a pas non plus mâché ses mots. « Dominic LeBlanc, lance-t-il, est le chien de poche du gouvernement, le chien d'attaque du premier ministre. La vérificatrice générale est le chien de garde du Parlement. Ce sont les chiens de poche qui attaquent les chiens de garde. Il s'avère tout à fait extraordinaire que le gouvernement libéral ait choisi d'attaquer l'intégrité de la vérificatrice générale, un officier parlementaire indépendant. » Les libéraux se sont engagés sur une pente dangereuse qui risque de les compromettre davantage. Les ministres Don Boudria et Allan Rock décident de rappeler à l'ordre les « brebis libérales », pour reprendre l'expression du député bloquiste Pierre Brien, et de défendre le travail exemplaire de Sheila Fraser. « Je peux confirmer qu'à mon avis, et de l'opinion du gouvernement, la vérificatrice générale fait un travail irréprochable », déclare Don Boudria aux Communes, espérant ainsi éteindre la polémique.

Don Boudria se rend compte que quelque chose ne tourne pas rond du côté du programme de commandites. Il veut même abolir le programme, persuadé que c'est la seule chose à faire, mais il se heurte au refus catégorique du Bureau du Conseil privé, le ministère du premier ministre.

L'opposition applaudit aux décisions de Mme Fraser d'alerter la GRC à propos des trois contrats passés avec Groupaction et d'ordonner à son bureau une vaste enquête de vérification sur l'ensemble des activités de commandite du gouvernement fédéral. Mais la portée du travail de la GRC et de la vérificatrice générale demeure limitée. Il faut aller plus loin. « Une enquête publique est nécessaire pour déterminer le rôle politique que les ministres ont joué dans l'octroi de contrats aux amis du régime », déclare Gilles Duceppe aux Communes. Joe Clark aussi souhaite une enquête sur toutes les pratiques contractuelles du gouvernement, et qui obligerait à comparaître les anciens ministres mêlés de près à ces pratiques, comme Alfonso Gagliano. L'Alliance canadienne soutient la même idée et veut savoir si toute l'affaire ne cache pas un système de ristournes au profit du Parti libéral du Canada.

L'annonce par Sheila Fraser d'une enquête plus vaste sur les activités de commandite du gouvernement n'a pas été motivée seulement par l'affaire des contrats à Groupaction. Les exemples de contrats louches et de malversations commencent à se multiplier dans les coulisses du Parlement et dans les journaux. L'affaire Groupaction n'est peut-être que la pointe de l'iceberg. En ce début de mai 2002, la presse et l'opposition font notamment grand cas d'un contrat de publicité du gouvernement fédéral pour l'*Almanach du peuple*. En 2001, Ottawa a en effet payé 25 fois plus cher que Québec le même nombre de pages de publicité achetées dans l'édition 2002 de l'almanach. Ottawa a déboursé 656 000 $ pour la publication de 138 pages de publicité alors que Québec a déboursé 58 000 $ pour 139 pages. « J'aimerais savoir où sont passés les 610 000 $ en trop », demande Gilles Duceppe au gouvernement Chrétien. Dans ce contexte, l'enquête annoncée par Sheila Fraser paraît on ne peut plus pertinente. Elle va ouvrir non pas une boîte à surprises mais une véritable boîte de Pandore.

CHAPITRE III

La politique de l'autruche

« Peut-être que quelques millions de dollars ont été volés dans le processus. C'est possible. Mais combien de millions et de millions de dollars avons-nous sauvé au pays parce que nous avons rétabli la stabilité du Canada en tant que pays uni ? » Lorsque Jean Chrétien lance cette phrase à Winnipeg le 30 mai 2002, au cours d'un rassemblement libéral, il ne se doute pas du tollé qu'il va provoquer. Il tente tant bien que mal, le lendemain, de réparer les pots cassés, de clarifier sa pensée, mais pour ses détracteurs et, en particulier, pour le conservateur Stephen Harper, le premier ministre vient d'admettre publiquement qu'il y a eu corruption dans son gouvernement. Cette phrase de Jean Chrétien, qui est reprise aux Communes par l'opposition et à la grandeur du pays par la presse, a, pour employer la terminologie freudienne, quelque chose d'un lapsus significatif ; elle est tout à fait cohérente avec l'attitude qu'adopte Jean Chrétien pour gérer la crise qui s'abat sur son gouvernement à la suite de la publication du rapport de Mme Fraser.

Jean Chrétien n'a jamais reculé devant une bonne bagarre et il croit dur comme fer en ce printemps 2002 que le scandale Groupaction va couler sur le dos de son gouvernement comme de l'eau sur le dos d'un canard. Une bonne contre-attaque, quelques manœuvres démagogiques de diversion et hop ! l'opposition se lasse de ne recevoir aucune réponse claire et les choses reprennent leur cours. Le premier ministre n'a-t-il pas réussi à enterrer bien d'autres affaires avant celle-là, que ce soit celle du milliard gaspillé au ministère du Développement des ressources humaines, celle du registre des armes à feu qui devait coûter deux millions mais qui en coûte, pour des raisons encore obscures, deux milliards, ou encore celle de l'enquête publique sur la mission militaire en Somalie qui est sabordée avant qu'elle n'arrive à terme ? Jean Chrétien ne survit-il pas également à la fameuse controverse du « Shawinigate » ? Le premier ministre, on s'en souvient, a téléphoné lui-même en 1996 et 1997 à la Banque de développement du Canada (BDC) pour soutenir une demande de prêt en faveur de l'Auberge Grand-Mère. Cette auberge appartient à Yvon Duhaime, un homme qui lui doit encore de l'argent. Son vice-premier ministre, John Manley, souligne même publiquement que cette histoire nuit à l'image d'intégrité du gouvernement. Jean Chrétien survit même à cela. C'est, disent bien des commentateurs, un premier ministre téflon. Ainsi, dans l'affaire du scandale de Groupaction, il n'est pas question pour lui d'admettre quelque responsabilité que ce soit. « Si quelqu'un a volé de l'argent, lance-t-il encore à Winnipeg, il devra faire face aux tribunaux. Mais je ne m'excuserai auprès d'aucun Canadien. »

Jean Chrétien contre-attaque

Pour affronter la tempête annoncée, le premier ministre décide de gérer la crise sur le mode offensif, fidèle à ses bons vieux réflexes de bagarreur de ruelle. Dès le 6 mai 2002, la veille de son départ pour l'Espagne où il participe au sommet annuel entre le Canada et l'Union européenne – sachant que le rapport que Mme Fraser allait déposer dans moins de quarante-huit heures allait être accablant pour son gouvernement (la vérificatrice générale en avait déjà remis une copie au ministre Don Boudria) –, il se porte à l'assaut pour défendre tous azimuts le déjà controversé programme de commandites (c'est sans doute ce qui explique pourquoi Don Boudria n'a pu mettre un terme au programme).

Le moment est crucial pour le premier ministre en ce printemps 2002 puisque dans quelques jours sept élections partielles doivent être tenues au pays dont deux au Québec. Il croit qu'il peut facilement venir à bout de ce qu'il considère comme une tempête dans un verre d'eau. Il ne fait aucun doute pour le premier ministre que le programme de commandite, doté d'environ 40 millions de dollars par année, a permis de neutraliser les forces souverainistes après le référendum de 1995 au Québec. Il ne se gêne d'ailleurs pas pour le dire aux Communes : « La réalité est que ce programme de commandites a été très bénéfique pour le Canada. En 1995, le Canada était à la dérive. Nous sommes allés au Québec et avons expliqué aux Québécois ce qu'est le Canada. Les résultats aujourd'hui démontrent que le gouvernement a bien agi puisque le danger de la séparation est beaucoup moindre qu'il ne l'était en 1995. »

Évidemment, ces propos ne font rien pour apaiser l'opposition et une bonne partie de l'opinion publique qui accusent le premier ministre d'adopter la politique de l'autruche. Pour les partis de l'opposition, l'affaire Groupaction n'est qu'une facette d'un vaste système de trafic d'influence qui, soupçonnent-ils, a pour seul et unique objectif de renflouer les caisses asséchées du PLC. D'ailleurs l'opposition ne manque pas une occasion de rappeler que Groupaction a versé à la caisse des libéraux depuis 1993 quelque 112 000 $.

« C'est de la foutaise, tout cela », déclare ainsi le chef intérimaire de l'opposition officielle, John Reynolds, à propos de la sortie de Jean Chrétien. « Je crois que chaque Québécois serait plus heureux si les 40 millions de dollars de ce programme avaient servi à réduire leurs impôts. Rien ne pourra éliminer l'odeur de corruption qui enveloppe ce gouvernement », ajoute-t-il. « Ils [les libéraux de Jean Chrétien] ont presque perdu le pays en 1995. Ils dépensent de l'argent sur les drapeaux et les amis du régime et cela n'a pas fonctionné. C'est la volonté des Québécois qui a changé grâce au leadership de Jean Charest, et non pas à celui du premier ministre », rappelle encore John Reynolds à propos du résultat du référendum.

Le Bloc Québécois réagit aussi avec véhémence à la tentative de Jean Chrétien de dorer la pilule. « Le Bloc Québécois a obtenu la majorité des sièges aux dernières élections. En 1994, M. Chrétien prédisait la fin du mouvement souverainiste. En 1995, il a eu chaud, il a eu peur », contre-attaque la députée bloquiste Caroline Saint-Hilaire aux Communes.

L'opposition exige alors que le gouvernement mette sur pied une enquête indépendante sur l'ensemble des activités de commandite. La vérificatrice générale blâme certes les fonctionnaires, fait remarquer Gilles Duceppe, mais ces fonctionnaires ont agi selon les directives des politiciens. Tous les partis qui siègent en face des libéraux à la Chambre des communes exigent également le rappel immédiat d'Alfonso Gagliano, nommé ambassadeur au Danemark au mois de janvier précédent. « Suite aux révélations de la vérificatrice générale, il est maintenant évident pour tous qu'Alfonso Gagliano est au cœur du scandale qui nous préoccupe, souligne la députée bloquiste Francine Lalonde. Qu'attend le gouvernement pour le rappeler, afin qu'il revienne témoigner de ses agissements, lors d'une enquête publique, lui qui n'aurait jamais dû être nommé ambassadeur dans les conditions que l'on connaît ? »

L'opposition n'a pas du tout l'intention de lâcher le morceau. « L'enquête doit aller au-delà de l'affaire Groupaction », soutient à son tour le chef du Parti conservateur, Joe Clark.

Les libéraux sont dans leurs petits souliers. Sheila Fraser est en train de miner ce qui fait la force du gouvernement Chrétien, soit sa réputation de bonne gestion financière et de prudence fiscale. Don Boudria, le ministre des Travaux publics, s'engage à l'avance à donner suite aux recommandations de la vérificatrice générale, notamment celle prévisible de demander la tenue d'une enquête policière.

Lorsque le rapport de Mme Fraser est déposé le lendemain, le 9 mai 2002, le gouvernement Chrétien commence ses manœuvres de diversion. Aux Communes, le ministre des Travaux publics Boudria refuse de répondre avec précision aux questions de l'opposition, se murant dans des formules préparées à l'avance et les répétant *ad nauseam* : la GRC se penche sur l'affaire et la vérificatrice générale s'apprête à élargir son enquête. Le NPD tente d'obtenir un débat d'urgence mais rien n'y fait, le gouvernement ne veut pas entendre parler de commandites. Don Boudria rappelle qu'il a déjà annoncé des changements dans les règles d'allocation des contrats gouvernementaux, notamment qu'une entreprise et ses sociétés affiliées ne pourront obtenir plus de 25 % de la valeur de la totalité des contrats de commandite. Cela doit suffire à calmer les esprits, pense-t-il. Il n'en est rien. L'opposition continue de crier à la corruption, soupçonnant que la distribution de contrats aux amis du régime est une pratique généralisée au gouvernement.

Au cours des journées qui suivent aux Communes, à chaque période de questions, l'opposition réclame le rappel de Gagliano. L'ancien ministre, prétendent l'Alliance canadienne, le PPC, le NPD et le Bloc, est sûrement au courant de ce que toutes les règles ont été violées dans l'attribution des contrats à Groupaction. C'est pour cette raison qu'il doit témoigner devant le Comité permanent des comptes publics. « Les fonctionnaires ne violent pas les règles sur un coup de tête. Quelqu'un leur a demandé de le faire », fait notamment valoir l'allianciste Jason Kenney. Un fonctionnaire n'agit pas seul, ajoute le député, car il «compromettrait sa carrière». Mme Fraser pointe d'ailleurs dans son rapport les fonctionnaires responsables du programme de commandites, Charles Guité, ex-directeur exécutif de la DGSCC, et son successeur, Pierre Tremblay, qui a été auparavant le chef de cabinet d'Alfonso Gagliano. De plus, l'opposition ne comprend pas pourquoi le ministre des Travaux publics, qui a reçu en 2000 un rapport de vérification interne alarmant sur le programme, n'a rien fait pour corriger le tir.

Les libéraux maintiennent néanmoins la ligne dure. Le cabinet du premier ministre distribue ainsi à tous les membres de l'aile parlementaire libérale un document dans lequel l'argumentaire gouvernemental est précisé. Les députés ne doivent pas y déroger lorsque leurs électeurs leur demandent de répondre aux allégations de corruption qui pèsent sur le gouvernement. Il faut que le message soit le même pour tous. Le document insiste notamment sur la défense du programme de commandites parce que ce dernier a permis de contrer le mouvement souverainiste au Québec. «Nous avons créé le programme de commandites au Québec en 1995, peut-on y lire, parce que, pendant trop longtemps, le gouvernement du Canada avait gardé le silence dans la province, laissant le champ libre aux séparatistes pour induire les Québécois en erreur en minimisant les avantages qui découlent du fait d'appartenir au Canada.»

«Chaque année, le gouvernement péquiste dépense des dizaines de millions de dollars sur des commandites. Le but de notre programme de 40 millions de dollars par année était de parler directement aux Québécois à titre de gouvernement national, de réaffirmer la présence fédérale dans leurs communautés et dans leur vie quotidienne», y affirme-t-on encore. «Par suite de notre stratégie globale au Québec – un bon gouvernement, une économie prospère, la Loi sur la clarté et l'accent sur les questions qui comptent vraiment pour les Québécois –, le programme de commandites a contribué à faire descendre l'appui au séparatisme à des creux historiques.»

Malgré cette stratégie concoctée par le cabinet du premier ministre, tout ne se passe pas comme le souhaite Jean Chrétien. Une note discordante vient briser la belle harmonie libérale quand le ministre des Affaires intergouvernementales, Stéphane Dion, dit publiquement vingt-quatre heures plus tard le contraire de son chef. Pour Stéphane Dion, ce ne sont pas les commandites qui ont sauvé le Canada mais bien la Loi sur la clarté, sa Loi sur la clarté qui a, plus que toute autre chose, dit-il, permis de clarifier les enjeux reliés à l'indépendance du Québec. « Je n'ai jamais rencontré quelqu'un qui m'ait dit que, parce qu'il a vu une commandite, il a changé d'avis [au sujet de la souveraineté du Québec]. Ce qui a amené la baisse de la séparation, c'est que les Québécois se sont rendu compte de plus en plus qu'ils avaient un grand pays qui s'appelle le Canada et auquel ils tiennent », affirme le protégé de M. Chrétien.

Les députés libéraux sont néanmoins priés de s'en tenir au document du premier ministre, de rappeler à leurs électeurs que le gouvernement a pris des mesures pour corriger les lacunes du programme et que d'autres mesures suivront au besoin. Les députés doivent également rassurer leurs électeurs en promettant la pleine collaboration du gouvernement avec la GRC dans les enquêtes en cours.

Au cours de ce mois de mai 2002, Stephen Harper remporte une élection partielle et il devient le nouveau chef de l'opposition officielle, le huitième à affronter Jean Chrétien depuis 1993. Cela se produit alors que le ministre Don Boudria fait face au feu nourri de l'opposition pour son week-end chez Claude Boulay. Le 21 mai, dès sa première question aux Communes, M. Harper demande au gouvernement le gel immédiat de l'ensemble des contrats de commandite et de publicité octroyés aux neuf agences agréées par le gouvernement pour mettre en œuvre ce programme : « Le premier ministre arrêtera-t-il le gaspillage et les abus immédiatement en décrétant un gel de tous les contrats gouvernementaux de publicité discrétionnaires ? » Jean Chrétien se contente de faire valoir que la vérificatrice générale, Sheila Fraser, a les choses bien en main et qu'il faut la laisser faire son travail. Il en profite aussi pour réfuter les charges de l'opposition contre son ancien lieutenant, Alfonso Gagliano. « La vérificatrice générale, dit-il, n'a jamais blâmé M. Gagliano. Elle a été très claire. Elle a fait une distinction. Elle a parlé de quelques personnes dans la fonction publique. Elle n'a jamais blâmé ni un ministre ou du personnel de ministre. Elle a nommé deux fonctionnaires. »

Vaines tentatives de calmer le jeu

Malgré le calme apparent de Jean Chrétien devant les coups répétés de l'opposition, la grogne commence à se manifester parmi certains députés libéraux d'arrière-ban qui commencent à en avoir assez de ces affaires qui minent le gouvernement et qui leur causent un tort considérable dans leurs circonscriptions. On voit ainsi des députés tels John Bryden, Sophia Leung, Shawn Murphy et Beth Phinney, lors d'une réunion du Comité des comptes publics, braver ouvertement les directives de leur parti en votant avec l'opposition en faveur d'une enquête parlementaire qui obligera les fonctionnaires qui ont participé à l'octroi des contrats de commandite à Groupaction à venir témoigner. La motion en faveur de cette enquête est déposée par le Nouveau Parti démocratique (NPD) qui veut savoir une seule chose : y a-t-il eu ingérence politique dans l'attribution de ces contrats ? C'est du moins ce qu'indique le député qui parraine la motion, Pat Martin. Pour lui, ni la vérificatrice générale ni la GRC ne peuvent répondre à cette question fondamentale. « La vérificatrice générale, explique-t-il, peut commenter les méfaits des fonctionnaires, la GRC peut se pencher sur les méfaits des fournisseurs pour voir s'il y a eu de la fraude criminelle ou de fausses représentations. Nous avons besoin de savoir si le ministre actuel ou un ex-ministre ou quelqu'un d'autre de leur bureau a demandé aux hauts fonctionnaires de contrevenir à toutes les règles. »

Le gouvernement Chrétien vient, un peu malgré lui, du moins en apparence, de lâcher du lest. Mais Jean Chrétien a d'autres cartes dans sa manche. Profitant, le 23 mai 2002, d'une motion de l'Alliance qui remet en cause l'intégrité du gouvernement, le premier ministre prend la parole aux Communes pour annoncer un train de nouvelles directives en matière d'éthique gouvernementale, destinées à restaurer la confiance des citoyens.

M. Chrétien annonce d'abord que son gouvernement rendra public le *Guide à l'intention des ministres et des secrétaires d'État* qui énonce les normes de conduite qui doivent encadrer leur action. Il promet aussi de revoir et de divulguer les règles régissant les rapports des ministres avec les sociétés d'État et de rendre publiques les lignes directrices applicables aux activités de financement menées par des ministres à des fins politiques. Autre innovation, le premier ministre déposera au Parlement à l'automne suivant le premier rapport annuel du conseiller en éthique, lequel devra répondre de ses actions devant un comité parlementaire. À ce train de réformes s'ajoutent un code de conduite distinct pour les députés et les sénateurs, des modifications à la Loi sur l'enregistrement des lobbyistes ainsi que des changements fondamentaux aux dispositions relatives au financement des partis politiques et des candidats aux élections. Enfin, le premier ministre a l'intention de fournir aux hauts fonctionnaires des moyens de faire preuve d'une diligence raisonnable dans la gestion des fonds publics et de les rendre responsables de leur gestion.

Le débat qui suit est houleux et les couteaux volent bas. À John Reynolds, leader en Chambre de l'Alliance canadienne, qui vient de rappeler la longue liste des affaires qui secouent le gouvernement Chrétien depuis 1997, notamment les affaires Groupaction et « Shawinigate », le premier ministre lance qu'il n'est plus le gentleman qu'il a connu autrefois.

L'opposition rejette les mesures du premier ministre. Elle les considère insuffisantes, surtout en ce qui a trait au conseiller en éthique du gouvernement, lequel n'acquiert pas plus d'indépendance qu'il n'en a. Il demeure toujours sous l'autorité du chef du gouvernement. Dans son discours de quatre pages, le premier ministre parle de fierté à propos du bilan de son gouvernement en matière de transparence. Mais il parle des faiblesses de ce bilan. « Est-il parfait ? demande-t-il. Bien sûr que non. Avons-nous terminé le travail ? Non. Il nous faut faire mieux. Et nous allons faire mieux. » Jean Chrétien rappelle encore – ce qui annonce la fameuse sortie qu'il fera quelques jours plus tard à Winnipeg – que c'est au nom de l'unité du pays que le programme de commandites a été mis sur pied, dans la foulée du référendum de 1995, et que c'est l'urgence de la situation qui explique certains ratés. « Nous avons agi avec un sentiment d'urgence, dit-il. Et quand des mesures sont prises d'urgence, des erreurs peuvent se produire. Il semble que des erreurs aient été commises. Mais nous sommes bien décidés à les corriger. »

Gilles Duceppe persiste, malgré ces mesures, dans sa demande d'une enquête publique sur l'affaire Boudria et sur 29 contrats totalisant 2,8 millions de dollars reçus par le Groupe Everest depuis juillet 2000. « Environ le tiers de ces contrats, affirme le député bloquiste Ghislain Lebel, ont été attribués dans le mois qui a suivi le séjour du ministre des Travaux publics au chalet du président du Groupe Everest. » Le premier ministre rétorque que les députés discutent tous les jours de cette affaire à la Chambre des communes et qu'il n'y a pas lieu, dans ce contexte, de faire une enquête publique longue et coûteuse : « On ne peut pas être plus ouverts que nous le sommes actuellement. »

Les choses ne s'arrangent pas pour autant pour Jean Chrétien. Malgré sa tentative de faire le ménage le 26 mai – c'est-à-dire la rétrogradation de Don Boudria et le congédiement du Conseil des ministres de son ministre de la Défense, Art Eggleton, qui avait donné un contrat sans appel d'offres à une ancienne amie de cœur –, lui et son gouvernement sont encore éclaboussés, dès le lendemain, par une affaire qui ressemble étrangement à celle de Groupaction, puisque deux rapports commandés par le gouvernement fédéral au prix de 116 000 $ à la firme montréalaise Communication Coffin sont introuvables, eux aussi. Interrogé aussitôt par l'opposition, le nouveau ministre des Travaux publics, Ralph Goodale, ne peut fournir d'explication et il promet de faire le nécessaire pour savoir ce qu'il est advenu des deux rapports en question. Le ministre annonce également le gel, jusqu'à nouvel ordre, de tous les contrats de commandite de façon à vérifier l'ensemble des critères de leur attribution. M. Goodale, nommé à peine vingt-quatre heures plus tôt, confie cependant qu'il ne sait pas encore s'il fera de même pour les contrats de publicité du gouvernement.

Les deux rapports introuvables devaient expliquer comment Communication Coffin a dépensé 320 000 $ en deniers fédéraux dans le cadre de deux courses automobiles. Le ministère a en effet acheté de la publicité pour la Supersérie Cascar et le Grand Prix de Trois-Rivières à l'été 1998. Communication Coffin a également reçu de TPSGC une commission de 38 000 $ pour faire l'achat de publicité lors de ces deux événements sportifs. La compagnie, présidée par Paul Coffin, a également contribué pour 20 000 $ à la caisse électorale du Parti libéral du Canada en 1997 et 1998. Cette nouvelle affaire fait bondir l'opposition qui demande encore une enquête publique indépendante. « J'insiste et l'ensemble des partis insiste sur le fait qu'il faut une enquête publique, commente le chef du Bloc Québécois, Gilles Duceppe. En éloignant Alfonso Gagliano au Danemark, on n'a pas réglé la question. »

« Je suis en train d'examiner tous les critères de sélection, se contente de répondre Ralph Goodale aux journalistes après la période des questions. Je veux être personnellement assuré que ces critères soient assez forts et que les firmes de communication qui font des demandes de contrats satisfassent aussi à ces critères. » Le ministre précise qu'il lui faudra au moins deux semaines pour rendre publiques les conclusions de son examen. « Parce que je veux être prudent », dit-il. Le ministre fait savoir qu'il travaille en collaboration avec la vérificatrice générale du Canada, Sheila Fraser, et qu'il est prêt, s'il le faut, à aller jusqu'à l'enquête policière. Stephen Harper estime pour sa part que les similitudes entre les affaires Communication Coffin et Groupaction sont si grandes que le ministre Goodale devrait remettre immédiatement le dossier à la GRC.

Goodale confirme ensuite que la GRC enquête sur une subvention de un million de dollars versée pour la production d'une série télévisée sur Maurice Richard ainsi que sur divers autres contrats du programme de commandite sans donner davantage de précisions. L'affaire de la série *Maurice Richard* touche cette fois l'agence Lafleur Communication (LCM). Cette dernière a remis à la société d'État VIA Rail la subvention qui aboutit par la suite à L'Information Essentielle, la maison de production de Robert-Guy Scully. Ce qui inquiète le ministre, c'est que LCM a touché 120 000 $ simplement pour transmettre le chèque à VIA Rail. C'est d'ailleurs après que le nom de Jean Lafleur eut fait les manchettes que le ministre de la Justice, Martin Cauchon, avise tout le monde qu'il est l'ami de M. Lafleur et qu'il a participé avec lui à des parties de pêche au saumon.

Jean Chrétien espère que son nouveau ministre des Travaux publics va réussir à calmer la tempête. Le premier ministre est aux prises avec l'indiscipline au sein de son parti alors que ceux qui désirent lui succéder – même s'il n'a pas encore annoncé son départ – mènent une lutte larvée qui les détourne de leur tâche première, celle de gouverner. Le premier ministre désire mettre un peu d'ordre en la demeure. C'est à ce moment-là, jugeant que la course à sa succession lui enlève aussi une certaine légitimité, qu'il ordonne aux troupes de cesser de faire campagne. Son éternel rival, Paul Martin, ne prise guère la manœuvre et annonce haut et fort qu'il réfléchit à son avenir. Toujours sur l'offensive, le premier ministre ne lui laisse guère le temps de pousser à fond sa réflexion et il procède, le 2 juin 2002, à un remaniement ministériel qui consiste principalement à éjecter le ministre des Finances, « pour des questions n'ayant aucun rapport avec la conduite des affaires publiques », selon l'expression même de Jean Chrétien.

C'est le deuxième remaniement en une semaine. John Manley est nommé aux Finances. M. Chrétien, rapporte-t-on à l'époque, a apostrophé M. Martin lors d'une réunion du caucus libéral, le soupçonnant d'être à l'origine des diverses fuites liées aux commandites. Il lui reproche en somme de déstabiliser son gouvernement.

Le Bloc Québécois profite du désordre général pour lancer une pétition qui réclame à nouveau une enquête publique sur le scandale du programme de commandite. « Si M. Chrétien croyait faire diversion par le limogeage de Paul Martin, il se trompe. Ça ne règle rien, ça prendra et ça prend une enquête publique », déclare Gilles Duceppe. Jean Chrétien rejette la demande bloquiste et soutient que la GRC et la vérificatrice générale font leur travail dans cette affaire « pour s'assurer que, s'il y a eu des pertes d'argent, les coupables soient punis ».

Pendant ce temps, de nouvelles révélations sur l'affaire Groupaction enveniment davantage l'atmosphère aux Communes. Le Bloc Québécois révèle en effet au Comité des comptes publics qu'en plus des 550 000 $ reçus pour les faux rapports, l'agence montréalaise a touché du gouvernement fédéral une commission de 12 % (66 000 $) pour avoir servi d'intermédiaire auprès d'elle-même… Outrés par cette nouvelle affaire, les membres du comité – malgré l'opposition de députés libéraux – ordonnent la comparution prochaine des hauts fonctionnaires qui ont été à la tête du programme de commandites, soit Charles Guité et Pierre Tremblay. « Je veux savoir comment des hauts fonctionnaires qui côtoient quotidiennement le ministre peuvent déraper de cette façon-là, explique alors le député bloquiste Ghislain Lebel, l'un des membres du comité. Ils vont peut-être nous dire qu'ils ont eu des pressions. »

Le Bloc révèle encore que la GRC a reçu une commandite de 1,2 million de dollars pour les célébrations de son 125e anniversaire. Mais comme l'argent est passé d'abord par l'agence Gosselin Communications Stratégiques, celle-ci a pu toucher au passage une commission de 12 % : le Bloc demande des explications au gouvernement. « Est-ce que le ministre n'est pas absolument ridicule quand il considère qu'il a besoin d'un intermédiaire à commission pour verser de l'argent à la GRC pour ses célébrations ? » demande le député Michel Gauthier. Pris au dépourvu, le ministre Goodale répond qu'il songe « sérieusement » à éliminer « la relation avec les agences et [à] procéder au cours des prochaines années sur la base d'une administration directe par le gouvernement ».

De mal en pis

Pour tenter d'arrêter la débâcle, le gouvernement ordonne aux fonctionnaires des Travaux publics de ne plus donner d'informations aux médias sur les commandites. C'est la politique du pire, une politique inspirée par la panique. Cela n'empêche pas les révélations de continuer à ébranler le gouvernement Chrétien. Le vendredi 7 juin 2002, on apprend aux Communes que le premier ministre sait depuis l'automne 2000 que le programme de commandites ne tourne pas rond, que certaines agences notamment sont payées pour du travail qui n'a pas été fait et que, malgré tout, son gouvernement continue à distribuer des commandites. En effet, trois des plus proches collaborateurs de Jean Chrétien ont participé à une rencontre le 28 septembre 2000 au ministère des Travaux publics portant sur un rapport de vérification interne on ne peut plus accablant sur les ratés du programme de commandites. Ces trois collaborateurs sont le conseiller principal de M. Chrétien, Eddie Goldenberg, son assistant législatif, John Malloy, et sa directrice des communications, Françoise Ducros. Le but de la rencontre est de mettre au point un plan de communication susceptible de faire avaler la pilule aux Canadiens si jamais les ratés du programme sont ébruités. Le *National Post* apporte des compléments d'information sur cette histoire lorsqu'il rapporte qu'une semaine plus tôt, soit le 21 septembre 2000, une autre rencontre a eu lieu, qui réunissait le directeur du programme de commandites, Pierre Tremblay, et des dirigeants d'agences de communication, Jean Brault de Groupaction, Claude Boulay de Groupe Everest, Paul Coffin de Communication Coffin et Gilles-André Gosselin de Gosselin Communications, pour les informer du contenu de la vérification interne.

La nouvelle fait l'effet d'une bombe aux Communes. Michel Gauthier, du Bloc Québécois, demande des comptes au gouvernement. Pourquoi « le responsable du programme, en étant informé des irrégularités qu'il y avait dans ce programme de commandites, a choisi de se réunir avec ceux qui sont directement impliqués dans le problème, ceux qui en ont profité pleinement, tellement, d'ailleurs, qu'un certain nombre d'entre eux sont sous enquête policière au moment où on se parle ? »

« Le premier ministre avait un choix à l'époque : apporter des corrections ou étouffer l'affaire, commente à son tour l'allianciste John Reynolds. Pourquoi le premier ministre n'a-t-il pas ordonné, à l'époque, la suspension de tout le programme ? »

Ralph Goodale, impuissant à contrer ces attaques, se contente de répondre que des mesures correctives ont été apportées à la suite de la vérification interne de 2000. Or, veut savoir l'opposition, pourquoi le gouvernement a-t-il alors attendu deux années, c'est-à-dire que des articles paraissent dans les journaux à propos de ces irrégularités, pour déclencher une enquête ? Pourquoi le gouvernement n'a-t-il pas mis en place des mesures lorsqu'il a appris l'affaire des rapports bidon de Groupaction ?

Au cours de la fin de semaine qui suit ce nouveau rebondissement, le gouvernement s'enfonce encore davantage. On apprend qu'Ottawa a versé 330 000 $ au Groupe Polygone de Luc Lemay pour commanditer un salon de chasse et pêche qui devait avoir lieu à Québec en février 2000 et qui, dans les faits, n'a jamais eu lieu. Le lundi 10 juin, Ralph Goodale doit faire des pieds et des mains pour sortir le gouvernement d'embarras. Il annonce qu'il a demandé à la GRC de faire enquête sur cette nouvelle affaire et qu'il a entrepris des démarches pour récupérer l'argent.

Le lendemain, 11 juin, Jean Chrétien se défend bien d'avoir été passif dans le dossier des commandites. Soulevant la question du fameux rapport interne de 2000 il affirme : « Dès le mois d'octobre de l'an 2000, le ministre a changé les pratiques administratives pour s'assurer que les abus qui avaient eu lieu dans les années précédentes ne se répètent pas. Il a agi immédiatement. » Faux, rétorque Michel Gauthier, le leader du Bloc en Chambre : « La défense du premier ministre ne tient certainement pas, puisque la plupart des scandales que nous avons révélés se sont passés après qu'il a pris connaissance des faits. Si le ministre a changé les règles, ça n'a rien changé. Cela a continué de plus belle, c'est ça la réalité. »

Trois jours plus tard, à la suite d'informations tirées du témoignage la veille de l'ancien sous-ministre des Travaux publics, Ran Quail, devant le Comité des comptes publics, le Bloc Québécois accuse le gouvernement Chrétien d'avoir distribué plus d'un million de dollars en « purs cadeaux » à une filiale du Groupe Everest, la firme Média/IDA Vision inc., en la laissant placer un certain temps l'argent des commandites gouvernementales qu'elle doit acheminer aux organisateurs d'événements sportifs et culturels au Québec. Selon, encore une fois, le fameux rapport de vérification interne du 31 août 2000 du ministère des Travaux publics, Média/IDA Vision a « disposé à sa guise des intérêts générés dans le compte bancaire » par les montants des commandites qui y transitaient un certain temps. Le Bloc Québécois estime qu'au cours des exercices financiers 1997-1998 à 2002-2003, la firme montréalaise a empoché environ 1 007 664 $ en intérêts. Cet argent, tiré d'enveloppes de commandites qui totalisent 252 millions, n'est pas remis au gouvernement fédéral et s'ajoute aux commissions habituelles de 3 %, soit 4 944 121 $, reçues pour acheminer les commandites à leurs destinataires. « Un million de dollars au moins en cadeau donné à Média/IDA Vision sans aucun service professionnel en retour, c'est grave », dénonce Michel Gauthier.

« En tenant compte du fait qu'ils conservent l'argent en moyenne pendant deux mois avant de le remettre aux organismes, en tenant compte d'un taux d'intérêt conservateur que l'on estime à environ 3 %, explique le chef du Bloc Québécois, Gilles Duceppe, nous en sommes arrivés à ce chiffre d'un million de dollars. Cela veut dire que le gouvernement acceptait que la firme fasse des intérêts sur ces sommes à sa place. Or, c'est un autre beau cadeau, c'est une autre forme de collaboration… C'est un système de cadeaux. »

Ralph Goodale tente encore de limiter les dégâts. Refusant de s'aventurer dans une quelconque explication sur le cas précis soulevé par l'opposition, il répond qu'il a l'intention de mettre au point un système qui éliminera tous les intermédiaires entre le gouvernement et les événements commandités, mais que cela ne peut se faire au milieu de l'exercice financier.

Gilles Duceppe demande à nouveau une enquête publique, croit qu'il aurait été plus judicieux pour le gouvernement de remettre l'argent à l'intermédiaire Média/IDA Vision au dernier moment, la veille d'un événement par exemple, et d'amasser pour lui-même les intérêts de ces subventions. Le chef bloquiste qualifie « d'immorale » la façon de faire actuelle. « Pourquoi un groupe qui agit en tant qu'intermédiaire inutile, ajoute M. Duceppe, fait-il des intérêts sur des sommes qui appartiennent au gouvernement et, dans un deuxième temps, à l'organisme qui doit recevoir l'argent ? »

Le témoignage de l'ancien sous-ministre Ran Quail donne aussi lieu à d'autres révélations fracassantes. Selon lui, Charles Guité et Pierre Tremblay lorsqu'ils dirigent successivement le programme de commandite sont en relations étroites et permanentes avec le cabinet du ministre Alfonso Gagliano. « Le fait qu'ils relevaient de moi ne signifiait pas qu'ils n'avaient pas de discussions avec nombre d'autres personnes, y compris avec le ministre et son personnel », déclare Ran Quail. L'aveu surprend d'autant plus que MM. Guité et Tremblay ont été désignés dans le rapport de Mme Fraser comme ceux qui ont « violé toutes les règles » dans l'attribution des contrats de commandite.

Depuis des mois, l'opposition tente en vain d'obtenir une enquête judiciaire indépendante sur les commandites. Avant le congé estival des députés cette année-là, le gouvernement Chrétien propose qu'un comité soit formé afin d'étudier le rapport Milliken, paru cinq ans auparavant, qui se penche sur la mise au point d'un code de conduite pour les députés. Même si l'opposition ne conteste pas qu'un tel code soit nécessaire, elle qualifie la manœuvre du gouvernement de tentative de détourner l'attention des Canadiens du vrai débat. Pierre Brien, whip du Bloc Québécois et député du Témiscamingue, déclare :

> Ce n'est pas vrai que nous allons faire de la diversion et nous concentrer seulement sur le travail des parlementaires qui peuvent être sujets à différents lobbies. Le problème, ce sont les groupes d'influence, les amis du parti, les contributions à des ministres ou à la campagne des candidats à la direction. Nous voulons pouvoir discuter cela dans le contexte du comité. Il nous faut aussi un conseiller en éthique au Parlement qui ait une autonomie équivalente à celle du vérificateur général, qu'il soit complètement indépendant du premier ministre.

De son côté, le chef de l'opposition officielle, Stephen Harper, énumère la longue liste des affaires qui ternissent la réputation du gouvernement libéral, depuis l'affaire Groupaction jusqu'à celle du Groupe Polygone en passant par celles qui impliquent Groupe Everest, LCM, Média/IDA Vision, Coffin et quelques autres firmes. « Il faudrait prolonger la session, dit-il, pour que je puisse terminer l'énumération. » M. Harper demande également une enquête judiciaire indépendante sur ces affaires et la création d'un conseiller en éthique indépendant qui rende des comptes au Parlement. « Ce sont les seuls moyens, dit-il, de faire la lumière sur le système qui régit l'ensemble des commandites. » M. Harper qualifie de « subterfuge » la motion proposée la veille par le gouvernement. Il affirme que les mesures d'éthique annoncées récemment par Jean Chrétien « étaient insignifiantes » et qu'elles n'ont qu'un seul but, mettre en échec la volonté de Paul Martin d'évincer le premier ministre de la direction du PLC. M. Harper accuse le gouvernement de faire un mauvais usage de l'argent des contribuables « afin de récompenser ses amis à l'aide des contrats de commandite ».

Ce que veut l'opposition, c'est que le nouveau comité spécial des Communes qui doit commencer ses travaux à l'automne suivant puisse faire la lumière sur les scandales en cours. Elle refuse de se contenter d'un rapport de la GRC qui ne serait pas accessible au public. Elle veut un rapport d'enquête qui démasque les coupables, si coupables il y a. L'opposition promet, lors de la dernière séance de la Chambre le 21 juin 2002, de reprendre en septembre l'offensive sur le programme de commandites. «On a terminé en demandant une enquête publique, on recommencera en septembre prochain en demandant une enquête publique», annonce Gilles Duceppe.

Quelques jours plus tard, le 3 juillet, Ralph Goodale lance une nouvelle offensive de charme afin de persuader les Canadiens de la bonne foi du gouvernement dans l'affaire des commandites. Il met un terme à l'utilisation des firmes intermédiaires et, du même coup, au moratoire d'un mois sur tous les contrats fédéraux de commandites. En annonçant que le programme «provisoire» allait fonctionner, pour le reste de l'exercice financier en cours, sans recourir à des firmes de communication externes, Ralph Goodale refuse cependant de se prononcer sur la moralité du comportement de ces firmes, alléguant en conférence de presse qu'il ne lui appartient pas de porter un tel jugement et que tous les cas douteux ont été confiés à la GRC.

L'opposition réagit plutôt mal à l'annonce du ministre Goodale. Pour elle, le gouvernement Chrétien ne s'attaque toujours pas à la racine du mal. Michel Gauthier commente :

> Je m'étonne que le gouvernement n'ait pas éliminé les firmes intermédiaires il y a deux ans, lorsque le premier ministre a appris que le programme était entaché d'irrégularités. C'est la grosse question que l'on se pose aujourd'hui. Ce qu'a fait le ministre Goodale est très habile, mais pas nécessairement transparent. Il fait en sorte que le monde pense que le problème des commandites, c'est réglé, c'est définitif. Mais ça ne sera pas réglé tant que l'on ne saura pas pourquoi, pendant cinq ans, près de 50 millions de dollars ont été dépensés par année, sans aucun contrôle. Tant que nous ne saurons pas cela, nous ne mettrons pas le couvercle sur la marmite.

Le chef conservateur, Joe Clark, qualifie pour sa part de «demi-mesure» le geste du gouvernement Chrétien, soulignant qu'il n'est d'aucun secours pour récupérer l'argent mal utilisé et pour éviter les problèmes à l'avenir.

À la guerre comme à la guerre

L'été 2002 ne se termine pas sans que le dossier des commandites ne revienne à la surface. Le 9 juillet, le Comité des comptes publics entend à huis clos les hauts fonctionnaires responsables des commandites, Charles Guité et Pierre Tremblay. L'épisode est pour le moins assez cocasse puisque, d'une part, le contenu de la rencontre est presque entièrement coulé à la presse et que, d'autre part, Charles Guité tient des propos qui font directement écho à ceux tenus par Jean Chrétien depuis le début de l'affaire.

Si les hauts fonctionnaires responsables des activités de commandite ont contourné toutes les règles administratives en vigueur dans l'attribution des contrats à des firmes proches du Parti libéral du Canada, confie-t-il en substance, c'est parce que le pays était en guerre, une guerre sans merci contre les séparatistes du Québec. John Williams, le député allianciste qui préside le comité, confirme les propos du haut fonctionnaire à la retraite : « M. Guité a pensé qu'il essayait de sauver le pays et c'est pourquoi tant de règles ont été violées. C'est la justification qu'il a avancée, oui, pour n'avoir pas respecté toutes les règles. »

Les députés de l'opposition sortent néanmoins fort déçus de ces témoignages pourtant tant attendus. « Nous avons appris très peu de choses, confie le bloquiste Ghislain Lebel, et nous en apprendrons encore moins à l'avenir parce que le député Mark Harb a déposé une motion, appuyée par ses confrères libéraux, qui rejette toute autre convocation de témoins. » L'opposition souhaite notamment entendre l'ancien ministre Alfonso Gagliano ainsi que son chef de cabinet, Jean-Marc Bard. Plusieurs membres du comité se disent frustrés devant le refus des deux témoins clés de dévoiler s'ils ont reçu des ordres de leur supérieur pour « contourner les règles ». « Nous espérions que ce processus fasse toute la lumière sur cette affaire, commente Peter MacKay, député conservateur. Nous nous retrouvons avec encore plus de coins d'ombre. »

Le témoignage de Pierre Tremblay est autant décrié par le président du comité que celui de son collègue Guité. « Malheureusement, affirme M. Williams, M. Tremblay a joué le rôle d'un petit employé de l'État qui ne sait rien. Je pense que le comité mérite d'avoir de meilleures réponses que celles-là. Je crois qu'il n'a pas fait preuve de la plus grande honnêteté. »

Quelques jours plus tard, le 25 juillet, la majorité libérale du comité décide de mettre un terme, par un vote de 8 contre 5, à l'enquête sur les contrats de commandite. Le gouvernement Chrétien a de toute évidence décidé de jouer à l'autruche. Il fait tout pour empêcher les élus d'aller au fond des choses.

À la rentrée, en septembre, le gouvernement Chrétien tente une autre manœuvre pour enterrer l'affaire des commandites ; il met un terme à la session parlementaire le 16 septembre et annonce un discours du trône qui doit être livré deux semaines plus tard, soit le 30 septembre. La manœuvre a aussi un autre avantage de taille : elle empêche que le Comité des comptes publics ne publie le rapport qu'il prépare sur le scandale des commandites, et qui doit contenir les opinions dissidentes des partis de l'opposition.

Le gouvernement préfère concocter sa propre enquête et livrer au public ses propres conclusions. Le ministre des Travaux publics, Ralph Goodale, accorde des entrevues aux journaux, avant la reprise des travaux parlementaires, pour expliquer les découvertes que son ministère vient de faire. Il donne d'abord les grandes lignes des conclusions de l'enquête avant de rendre public, quelques jours plus tard, un document complet. « Près de 20 % des 720 contrats accordés entre 1997 et 2000 dans le cadre du programme de commandites mis sur pied par le gouvernement Chrétien présentaient des irrégularités[1]. » Le ministre précise que les 130 contrats qui ont été identifiés comme problématiques représentent 80 % du total des commandites versées durant cette période de trois ans, soit environ 96 millions de dollars. M. Goodale révèle aussi que ces contrats sont, dans la plupart des cas, dépourvus de la documentation adéquate et, « dans au moins 30 cas, les fonctionnaires estiment que les agences de publicité retenues pour gérer la commandite pourraient avoir fait preuve d'une trop grande gourmandise en soumettant des factures gonflées[2] ». Un examen plus poussé doit déterminer s'il y a bel et bien eu surfacturation. Si tel est le cas, le gouvernement fera tout ce qui est en son pouvoir pour recouvrer les sommes versées en trop.

L'opposition, en particulier le Bloc Québécois et le NPD, n'est pas dupe de l'opération de charme du ministre Goodale. Pour le député bloquiste Robert Lanctôt, qui commente au nom de son parti les déclarations du ministre, la carte de la transparence jouée par le gouvernement ne peut en aucune façon remplacer une enquête publique, d'autant que la GRC se penche au même moment sur 13 contrats de commandite douteux. Pour le Bloc, ces enquêtes de la police démontrent la nécessité d'une enquête publique. Quant à l'enquête interne de Travaux publics, il faut bien plus que cela, affirme le député néo-démocrate Pat Martin, pour dissiper l'odeur tenace de corruption qui persiste au sujet des commandites du gouvernement libéral.

Avant que le ministre Goodale ne rende publique sa fameuse enquête interne le 10 octobre, d'autres événements viennent encore compliquer la vie du gouvernement Chrétien. Dans une entrevue fracassante au *Globe and Mail*, publiée le 3 octobre, Chuck Guité lance qu'il a reçu l'ordre de ses supérieurs de transgresser les règles d'attribution des contrats. « Le Bureau des relations fédérales-provinciales – qui faisait partie du bureau du Conseil privé – m'a demandé d'embaucher quatre ou cinq agences sans passer par le processus normal d'appel d'offres, c'est-à-dire de ne pas rendre public cet appel d'offres », indique M. Guité au quotidien torontois. M. Guité ne veut cependant pas dire qui lui a donné l'ordre d'agir ainsi et le gouvernement, fort embarrassé ce jour-là aux Communes, ne répond pas à cette question. M. Guité confie au *Globe* qu'il n'a pas vraiment violé toutes les règles d'attribution mais qu'il a seulement fait quelques entorses au règlement afin d'éviter d'alerter le gouvernement péquiste des intentions d'Ottawa. « *En cas de guerre, donneriez-vous vos plans à vos opposants ?* », demande-t-il, toujours dans ce langage guerrier que Jean Chrétien a fait sien pour qualifier sa lutte contre les souverainistes du Québec.

Après la période des questions en Chambre, le ministre Goodale répond longuement aux questions des journalistes. « Je ne sais pas à quoi M. Guité faisait référence », dit-il. Est-il possible, lui demande un journaliste, qu'un ministre ait pu donner de tels ordres ? « J'espère que non », répond visiblement affolé Ralph Goodale.

Les partis d'opposition sont persuadés que le chat vient de sortir du sac. « Le Conseil privé est le ministère du premier ministre et le premier ministre est responsable de ses fonctionnaires, comme tout autre ministre. S'il veut faire la lumière sur ça, qu'il déclenche une enquête publique (...), car les enquêtes déclenchées par M. Goodale ne peuvent pas permettre de déceler s'il y a eu influence politique », réagit le chef bloquiste Gilles Duceppe. Ce dernier affirme aux Communes que c'est Jean Chrétien lui-même qui donne l'ordre d'accorder des contrats à des agences de publicité proches du Parti libéral. « Le premier ministre admettra-t-il que c'est son mot d'ordre qui a donné naissance à tout un système d'abus de fonds publics et qu'il est lui-même le premier responsable du scandale des commandites qui afflige son gouvernement ? » demande M. Duceppe. Jean Chrétien reste muet. C'est Ralph Goodale, encore une fois, qui va au feu. « Il y a eu des erreurs administratives et elles seront corrigées, dit-il. S'il y a eu des paiements en trop, ils seront recouvrés. Et si qui que ce soit a enfreint la loi, et ce sont les mots utilisés par le premier ministre, il y aura des conséquences. »

Le rapport interne du ministère

Ainsi, plus les jours passent, plus le dossier des commandites s'épaissit et plus il déstabilise le gouvernement. Le ministre des Travaux publics, comme prévu, rend public le 10 octobre son fameux rapport d'enquête interne sur les contrats de commandite. Le rapport confirme l'existence d'anomalies importantes dans les contrats accordés à une douzaine de firmes du Québec, dont des cas de surfacturation, de rémunération exagérée, de violation de la loi sur la gestion des finances publiques, sans compter l'absence de justificatifs confirmant que les travaux commandés ont bel et bien été effectués par les agences. M. Goodale admet d'ailleurs lui-même devant les journalistes « qu'il n'y [a] pas beaucoup de choses vraiment nouvelles dans ce rapport ».

Le Bloc Québécois et l'Alliance canadienne réagissent avec colère au rapport, affirmant qu'il est « vide », qu'il s'agit d'une opération de « camouflage » et que « seuls les aspects administratifs du programme ont fait l'objet d'examens et qu'en aucun temps l'implication politique du gouvernement n'a fait l'objet d'enquête ». Le chef de l'Alliance, Stephen Harper, qualifie le document d'« extrêmement vague ».

Le rapport précise cependant que le ministère des Travaux publics « envisage de recouvrer des sommes d'argent auprès des entreprises dans les cas où l'on ne peut prouver que les résultats attendus des contrats ont été obtenus ». Le ministre Goodale ne peut chiffrer avec précision la valeur de cette surfacturation. « Il y a plusieurs estimations, dit-il. Le travail qu'on fait actuellement vise à déterminer le montant des sommes que l'on récupérera. »

« Cela confirme ce que nous disons : que cette façon de faire n'est pas la bonne, commente Stephen Harper. Il faut une enquête judiciaire indépendante. On nous promet un autre rapport. Cela prendra encore six mois et on n'ira pas au fond des choses. C'est tout simplement inacceptable. »

Au mois de décembre suivant, le *Globe and Mail* révèle que le document de Ralph Goodale a été expurgé, qu'il ne contient pas le détail des malversations découvertes ni les noms des personnes impliquées. Le rapport original complet de l'enquête du ministère des Travaux publics, obtenu par le quotidien anglophone, confirme bien la surfacturation par certaines agences de communication. Il semble, encore une fois, que le gouvernement Chrétien n'a pas voulu dire toute la vérité en octobre aux Canadiens. La version finale du fameux document compte 16 pages au lieu des 5 pages livrées deux mois plus tôt. On y apprend notamment que Gilles-André Gosselin, de Gosselin Communications, a personnellement facturé 3673 heures de travail pour une seule année, ce qui veut dire qu'il a travaillé en moyenne dix heures par jour tous les jours de l'année, même les jours fériés, pour un total de 625 325 $. On y apprend aussi que Groupaction a été payé 147 975 $ pour une étude de sites Web traitant de l'établissement d'un registre national d'armes à feu. L'ennui, c'est qu'aucun bilan de ce travail n'a pu être trouvé. On constate également dans le rapport que le Groupe Polygone Éditeur reçoit en moyenne d'Ottawa 749 000 $ pour chacun de ses contrats liés à l'organisation de salons de chasse et de pêche alors que le coût habituel pour commanditer un salon de ce genre dans une grande ville est d'environ 100 000 $. On apprend encore que le Groupe Polygone a obtenu près de 40 millions de dollars de commandites de 1997 à 2002, soit l'équivalent du budget annuel du programme fédéral de commandites.

Toutes ces cachotteries déplaisent au plus haut point à l'opposition. Stephen Harper reproche au gouvernement de manquer totalement de transparence et de tout faire pour « détourner l'attention des détails sanglants » du scandale. Ralph Goodale rétorque que le gouvernement n'a jamais eu l'intention de camoufler les faits en ne diffusant qu'un rapport partiel en octobre. Si le ministère n'a pas pu rendre publiques toutes ses découvertes, c'est en raison de problèmes liés au respect de la vie privée. « Ce n'est pas du tout une tentative de dissimulation », assure-t-il, tout en promettant de demander à la GRC d'élargir son enquête.

Quelques jours plus tard, le ministre Goodale tente encore une fois de convaincre l'opposition et les Canadiens qu'il a remis de l'ordre dans le programme. Il a certes songé à l'abolir carrément mais le gouvernement n'a pu se résigner à un tel geste. En conférence de presse, le 17 décembre, avec sa collègue du Conseil du Trésor, Lucienne Robillard, M. Goodale annonce que désormais les commandites seront versées exclusivement à des organisations sans but lucratif. Finies donc les commandites au sport professionnel. De plus, les événements commandités recevront la totalité des commandites seulement une fois la preuve faite que les règles gouvernementales ont été respectées.

« C'est de la poudre aux yeux », réagit Robert Lanctôt, le porte-parole du Bloc Québécois en matière de Travaux publics. Tout ce qu'il y a de nouveau, c'est l'élimination des intermédiaires. » L'Alliance canadienne, de son côté, parle de « brassage de papier » puisque le gouvernement fédéral continue de donner des contrats aux mêmes compagnies amies.

Jusqu'à son départ de la vie publique en décembre 2003, Jean Chrétien est hanté par le scandale des commandites. Avec Ralph Goodale, il tente à maintes reprises de calmer le jeu, publiant notamment en février 2003 un rapport de vérification qui fait porter le blâme du scandale aux fonctionnaires. L'opposition n'accepte guère que le gouvernement tente ainsi d'esquiver le rôle que les politiciens ont pu jouer dans le scandale. Le rapport n'a aucune crédibilité à ses yeux. En mai, le *Globe and Mail* révèle que les agences de communication montréalaises ont profité bien plus qu'on ne le croit du programme de commandites. Au moins cinq d'entre elles ont fait sous-traiter leurs contrats fédéraux par des partenaires d'affaires, des proches et des alliés politiques. Elles ont touché des commissions supplémentaires pour des contrats qu'elles se sont elles-mêmes octroyés. Devant ces faits, Ralph Goodale doit admettre en Chambre qu'il ne peut « défendre l'indéfendable ». Pendant ce temps, la GRC poursuit dans le plus grand secret une dizaine d'enquêtes sur le scandale. Le Bloc Québécois accuse le corps policier « d'enterrer l'affaire pour le gouvernement libéral ». « La GRC refuse de rendre des comptes à la population », dénonce Gilles Duceppe à sa sortie des Communes le 26 mai.

Pendant des mois et des mois, le premier ministre doit se lever de son siège aux Communes pour défendre son ancien ministre Alfonso Gagliano et l'intégrité de son gouvernement. À la fin, en septembre 2003, le ton de Jean Chrétien a changé. Il n'est plus aussi catégorique dans ses propos, comme si les accusations et les faits rendus publics depuis plus d'un an avaient eu raison de ses certitudes. Il déclare notamment le 15 septembre 2003 que «les ministres n'ont probablement rien eu à se reprocher».

En jouant ainsi au chat et à la souris avec l'opposition et les Canadiens, le gouvernement Chrétien pense avoir minimisé les effets de ce qui n'est à l'époque qu'un début de scandale. La bonne vieille stratégie de l'autruche a plus ou moins fonctionné. Le gouvernement peut espérer s'en sortir avec le temps, lorsque l'opinion publique se sera lassée de ces disputes complexes autour de contrats gouvernementaux. Mais les libéraux ne se doutent pas que le plus fort de la vague se dirige vers eux à toute vitesse. Ils n'ont aucune idée de l'ampleur du raz-de-marée qui les heurtera de plein fouet.

CHAPITRE IV

La bombe

« Les règles ont été contournées ou ignorées à toutes les étapes du processus, pendant plus de quatre ans, et il y a peu de raisons de croire que l'argent dépensé ait rapporté quelque chose. » Ces paroles de Sheila Fraser, la vérificatrice générale du Canada, lancées en conférence de presse le mardi 10 février 2004 dans le Centre des conférences du gouvernement à Ottawa, une ancienne gare ferroviaire qui a vu les accords du lac Meech s'effondrer au début des années 1990, ont l'effet d'une bombe qui éclate à la face des libéraux fédéraux. Certes, tout le monde s'attend à l'explosion, à commencer par le gouvernement qui a dans ses tiroirs depuis plus de deux mois le rapport de Mme Fraser, mais personne n'a prévu une déflagration aussi forte et surtout pas le nouveau premier ministre Paul Martin.

Il a fallu dix-huit mois à Sheila Fraser et à son équipe pour mettre à jour sa « Vérification à l'échelle gouvernementale des activités de commandite, de publicité et de recherche sur l'opinion publique ». Le rapport a bien été remis au gouvernement libéral en novembre 2003, la date indiquée sur la couverture du document, mais le premier ministre sortant, Jean Chrétien, informé du caractère délétère des trouvailles de Mme Fraser, décide dès le 12 novembre de proroger les travaux de la Chambre. Il faut s'occuper de la passation des pouvoirs à Paul Martin, assure-t-on au gouvernement. Est-ce un calcul stratégique ? Jean Chrétien a-t-il choisi d'agir de la sorte pour refiler à son éternel rival, Paul Martin, le brûlot qui va déclencher la déflagration dès les premiers mois du nouveau gouvernement ? On peut croire, comme le colportent certains à l'époque, que cette prorogation des travaux du Parlement tombe fort bien et qu'elle a en soi quelque chose de machiavélique. Mais rien n'est sûr. Selon des proches collaborateurs de l'ancien premier ministre, celui-ci est prêt à affronter la tempête et il offre même à Paul Martin de rester en poste jusqu'à ce que passe la vague de fond qui va immanquablement suivre la publication du rapport. L'équipe Martin fait la sourde oreille.

Quoi qu'il en soit, les journalistes appelés à prendre connaissance à huis clos du rapport de la vérificatrice générale ce 10 février 2004, quelques heures avant son dépôt, sont ahuris de découvrir l'ampleur du scandale. La conférence de presse qui suit le dépôt aux Communes du document est l'une des plus électrisantes à laquelle les journalistes de la Tribune de la presse parlementaire assistent depuis longtemps. Jamais ils n'ont vu la vérificatrice générale dans cet état. Sheila Fraser est hors d'elle, usant de superlatifs et d'épithètes qui n'ont jamais été utilisés à ce jour par un vérificateur général du Canada, celui-ci étant habituellement habité par une certaine froideur comptable qui sied bien à sa fonction. Mais plus les journalistes posent de questions à Sheila Fraser sur la gestion du programme de commandites à Travaux publics, plus ses réponses trahissent l'incroyable degré d'indignation qu'elle a atteint au cours de ces longs mois d'enquête. Le chroniqueur Michel Vastel écrit même le lendemain que « si on n'avait pas mis fin à la conférence de presse » Mme Fraser « aurait fini par faire une attaque d'apoplexie[1] » ! « C'est un cas flagrant de détournement de fonds publics, lance-t-elle en réponse à une question d'un journaliste. C'est profondément troublant. Les mots me manquent. Je suis en colère à chaque fois que je relis ce rapport. » Il y a de quoi. Le constat qu'elle rend public révèle que de 1997 jusqu'au 31 mars 2003 le gouvernement a dépensé environ 250 millions de dollars pour commanditer 1987 événements sportifs et culturels, principalement au Québec, et que de cette somme plus de 100 millions, soit 40 % des dépenses, ont été versés en frais douteux de production et en commissions à des agences de communication proches des libéraux.

> Nous avons constaté que le gouvernement fédéral a mené le Programme de commandites en faisant peu de cas du Parlement, de la *Loi sur la gestion des finances publiques,* des règles et des règlements sur la passation des marchés, de la transparence et de l'optimisation des ressources. Ces

arrangements – qui supposaient de multiples opérations avec de multiples entreprises, de fausses factures et de faux contrats, voire aucun contrat écrit – semblent avoir été conçus de manière à verser des commissions à des agences de communication, tout en cachant la source des fonds et la vraie nature des opérations.

Ce que dit cette journée-là Sheila Fraser, c'est que le scandale original concernant 1,6 million de dollars versés à Groupaction pour trois contrats[2] touche maintenant l'ensemble des 250 millions de dollars du programme de commandites. Ce qu'elle a dénoncé au printemps 2002 est en fait la règle générale des activités de commandite du gouvernement libéral. «Je ne pensais jamais voir des factures fictives dans la fonction publique», confie-t-elle aux journalistes. Pour elle, que son parcours n'a jamais confrontée à de telles malversations, ce qu'elle a constaté au cours de sa longue enquête est, selon ses propres mots, «triste», «scandaleux» et «choquant».

Celle par qui le scandale arrive

Comptable agréée, Sheila Fraser a passé vingt-sept ans dans le secteur privé avant d'accéder à son poste de vérificatrice générale du Canada en mai 2001. Avant la publication de son rapport sur le scandale des commandites, elle a déjà fait parler d'elle. Le scandale du registre fédéral des armes à feu, dont le coût a dépassé le milliard de dollars, c'est elle qui l'a mis au jour. C'est encore elle qui a signé un rapport dévastateur sur l'ancien commissaire à la vie privée George Radwanski. Il ne lui a pas fallu deux ans pour dépoussiérer la fonction de vérificatrice générale. Pour certains, Sheila Fraser est la *passionaria* des contribuables. Pour ses détracteurs – surtout des politiciens –, c'est une empêcheuse de tourner en rond qui ne voit que le mauvais côté des choses. Lorsqu'elle fait les manchettes à l'automne 2003 avec son rapport consacré aux frasques dépensières de George Radwanski, elle n'hésite pas à ouvrir son cœur aux journalistes. «Je suis indignée et attristée», dit-elle en faisant état des mauvais traitements subis par certains employés du Commissariat à la protection de la vie privée. «Nous sommes davantage habitués, affirme-t-elle en entrevue[3], à travailler avec les chiffres, avec les systèmes, avec les choses qui sont beaucoup moins personnelles que le cas que l'on vient de traiter au

Commissariat à la vie privée. Vraiment, je ne m'attendais pas à voir un climat de travail aussi malsain. Partout, même dans le secteur privé, on ne travaille pas de cette façon. » Mme Fraser est alors bouleversée par les interviews qu'elle et son personnel ont menées auprès de certains employés du Commissariat qui bien souvent éclataient en sanglots au cours de l'exercice. En mai 2002, rappelons-le, elle a aussi qualifié publiquement d'« épouvantable » l'affaire des trois rapports de Groupaction. Sheila Fraser est décidément une vérificatrice pas comme les autres, mêlant son pragmatisme à un franc-parler qui plaît aux citoyens. Et puis, pour ceux qui la connaissent plus intimement, c'est aussi une grande ricaneuse et une bonne vivante, une personne en somme on ne peut plus équilibrée et saine.

Élevée sur la ferme familiale de Dundee, au Québec, tout près de la frontière de l'État de New York, Sheila Fraser est l'aînée de six enfants. Son père, Ken Fraser, est député de l'Union nationale à l'Assemblée nationale de 1966 à 1976, ce qui ne donne pas pour autant le goût de la vie politique à la jeune Sheila. Elle vit dans un milieu où les voisins s'entraident beaucoup, aime-t-elle à raconter. « Les gens s'occupaient des autres, dit-elle. Il y avait beaucoup de respect et de considération pour les gens. C'est pourquoi, dans l'affaire de l'ancien commissaire à la protection de la vie privée, je n'ai pu faire autrement que de penser aux familles qui ont été affectées par cette situation. Je n'ai eu aucun plaisir à faire ce rapport. »

Son petit côté frondeur, sa façon directe de dire et d'écrire les choses, avec des mots simples et imagés, ne plaisent pas toujours aux hommes politiques. Parfois, faute d'arguments valables, on la traite, par méchanceté et en raison de sa solide stature physique, de « Mrs. Doubtfire », ce personnage de comédie interprété au cinéma par Robin Williams. Ces remarques l'indiffèrent. « Est-ce que c'est l'image que j'aimerais donner de moi ? demande-t-elle avant d'éclater d'un beau rire clair et sonore. Peut-être pas ! Quoi qu'il en soit, les gens qui disent cela ne me connaissent pas. Quand on est dans la vie publique, il faut s'attendre à ces choses-là ; il ne faut pas s'en faire. » Et Sheila Fraser ne s'en fait pas. Chez elle, à Dundee, ce sont les femmes dans la famille de son père qui font carrière. Elles n'ont pas froid aux yeux. Elle aboutit donc un jour à l'Université McGill à Montréal en mathématiques. C'est son médecin de famille, qui la soigne pour une mononucléose, qui lui conseille la comptabilité, un « métier d'homme » à l'époque. « Pourquoi pas ? » se dit-elle. Puis c'est le coup de foudre, une longue carrière dans le secteur privé, chez Ernst & Young, à monter les échelons peu à peu pour devenir, à l'âge de 31 ans, associée de la firme à Québec, une ville qu'elle adore, dit-elle, et où elle habite pendant vingt-deux ans, apprend le français et rencontre son mari, Henri Gagnon, le père de ses trois enfants. Bien sûr, les femmes ne sont pas prisées dans la profession pendant les années 1970. « Une femme devait être bonne ou elle n'était rien, se souvient Sheila Fraser. Il n'y avait pas de juste milieu et nous sentions une certaine pression. Nous devions réussir. Il y avait une certaine discrimination. Je ne le cache pas. » À Québec, elle est pour la première fois sous les projecteurs publics lorsqu'elle accepte de s'occuper de tout l'aspect financier de la candidature de la ville pour les Jeux olympiques d'hiver de 2002. « C'est là, dit-elle, que j'ai appris à travailler avec les journalistes, à composer avec tout cela. » Aujourd'hui, quinquagénaire, à la tête de 500 employés et d'un budget de 60 millions de dollars, Sheila Fraser affirme avoir trouvé la recette pour garder la tête froide ; elle consacre autant que faire se peut ses fins de semaine à sa famille. Elle trouve que les enfants l'aident beaucoup à garder les pieds sur terre. Dans sa vie professionnelle, quand elle était dans le secteur privé, elle tirait sa satisfaction de ce qu'elle pouvait aider des entreprises à améliorer leur gestion en dressant un tableau exact de leur situation financière. Et lorsqu'elle découvrait des failles dans les bilans comptables, elle se faisait un devoir de le souligner même s'il s'agissait d'un client important. « Je n'aurais pu vivre avec moi-même si je ne l'avais pas fait », confie-t-elle un jour.

On peut comprendre, dans ce contexte et avec de tels antécédents, l'étonnement et la stupéfaction de Sheila Fraser lorsqu'elle met au jour les « arrangements » concoctés par l'administration libérale pour faire la « guerre » aux souverainistes québécois. Son rapport insiste beaucoup sur certains transferts de fonds dédiés aux commandites à des sociétés de la Couronne, à VIA Rail, à Postes Canada, à la Banque de développement du Canada, à la Société du Vieux-Port de Montréal et à la Gendarmerie royale du Canada. Ces transferts ont, pour Mme Fraser, toutes les apparences d'un véritable système de blanchiment d'argent qui bénéficie aux agences amies des libéraux, à ces mêmes agences qui contribuent généreusement à la caisse du Parti libéral du Canada, et dont les dirigeants entretiennent des liens d'amitié avec plusieurs ministres du Québec, avec le premier ministre et avec les dirigeants des sociétés d'État nommés par Jean Chrétien.

« Le Parlement n'a pas été informé des objectifs du Programme ni des résultats obtenus, renchérit Sheila Fraser dans son rapport, et il a mal été informé sur la gestion du Programme. Les personnes ayant la responsabilité de gérer le Programme ont violé les propres règles du gouvernement dans la façon dont elles ont sélectionné les agences de communication et leur ont attribué des contrats. » Le rôle joué par les sociétés d'État est en effet au centre du rapport. Mme Fraser démontre qu'elles ont accepté de jouer le rôle d'intermédiaires, c'est-à-dire qu'elles ont fait transiter des fonds vers l'organisation d'événements commandités. VIA Rail, par exemple, accepte en mars 2000, sur la foi d'une simple entente verbale avec le directeur de la Direction générale des services de coordination des communications (DGSCC), d'avancer des fonds à la maison de production de Robert-Guy Scully, L'Information Essentielle, dans le cadre de la réalisation d'une série télévisée consacrée à Maurice Richard. La DGSCC signe en décembre 1999 avec Lafleur Communication Marketing (LCM) un contrat pour des services de production d'une valeur de 862 500 $. En fait, la tâche réelle de l'agence de communication consiste à transmettre le chèque à VIA Rail tout en collectant au passage une commission de 112 500 $ (15 %). Lors de son témoignage en décembre 2004 devant la Commission d'enquête publique sur le programme de commandites et les activités de publicité, Robert-Guy Scully affirme que LCM n'a contribué d'aucune manière à la production de la série. « Il semblerait que ces opérations s'inscrivaient dans un plan complexe visant à obtenir des fonds à même les crédits de Travaux publics et services gouvernementaux du Canada (TPSGC), en vue de régler des dépenses très irrégulières et douteuses engagées par VIA Rail au cours de l'exercice précédent et aussi à faciliter le paiement d'une commission à l'agence de communication. À notre avis, cela a entraîné le non-respect du processus des crédits parlementaires », écrit Mme Fraser dans son rapport.

Quatre ans plus tard, M. Scully s'avoue interloqué d'apprendre que l'agence a touché une telle commission simplement pour transmettre un chèque. Dans son rapport, la vérificatrice générale est scandalisée par le stratagème. Elle ne comprend pas ce que les sociétés d'État ont à gagner en agissant de la sorte. Mme Fraser insiste également sur la pauvreté des dossiers analysés par son bureau. Ces dossiers, rapporte-t-elle, contiennent peu de preuves pour justifier des dépenses de plus de 250 millions de dollars. De plus, « les mécanismes de surveillance et les contrôles essentiels des Travaux publics et Services gouvernementaux Canada n'ont pas permis de déceler, de prévenir ou de signaler les violations ». La vérificatrice générale dénonce également le fait qu'elle ne peut établir clairement, faute de documents, comment la décision de créer le programme a été prise, ni par qui. « Nous n'avons pu établir non plus, ajoute-t-elle, pourquoi la décision n'a pas été transmise par écrit. » Tout ce que les autorités ont dit à Mme Fraser, c'est que le programme de commandites « faisait partie de la stratégie d'unité nationale ». « C'est bien l'histoire que plusieurs personnes nous ont racontée, laisse-t-elle échapper à la conférence de presse du 10 février. Ils se décrivaient comme des combattants en guerre [contre les souverainistes], mais je ne crois pas vraiment que la fin justifie toujours les moyens. »

Un scandale peut en cacher un autre

Le chapitre 3 du rapport de la vérificatrice générale porte exclusivement sur les dépenses de 250 millions de dollars du programme de commandites. Peu mis en lumière ce jour-là, le chapitre 4 du rapport de Mme Fraser n'en est pas moins riche en révélations spectaculaires puisque les manquements identifiés à propos des commandites concernent également les activités de publicité du gouvernement libéral. Il ne s'agit plus ici d'un programme de 250 millions de dollars mais bien d'un programme dont le coût total approche le milliard de dollars. « De 1998-1999 à 2002-2003, le gouvernement fédéral a passé des contrats d'environ 793 millions de dollars, pour plus de 2200 activités de publicité, devenant ainsi l'un des plus grands annonceurs du pays[4]. »

Là aussi les conclusions de la vérificatrice générale dénoncent le même favoritisme et le même gaspillage que dans le dossier des commandites. La DGSCC « a violé les règles pour la plupart des processus de sélection[5] » vérifiés. Dans certains dossiers, la vérificatrice générale n'a trouvé aucune preuve de la moindre demande de soumissions. Les contrats allaient d'abord aux copains : « (...)

les mêmes fonctionnaires ont violé les mêmes règles, la DGSCC ne s'est pas assurée que l'État en a eu pour son argent[6]. » Les ministères ne se sont pas assurés que les conditions des contrats ont été respectées, ils ne se sont pas souciés d'obliger les agences à faire des appels d'offre pour les travaux sous-traités et ils n'ont même pas contesté les commissions souvent abusives réclamées, ainsi que les factures insuffisamment justifiées. La Loi sur la gestion des finances publiques est systématiquement bafouée, les fonctionnaires approuvant les paiements sans avoir en main les justificatifs requis pour le faire.

L'agence de coordination Média/IDA Vision, la filiale du Groupe Everest de Claude Boulay, est particulièrement prise à partie :

> Le gouvernement du Canada a émis des contrats d'une valeur de plus de 435 millions de dollars pour le placement d'annonces dans les médias au cours des cinq années visées par son accord avec Média/IDA Vision, son agence de coordination. Le gouvernement n'a pas surveillé le rendement de l'agence et ne l'a pas vérifié comme il était exigé. Jusqu'à la quatrième année de l'accord de cinq ans, l'agence de coordination n'a pas fourni aux ministères les renseignements dont ils avaient besoin pour bien vérifier les factures. Le gouvernement n'a pas veillé à optimiser les placements dans les médias[7].

Pour le tout nouveau gouvernement de Paul Martin, le rapport de Sheila Fraser a l'effet d'une véritable bombe. Dans les minutes qui suivent le dépôt du rapport, le premier ministre se lance dans une vaste opération visant à limiter les dégâts. Il annonce une série de mesures sans précédent qui, croit-il, vont dissiper les malentendus, révéler aux Canadiens ce qui s'est vraiment passé et empêcher qu'une telle chose ne se reproduise. Jamais Paul Martin n'est monté si vite au créneau. Déjà, alors que le huis clos des médias n'est pas encore levé et que Mme Fraser n'a pas encore tenu sa conférence de presse, le gouvernement distribue un communiqué aux journalistes, confinés au Centre des conférences à Ottawa, annonçant le congédiement de l'ambassadeur du Canada au Danemark, l'ancien ministre Alfonso Gagliano. Ce dernier avait été nommé à Copenhague en janvier 2002 et son affectation devait durer quatre ans. Une réaction aussi vive du gouvernement Martin, alors que les Canadiens n'ont pas encore pris connaissance du rapport de Mme Fraser, laisse certes croire que l'ancien haut responsable du programme de commandites est d'ores et déjà désigné comme le principal responsable du scandale, même si un an plus tard, devant la commission Gomery, M. Martin plaide qu'il a démis M. Gagliano de ses fonctions en raison du tort qu'auraient pu causer à la diplomatie canadienne les soupçons qui pesaient sur l'ancien ministre.

Avant d'entrer à la Chambre des communes ce jour-là, le premier ministre donne un point de presse impromptu, quelques minutes avant le dépôt du rapport de la vérificatrice générale, un fait extrêmement rare dans la routine du chef du gouvernement. « Ce qui est arrivé ne doit pas être toléré », lance M. Martin qui s'inquiète à juste titre de l'effet que le scandale risque d'avoir sur la campagne électorale qu'il a dans l'idée de déclencher quelques semaines plus tard. Même s'il est ministre des Finances au moment où le programme de commandites est conçu, Paul Martin affirme qu'il n'était pas au courant des détournements de fonds dénoncés par Sheila Fraser. Il dit ignorer si le Parti libéral a reçu de l'argent des agences de communication mêlées au scandale. « Je n'avais aucune idée de ce qui se passait ici. (…) Lorsqu'il y a une allocation d'argent, c'est fait selon les règles qui sont très bien établies. Il y a une trentaine de ministères et des centaines de programmes. Ce n'est pas le rôle du ministre des Finances ou du cabinet dans son ensemble de surveiller chaque programme », plaide-t-il, visiblement troublé. « Il est évident qu'il s'agit d'une situation où il y a eu mauvaise gestion et un manquement grave aux obligations envers le public. C'est inacceptable. C'est intolérable. Nous allons donc agir de façon résolue », ajoute-t-il plus tard en Chambre, sans réussir pour autant à tempérer la colère et les questions de l'opposition.

Mise sur pied de la commission Gomery

Paul Martin ne perd donc pas de temps, confirme le renvoi d'Alfonso Gagliano et annonce aussitôt que son gouvernement met sur pied une commission d'enquête publique qui sera présidée par le juge John H. Gomery de la Cour supérieure du Québec. Cette commission aura de vastes pouvoirs et devra remettre son rapport dans les 12 mois environ, soit après les élections fédérales. Le juge Gomery aura le loisir de convoquer tous les témoins qu'il souhaite entendre, y compris l'ancien premier ministre Jean Chrétien, et il pourra même siéger pendant la campagne électorale s'il le désire. Le premier ministre donne également mandat à un

avocat-conseil, André Gauthier, de prendre tous les moyens né-
cessaires pour recouvrer les fonds obtenus de manière fraudu-
leuse. Son gouvernement fait savoir qu'il déposera prochainement
un projet de loi visant à protéger les dénonciateurs de malversations au sein de la fonction publique (les *whistle blowers*). L'arse-
nal déployé par le gouvernement Martin est complété par la promesse d'entamer également une révision de la gouvernance des sociétés d'État, puisque certaines de ces sociétés, comme l'a démontré Mme Fraser, ont pris part à des transactions douteuses.

Paul Martin répète quelques minutes plus tard aux Communes
que la situation décrite par la vérificatrice générale est « inacceptable ». Malgré les mesures qu'il vient d'annoncer et bien qu'il professe
son innocence, l'opposition n'en continue pas moins de chahuter le
premier ministre alors que les députés libéraux tentent d'enterrer les
clameurs d'indignation en ovationnant à répétition Paul Martin. Ce
sont là les mêmes députés qui, depuis 2000, applaudissaient sans mé-
nagement Jean Chrétien lorsque ce dernier défendait les commandites fédérales et la lutte à finir contre « les séparatistes ». Mais l'opposition ne cesse ses attaques contre le gouvernement, le NPD et le
Parti conservateur allant jusqu'à alléguer que les généreuses commissions versées aux agences de publicité québécoises constituent en
fait un remboursement pour du travail effectué pendant la campagne
électorale de 1997 pour le compte du Parti libéral du Canada. « Le
premier ministre se vante d'une enquête publique qui sera payée par
les contribuables canadiens alors qu'il s'agit d'un scandale ayant permis de verser des fonds publics au Parti libéral du Canada, lance la
députée néo-démocrate Judy Wasylycia-Leis. Quelle part de la commission d'enquête sera payée par le Parti libéral ? » « Il s'agit d'un
véritable système de blanchiment d'argent qui rendrait Saddam
Hussein lui-même très fier », lance même en conférence de presse
le porte-parole du Parti conservateur en matière de comptes publics, John Williams. Enfin, l'opposition demande au premier ministre Martin de reconnaître sa part de responsabilité dans le scandale
– puisqu'il était ministre des Finances à l'époque –, et de ne pas tenir d'élections générales avant la fin de l'enquête publique. Ça fait
quatre ans que des allégations de malversations au sujet du programme de commandites circulent dans les médias, rappellent en
substance tous les partis d'opposition à la Chambre. Ça fait quatre
ans que le gouvernement refuse de prêter foi à ces allégations et qu'il
refuse une enquête publique, comme l'a demandée l'opposition.

Si le gouvernement se décide à agir aujourd'hui, c'est qu'il est poussé dans ses derniers retranchements. Le ministre responsable du Québec à l'époque, Pierre Pettigrew, n'est pas d'accord avec ces accusations. « Les faits révélés ont dépassé honnêtement toute suspicion qui aurait pu courir avec les quelques questions posées entourant le rapport [de 500 000 $ de Groupaction] photocopié à [trois] reprises », se défend-il en conférence de presse.

Presque au même moment, le ministre des Affaires étrangères, Bill Graham, revient de son côté sur le renvoi de l'ambassadeur Gagliano, exposant les motifs du gouvernement d'une manière qui sera fort utile au premier ministre Martin un an plus tard devant la commission Gomery. « Son rappel est une reconnaissance que les faits dont on a parlé dans le rapport de la vérificatrice générale font en sorte qu'il n'est plus approprié pour M. Gagliano de travailler comme ambassadeur du Canada, explique-t-il. Ses torts, sa responsabilité restent à être déterminés par une enquête, qui a été annoncée par le premier ministre, et par les tribunaux. Notre position, c'est qu'il faut protéger l'intégrité de la diplomatie canadienne. »

Le congédiement de M. Gagliano fait d'ailleurs l'objet d'un débat partout au pays. S'agit-il d'une manœuvre du gouvernement Martin pour trouver un bouc émissaire ou s'agit-il d'un geste réfléchi, véritablement motivé par la raison d'État ? C'est ce même gouvernement libéral – sous la gouverne d'un autre premier ministre, il est vrai – qui, contre vents et marées, a nommé Alfonso Gagliano ambassadeur au Danemark, alors que Jon Grant, l'ex-président d'une société d'État relevant du ministre Gagliano, lui avait reproché d'être intervenu indûment dans la gestion de la société de la Couronne, le forçant même à embaucher de ses amis. Déjà, à l'époque, les accusations contre M. Gagliano dans des affaires de contrats de commandite commençaient à se répandre. Jean Chrétien s'emploie alors à défendre son ministre, le qualifiant de l'« un de ses meilleurs amis » et de « collègue précieux ». C'est ainsi qu'il lui offre une porte de sortie honorable du côté du Royaume de Danemark. Sans que la vérificatrice générale l'identifie par son nom, Alfonso Gagliano est omniprésent dans son rapport, ce qui de toute évidence pousse Paul Martin à agir. Mme Fraser reproche à l'ancien ministre de s'être mêlé des choix de certaines commandites, notamment quand des commandites refusées au départ sont attribuées après son intervention. Elle fait ressortir également que le ministre responsable est en contact quasi permanent avec les responsables successifs du programme, les Chuck Guité et Pierre Tremblay. « Le ministre est le chef ou la personne en charge du ministère. Alors, ce n'est pas nécessairement inapproprié qu'un ministre transige avec les fonctionnaires. C'est même attendu. Mais il y a normalement de la documentation. » Dans le cas de M. Gagliano, indique Mme Fraser, « il y a un manque flagrant de documentation ». Pendant ce temps, le rappel du principal intéressé est rapporté dans les médias danois. « Cette affaire me harcèle depuis deux ans, confie l'ambassadeur déchu à une équipe de télévision, et j'aurai l'occasion de répondre à vos questions », refusant d'en dire davantage.

Pendant ce temps, pris d'assaut par la population qui veut en savoir plus long sur la bombe politique qui vient d'être lâchée, le site Internet de la vérificatrice générale flanche, incapable de répondre à la demande. Les réactions du public, dans les vingt-quatre premières heures après le dépôt du rapport, sont mauvaises pour le parti au pouvoir. Les tribunes téléphoniques sont sans merci pour les libéraux.

Voyant que sa stratégie du premier jour ne donne pas les résultats escomptés, que l'orage est loin d'être apaisé, que les Canadiens ne sont pas convaincus que lui, l'ancien grand argentier de Jean Chrétien, ignorait ce qui se passait dans le programme de commandites, réalisant surtout que c'est sa survie politique même qui est en jeu, Paul Martin décide de changer de discours. Le moment est venu de frapper un grand coup. Le jeudi 12 février, il convoque à la hâte à l'Amphithéâtre national de la presse à Ottawa une conférence de presse. Il est 10 h 30 du matin. Il y a de l'électricité dans l'air. L'entourage du premier ministre est visiblement nerveux. M. Martin prend place et fixe les caméras de télévision plantées derrière les journalistes. Son expression est empreinte de gravité. C'est alors qu'il fait une déclaration lourde de conséquences, une déclaration qui relance la guerre entre son clan et celui de son prédécesseur Jean Chrétien : « C'est impossible de croire qu'il n'y a pas eu une direction politique. Il y a quelqu'un qui décidait comment est-ce que tout ça était pour être contrôlé. »

Un scandale politique

La veille, le premier ministre s'était pourtant contenté de faire porter le blâme à une poignée d'individus, une douzaine tout au plus, des fonctionnaires, qui auraient, selon lui, abusé de la confiance du gouvernement. La nouvelle perspective qu'il propose ce matin-là aux Canadiens met en scène des hommes politiques de son propre parti. En eaux troubles, le premier ministre se lance dans des explications dont le but est de démontrer qu'en raison de la distance qu'a maintenue Jean Chrétien avec son ministre des Finances au cours des années, ce dernier ne peut connaître l'existence du programme ; il a été tenu à l'écart par les hommes de l'ancien premier ministre. Il ignore encore aujourd'hui, assure-t-il, qui a tiré les ficelles dans cette affaire : « Moi-même j'étais dans une situation encore plus éloignée à cause de l'écart qui existait entre moi-même et certaines personnes dans l'entourage du premier ministre. » Paul Martin se garde bien de viser directement son ancien patron, « un homme d'une grande intégrité » comme il dit, mais en se démarquant du clan Chrétien il compte se gagner l'appui populaire. En position de force face à son éternel rival, il croit qu'il est à son avantage d'écorcher un peu au passage la bande à Chrétien puisque cela peut assurément lui rapporter des dividendes électoraux.

Paul Martin n'hésite pas ce matin-là à nommer André Ouellet, le PDG de Postes Canada, Alfonso Gagliano, l'ancien ministre des Travaux publics et Martin Cauchon, l'ancien ministre de la Justice, parmi les gens qui étaient proches du premier ministre Chrétien. MM. Gagliano et Ouellet ont été liés indirectement dans le rapport de Mme Fraser à certaines dépenses douteuses consenties à même les fonds fédéraux de commandites. Martin Cauchon, qui assiste le lendemain à Montréal aux funérailles du journaliste et ancien chef du Parti libéral du Québec Claude Ryan, nie catégoriquement que M. Chrétien ou quiconque dans son entourage politique ait donné de telles « directions politiques ». « Non, il n'y a pas eu d'instructions ou de directions, pas du tout. C'est clair dans mon esprit. » N'empêche qu'en rappelant aux journalistes qu'il n'a jamais été nommé lieutenant politique de Jean Chrétien au Québec, Paul Martin donne l'impression de rouvrir d'anciennes plaies et de raviver son inimitié avec son prédécesseur. Mais le nouveau premier ministre a bien préparé sa conférence de presse. Il a pris soin, avant d'incriminer l'ancienne administration libérale, de mettre pour ainsi dire la table. « Les Canadiens sont outrés », lance-t-il d'entrée de jeu. Fixant toujours les caméras, il ajoute sur un ton dramatique : « C'est horrible ce qui est arrivé, c'est horrible. Et je comprends très bien pourquoi les Canadiens sont enragés.

Moi-même, je suis enragé. C'est inacceptable. » Puis le premier ministre promet que personne ne sera à l'abri de l'enquête publique qu'il a ordonnée, pas même le personnel politique de Jean Chrétien, pas même son chef de cabinet, pas même ses anciens ministres et encore moins les présidents des sociétés d'État impliquées dans le scandale. Tous ces gens devront collaborer. « Et je vous assure qu'on va avoir leur entière collaboration », martèle Paul Martin qui confirme ainsi que pour lui la clé de toute cette affaire est éminemment politique. Le premier ministre soutient également qu'il a pris conscience de l'ampleur du problème seulement en 2002. Il reconnaît que les questions sur la gestion du programme ont commencé en 1999. Mais, rappelle-t-il, le sous-ministre des Travaux publics de l'époque, Ran Quail, a déclaré en 2002 qu'aucun cas de fraude n'avait été signalé. M. Martin plaide que c'est seulement après que la vérificatrice générale eut déposé son rapport sur les trois contrats de Groupaction, cette année-là, qu'il avait commencé à soupçonner que quelque chose ne tournait pas rond dans les activités de commandite. Mais personne, soutient-il, n'a véritablement saisi l'ampleur du problème avant que Sheila Fraser ne dépose son rapport.

Le lendemain, après avoir lui aussi assisté aux funérailles de Claude Ryan, Paul Martin se rend à Oakville, en Ontario, où il donne une autre conférence de presse. Sa sortie ciblée de la veille contre l'administration de Jean Chrétien et contre l'ancien ministre Gagliano lui revient comme un boomerang. Les journalistes lui demandent s'il ne craint pas que cette stratégie du blâme ne remette le feu aux poudres et n'anéantisse les chances du PLC de refaire son unité après les déchirements internes qui ont violemment marqué la longue succession au leadership. « La course au leadership est terminée », répond Paul Martin qui ajoute qu'il sera sans merci pour ceux qui ont été impliqués dans l'affaire des commandites, peu importe qu'ils aient tenu des postes importants. « Je prends la responsabilité de cette question et je vais m'en occuper », tranche-t-il. « Un petit groupe de gens donnait des ordres », hors de la fonction publique et des sociétés d'État, poursuit-il. « Nous ne savons pas qui ils étaient, et seule l'enquête publique nous permettra de les découvrir. » Cette fois, Martin évite de blâmer directement l'ex-ministre Gagliano. Il prononce toutefois le mot « complices » dans le cas de certains dirigeants de cinq sociétés d'État et il exige la démission de « tous ceux qui savaient et qui n'ont rien fait » alors que de l'argent était volé. Il invite de plus tous ceux qui, au gouvernement, dans les sociétés d'État, dans le caucus ou dans le Parti libéral, possèdent des informations à les rendre publiques le plus vite possible, étant donné qu'il existe très peu de documentation écrite pour ce programme de 250 millions de dollars. Il exprime enfin sa ferme intention de « nettoyer la maison ». « Regardez-moi aller, dit-il. Tout sera rendu public. »

Sauver les meubles

Cette stratégie qui vise en quelque sorte à sauver les meubles et à donner au PLC une chance de l'emporter lors des élections générales, qu'il a l'intention de déclencher au cours des mois à venir, a pour effet de mécontenter royalement les partisans de Jean Chrétien. Ces derniers ne digèrent pas que M. Martin ait soutenu à Oakville qu'un « petit groupe de fonctionnaires » a suivi à l'époque les ordres des maîtres politiques de l'heure. Ils ne digèrent pas non plus que M. Martin ait déblatéré contre Jean Chrétien en l'accusant de l'avoir tenu à l'écart de la stratégie d'Ottawa en matière d'unité nationale, expliquant ainsi qu'il n'a pu, dans ce contexte, être informé des détournements de fonds opérés peu de temps après la mise sur pied du programme de commandites. Ils rappellent avec ferveur que Jean Chrétien défendra sa réputation, que c'est lui qui a demandé à la vérificatrice générale d'enquêter sur les rapports de Groupaction, que c'est lui qui a communiqué des dossiers à la GRC. Certains, qui demandent aux journalistes de ne pas les identifier, vont jusqu'aux menaces, affirmant que si cela continuait, « les choses pourraient mal tourner ». Paul Martin ne bronche pas. « Je prends la responsabilité de m'attaquer à ce dossier, répond-il. Je vais le faire. » Informé sans doute du sérieux des menaces du clan Chrétien, le premier ministre, soucieux d'éviter qu'un conflit ouvert au sein du PLC n'aggrave encore la situation, se montre plus conciliant le dimanche suivant, le 15 février, lors d'une entrevue à l'émission *Crosscountry Checkup* du réseau CBC. « L'ex-premier ministre, dit-il, est un homme d'une intégrité incontestée, et je ne crois pas qu'il était impliqué là-dedans. » M. Martin affirme également qu'il est lui-même prêt à quitter son poste s'il est prouvé, lors des enquêtes, qu'il était au courant de ce qui se tramait au sein des activités de commandite. « Toute personne qui était au courant que des gens falsifiaient des chèques – moi ou qui que ce soit d'autre – devrait démissionner », ajoute-t-il.

Les mauvaises nouvelles ne cessent de secouer Paul Martin. Encore la veille, avant qu'il se rende aux funérailles de Claude Ryan et, ensuite, à Oakville, le *National Post* a révélé que l'ancien président de la commission politique du Parti libéral du Canada, Akaash Maharaj, a envoyé une lettre à M. Martin le 7 février 2002 dans laquelle il lui demande de s'attarder sur les rumeurs voulant que des sommes d'argent transitant par le programme de commandites aient été détournées vers les coffres du PLC. « Il y a, écrit M. Maharaj à Paul Martin, des rumeurs persistantes et croissantes selon lesquelles le programme de commandites a été détourné à des fins partisanes en rapport avec la campagne électorale de 2000 au Québec par l'entremise d'agences de publicité et de relations publiques associées au parti. » Dans ce courrier, M. Maharaj estime que M. Martin est le mieux placé au Cabinet pour vérifier ces rumeurs étant donné qu'il est ministre des Finances. La publication de cette lettre relance les questions sur le moment exact où Paul Martin a su que le programme de commandites connaissait des ratés. Le premier ministre doit se débattre à Oakville pour défendre son intégrité. Il assure ne pas se souvenir des détails entourant la réception de cette lettre mais il soutient qu'elle confirme ce qu'il a déjà dit au sujet des rumeurs qui circulaient à l'époque. « Je ne me rappelle pas entièrement du contenu de la lettre, dit-il. Mais je peux vous dire que je l'ai lue et c'est exactement ce que je disais hier lorsque je parlais de rumeurs qui circulaient. Il y avait des articles dans les journaux. C'est pour cela que, deux semaines plus tard, la vérificatrice générale a commencé son étude qui a culminé un mois et demi, deux mois plus tard, en mai [2002], avec son rapport sur Groupaction. » Pressé de réagir à froid, Paul Martin s'embourbe quelque peu dans ses explications, notamment en ce qui concerne la chronologie des faits. Car ce n'est que le 19 mars 2002 que Sheila Fraser commence son enquête sur les rapports de Groupaction, à la demande de l'ancien ministre des Travaux publics, Don Boudria, soit presque six semaines après que Paul Martin eut reçu la lettre de Akaash Maharaj. Ainsi, moins de vingt-quatre heures après avoir affirmé qu'il n'a su qu'en mai 2002 l'existence de malversations dans le cadre du programme de commandites, le premier ministre vient de voir sa version des faits contredite par un ancien dirigeant du PLC. « Si on découvrait que le parti a été complice de la trahison de la confiance publique, écrit aussi M. Maharaj, ne serait-ce que par son silence ou son indifférence, le coup serait dévastateur. »

Les embûches se succédant à un rythme effréné pour le gouvernement de Paul Martin, la crise est de plus en plus difficile à gérer. Pourtant, le chef du gouvernement n'a pas improvisé ses sorties. Quelques semaines après être devenu premier ministre en décembre 2003, confortablement installé dans un boudoir à l'étage de sa résidence officielle, au 24 de la promenade Sussex à Ottawa, le premier ministre a déjà entre les mains le rapport de la vérificatrice générale, Sheila Fraser. Bien longtemps avant ce 10 février fatidique il a pu prendre connaissance des abus qui entachent quelque 250 millions de dollars d'activités de commandite et quelque 793 millions de contrats de publicité. Ce jour-là, rapporte la journaliste Susan Delacourt[8], « plus Martin lisait, plus sa colère montait. À la fin, quand il déposa le rapport, une seule expression est sortie de sa bouche : "C'est abominable !" Alors son esprit s'est mis à imaginer tout le fouillis que cela allait provoquer dans son tout nouveau gouvernement. »

« Lorsque j'ai lu le rapport, j'ai été consterné, confie le premier ministre à la journaliste. Je savais à ce moment-là que cela allait avoir des conséquences. Est-ce que je savais que ces conséquences allaient être aussi importantes ? Je ne suis pas certain d'avoir mesuré l'ampleur des dégâts à venir. Je savais deux choses ; je savais que cela allait donner un fort mauvais éclairage du gouvernement précédent et je savais que j'avais la responsabilité de régler le problème. » Déjà, lors de la première réunion du nouveau Conseil des ministres, le 13 décembre 2003, Paul Martin décide d'abolir le programme de commandites. C'est sa première annonce en tant que premier ministre. Il n'a jamais été un admirateur du programme et il n'a jamais cru, tout comme son collègue Stéphane Dion d'ailleurs, que la cause de l'unité nationale allait être bien servie simplement en arrosant de dollars certains événements culturels ou sportifs pour qu'en échange ses organisateurs pavoisent les foires et les stades de drapeaux unifoliés. Encore une fois, Paul Martin insiste sur les visions opposées que lui et Jean Chrétien ont du Québec et de la politique en général. L'ampleur des abus détaillés dans le rapport de Sheila Fraser surprend Paul Martin au plus haut degré. « J'étais vraiment en colère », répète-t-il encore deux mois après avoir lu le rapport. Il ne lui a fallu que très peu de temps d'ailleurs pour arrêter sa stratégie générale. Pour lui, il n'y a qu'une seule façon d'enrayer la crise : aller droit au but, tout mettre sur la table, expliquer ad nauseam au public ce que son gouvernement veut faire pour éviter qu'une telle chose ne se reproduise, voire même s'excuser auprès des Canadiens. Il faut, selon lui, regagner la confiance des gens. « Lorsque j'ai lu le rapport, dit-il encore, il était clair pour moi que si nous avions décidé de balayer le problème sous le tapis, nous n'aurions pu inspirer ce genre de confiance. »

Il faut quand même que le premier ministre persuade ses collègues de la justesse de sa stratégie, si l'on se fie aux procès-verbaux de deux réunions du comité des opérations, les 27 janvier et 9 février, rendus publics à l'avance par M. Martin au bénéfice du Comité des comptes publics de la Chambre. Le Cabinet tout entier ne discute jamais de la façon dont le gouvernement doit réagir aux révélations de Mme Fraser. Cette tâche revient à environ une demi-douzaine de ministres qui siègent au comité des opérations. Les principales mesures annoncées dans les minutes qui suivent le dépôt du rapport le 10 février – soit l'enquête publique, l'avocat-conseil pour la récupération des fonds et l'acceptation d'une loi sur les dénonciateurs – mettent du temps à faire consensus dans l'entourage de Paul Martin. Lors des deux semaines qui ont précédé le dépôt du rapport, quelques conseillers du ministre de la Justice, du Conseil du Trésor, du Conseil privé et du bureau du premier ministre se sont joints au comité des opérations. Stephen Owen, le ministre des Travaux publics, profite de cette période pour rencontrer à plusieurs reprises la vérificatrice générale et tenter de saisir toutes les dimensions de son rapport. À la réunion du 27 janvier du comité des opérations, le président du Conseil du Trésor, Reg Alcock, résume en ses propres termes le rapport de Mme Fraser. Il parle de « contournement du Parlement », d'« insuffisance de la gestion financière et du contrôle de la passation des marchés » et de « commissions excessives ». Ses notes personnelles utilisent même l'expression « blanchiment d'argent ». Sont présents à la rencontre, outre Stephen Owen, Anne McLellan, Pierre Pettigrew, Tony Valeri et Jacques Saada. Rien n'est encore arrêté le 27 janvier. On évoque diverses possibilités, dont celle encore vague d'une commission d'enquête publique, mais il faut encore beaucoup de discussions en coulisses pour atteindre un consensus. Plusieurs ministres craignent en effet qu'une enquête publique ait un effet contraire au résultat souhaité, qu'elle ne salisse davantage la réputation des membres du PLC qui n'ont rien à voir avec cette histoire. Ce sont les ministres du Québec qui tentent de convaincre le premier ministre de ne pas aller de l'avant avec cette idée. « Les ministres ont compris que l'enquête risque de révéler des faits qui pourraient être compromettants pour certaines personnes », commente à l'époque Scott Reid, le porte-parole du chef du gouvernement. Mais Paul Martin est déterminé à ne pas reculer. C'est lui, selon Reg Alcock, qui fait pencher la balance en faveur d'une enquête publique : « Il y a pensé et est revenu en disant : "Non, il s'agit de notre intégrité et nous irons aussi loin et aussi profondément que nous pourrons." » Le premier ministre pense que les mesures énergiques qu'il va annoncer redonneront confiance à la population. Il n'a cependant pas prévu que sa crédibilité même va faire l'objet de débats ni que le scepticisme de l'opinion publique à propos du rôle qu'il a pu jouer dans le scandale va persister. Tous se posent la même question. Comment a-t-il pu être possible qu'un ministre aussi influent et aussi important que lui, un ministre responsable du portefeuille des Finances pendant près de dix ans, n'ait rien su ? M. Martin fait tout pour défendre son intégrité. Il entreprend même une tournée à travers le pays, qualifiée de « Mad as Hell Tour » par la presse anglophone, une tournée en ce début de 2004 qui ne suffit pas, aux yeux du public, à dégager entièrement le nouveau premier ministre de la responsabilité du scandale.

Jamais Paul Martin n'a nagé en de telles turbulences. C'est au Québec surtout que les révélations de Sheila Fraser font un tort considérable à son parti. Le PLC y est totalement tombé en disgrâce. Un sondage CROP-*La Presse*[10] relègue le nouveau gouvernement à 34 % des intentions de vote alors que le Bloc Québécois en recueille 47 %. Pour le Parti libéral du Canada, c'est une chute de 17 points en un mois, si l'on compare ces données à celles d'un sondage réalisé par CROP entre le 15 et le 24 janvier, où les libéraux obtenaient 51 % des intentions de vote. Pour le Bloc Québécois de Gilles Duceppe, c'est une remontée de 14 points, alors qu'il était à 33 % le mois d'avant. « Nous sommes en chute libre et nous n'avons pas de parachute ! » confie à *La Presse* un stratège libéral. Pour le vice-président de la maison CROP, Claude Gauthier, « c'est le retour à la case départ de l'après-Meech », c'est-à-dire là où les libéraux fédéraux étaient au Québec après l'échec des accords du lac Meech et de Charlottetown. En octobre 1993, les libéraux de Jean Chrétien n'ont remporté que 19 circonscriptions au Québec (33 % des voix), alors que le Bloc Québécois, mené par

Lucien Bouchard, en raflait 54 (49 % des voix). En ce début 2004, le Bloc Québécois est en parfaite position pour renouveler l'exploit de Lucien Bouchard.

Aux Communes, la bataille est de plus en plus âpre. Les partis d'opposition élargissent le débat du côté du rôle des sociétés de la Couronne dans le scandale. Ils exigent du gouvernement Martin, à plusieurs reprises, la suspension d'André Ouellet, le président de Postes Canada, et de Jean Pelletier, l'ancien chef de cabinet de Jean Chrétien et président de VIA Rail, alléguant que les deux hommes sont impliqués dans l'affaire. Lors d'un passage en Ontario, Paul Martin promet que tous les coupables seront punis. « Aussitôt qu'on a les faits, et si les faits le dictent, nous allons agir immédiatement. » Martin confie au président du Conseil du Trésor, Reg Alcock, la mission de demander des comptes aux dirigeants des sociétés d'État qui ont participé, dans le cadre du programme de commandites, à des mouvements de fonds qui ont bénéficié à des agences de communication de Montréal. Mme Fraser donne d'ailleurs comme exemple dans son rapport le versement par TPSGC à Postes Canada de 521 739 $ en l'absence de toute entente écrite, pour un concours de création de timbres. Cette somme passe par l'intermédiaire des agences Lafleur et Média/IDA Vision qui perçoivent, pour simplement remettre le chèque, des commissions de 78 261 $. Monte Solberg, le porte-parole en matière de finances du Parti conservateur du Canada (PCC), va encore plus loin et demande au gouvernement pourquoi il a été si prompt à congédier Alfonso Gagliano alors qu'il ne fait pas de même pour André Ouellet « qui a dirigé le Parti libéral au Québec pendant des années et qui est trempé jusqu'aux oreilles dans ce scandale à Postes Canada ». « Si M. Gagliano a été puni pour son rôle dans cette affaire, demande M. Solberg, pourquoi André Ouellet gagne-t-il encore 300 000 $ par année à Postes Canada ? » Le ministre du Revenu national, Stan Keyes, rétorque que « le premier ministre avait dit clairement qu'André Ouellet et tout autre dirigeant de société de la Couronne comparaîtront devant le Comité des comptes publics et devant la commission d'enquête publique. Ils n'ont pas le choix. Ils doivent comparaître. » Le président du Conseil du Trésor, même si la pression est intense, ne veut pas précipiter les choses. « C'est un gros dossier, dit-il le 18 février. Le problème, c'est que l'opposition a déclaré tout le monde coupable. Elle veut une décision aujourd'hui. Je refuse de faire cela. Je ne crois pas qu'un délai d'une semaine soit trop long lorsqu'il s'agit de la réputation de quelqu'un. » Entre-temps, certains, comme le ministre des Finances Ralph Goodale, un allié indéfectible de Paul Martin, préparent les esprits. À Regina, le 14 février, il qualifie publiquement les auteurs du programme de commandites de « bande de fous ». « En toute franchise, je suis dans l'embarras, dit-il lors de son assemblée d'investiture. Je suis en colère. Cela n'aurait jamais dû se produire. Ils sont tellement stupides qu'ils croyaient pouvoir s'en tirer ainsi. Je suis convaincu que nous allons tirer au clair toute cette affaire, que nous allons suivre la piste, où qu'elle nous mène et quelles qu'en soient les conséquences. »

Des têtes tombent

Quelques jours plus tard, le 24 février, Paul Martin passe aux actes et impose des sanctions à deux présidents de sociétés d'État, soit à Marc LeFrançois, de VIA Rail, et à André Ouellet, de Postes Canada. Le premier ministre annonce en même temps que le président de la Banque de développement du Canada (BDC), Michel Vennat, est relevé de ses fonctions. Dans le cas de M. Vennat, même si la BDC a joué un rôle dans les commandites, le congédiement est lié non pas au scandale comme tel mais plutôt au rôle joué par M. Vennat dans une coûteuse bataille juridique qu'a menée la banque contre son ancien président, François Beaudoin. En effet le juge André Denis, de la Cour supérieure du Québec, a ordonné que soient payés à l'ancien directeur de la Banque, François Beaudoin, une indemnité de départ de 245 000 $ et une pension annuelle de 200 000 $, ce qu'on lui refusait depuis son congédiement en 1999. Le juge a affirmé que M. Beaudoin avait été injustement traité par la banque parce qu'il avait osé remettre en question un prêt à Yvon Duhaime, un ami de Jean Chrétien et le propriétaire de l'Auberge Grand-Mère située dans la circonscription de l'ancien premier ministre. Quoi qu'il en soit, la suspension sans solde imposée à MM. LeFrançois et Vennat, nommés par l'ancien premier ministre, est accompagnée d'un ultimatum d'une semaine. Les deux hommes ont en effet jusqu'au 1er mars pour expliquer au gouvernement pourquoi ils ne devraient pas être congédiés malgré les critiques acerbes de la vérificatrice générale, dans le cas de M. LeFrançois, et malgré les reproches du juge André Denis, dans le cas de M. Vennat. Quant à André Ouellet, il est suspendu avec solde et cela tant que la firme d'experts-comptables Deloitte & Touche n'aura pas terminé la vérification du rôle qu'aurait joué Postes Canada dans le scandale des commandites. «Nous sommes déterminés à agir de manière décisive mais nous voulons aussi être justes et équitables, explique Paul Martin à l'issue d'une réunion de son cabinet. (…) Mais il est évident que la confiance dans les sociétés d'État est absolument vitale autant pour le gouvernement que pour les Canadiens.»

La situation semble de plus en plus propice à Paul Martin pour régler, au passage, certains comptes politiques. Le scandale des commandites lui donne une marge de manœuvre qu'il n'hésite pas à utiliser. L'opinion publique veut que des têtes roulent? Des têtes rouleront. L'affaire de la médaillée olympique Myriam Bédard tombe à point. Cette dernière affirme être «victime du scandale des commandites» puisqu'elle a été forcée de démissionner du poste qu'elle occupait à VIA Rail[11]. La raison? Myriam Bédard a refusé d'être transférée chez Groupaction par la haute direction de VIA. La championne olympique affirme que le 11 janvier 2002 le président et chef de la direction de VIA, Marc LeFrançois, lui téléphone pour lui enjoindre de quitter la société d'État. «Il m'a dit, raconte Mᵐᵉ Bédard: "Myriam, tu dois quitter VIA aujourd'hui sinon c'est Jean Pelletier qui va te transférer de force chez Groupaction." Aucune raison ne m'était donnée.» Mᵐᵉ Bédard raconte à *La Presse* qu'elle est témoin de factures gonflées envoyées à VIA Rail par Groupaction. Elle accuse ses supérieurs à VIA Rail de fermer les yeux sur les coûts démesurés des travaux réalisés par cette agence de communication. Elle affirme également qu'elle a dû travailler dans les locaux de Groupaction en novembre et décembre 2001 pour élaborer les publicités de VIA et que c'est par la suite qu'elle est forcée à démissionner de la compagnie de chemins de fer par M. LeFrançois. Ce dernier nie les allégations de Myriam Bédard alors que Jean Pelletier estime que la jeune femme veut tirer un profit personnel de la situation. «Je ne veux pas être méchant pour elle, ajoute-t-il, mais c'est une pauvre fille qui fait pitié, une fille qui n'a pas de conjoint que je sache. Elle a la tension d'une mère monoparentale qui a des responsabilités économiques. Dans le fond, je trouve qu'elle fait pitié[12].» Les propos de M. Pelletier sèment la consternation dans l'opinion publique. Quatre jours plus tard, l'ancien bras droit de Jean Chrétien perd son poste de président du conseil d'administration de VIA Rail. Ce même jour, le ministre des Transports,

Tony Valeri, transforme la suspension de Marc LeFrançois en congédiement. Dans le cas de Jean Pelletier, le premier ministre Martin assure, lors d'un passage à Smith Falls en Ontario, qu'il n'a pas été congédié dans le cadre d'une « purge » des anciens collaborateurs de Jean Chrétien. « Les mesures prises contre M. Pelletier, dit-il, étaient directement reliées à ses commentaires [sur Myriam Bédard], qui, d'une part, étaient inacceptables et, d'autre part, allaient à l'encontre de la politique du gouvernement. Nous voulons que les gens [qui ont de l'information au sujet du scandale des commandites] sortent de l'ombre. » Mais Paul Martin sait avant même que Myriam Bédard ne fasse sa sortie dans *La Presse* ce qui s'est passé à VIA Rail. La championne olympique a en effet adressé une lettre au bureau du premier ministre le 13 février précédent et elle a reçu une réponse le 19 février. « Nous avons pris connaissance de vos propos avec grand intérêt, indique la lettre d'un adjoint spécial du cabinet du premier ministre qui précise que la plainte de Mme Bédard a été transmise aux ministres Reg Alcock (Conseil du Trésor) et Tony Valeri (Transports). « Soyez assurée qu'ils sauront y accorder toute l'attention voulue », ajoute la réponse. Le cabinet du premier ministre a donc eu le temps de préparer son coup, du moins de réfléchir à partir de ces informations à une façon d'éloigner Jean Pelletier. C'est du moins ce que croit l'ancien président du conseil d'administration de VIA Rail qui affirme le 6 mars 2004 dans une lettre ouverte à *La Presse* qu'il est victime d'un règlement de comptes politique de la part du premier ministre Martin. Il affirme même que son congédiement de la société d'État n'a rien à voir avec les propos qu'il a tenus à l'égard de Myriam Bédard. Son congédiement, dit-il, « a pour fond de scène la lutte interne Martin-Chrétien qui dure toujours et le dossier chaud des commandites ». Il ne mâche pas ses mots à l'égard du gouvernement Martin, qu'il accuse de jeter de l'huile sur le feu. « Plutôt que de tenter de calmer l'hystérie ambiante, le gouvernement semble préférer l'enflammer. » Jean Pelletier ne croit pas un mot des motifs avancés par Paul Martin à Smith Falls pour expliquer son congédiement.

> Existe-t-il quelqu'un qui croit vraiment un seul instant que ma carrière a été brutalement interrompue sur la seule base de mes propos controversés ? Tristement quant à moi, il m'apparaît évident que je suis sommairement exécuté sur une base beaucoup plus large que sur ce qui m'est reproché. Une base pour laquelle je ne fais l'objet d'aucune accusation, et pour laquelle je n'ai donc aucune possibilité de me défendre.

Où sont passés les principes si chers à notre démocratie : la présomption d'innocence, la justice et l'équité ?

Ce n'est d'ailleurs pas d'hier que les rapports sont tendus entre MM. Martin et Pelletier. En mars 2000, après que les partisans de M. Martin eurent fomenté un putsch contre Jean Chrétien, ce dernier décide de contrer son adversaire et de solliciter un troisième mandat des électeurs. En quittant son poste de chef de cabinet de M. Chrétien, en 2001, M. Pelletier affirme que M. Martin aurait été premier ministre beaucoup plus tôt n'eût été son impatience. L'ancien bras droit de Jean Chrétien profite aussi de sa missive pour élargir sa cible. Il prend à partie le ministre de la Justice, Irwin Cotler, en tournant en dérision sa conscience humanitaire. « Qui donc, dans notre société, peut-il mériter une telle exécution sommaire et sans appel ? écrit Jean Pelletier. Présomption de culpabilité au lieu de présomption d'innocence. Coupable par décret, sans autre forme de procès. Est-ce un digne reflet de nos valeurs ? Qu'en pense le ministre de la Justice, grand défenseur durant sa carrière légale des droits de la personne ? » M. Pelletier conclut son plaidoyer en affirmant que les gestes du premier ministre Paul Martin dans cette affaire ne constituent rien de moins qu'une « approche improvisée ».

On le voit, le rapport déposé par Sheila Fraser le 10 février 2004 fait des ravages considérables. Aucun gouvernement n'a été frappé de la sorte au Canada avant ce jour. Le premier ministre Paul Martin lui-même est au nombre des blessés, sans compter son prédécesseur Jean Chrétien. La moralité exemplaire promise par le Parti libéral du Canada à sa prise du pouvoir en 1993 a du plomb dans l'aile. La faillite est totale et Paul Martin va en payer lourdement le prix quelques mois plus tard lors des élections générales de juin 2004.

Cette année-là, le 23 mars 2003, dans le discours sur le budget, le ministre des Finances Ralph Goodale y va d'une autre parade qui, espère le premier ministre, rendra toute sa respectabilité à son gouvernement ; il abolit la fameuse mais non moins secrète Réserve pour l'unité nationale dans laquelle a puisé à coups de centaines de millions de dollars le gouvernement Chrétien pour financer les activités de commandite et de publicité et « sauver » le Canada. « Nous pensons, pour être franc, explique M. Goodale en conférence de presse, que cette réserve a fait son temps et qu'elle n'est plus utile. » Le grand argentier ajoute même dans une sorte de mea-culpa un peu tardif que « ce type de technique n'est pas approprié dans les circonstances actuelles » pour faire avancer la cause de l'unité du pays. Ralph Goodale ne met cependant pas un terme immédiat au fonds qui a reçu pas moins de 50 millions de dollars par année de 1996 à 2003. Pour l'exercice 2004-2005, Ottawa alloue encore une quarantaine de millions de dollars à la réserve afin de respecter des accords déjà signés. Il en va ainsi en 2005-2006 et ce n'est qu'en 2006-2007 que la réserve secrète disparaît pour de bon.

Sur sa lancée, le gouvernement fait savoir qu'il a demandé à l'automne 2002 à la GRC d'enquêter sur 10 contrats louches de commandite. Ces enquêtes s'ajoutent ainsi aux trois contrats de Groupaction que la vérificatrice générale a référé à la GRC en mai 2002.

Entre-temps, les haut-le-cœur de la vérificatrice générale face à la gestion des activités de commandite du gouvernement Chrétien ont des échos considérables au Québec mais aussi partout au Canada. « Je ne sais pas comment Mme Clarkson et John Ralston Saul décident à qui vont les bonnes médailles, l'Ordre du Canada et autres bijoux du genre », commente le soir du 11 février à l'émission *The National* le coloré Rex Murphy. « J'espère seulement qu'ils en mettront de côté un carton plein pour Sheila Fraser. Lorsqu'elle quittera son poste, et souhaitons que ce soit dans plusieurs années, ils devraient la couvrir jusqu'à ce qu'elle s'écroule de médailles et décréter une fête nationale pour les comptables. »

CHAPITRE V

Le petit fonctionnaire héroïque

En plus de l'enquête publique annoncée par Paul Martin lors de la publication du rapport de la vérificatrice générale, le premier ministre demande au Comité permanent des comptes publics de la Chambre de faire la lumière sur l'affaire. Le président du comité, le député conservateur albertain de St. Albert John Williams, affirme d'ailleurs que le mandat du comité doit dépasser de beaucoup celui confié à Sheila Fraser. Nous sommes en février 2004.

Le Comité des comptes publics a pour mandat habituel d'étudier les comptes publics et tous les rapports du vérificateur général du Canada. Il n'est donc pas étonnant que Paul Martin le prie de se pencher sur l'explosif dossier. Il a cependant cette particularité d'être le seul comité des Communes présidé par un député de l'opposition. C'est un risque calculé. En effet, malgré sa présidence conservatrice, le comité est dominé, donc contrôlé, par une majorité libérale. Il comprend 17 députés dont 9 libéraux, 5 conservateurs, 2 bloquistes et 1 néo-démocrate. Ses pouvoirs sont assez larges puisque les témoins qu'il convoque sont tenus par la loi de se présenter et ils peuvent être condamnés à une peine d'emprisonnement s'ils font outrage à la Chambre ou s'ils sont reconnus coupables de parjure.

En demandant à ce comité de faire sa propre enquête sur le scandale, Paul Martin veut convaincre à tout prix la population de sa sincérité lorsqu'il affirme vouloir aller au fond des choses. N'est-il pas après tout celui qui a ordonné non pas une mais bien deux enquêtes ? N'affiche-t-il pas ainsi la plus grande des vertus ?

À voir comment les choses se déroulent par la suite, on peut croire que les véritables motifs du gouvernement étaient tout autres. Les libéraux de Paul Martin préparent en ce début d'année 2004 des élections générales, question de donner sa légitimité à un chef qui, après tout, n'a pas été élu par la population. Le scandale des commandites représente une menace certaine pour un PLC en quête d'un quatrième mandat consécutif. Et comme la commission d'enquête publique n'allait guère donner d'éclaircissements sur les tenants et les aboutissants du scandale avant presque deux ans, il fallait bien trouver une parade qui, pour le moins, innocenterait l'administration Martin de toute malversation. La suite des choses confirme cette stratégie.

Au Comité des comptes publics

Sheila Fraser est le premier témoin convoqué devant le comité. Elle affirme d'emblée que les exemples croustillants de malversations donnés dans son rapport – notamment ceux qui impliquent cinq sociétés de la Couronne – ne sont que la pointe d'un iceberg qui regroupe une multitude d'autres transactions frauduleuses. « Nous avons pris seulement un échantillon, répète la vérificatrice. Si nous avions décrit dans le rapport toutes les transactions, c'est un livre que nous aurions publié. Parce que toutes les transactions dans le programme de commandites n'avaient pas de documentation, pas de justification. Nous avons donc pris un échantillon qui reflétait la façon dont ce programme a été géré. » En fait, rappelle à maintes reprises Mme Fraser, les 250 millions de dollars qui ont servi à engraisser des agences québécoises liées au Parti libéral fédéral n'ont pas été gérés dans le cadre d'un véritable programme gouvernemental en bonne et due forme, mais par un petit groupe d'individus qui se sont organisés en dehors des structures habituelles du ministère des Travaux publics. La vérificatrice générale ne sait cependant pas de mémoire combien son bureau a examiné de cas frauduleux, mais elle promet de fournir rapidement cette information. Elle promet également les noms des 14 individus du ministère des Travaux publics qui se sont occupés de la gestion du programme. Mme Fraser insiste ensuite sur les limites de son enquête, expliquant qu'elle n'a pas eu accès à la documentation des agences impliquées dans le scandale. « Nous avons vérifié les transactions de fonctionnaires et de certains employés des sociétés d'État, dit-elle. Nous avons documenté ces transactions. Nous avons exprimé nos inquiétudes et nos préoccupations et j'ose croire que l'enquête publique et le travail de ce comité vont donner des réponses à des questions qui demeurent encore sans réponse. »

Jusque-là tout se passe bien. Les députés de l'opposition membres du comité font savoir qu'ils ont l'intention de faire témoigner le premier ministre Paul Martin, son prédécesseur Jean Chrétien, le chef de cabinet de ce dernier, Jean Pelletier, l'ancien ministre Alfonso Gagliano et les présidents des sociétés de la Couronne impliqués dans l'affaire, dont André Ouellet, de Postes Canada. M. Martin déclare d'ailleurs la veille en conférence de presse que pour sa part il est « absolument prêt à témoigner à l'enquête publique et à celle du Comité des comptes publics ». Même les libéraux membres du comité affirment, à l'instar des bloquistes, des conservateurs et des néo-démocrates, qu'il est impérieux d'aller au fond des choses et de démasquer les responsables.

Mᵐᵉ Fraser répète que c'est durant la période où M. Gagliano est ministre des Travaux publics que se produisent les détournements de fonds, que le fonctionnaire responsable du programme, Chuck Guité, rend des comptes directement au bureau du ministre, que de nombreuses preuves de communications entre le bureau du ministre et les administrateurs du programme ont été mises au jour et que même des décisions de fonctionnaires sont renversées par le ministre. « Je ne crois pas que les fonctionnaires qui faisaient cela agissaient de leur propre chef, déclare John Williams, le président du comité. Alors il faut savoir qui leur a dit d'agir de la sorte. »

Après ce départ harmonieux, il ne faut pas beaucoup de temps pour que les choses se gâtent. La confusion ainsi que la panique et la zizanie se manifestent dès la séance suivante, le 17 février 2004, au sein de l'équipe ministérielle sur la façon de gérer l'enquête. Tout d'abord, sans avoir été invité, le tout nouveau président du Conseil du Trésor, Reg Alcock, se présente à la séance du matin avec en main une vague proposition destinée à protéger les éventuels témoins de la fonction publique contre de possibles représailles de leurs supérieurs. M. Alcock affirme aux députés présents que le premier ministre lui a confié le mandat de mettre au point des mesures internes temporaires qui permettront de protéger les témoins, cela en attendant un projet de loi pour protéger les dénonciateurs dans la fonction publique. « La seule chose que je ne suis pas prêt à faire, ajoute le président du Conseil du Trésor, c'est de protéger les gens qui ont fait des gestes criminels. »

Le président du comité, John Williams, un homme pragmatique qui mène les travaux à la manière d'un préfet de discipline, est complètement estomaqué par l'intervention de M. Alcock et des sources gouvernementales confient aux journalistes, sous le couvert de l'anonymat, que le ministre Alcock a outrepassé son mandat et qu'il a pris des initiatives qui ne le regardent pas. La future loi sur la protection des dénonciateurs est en effet de la responsabilité du ministre Denis Coderre, président du Conseil privé. « Alcock n'écoute personne, confie à *La Presse*[1] une source gouvernementale, pas même son sous-ministre, pas même le bureau du premier ministre. C'est un cow-boy qui met son nez dans des affaires qui ne le regardent pas. Il fait un véritable *power trip*. Il s'est présenté devant le comité sans plan alors que le mandat que lui a confié le premier ministre, c'est celui de s'occuper du rôle joué par les sociétés de la Couronne dans le scandale. »

Une autre source gouvernementale libérale dénonce de plus la confusion qui règne au bureau du premier ministre, affirmant que « les gens autour de Martin ne semblent pas comprendre la répartition des diverses responsabilités au Conseil des ministres ».

Informé par les journalistes de l'initiative de M. Alcock dans son dossier de la loi sur les dénonciateurs, le ministre Coderre réagit sèchement : « Que ce soit très clair ! Ce sont mes propos : je suis en charge ! » M. Coderre ajoute qu'il va déposer son projet de loi dans quelques semaines, acquiesçant ainsi à une motion du Comité des comptes publics. Le succès de l'enquête dépend en effet de la protection que le comité peut garantir aux témoins de la fonction publique qui ont travaillé au programme de commandites. Le président du comité, John Williams, tempête à la sortie des Communes contre le président du Conseil du Trésor, affirmant que la proposition de ce dernier est en soi une « contradiction totale » :

> Quatorze individus sont accusés par le premier ministre d'avoir participé à ce scandale. Plusieurs d'entre eux n'étaient que des subalternes. Je crois qu'ils ont été forcés et intimidés – selon les rumeurs qui me sont parvenues – pour participer à ce scandale. Ils n'ont reçu aucun bénéfice. Ils ont eu l'impression que s'ils ne faisaient pas ce que le patron exigeait, leur carrière était compromise. On les a donc forcés malheureusement à violer la loi, ce qui veut dire, selon M. Alcock, que ces individus seront

punis. En même temps, M. Alcock les encourage à aller de l'avant et à dire ce qu'ils savent. Je ne comprends pas ce que dit M. Alcock.

À mesure que le comité avance dans ses travaux, des révélations cruciales font croire que l'exercice ne sera pas aussi inutile qu'on le craignait. Ceux qui assistent aux comparutions des témoins peuvent espérer voir la vérité émerger, et cela malgré certains accrochages de routine entre les membres libéraux du comité et ceux des partis de l'opposition. Les travaux tendent à confirmer ce que pense le premier ministre Paul Martin lui-même à l'époque, c'est-à-dire que le stratagème qui a permis à des agences de communication d'empocher hors des règles habituelles 100 millions de dollars n'a pu être mis au point sans une quelconque direction politique.

Ainsi, des documents du Cabinet, rendus publics trente ans à l'avance par Paul Martin, démontrent qu'un ministre s'est porté, le 10 juin 2002, à la défense des agences de communication de Montréal proches des libéraux, plaidant même pour que le gouvernement continue à leur verser de généreuses commissions dans le cadre du programme. Ainsi, un mois après l'éclatement du scandale de Groupaction, ce ministre non identifié déclare « que les frais payés aux agences de publicité sont des dépenses légitimes pour des services et que le gouvernement doit être prudent afin de ne pas ruiner la réputation de l'industrie de la publicité ». Lorsque la presse tente de savoir quel ministre a tenu ces propos, le bureau du premier ministre observe le plus grand mutisme. Et certains ministres présents à ladite réunion affirment pour leur part ne pas s'en souvenir. Les ministres présents à la réunion du 10 juin sont Ralph Goodale, Stéphane Dion, Herb Dhaliwal, Claudette Bradshaw, Denis Coderre, Robert Thibault et David Collenette. Celui qui est au moment de l'enquête du Comité des comptes publics le directeur des communications du premier ministre Martin, Mario Laguë, est également de la rencontre de juin 2002 à titre de secrétaire du comité.

Les journalistes de la tribune parlementaire à Ottawa soupçonnent aussitôt le président du Conseil privé, Denis Coderre, d'être celui qui s'est porté à la défense des agences de communication. Ils l'interrogent. « Je ne suis pas au courant, répond M. Coderre. Moi, je ne le sais pas. Je ne me rappelle pas avoir dit ça. Non, non, je ne le sais pas, non ! Vous vous rappelez ce qui s'est passé voilà deux ans ? On fera un test de mémoire ensemble. »

Par la suite, le témoignage, le 1ᵉʳ mars, de Ran Quail, l'ancien sous-ministre des Travaux publics, renforce le sentiment que les agences proches des libéraux jouissent d'un traitement privilégié. M. Quail révèle en effet que c'est le ministre Alfonso Gagliano lui-même qui a insisté pour que la petite équipe de Charles Guité à TPSGC soit responsable à la fois du programme de commandites et de l'octroi des contrats aux agences de publicité. C'est grâce à Alfonso Gagliano, témoigne M. Quail, si Chuck Guité obtient promotion sur promotion pour accéder à un niveau qui lui permet de faire affaire directement avec le sous-ministre sans passer par les divers sous-ministres adjoints. M. Quail ajoute même que M. Guité a reçu des directives pour contourner aussi le sous-ministre et traiter directement avec M. Gagliano. M. Quail, de son propre aveu, est ainsi écarté du dossier non sans manifester son étonnement devant l'importance disproportionnée que prend ce petit programme au sein de l'ensemble des programmes du ministère : « Ce n'est pas tous les jours que vous recevez une demande du Conseil du Trésor, signée par le ministre Gagliano et le premier ministre Chrétien, dit-il, pour augmenter le budget consacré aux communications et, surtout, ce n'est pas tous les jours qu'on trouve immédiatement l'argent pour ce genre de programme. »

Le comité se déclare, aussi, préoccupé du fait que Charles Guité est nommé à la direction du nouveau programme de commandites en novembre 1997, alors qu'il a été jugé incompétent dans un rapport de vérification l'année précédente.

Un rapport de vérification, puis un autre

D'ailleurs, ce rapport de vérification interne de 1996 à TPSGC apporte au comité des révélations spectaculaires. Déjà en 1996, apprend-on, le gouvernement Chrétien savait, grâce justement à cette vérification interne, que ses activités de commandite et de publicité violaient les règles de gestion et d'éthique. Cela n'empêche pas la poursuite de ces activités et la création, en 1997, du fameux programme qui mène aux abus dénoncés par Sheila Fraser. C'est du moins la conclusion que tirent plusieurs membres du comité après les témoignages du sous-ministre des Travaux publics, David Marshall, et du secrétaire du Conseil du Trésor, Jim Judd.

M. Marshall révèle que cette vérification interne de 1996 a été commandée à la suite de plaintes d'une personne qui travaillait dans le groupe de Charles Guité. Ce dénonciateur affirmait que des agences de communication facturaient du travail qui n'avait pas été fait et qu'elles recevaient d'importants contrats du gouvernement sans appel d'offres. Des documents étaient antidatés de façon à camoufler certaines fraudes. La vérification interne de 1996 est suivie par une vérification externe, apprend-on également, commandée par le gouvernement à la firme Ernst & Young en 1997. Cette vérification constate également une série de manquements à la procédure habituelle. Pourtant, le programme suit son cours sans que des correctifs ne soient apportés. La vice-présidente du Comité des comptes publics et députée libérale, Marlene Jennings, fait part de son étonnement au secrétaire du Conseil du Trésor, Jim Judd. Elle lui demande comment il se fait qu'après toutes les irrégularités constatées au programme de commandites on ait autorisé, en février 2002, l'attribution d'une tranche supplémentaire de 40 millions de dollars. Mme Jennings fait une comparaison avec l'allocation de 10 $ versée à un enfant pour la semaine. S'il le dépense le premier jour en friandises, explique-t-elle en substance, on ne lui remet pas 20 $ la semaine suivante. On lui impose plutôt des conditions strictes pour gérer son petit pécule. David Marshall explique que lorsqu'un petit groupe comme celui de Charles Guité travaille en vase clos, « il y a une tendance à lâcher la bride et à leur donner une plus grande marge de manœuvre. On a laissé aller les mesures de contrôle ».

John Williams, pourtant reconnu pour son flegme, ne peut retenir son indignation devant ces révélations :

> Si en 1996 un vérificateur interne et par la suite un vérificateur externe ont trouvé que les mesures en place s'étaient écroulées, alors le gouvernement doit expliquer pourquoi pendant six ou sept ans il n'a rien fait. C'est lorsque l'alarme a été sonnée plus tard, nous a-t-on dit récemment, c'est-à-dire lors d'une autre vérification interne en 2000, qu'ils se sont rendu compte qu'il y avait un problème. Je pense plutôt qu'ils savaient déjà quatre ans avant qu'il y avait des problèmes importants. Ils le savaient lorsqu'ils ont fait venir un vérificateur externe après la vérification interne de 1996.

Il n'en faut pas davantage pour que l'opposition sonne la charge contre le gouvernement et l'accuse d'avoir camouflé « la corruption » et « les manquements administratifs » mis en lumière par la vérification de 1996. « À part de s'être fié à la parole d'Alfonso Gagliano, qui a dit qu'il n'y avait rien de mal, qu'a fait le gouvernement pour faire le ménage dans ce fouillis ? » demande à son tour le leader en Chambre de l'opposition officielle, le conservateur Loyola Hearn. « Ce qui est clair, lance aussi la leader adjointe du Bloc Québécois, Caroline Saint-Hilaire, c'est que le gouvernement savait dès 1996 et il a choisi d'encourager les pratiques douteuses de l'équipe de Chuck Guité au lieu de les condamner. Est-ce que le gouvernement va enfin admettre que, loin d'être un dérapage causé par une poignée de fonctionnaires, les abus constatés par Ernst & Young dès 1996 ont pu se poursuivre jusqu'en 2002 parce qu'ils étaient cautionnés au niveau politique ? »

Les choses se présentent ainsi fort mal pour le gouvernement de Paul Martin qui s'attendait à autre chose de l'enquête qu'il a lui-même confiée au Comité des comptes publics. Le rapport de vérification de Ernst & Young de 1996 fait en effet état « de nombreux exemples de non-conformité à des politiques précises d'attribution de contrats ». À la page 8 du rapport, par exemple, il est établi que, dans six dossiers choisis au hasard, « il n'y a aucune preuve qu'un questionnaire de qualification ait été envoyé aux parties intéressées » ; dans « aucun des contrats on ne trouve de preuves que les questionnaires d'évaluation reçus ont été évalués et classés » ; dans « 5 contrats sur 15 il n'y a pas de documents suffisants pour démontrer que le Secteur de la publicité et de la recherche sur l'opinion publique (SPROP) a avisé les firmes qui n'ont pas été retenues ». Le rapport souligne également que les règles ont été violées lorsqu'il s'est agi de choisir des représentants du secteur privé aux comités de sélection.

Plusieurs preuves ou témoignages démontrent que des proches collaborateurs de l'ancien premier ministre, Jean Chrétien, jouent un rôle dans le scandale. Un document déposé au comité – une lettre signée par André Bourdeau, président et chef de la direction par intérim de la Banque de développement du Canada (BDC) – démontre que l'ancien directeur des opérations de Jean Chrétien, Jean Carle, devenu vice-président de la BDC, a autorisé des dépenses de 393 450 $ destinées à commanditer *Le Canada du millénaire*, une série télévisée produite par L'Information Essentielle de Robert-Guy Scully. Jean Carle a pourtant auparavant affirmé à la presse n'avoir jamais été mêlé au programme de commandites.

Dans son rapport, Mme Fraser révèle qu'en 1998 la BDC a effectué deux paiements totalisant 250 000 $ directement à L'Information Essentielle, en l'absence de tout contrat écrit. En juin 1999, la DGSCC verse 143 750 $ aux agences Lafleur Communication (LCM) et Média/IDA Vision. En mars 2000, ces deux agences transfèrent 125 000 $ à la BDC – tout en gardant 18 750 $ de commissions – et le 31 mars la BDC émet un chèque de 125 000 $ au nom de L'Information Essentielle. Mme Fraser s'interroge vivement sur l'absence de contrats écrits dans cette affaire. La DGSCC a eu recours, selon la vérificatrice générale, « à une série de mécanismes de financement pour verser les fonds à L'Information Essentielle par l'intermédiaire d'agences de communication, de la BDC et de sociétés privées. La vraie nature de l'opération a été cachée par le montage des transferts (…) ». Mme Fraser précise que les « agents de la BDC qui ont approuvé le paiement semblent être allés au-delà des pouvoirs financiers qui leur étaient délégués ». Fait encore plus troublant, M. Bourdeau écrit dans sa lettre : « Nous ne savons pas si M. Carle a reçu l'autorisation d'un supérieur relativement à la série *Le Canada du millénaire.* »

On apprend cependant que Jean Lafleur, le président de LCM, est, à l'époque de la transaction, un ami proche de Jean Carle et un important donateur au Parti libéral du Canada.

Un fonctionnaire se vide le cœur

Au-delà de ces acoquinements politiques, l'enquête permet d'en apprendre davantage sur la durée du programme. Ainsi, le 11 mars 2004, le fonctionnaire Allan Cutler apporte des révélations des plus significatives. M. Cutler est justement celui qui, s'étant plaint à l'époque de l'étrange façon de fonctionner du bureau de M. Guité, est à l'origine de la vérification de 1996. Allan Cutler affirme donc que les malversations liées au programme de commandites, dont il devait s'occuper, n'ont pas commencé après le référendum de 1995, comme l'ont toujours soutenu les libéraux fédéraux, mais près d'une année plus tôt. Dès novembre 1994, affirme M. Cutler, M. Guité commence à se mêler du processus contractuel en autorisant des agences à faire certains travaux sans qu'il y ait de contrats négociés à l'avance.

Le témoignage du fonctionnaire est troublant. Allan Cutler raconte comment il dirige, du milieu des années 1980 jusqu'en 1994, une section du ministère chargée de négocier les contrats (tarifs et conditions) avec les agences de communication choisies au préalable par une autre section, celle qui s'occupe de la gestion des commandites. M. Cutler explique que ce système fonctionne parfaitement et que les deux entités administratives n'ont pratiquement pas de liens, ce qui garantit un processus juste et équitable :

> Or, en 1990, Charles Guité a été nommé à la tête du groupe de gestion des commandites. En 1994, M. Guité commença à se mêler du processus contractuel en autorisant des agences à faire certains travaux sans qu'il y ait eu de contrats négociés à l'avance. Le 17 novembre 1994, une réunion était organisée entre M. Guité et mon groupe. J'étais présent. Lors de cette réunion, M. Guité nous a dit que les règles normales ne devraient plus s'appliquer aux commandites. Il a dit qu'il parlerait au ministre pour que ces règles soient changées.

Une semaine plus tard, M. Cutler et deux de ses employés sont prévenus qu'ils sont mutés à la section de M. Guité et qu'ils relèvent de lui. Charles Guité contrôle désormais non seulement le choix des agences de publicité, mais aussi la négociation et l'octroi des contrats à ces agences. Peu après son transfert, M. Cutler constate plusieurs irrégularités au sein du groupe de M. Guité. Des contrats sont notamment antidatés, des commissions sont payées pour des travaux non réalisés, des avances de fonds inappropriées sont consenties ; on passe outre aux autorisations requises du ministre ou du Conseil du Trésor et les contrats sont donnés sans autorisation financière préalable. « Lorsque j'ai soulevé des objections face à ces pratiques, affirme M. Cutler, M. Guité s'est fâché. Il était clair que mon emploi était menacé. »

M. Cutler commence alors à tenir un petit journal des événements louches et des « sévères irrégularités » qu'il constate de février 1995 à février 1996. À plusieurs reprises, le fonctionnaire refuse de contresigner des contrats qu'il juge douteux. Son supérieur immédiat, Mario Parent, lui indique en avril 1996 qu'il devra « payer un prix » pour ces refus, ce qui incite M. Cutler à demander le secours de son syndicat, l'Institut professionnel de la fonction publique. De fil en aiguille, le Ministère commande une vérification interne qui conclut au bien-fondé des allégations de M. Cutler. En juin 1996, M. Guité retire tous les dossiers de commandite à Allan Cutler. En août 1996, sur l'insistance de son syndicat, M. Cutler est muté à un autre poste à TPSGC. « Les huit dernières années ont été extrêmement pénibles pour ma famille et moi, affirme le fonctionnaire devant le comité. J'espère qu'aucun autre fonctionnaire n'aura à affronter une situation semblable.

Je me sens soulagé d'avoir pu vous faire part de ces choses. Je considère que c'était mon devoir de fonctionnaire de le faire. »

John Williams souligne aux journalistes ce jour-là toute l'importance du témoignage d'Allan Cutler, puisqu'il fait remonter le scandale des commandites plus loin en arrière, bien avant « la crise causée lors du référendum » : « Je pense que toute cette histoire de sauver le Canada et de vendre le Canada au Québec n'était qu'une opération de camouflage. Il s'agissait en fait d'une conspiration de corruption, d'une opération de blanchiment d'argent classique, avec des facturations multiples, des contrats antidatés, plusieurs compagnies impliquées et avec de l'argent qui passe par les sociétés de la Couronne. »

La députée néo-démocrate Judy Wasylycia-Leis qualifie Allan Cutler de « héros ». Elle lui dit en plein comité que son histoire devrait faire l'objet d'un film. Le bloquiste Odina Desrochers déclare pour sa part que ce témoignage démontre clairement que l'ancien premier ministre Jean Chrétien a décidé, dès l'élection du PQ en septembre 1994, de lancer la campagne référendaire. « C'est la preuve, dit-il, que M. Guité a un contact privilégié avec le ministre en poste des Travaux publics. Et ce contact, il l'a maintenu tout au long de ce programme de visibilité canadienne et par la suite avec le programme de commandites qui a été créé en 1997. »

CHAPITRE VI

Tragi-comédie et châtiment

Décidément, la tournure de l'enquête n'est pas celle qu'auraient souhaitée les libéraux. La zizanie et les querelles partisanes secouent de plus belle le Comité des comptes publics. Du côté du gouvernement, il faut au plus tôt trouver une parade, faire diversion. Dans un geste visiblement prémédité, deux députés libéraux, Sean Murphy et l'ancien ministre Robert Thibault, accusent le président John Williams de faire de la politique partisane. Les deux hommes profitent de l'absence de M. Williams, retenu par un huis clos de la vérificatrice générale, pour convoquer la presse le 30 mars 2004. « Nous sommes particulièrement préoccupés par le comportement du président du Comité des comptes publics, John Williams, déclare d'emblée Sean Murphy. Nous exhortons le président de cesser de prendre avantage de sa position, de cesser de faire de l'obstructionnisme et de cesser de profiter de tous les avantages qu'il a pour faire de la petite politique partisane. » MM. Murphy et Thibault reprochent à M. Williams d'avoir déclaré à la presse, la semaine précédente, qu'il allait prolonger les travaux le plus longtemps possible afin de profiter de la tribune que lui offrent les médias pendant les audiences. Plus tard au cours de la semaine, ajoutent-ils, il est apparu dans le hall des Communes pour parler des ouï-dire de la championne olympique Myriam Bédard et réclamer des enquêtes policières. Une autre fois, affirment encore les deux députés, il a déclaré à l'hebdomadaire *The Hill Times* que, si personne ne se retrouve en prison après l'enquête, c'est qu'on n'aura pas pu aller au fond des choses.

Les libéraux reprochent également à John Williams de faire obstacle à la demande de Charles Guité de rendre public son témoignage fait à huis clos à l'été 2002 devant le Comité des comptes publics. M. Williams et les membres des partis d'opposition soupçonnent en effet les membres libéraux du comité de vouloir divulguer ce témoignage afin de pouvoir ensuite plaider l'inutilité de la comparution publique de M. Guité, prévue pour le 22 avril suivant. Selon eux, le gouvernement veut ainsi précipiter la rédaction d'un rapport intérimaire qui ne contiendrait que de vagues recommandations et dont les conclusions permettraient le déclenchement d'élections vers le 19 avril. L'opposition se méfie de cet empressement des libéraux à faire aboutir l'enquête.

Charles Guité devra-t-il témoigner ?

Mais le jeudi 1er avril 2004, après cinq heures d'une véritable bataille rangée au comité, les libéraux imposent à l'opposition, par la force du nombre, la publication du fameux témoignage de Chuck Guité entendu à huis clos à l'été 2002. Pour les conservateurs, les bloquistes et les néo-démocrates, tout devient clair. Les libéraux veulent faire de l'ancien directeur du programme de commandites le bouc émissaire du scandale, ce qui permettrait au premier ministre Martin de déclencher des élections avant la comparution de M. Guité. « Le plan des libéraux, accuse la députée conservatrice Diane Ablonczy aux Communes, c'est de se servir d'un vieux témoignage de Chuck Guité pour préparer un mince rapport sans profondeur qui nettoiera le scandale et qui leur permettra de prétendre qu'ils ont tenu parole. »

L'opposition se dit donc d'accord avec la publication du témoignage de 2002 de M. Guité à la condition que M. Guité comparaisse en même temps devant le comité. Ce témoignage n'a porté à l'époque que sur la seule question des trois contrats douteux octroyés à Groupaction. Il devait rester secret pendant trois ans, mais M. Guité a fait savoir, par l'entremise de son avocat, qu'il acceptait qu'on le rende public.

Le premier ministre, en visite à Vancouver, rejette le jour même les accusations de l'opposition en affirmant qu'il « était très important que le comité entende le témoignage de M. Guité ». M. Martin ne précise pas pour autant quand cela doit se faire. Aux Communes, la vice-première ministre, Anne McLellan, refuse également de dire si M. Guité sera entendu avant le déclenchement des élections. « C'est gros comme un éléphant ! lance le député du Bloc Michel Gauthier aux membres libéraux du comité. C'est une stratégie cousue de fil blanc. » « Ce que les libéraux essaient de faire, commente à son tour le conservateur Vic Toews, c'est de pendre M. Guité en lui faisant porter le blâme de toute l'affaire. ».

Pour le président du comité, John Williams, toute l'opération à propos de l'ancien témoignage de M. Guité est téléguidée par le cabinet du premier ministre. « Tous les libéraux ont parlé d'une seule voix et d'une même pensée, fait-il remarquer. Il y a de toute évidence quelqu'un derrière eux qui orchestre tout cela. » L'opposition souligne notamment que du personnel du cabinet du premier ministre assiste aux travaux du comité et qu'il transmet ses ordres directement aux membres libéraux. Il arrive même que, la veille d'une séance, les membres libéraux du comité doivent se rendre au bureau du premier ministre pour y recevoir leurs instructions. M. Williams estime que les libéraux se servent de leur majorité pour détourner le comité de sa tâche véritable et pour « voler les élections ».

Le ton des échanges s'envenime. Le libéral Joe Jordan qualifie les interventions de l'opposition de « litanie de déchets » alors que son collègue Dennis Mills assure le plus sérieusement du monde aux journalistes que la volonté du gouvernement de rendre public l'ancien témoignage de M. Guité n'a « rien à voir avec la campagne électorale ».

De son côté, John Williams souhaite faire comparaître plusieurs autres témoins avant de consentir à un rapport d'étape. Il soupçonne les libéraux de préparer ce rapport en secret et de vouloir par la suite l'imposer au comité. M. Williams souhaite convoquer le plus vite possible l'ancien ministre des Travaux publics David Dingwall, le commissaire de la GRC, Giuliano Zaccardelli, les anciens présidents de VIA Rail, Marc LeFrançois et Jean Pelletier, l'ancien vice-président de la BDC, Jean Carle, ainsi que certains fonctionnaires mêlés de près au programme de commandites.

David Dingwall vient finalement témoigner le 5 avril 2004. Il plaide l'ignorance d'un bout à l'autre de son intervention. Celui qui fut ministre des Travaux publics de 1993 à 1996 affirme qu'il n'a jamais rien su, durant cette période, des problèmes qui minaient le secteur des commandites de son propre ministère. Après des prises de bec acerbes, l'opposition accuse David Dingwall de cacher la vérité lorsqu'il affirme qu'il ne savait rien de la façon dont Charles Guité contournait les règles. David Dingwall se présente comme le chevalier blanc qui a établi en mai 1994, en accord avec le Cabinet, les premières règles régissant ce genre de programme. « À cette époque, affirme-t-il, nous partions au point zéro. Il n'y avait pas de règles, ni de directives, rien. Nous avons dû bâtir le tout depuis la base ; et laissez-moi vous dire qu'initier un tel niveau de réforme à travers le gouvernement n'est pas chose facile. »

John Williams ne peut encore une fois se retenir et il affirme qu'il y a quelque chose d'invraisemblable dans le témoignage de l'ancien ministre :

> Je ne peux pas croire, dit-il, que le cabinet agissait dans un environnement stérilisé, qu'il ne parlait pas d'autre chose que des politiques, qu'il se contentait de décider de créer un programme de commandites pour sauver le Québec et le garder dans le Canada et qu'il n'avait ensuite aucune communication, aucun compte rendu, aucune discussion avec les fonctionnaires. Il s'agissait du plus important, du plus gros et du plus émotif dossier de la nation, selon le premier ministre, et personne ne semble aujourd'hui se souvenir d'avoir même parlé de cela. Je ne crois pas à l'image que l'on nous présente ici. Ce n'est pas crédible. De toute évidence, on ne nous dit pas tout. Pourquoi ? Je n'en sais rien.

Même la députée libérale Marlene Jennings ne comprend pas pourquoi M. Dingwall a maintenu Charles Guité en poste alors que les journaux de 1993 rapportaient déjà qu'il se vantait, sous le gouvernement Mulroney, que les règles d'attribution des contrats étaient là pour être contournées. M. Dingwall a beaucoup de trous de mémoire au cours de son témoignage. Il ne se souvient pas, dans un premier temps, avoir déjà rencontré M. Guité pour affirmer, plus tard, qu'il l'a peut-être croisé lors de réunions de travail. D'autres témoins ont assuré précédemment que M. Dingwall rencontrait régulièrement M. Guité. David Dingwall nie aussi avoir autorisé Charles Guité à contourner les règles d'attribution de contrat, comme l'a rapporté dans son témoignage Allan Cutler.

Le chef de cabinet de l'ancien premier ministre Jean Chrétien, Jean Pelletier, livre à son tour le 6 avril 2004 un témoignage du genre de celui de M. Dingwall. Jean Pelletier a été politiquement très actif dans le programme de commandites mais jamais, affirme-t-il, le bureau du premier ministre ne s'est mêlé de la gestion au jour le jour du programme, du choix des agences de communication ou encore de la décision finale sur l'attribution d'un contrat. M. Pelletier répète à maintes reprises qu'il ne savait rien à l'époque des problèmes soulevés par la vérificatrice générale. Il insiste pour souligner que ce qui est en cause dans le rapport de Mme Fraser c'est « la gestion administrative » du programme. Et, à ce niveau, assure-t-il, il n'y a jamais eu de direction politique.

L'ancien président du conseil d'administration de VIA Rail, congédié un mois plus tôt par Paul Martin, conteste ainsi l'affirmation faite par le premier ministre le 12 février concernant l'existence d'une direction politique derrière le scandale. M. Pelletier se déclare d'ailleurs très « surpris » de cette affirmation de M. Martin. « Je ne sais pas, dit-il, ce qui a permis à M. Martin de la faire. »

Jean Pelletier présente au comité le programme de commandites comme un « dossier spécial » – une grande priorité pour M. Chrétien – qui nécessite une attention particulière de sa part. Il raconte comment il rencontrait le directeur du programme, Chuck Guité, tous les deux mois, sans compter les coups de téléphone de son personnel, « pour voir si le programme fonctionnait », pour savoir « si les événements relayés par le bureau du premier ministre étaient considérés ».

« Il n'y a pas l'ombre d'un doute que nous faisions nos recommandations », révèle l'ancien chef de cabinet qui reconnaît avoir vu des listes d'événements à commanditer ainsi que les sommes demandées par les organisateurs de ces événements. M. Pelletier avoue même avoir probablement dit au ministre Gagliano qu'il voyait d'un œil sympathique l'octroi d'un contrat de commandite au Grand Prix de Montréal. Jean Pelletier souligne cependant que Mme Fraser n'a jamais remis en question l'existence d'influences politiques lorsqu'il s'est agi de choisir des événements à commanditer. L'ancien bras droit de M. Chrétien estime que le rôle qu'il a joué dans cette affaire était tout à fait légitime.

La députée néo-démocrate Judy Wasylycia-Leis lui fait remarquer qu'il est anormal que le chef de cabinet du premier ministre suive ce dossier d'aussi près et fasse affaire directement avec un fonctionnaire du niveau de M. Guité. « J'aurais vu le concierge, rétorque Jean Pelletier, si cela avait aidé la cause de l'unité canadienne ! »

Le rôle des sociétés d'État

Le comité fait comparaître également le président fraîchement congédié de VIA Rail, Marc LeFrançois. En colère, M. LeFrançois attaque aussitôt la vérificatrice générale, Sheila Fraser, qui lui a reproché dans son rapport d'avoir présenté « une facture fictive » de 750 000 $ à l'agence Lafleur (LCM) pour la commandite de la série *Maurice Richard*. « La vérificatrice générale a employé un langage péjoratif teinté d'inexactitude et d'imprécision, ce qui est inacceptable », tonne M. LeFrançois. Il plaide pendant les six heures de son témoignage que VIA Rail n'a « participé à aucune opération financière imaginaire, irréelle, falsifiée ou non authentique, pas plus qu'elle n'a émis de documents fictifs ». L'ancien président de VIA Rail se défend d'avoir pris part à une démarche destinée à dissimuler la véritable nature de certaines opérations financières. Dans son rapport, Mme Fraser soulignait que la participation de sociétés de la Couronne, comme VIA Rail, au programme de commandites comportait chaque fois « plusieurs opérations avec plusieurs agences, parfois au moyen de fausses factures et de faux contrats ou sans contrat écrit du tout » et que « ces arrangements avaient été conçus pour verser des commissions à des agences de communication, tout en camouflant la source des fonds et la véritable nature des opérations ».

Au sujet de la série *Maurice Richard*, les membres du comité veulent savoir pourquoi VIA Rail accepte d'avancer en 1998 au gouvernement du Canada (Travaux publics), sur la base d'un simple accord verbal, une somme de 910 000 $ destinée à L'Information Essentielle pour la production de la série. Cet accord, conclu à la suite d'un coup de téléphone de Charles Guité à Marc LeFrançois, comporte une promesse de remboursement par Travaux publics. En réalité, le programme de commandites rembourse 862 500 $ en confiant à l'agence LCM le soin de verser le chèque à VIA Rail et de prélever au passage une commission de 112 500 $. VIA reçoit ainsi 750 000 $ et verse pour sa part 160 000 $ à la série. Pour Mme Fraser et pour plusieurs membres du Comité des comptes publics, cet « arrangement » semble avoir été mis au point pour blanchir de l'argent et faire profiter Lafleur Communication d'une généreuse commission. Mme Jennings, la vice-présidente libérale du comité, tente d'ailleurs en vain de savoir comment il se fait qu'une société d'État fédérale accepte d'agir comme prêteur pour un ministère qui veut commanditer un événement. Marc LeFrançois reconnaît qu'il n'y a pas de contrat écrit pour justifier ce montage, comme l'a relevé Mme Fraser, et que c'est une pratique inhabituelle chez VIA. « Pour moi, dit-il, la substance a toujours primé sur la forme. Un contrat écrit est toujours préférable à un contrat verbal, mais la cour a statué depuis fort longtemps qu'un contrat verbal est aussi légal qu'un contrat écrit. » L'ancien président de VIA Rail assure par ailleurs que la société d'État n'a jamais versé de commission à quiconque dans cette affaire et qu'il n'a pas été informé, même par son ami Jean Lafleur, qu'une commission avait été versée à LCM.

Le mardi 13 avril 2004, André Ouellet se présente à son tour devant le comité. Après avoir affirmé que sa vie depuis un mois est devenue « un enfer », le président-directeur général de Postes Canada, alors suspendu avec salaire de ses fonctions en raison des conclusions du rapport de la vérificatrice générale, s'en prend à son tour à Mme Fraser, qualifiant d'inacceptables certaines de ses conclusions. M. Ouellet défend le bilan de sa société en faisant porter au gouvernement le blâme pour les problèmes soulevés par la vérificatrice générale. « Vous pouvez blâmer les Travaux publics d'avoir agi de la sorte, lance-t-il en réponse à une question du libéral Robert Thibault. Vous avez parfaitement raison de le faire. Mais ne blâmez pas Postes Canada ! »

Plusieurs membres du comité, dont des libéraux, trouvent louche une transaction de 1998-1999 destinée à organiser un concours de conception de timbres pour les enfants, alors que l'argent issu du programme de commandites circule aller-retour entre Postes Canada et, encore une fois, des agences proches des libéraux. Le député libéral Sean Shawn Murphy déclare même que cette transaction ne passe pas « le détecteur d'odeur ». Selon la vérificatrice générale, Travaux publics achemine en effet 521 000 $ à Postes Canada pour financer la compétition. Mais l'argent passe par des intermédiaires – LCM et Média/IDA Vision – qui prennent une commission combinée de 78 000 $. Mme Fraser rapporte aussi que Postes Canada paye plus tard à Lafleur Communication 516 000 $, sans contrat et sans appel d'offres, pour gérer le programme de conception des timbres.

André Ouellet répète plusieurs fois qu'il ne savait pas à l'époque que ce concours de timbres était lié au programme de commandites. Il croyait plutôt qu'il relevait du Programme des partenariats du millénaire du gouvernement du Canada. Ce n'est qu'en février 2004, lors de la sortie du rapport de Mme Fraser, qu'il a appris, assure-t-il, que le concours était en fait lié au programme de commandites. Quant à la commission de 78 000 $ versée aux agences de communication, M. Ouellet soutient que Postes Canada n'a rien eu à voir là-dedans, que l'argent a été versé par le gouvernement à LCM et à Média/IDA Vision.

Le comité veut savoir également pourquoi Postes Canada a accepté de participer à la série sur Maurice Richard en versant 1,6 million à la maison de production L'Information Essentielle. L'argent, précise André Ouellet, est entièrement déboursé par la Société sans passer par des intermédiaires. Mme Fraser s'inquiétait dans son rapport du versement de cet argent sans contrat ni justificatifs. M. Ouellet s'en prend encore à la vérificatrice générale. Il trouve « regrettable » que les employés qui ont enquêté quatre mois à Postes Canada n'aient pas tenu compte des informations que leur a transmises la Société et qui démontrent le caractère commercial de la décision de participer à la série. « On n'a pas suivi les procédures normales d'une commandite, dit M. Ouellet, parce que ce n'était pas une commandite. » M. Ouellet déclare qu'il a l'impression que Postes Canada « était coupable par association » dans toute cette affaire. « On n'aurait pas dû être dans ce chapitre » du rapport de la vérificatrice générale, tonne-t-il.

John Williams, le président du comité, affirme aux journalistes à la fin de la séance qu'il conserve une entière confiance en Mme Fraser. Il estime que le comité n'a pas fait beaucoup de progrès avec le témoignage de M. Ouellet. « À chaque fois que nous avons une personne de haute responsabilité devant le comité, observe-t-il, elle semble toujours avoir une justification mineure pour dire que tout va bien. Ce n'est pas ce qui s'est passé. La vérificatrice générale l'a dit. Cent millions ont été dépensés pour très peu ou rien en retour. Le président du Conseil du Trésor le reconnaît. Il nous faut aller au fond des choses. »

Malgré tous ces témoignages, le comité n'avance guère en ce qui a trait à la découverte de la vérité. Ses membres concluent à la mi-avril 2004 qu'ils ne disposent pas de suffisamment d'informations pour rédiger un rapport provisoire. Évidemment, la découverte de coupables aurait pu aider le premier ministre Martin à se distancier du scandale et à déclencher des élections. « Le comité parlementaire qui enquête sur le scandale des commandites est loin d'être prêt à blâmer qui que ce soit pour les fautes commises », déclare John Williams. «Nous ne sommes même pas prêts à songer à des recommandations ou à un rapport à la Chambre, ajoute-t-il. Nous ne pouvons même pas tirer une seule conclusion.» Après une réunion à huis clos du comité, M. Williams confie que le brouillon de rapport préparé par les recherchistes n'est qu'un résumé des témoignages entendus avant le 2 avril. Cela signifie que les témoignages de Jean Pelletier, de Marc LeFrançois et d'André Ouellet ne font pas partie de ce «document de travail» fourni au comité. Selon M. Williams, ce n'est qu'une synthèse qui permet aux membres du comité de se faire une idée plus précise de la direction que doit prendre l'enquête.

Même si les libéraux semblaient les semaines précédentes favorables à la rédaction d'un rapport provisoire, dans l'espoir de disculper l'administration Martin de toute participation au scandale, ils ne s'opposent pas à l'abandon de ce rapport d'étape. «Nous ne devons pas juger si tel ou tel témoignage entendu à ce jour est valable, pas plus que nous devons dire ce que nous croyons ou ne croyons pas sur cette affaire, commente le libéral Robert Thibault. Nous devons attendre d'avoir amassé toutes les preuves.» S'il devait y avoir éventuellement un rapport d'étape, il faudrait à tout prix qu'il contienne les témoignages d'acteurs importants comme Chuck Guité. Les membres du comité semblent croire que le témoignage de ce dernier, prévu pour les 22 et 23 avril, sera crucial.

Du côté des agences

C'est à ce moment que le Comité des comptes publics décide de s'aventurer hors de la sphère politique et d'entendre également les dirigeants des agences de communication mises en cause dans le rapport de la vérificatrice générale.

Claude Boulay, l'ancien président de Groupe Everest, est ainsi convoqué le 19 avril 2004. L'exercice est décevant pour les membres du comité qui, tous partis confondus, expriment le plus grand scepticisme face aux déclarations du témoin. Selon eux, M. Boulay ne peut expliquer clairement comment son ancienne agence de communication, sévèrement critiquée par la vérificatrice générale, a fait pour gagner des commissions de 15 % dans divers contrats du gouvernement fédéral, en particulier pour la commandite de la série télévisée *Maurice Richard*. Groupe Everest et l'une de ses filiales (Média/IDA Vision) empochent en effet des commissions de

116 000 $ pour transmettre, selon la vérificatrice générale, un chèque du gouvernement à la maison de production L'Information Essentielle. Dans son rapport, Mme Fraser affirme à ce sujet qu'aucune analyse de rentabilité n'a été déposée, que le gouvernement du Canada n'a pas signé de contrat avec L'Information Essentielle et que le dossier ne contient aucun document ni correspondance entre le gouvernement et la maison de production qui traite du contrat de 7,5 millions de dollars. Avec insistance, les élus du comité demandent à plusieurs reprises à Claude Boulay d'expliquer en détail le travail accompli par Groupe Everest et ses filiales pour toucher cette commission de 116 000 $. L'ancien président de l'agence répond que c'est le gouvernement qui a mis en place « un modèle d'affaires » qui procure aux agences de communication des commissions de 15 %. Il affirme également que ses agences gèrent un ensemble de dossiers pour assurer la visibilité du gouvernement et que le comité a tort de « s'acharner sur un seul cas », celui de la série *Maurice Richard*. Il dit que sa firme est garante des contrats de commandite et qu'elle sert de « police d'assurance pour le gouvernement ». Les membres du comité sont exaspérés par l'attitude de M. Boulay et lui reprochent ses réponses vagues. Rappelant que L'Information Essentielle s'est adressée directement au gouvernement pour obtenir des commandites pour la série, John Williams demande encore à M. Boulay ce que sa compagnie fait dans le décor. « On ne veut pas savoir si vous avez géré le contrat, intervient avec colère le président du comité, on veut savoir ce que vous avez fait au juste » pour toucher cet argent. « Ça fait trois, quatre fois que je réponds à la même question, rétorque Claude Boulay vers la fin de son témoignage de quatre heures. Malheureusement, je ne peux pas en dire plus. »

Le témoin a également de la difficulté à se rappeler le rôle qu'il a joué dans les campagnes électorales passées du PLC, même s'il reconnaît que lui, sa femme et sa compagnie ont versé 94 000 $ aux libéraux en quelques années. Le député conservateur Jason Kenney estime pour sa part que ce n'est pas une coïncidence si Groupe Everest a reçu 116 000 $ en commission puisqu'il a donné à peu près l'équivalent aux libéraux. « C'est un arrangement avec le Parti libéral, dit-il, que l'on peut résumer comme ceci : tu me grattes le dos et je te gratte le dos. »

Le passage de Claude Boulay devant le Comité des comptes publics démontre le peu d'efficacité de l'enquête menée par les élus lorsque vient le temps d'examiner le travail des agences privées de communication. Sans enquêteurs sur le terrain, sans méthodes de vérification éprouvées, donc sans documentation, les membres du comité sont à la merci de ceux qu'ils interrogent. Il faudra attendre les moyens extraordinaires de la commission d'enquête du juge John Gomery pour que les Claude Boulay et autres compères du monde des communications liés au scandale n'aient d'autre choix que de coopérer. D'ailleurs Jean Brault, le président de Groupaction, a l'audace de ne pas se présenter devant le Comité des comptes publics ce même 19 avril 2004. M. Brault se déclare malade et il fait valoir que son médecin « préfère » qu'il ne comparaisse pas. Gilles-André Gosselin, de Gosselin Communications, provoque pour sa part la frustration et l'incrédulité chez les députés du comité lorsqu'il soutient le 29 avril 2004 qu'il a été parfaitement justifié de facturer en 1997 au gouvernement 3673 heures de travail, soit 10 heures de travail par jour, sept jours par semaine et cela pendant 365 jours… Cette facture salée rapporte à Gilles-André Gosselin 625 325 $. « Est-ce qu'il y a une loi au Canada qui empêche quelqu'un de travailler sept jours par semaine ? » demande le témoin, frondeur, au député bloquiste Odina Desrochers. Le témoignage burlesque du personnage se termine cependant de façon dramatique. L'un des deux avocats qui accompagne le témoin demande au président, John Williams, d'excuser son client pour la séance de l'après-midi. M. Gosselin, apprend-on, s'est affaissé, sous l'emprise d'un stress immense, et ne peut poursuivre son témoignage.

C'est également dans le contexte des travaux du comité que l'ancien ministre Gagliano révèle, lors d'une entrevue télévisée, l'existence du fameux fonds secret pour l'unité nationale du premier ministre Chrétien, un fonds qui dispose, nous l'avons vu, d'environ 40 millions de dollars par année. Même si Alfonso Gagliano refuse de reconnaître la moindre responsabilité dans le scandale lors de son témoignage des 18 et 19 mars 2004[1], l'assistante de Charles Guité, Huguette Tremblay, réduit à néant les propos du bras droit de Jean Chrétien en le contredisant sur des faits majeurs. Mme Tremblay confirme aux membres du comité les liens étroits et permanents qui ont existé entre Chuck Guité et son successeur Pierre Tremblay, et les dirigeants des agences de communication de Montréal impliquées dans le scandale. « Tous les dossiers étaient hautement politiques », confirme Huguette Tremblay. Un autre témoin met sérieusement à mal le témoignage de l'ex-ministre Gagliano. Isabelle Roy a fait partie du personnel politique de M. Gagliano de 1996 à 1999 pour ensuite intégrer à la fonction publique au programme de commandites, c'est-à-dire à la DGSCC. C'est à titre d'agente de liaison avec le bureau du ministre que Mme Roy a été témoin du fonctionnement interne du fameux programme. Elle affirme que son ancien patron a joué un rôle de premier plan dans la gestion du programme de commandites. M. Gagliano soumettait lui-même certains projets à M. Guité et, plus tard, à M. Tremblay. M. Gagliano ne se gênait pas pour recommander « fortement » certains projets qui lui tenaient à cœur. Quand ses recommandations n'étaient pas suivies par M. Guité ou M. Tremblay, il en discutait avec eux et, parfois, les faisait changer d'avis.

M. Gagliano, toujours selon le témoignage de Mme Roy, passait personnellement au peigne fin chacune des demandes de financement et décidait de la suite à leur donner. Mme Roy confirme de plus que M. Gagliano et M. Guité se rencontraient à l'époque « sur une base régulière », soit au moins une fois par mois sinon plus, pour discuter uniquement du programme de commandites. Elle révèle également que le chef de cabinet de M. Gagliano, Jean-Marc Bard, discutait aussi avec MM. Guité et Tremblay des dossiers de commandite et qu'il recevait même directement des demandes de commandite. Mme Roy fait part, de plus, des multiples liens qui relient le programme de commandites aux élus libéraux, notamment les appels réguliers du chef de cabinet de Jean Chrétien, Jean Pelletier, à Charles Guité et à Pierre Tremblay, les pressions multiples de l'ancien secrétaire d'État au Sport amateur, Denis Coderre, sans compter celles des simples députés libéraux et du personnel de circonscription de Jean Chrétien.

Après ce témoignage accablant, celui du vérificateur interne de TPSGC, Norman Steinberg, n'aide guère non plus la cause d'Alfonso Gagliano et, partant, du Parti libéral. Norman Steinberg s'indigne en effet des propos de l'ancien ministre selon qui les ratés du programme étaient simplement de nature administrative. M. Steinberg jure avoir averti M. Gagliano de la gravité extrême des problèmes qui minaient le programme.

Des révélations comme celles-là laissent croire à l'occasion que les travaux du Comité des comptes publics vont quelque part. Mais, règle générale, les témoignages sont assez décevants. Alfonso Gagliano, par exemple, se contentera de dire qu'un ministre ne gère pas son ministère et qu'il est dans la plus totale ignorance de ce qui s'est passé sous sa gouverne dans le dossier des commandites. Charles Guité, le tsar des commandites, affirmera simplement qu'il n'y a eu aucune ingérence politique dans le programme.

De plus, l'escalade du ton partisan des échanges, de plus en plus acrimonieux, entre libéraux et députés de l'opposition fait vite déchanter ceux qui ont mis leurs espoirs dans cette enquête. L'opposition veut révéler au grand jour, dans sa totalité, la chaîne de commandement qui est à l'origine du scandale. Mais elle soupçonne, après quelques semaines de travaux, que les libéraux ne permettront pas que l'enquête se rende jusque-là, pour la simple raison que des élections générales sont imminentes.

Un comité sans utilité

Au début du mois d'avril 2004 les affrontements partisans monopolisent une bonne partie du peu de temps dont le comité dispose pour mener son enquête. Une conclusion commence à s'imposer d'elle-même chez les observateurs : les Canadiens ne peuvent donner plus d'importance qu'il n'en mérite à ce comité parlementaire. Trop souvent les audiences délaissent la rigueur qui sied à une enquête sur les dépenses publiques pour se transformer en véritable combat de coqs. Même le premier ministre, Paul Martin, qui a pourtant ordonné l'exercice, qualifie l'enquête en pleine Chambre des communes de « farce ». Les libéraux s'élèvent encore à maintes reprises contre le président du comité, le conservateur John Williams, qui continue à troquer sa toge de modérateur des travaux, dès qu'il sort de la salle, pour revêtir devant les journalistes sa cape de justicier de l'opposition officielle et remettre en question la crédibilité de plusieurs témoins, ce qu'il fait en particulier pour Jean Pelletier et Marc LeFrançois. Mais la majorité libérale au comité ne montre pas plus de jugement en affichant ses couleurs à tout bout de champ. Lorsque l'ancien chef de cabinet du premier ministre, Jean Pelletier, vient témoigner au début d'avril 2004, le député libéral de Beauséjour-Petitcodiac, Dominic LeBlanc, se confond en courbettes et en flatteries mielleuses : « J'ai eu moi-même le privilège de travailler avec vous pendant trois ans et j'ai vu personnellement votre intégrité, votre jugement et votre service. » On ne peut évidemment s'attendre, après une telle entrée en matière, à un interrogatoire très serré. De plus, l'usage à profusion des rappels au règlement par les libéraux, surtout lorsqu'un membre de l'opposition pousse un témoin dans les câbles, tient de l'art de couper les cheveux en quatre. La députée libérale de Notre-Dame-de-Grâce et vice-présidente du comité, Marlene Jennings, fait, à cet égard, pousser nombre de soupirs d'exaspération aux journalistes et au public présents dans la salle. L'obstruction systématique des libéraux et les débats interminables sur des points de procédure et des motions font perdre un temps énorme. Mme Fraser quitte même la salle en furie, le 1er avril 2004, alors qu'elle a attendu en vain pendant des heures, avec son personnel, de comparaître comme il était prévu à l'ordre du jour.

De plus, la forme imposée pour mener les interrogatoires ne convient vraiment pas à une enquête de cette importance. Chacun des députés, à tour de rôle, est strictement limité à huit minutes bien chronométrées de questions au témoin. Comment, dans ces conditions, mener un interrogatoire serré et concluant lorsqu'il s'agit d'une affaire d'État aussi complexe ?

Au début de mai 2004, les libéraux reviennent à la charge avec leur idée d'un rapport intérimaire. L'opposition n'y voit, encore une fois, qu'une manœuvre « électoraliste » pour « trouver des coupables » coûte que coûte et noyer le poisson. L'affrontement fait rage aux Communes entre le chef conservateur, Stephen Harper, et le premier ministre, Paul Martin. M. Harper somme le premier ministre de tenir sa promesse d'aller au fond des choses, alors que M. Martin accuse le chef de l'opposition officielle de traîner la patte en ne faisant pas travailler ses représentants au Comité des comptes publics plus de trois jours par semaine. La séance que tient le comité le 3 mai tourne à l'aigre lorsque le député bloquiste, Odina Desrochers, reproche à la députée libérale Marlene Jennings, vice-présidente du comité, de soutenir ouvertement dans les journaux que le temps est venu de mettre fin aux travaux. Juste avant le début de la séance, le député libéral Robert Thibault confie aux journalistes qu'il ne voit pas la nécessité de poursuivre l'enquête puisque « seuls trois ou quatre témoins depuis trois mois nous [ont] appris des choses ».

La majorité libérale au comité rejette donc une proposition de l'opposition de faire témoigner divers autres acteurs clés, dont Alfonso Gagliano. L'opposition souhaite mettre au jour la fameuse « direction politique » derrière le scandale. Les libéraux allèguent que la poursuite des travaux du comité peut nuire aux enquêtes en cours de la GRC, et que des accusations de fuites ont été portées par l'avocat Michael D. Edelson au nom de ses clients Pierre Tremblay et Charles Guité, à la suite de leur comparution à huis clos devant le comité le 9 juillet précédent. Pour le député néo-démocrate Pat Martin, l'attitude du gouvernement libéral dans cette affaire consiste tout simplement à tout faire « pour éviter de se retrouver dans l'embarras ».

Les libéraux utilisent ainsi, le 11 mai 2004 et avec l'appui de Paul Martin, leur majorité au comité pour clore les travaux. Les membres du comité ne réussissent pas à s'entendre cependant sur la production d'un rapport. L'opposition ne veut pas d'un rapport incomplet ou bidon. Les libéraux se préparent activement à déclencher des élections et l'enquête ne cesse jour après jour de les placer dans une position inconfortable. Après toutes ces semaines de travaux, le comité essuie un échec lamentable ; son enquête n'a pas de conclusions ni de recommandations à soumettre à la Chambre des communes. Les libéraux ont réussi leur coup.

Ils se sont faits l'avocat du gouvernement, exécutant les ordres venus d'en haut. L'opposition, de son côté, a trop souvent présumé la culpabilité des libéraux avant même que les preuves n'en soient établies. Cette enquête du Comité des comptes publics, même si elle n'a pas été totalement inutile, demeure bien limitée. Si le premier ministre a ordonné cette enquête, c'était pour calmer l'indignation soulevée par le rapport déposé par la vérificatrice générale le 10 février précédent. Mais l'opposition est persuadée que la stratégie libérale vise à forcer la main du comité afin qu'il pende « haut et court, à l'aube », pour reprendre l'expression de John Williams, un ou deux coupables isolés, soit Charles Guité et son patron, l'ancien ministre Alfonso Gagliano. « Martin se sert du comité, affirme le député bloquiste Michel Gauthier, pour faire bonne figure devant les Québécois et les Canadiens en faisant croire qu'il s'agit d'un exercice transparent duquel rien de compromettant ne sortira. »

Ainsi, au burlesque de l'exercice succède la tragédie. Les citoyens devront attendre plus de dix-huit mois, le temps qu'il faudra au juge John Gomery pour compléter son enquête publique, avant de connaître véritablement les dessous du scandale des commandites. Les libéraux viennent de gagner un temps précieux.

Comme il fallait s'y attendre, le premier ministre Paul Martin décide le dimanche 23 mai 2004 de traverser la promenade Sussex pour se rendre chez sa voisine d'en face, la gouverneure générale du Canada, Adrienne Clarkson, et la prier de dissoudre la Chambre des communes. La date des élections est fixée au lundi 28 juin. Le premier ministre désigné sait qu'en donnant ainsi le coup d'envoi aux 38es élections générales du Canada, il se lance dans ce qui risque d'être l'une des plus dures batailles électorales de la décennie. Paul Martin croyait, avant que n'éclate l'affaire des commandites, pouvoir rafler plus de 200 sièges à la Chambre des communes. Son avenir semblait tout tracé. Or, ne voilà-t-il pas que de récents sondages prédisent que son parti formera un gouvernement minoritaire. Le scandale des commandites fait mal.

Les libéraux détiennent à ce moment-là 168 des 301 sièges à la Chambre des communes. Les conservateurs en ont 72 alors que le Bloc Québécois en occupe 33 et les néo-démocrates 14. Dix députés siègent en tant qu'indépendants et quatre sièges sont vacants. Au Québec, le PLC détient 37 sièges, on y trouve aussi quatre indépendants et un siège vacant. Le prochain parlement doit compter sept sièges de plus, pour un total de 308.

Au bout de cinq semaines de campagne, au cours desquelles les partis d'opposition ne se privent pas d'enfoncer le clou de la corruption des libéraux, le châtiment populaire est on ne peut plus clair. Nettement battu au Québec mais vainqueur en Ontario, le Parti libéral est reconduit au pouvoir, mais avec seulement 135 des 308 sièges à la Chambre des communes. Il se retrouve en situation minoritaire. Déconfit, Paul Martin prend acte du sentiment mitigé des Canadiens ; il s'engage à mieux les représenter dans ce nouveau mandat, le quatrième consécutif du PLC. « Nous avons disputé la campagne la plus serrée en vingt-cinq ans. Les Canadiens attendent plus de nous. Nous devons faire mieux : j'en prends l'engagement ce soir », promet le premier ministre à l'ensemble des Canadiens. Aux Québécois qui lui ont seulement donné 21 sièges sur les 75 de la province, il dit : « Nous avons compris votre message. »

Les conservateurs de Stephen Harper font élire 99 députés, le Bloc Québécois, 54 – répétant l'exploit de Lucien Bouchard en 1993 –, le NPD, 19, alors qu'un indépendant est élu en Colombie-Britannique. Au vote populaire, les libéraux récoltent 36,7 % des voix tandis que 29,6 % vont au Parti conservateur, 12,4 % au Bloc et 15,7 % au NPD.

CHAPITRE VII

Le Club des cigares

L'enquête avortée du Comité des comptes publics permet malgré tout de réaliser combien, entre certains politiciens libéraux, certains hauts fonctionnaires, certains responsables de sociétés d'État et certains dirigeants d'agences de communication, le copinage est d'un bon rapport. Les travaux du comité laissent entrevoir un système informel de favoritisme qui s'est établi peu à peu au fil des rencontres d'une petite société, d'un *happy few*, qui aime rouler carrosse sans se soucier du caractère indécent de sa propension à la *dolce vita*.

Toutes ces extravagances sont confirmées quelques mois plus tard par l'enquête publique du commissaire John Gomery. Ces gens se visitent, se fréquentent au fil des mondanités qu'ils organisent et où ils entretiennent le plus amical des commerces : dîners gastronomiques à la campagne, bouteilles de vin, de champagne, les plus rares et les plus coûteuses, voyages à l'étranger, loges payées à même le Trésor public pour des matchs de hockey ou des Grands Prix automobiles, voitures de luxe, maisons de millionnaires, ici ou dans le Sud, parties de pêche au saumon en Gaspésie, vacances dans les ranchs de l'Arizona, la liste des occasions de passer du bon temps avec les copains est quasi interminable. Rien ne résiste à l'appétit de luxe des bénéficiaires de la gabegie des commandites.

L'une des manifestations les moins connues de cette vie de château est la formation de ce qu'André Ouellet appelle dans une lettre à Alfonso Gagliano en novembre 2002 « notre groupe d'amateurs de cigares ». Le « Club des cigares » – ainsi est-il baptisé au cours de la commission Gomery – rassemble des personnes qui normalement, de par leurs fonctions, ne devraient pas du tout frayer ensemble. Un ministre ne doit pas en principe entretenir de relations mondaines avec les fournisseurs de son gouvernement, pour éviter les situations de conflits d'intérêts ou d'apparence de conflits d'intérêts. La transparence et le devoir de rendre des comptes ne sont-ils pas essentiels à la viabilité du système démocratique ?

Gros havanes et portos fins

Le Club des cigares n'en est pas moins créé par les acteurs clés du scandale des commandites pour leur simple plaisir, en dépit des liaisons dangereuses qu'il favorise. Selon le journaliste William Marsden, de 1995 à 2002 environ, tout ce beau monde se rencontre chaque mois pour fumer des cigares à plus de 100 $ pièce, fournis gracieusement par l'ambassadeur de Cuba, et déguster de rares bouteilles de porto dans des salons privés ou de luxeux restaurants de la région d'Ottawa-Hull[1]. « Même si les membres de ce club sélect insistent pour dire qu'on ne parlait pas, de façon générale, d'affaires au cours de ces réunions, des participants ont affirmé que c'était tout de même l'occasion d'établir des contacts et de cimenter des alliances – ou simplement de faire une petite pause et de badiner autour de leurs trains de vie princiers[2]. »

Alfonso Gagliano raconte au commissaire John Gomery comment il est devenu membre de ce Club des cigares lors d'un raout en 1998. L'ancien ministre affirme qu'il est invité un jour au Casino de Hull pour le 50e anniversaire d'André Ouellet.

> Et quand je suis arrivé dans la salle, je crois que ça se tenait dans le restaurant du Casino à Hull, il y avait une vingtaine de personnes, des amis de Ouellet. Et ils m'ont assis – il y avait deux ambassadeurs –, ils m'ont assis à côté de l'ambassadeur de Cuba et de l'ambassadeur du Maroc et tout le souper c'était un cigare après l'autre. À la fin de l'assiette principale, monsieur le commissaire, j'ai dit : « Bien écoutez, vous m'avez fait fumer sans ma volonté. Bien là je vais en essayer un. » Et c'est comme ça que j'ai pris le goût de fumer des cigares. J'ai participé, je pense, dans toute cette période peut-être, incluant celle-ci, peut-être quatre fois maximum.

Outre Alfonso Gagliano, André Ouellet, l'ambassadeur du Maroc Abdelkader Lecheheb et l'ambassadeur de Cuba Carlos

Fernandez de Cossio, le Club des cigares compte parmi ses fidèles Jean Lafleur de Lafleur Communication Marketing. Ami d'André Ouellet, M. Lafleur obtient des millions de dollars en contrats de Postes Canada, sans compter ceux de TPSGC lorsque ce ministère est sous la gouverne du ministre Gagliano.

Un autre ministre du gouvernement Chrétien apprécie aussi la contemplation des volutes bleues des havanes. Martin Cauchon, tour à tour ministre du Développement économique, ministre du Revenu et ministre de la Justice, avoue candidement qu'il s'est demandé à l'époque si le fameux Club des cigares n'était pas la créature d'un certain dirigeant d'agence de communication de Montréal[3]. Sans pousser plus loin ses interrogations, Martin Cauchon participe aux activités du petit groupe. Lui aussi est lié à Jean Lafleur avec qui il s'adonne à la pêche au saumon. M. Cauchon présente un de ses amis, Daniel Hudon, aux membres du club et à André Ouellet. M. Hudon a amassé des fonds pour la campagne électorale de Martin Cauchon. Il vend en mai 2001 son entreprise de messagerie, Intelcom Courrier inc., à Postes Canada au prix de un million de dollars et en est ensuite nommé responsable à la société d'État.

Sont encore membres du club Marc LeFrançois, le président de VIA Rail, Jean Carle, directeur des opérations au bureau du premier ministre et plus tard vice-président de la BDC et Gilles Champagne, également responsable du financement au PLC et l'un des directeurs de Postes Canada. Avocat à Grand-Mère, M. Champagne est un proche de Jean Chrétien. Il l'aide d'ailleurs à mettre sur pied des programmes de création d'emplois dans Saint-Maurice, la circonscription du premier ministre. Robert Chrétien, un cousin de Jean Chrétien, fréquente aussi le Club des cigares. En 2001, il est nommé directeur et responsable du développement des affaires à Postes Canada. Enfin, René Fugère, qui a déjà travaillé pour Jean Chrétien, est aussi du groupe. M. Fugère obtient une subvention de 96 000 $ pour une compagnie du nom de Earth (Canada) Corporation dont le conseil d'administration est présidé par Gilles Champagne.

Les membres du Club des cigares ne se rencontrent pas seulement pour fumer, mais aussi pour assister à des joutes de hockey de la Ligue nationale ou faire des parties de pêche au saumon. Ils se voient le plus souvent dans une salle privée du huppé Café Henry Burger d'Ottawa ou au Casino de Hull.

Tout ce petit monde se fréquente beaucoup. La course auto-mobile fait partie des occasions d'affaires à saisir… En 1999, LCM débourse 123 000 $ pour des billets du Grand Prix de F1 de Mon-tréal, qui sont distribués à Jean Pelletier (14 billets), à Jean Carle, à Charles Guité, à Marc LeFrançois (6 billets), au député Martin Cauchon et enfin à André Ouellet (6 billets). Jacques Corriveau, un designer, grand ami de Jean Chrétien, et dont on entendra beau-coup parler par la suite à la commission Gomery, reçoit deux bil-lets. Jean-Marc Bard et Pierre Lesieur bénéficient également de billets, sauf qu'il est établi dans leur cas qu'ils ont payé les précieux laissez-passer.

Les audiences de la commission Gomery révèlent le 7 mars 2005 que dans le cadre d'une commandite à VIA Rail, Jean Lafleur a facturé au gouvernement 9250,90 $ pour des billets de saison du Canadien en 1999 et 9000 $ pour des expéditions de pêche au sau-mon en juillet 2000 à Grande-Cascapédia en Gaspésie. L'une des factures pour la pêche au saumon inclut même une canne à pêche de 1300 $. La commandite en question, d'un montant total de 3,3 millions de dollars échelonnés de 1998 à 2001, concerne la conception et l'édition d'un magazine distribué à bord des trains de VIA Rail pour accroître la visibilité du gouvernement fédéral partout au pays, mais en particulier au Québec. Pour ce faire, Jean Lafleur met sur pied la maison d'édition Satellite. C'est cette mai-son qui, selon les documents mis en preuve à la commission Go-mery, fait payer les billets de hockey et les forfaits de pêche par le Trésor public. Pour expliquer ces factures, Jean Lafleur soutient devant le commissaire que ces dépenses sont nécessaires « pour des fins de relations publiques ». L'homme, qui suscite la risée générale lors de sa comparution en raison de ses nombreux trous de mé-moire, ne peut se souvenir des noms de ses compagnons de pêche ni non plus si l'ancien ministre de la Justice Martin Cauchon était des voyages facturés par Satellite. Il révèle par ailleurs que Char-les Guité a participé à l'une de ces expéditions et qu'il a remboursé ses dépenses. Pour ce qui est des parties du Canadien, M. Lafleur ne peut non plus préciser le genre « d'affaires » dont il discute avec ses invités.

Lorsque André Ouellet témoigne à son tour devant la commis-sion le 19 janvier 2005, il ne nie pas les liens d'amitié qu'il a entrete-nus pendant quelques années avec Jean Lafleur, même si LCM est à l'époque l'un des principaux fournisseurs de la société d'État qu'il dirige. Le procureur principal de la commission, Me Bernard Roy, tente de cerner le rôle joué au sein de Postes Canada par l'ancien lieutenant politique de Jean Chrétien au Québec, tout en démontrant que l'ancien politicien participe à un réseau informel d'acteurs qui ont joué un rôle dans les commandites fédérales. Une lettre de remerciement d'André Ouellet à Jean Lafleur du 12 mars 1996 nous apprend que les deux hommes ont fait connaissance lors d'un match du Canadien au Forum, la veille. « Tu m'as permis hier soir, écrit M. Ouellet à Jean Lafleur, une expérience extraordinaire en compagnie de mes amis. » M. Ouellet évoque une « visite guidée au Centre Molson, le dîner au Château Champlain, la loge privée au Forum, l'ovation à Serge Savard, le champagne rosé dans la suite après la partie ; autant de souvenirs merveilleux et impérissables ». Quelque deux mois après cette rencontre, soit le 31 mai 1996, Postes Canada confie à LCM l'organisation du lancement d'un timbre consacré à Gilles Villeneuve. M. Ouellet reconnaît par ailleurs avoir recommandé à la société de la Couronne, alors qu'il en présidait le conseil d'administration, l'embauche de trois agences, soit Gervais Gagnon, LCM et Tremblay-Guitet. M. Ouellet soutient qu'il ne s'agit que d'une recommandation et qu'il n'a pas à l'époque la capacité de prendre seul cette décision. « Je n'ai pas donné d'instructions formelles à qui que ce soit. J'ai demandé de pouvoir travailler avec ces firmes et on a acquiescé à ma demande. » Cette déclaration déclenche un échange assez rude entre le commissaire Gomery et l'avocat de M. Ouellet, Me Raymond Doray, qui proteste contre l'insistance de Me Roy à faire admettre à André Ouellet que le souhait d'un président équivaut à un ordre.

« Maître Doray, intervient le commissaire, si je vous dis : "Maître Doray veuillez avoir la gentillesse de quitter la salle". Comment allez-vous interpréter cela ? Est-ce une demande ou une directive ? C'est une demande qui vient de quelqu'un en autorité. Et pour la personne qui est l'objet de la demande, ce n'est pas une demande ; c'est une directive n'est-ce pas ? Et cela, c'est ça la vraie vie. »

André Ouellet s'élève ce jour-là contre le témoignage de son ancien vice-président, Alain Guilbert, qui a affirmé deux jours auparavant qu'il avait dissous le comité de sélection des agences de communication à Postes Canada pour assumer lui-même cette tâche en sa compagnie : « Je n'ai pas dissous le comité, j'ai réduit le *membership* à deux. »

Du voyeurisme

Me Roy met la patience de M. Ouellet à rude épreuve lorsqu'il produit des lettres de remerciement de l'ancien président de Postes Canada à Jean Lafleur pour des cadeaux reçus à diverses occasions. Il dévoile des pans entiers de l'agenda de M. Ouellet, où l'on remarque notamment un dîner gastronomique à la résidence de Jean Lafleur au 692 de la montée Val-de-Loire à Saint-Adolphe-d'Howard, le 3 août 1996, et un déjeuner, le 28 novembre 1999, au même endroit, en compagnie de Marc LeFrançois, Jean Lapierre (qui devient plus tard le lieutenant de Paul Martin pour le Québec), Martin Cauchon et Jean Carle. L'avocat d'André Ouellet bondit et accuse Me Roy de faire du « voyeurisme ». M. Ouellet garde son sang-froid et fait remarquer calmement au commissaire que les cadeaux reçus ne violent aucunement les normes d'éthique en vigueur dans l'administration publique. Le juge Gomery rétorque qu'il n'a nullement l'intention de faire état de ces cadeaux dans son rapport.

Un autre dîner chez Jean Lafleur, le 17 novembre 1998, où Martin Cauchon, André Ouellet et Jean Carle sont présents, fait encore une fois la démonstration de l'absence d'étanchéité entre les élus et les fournisseurs du gouvernement – une fraternisation qui ne peut guère être bénéfique aux intérêts des contribuables canadiens. Il fait aussi couler beaucoup d'encre parce qu'il est l'occasion de dépenses impressionnantes de Jean Carle. Celui-ci utilise les services d'un taxi pour se rendre à Saint-Adolphe-d'Howard. La dépense, selon les relevés de la BDC déposés à la commission Gomery, s'élève à 382 $. Portée à son compte de dépenses de la BDC, elle est donc entièrement réglée par le Trésor public.

Jean Lafleur, on le voit, traite ses amis aux petits oignons. Et ces traitements de faveur commencent bien avant le règne d'Alfonso Gagliano à Travaux publics, soit bien avant juin 1997. On apprend ainsi à la commission Gomery que l'ex-ministre David Dingwall a profité également des largesses de Jean Lafleur. M. Dingwall, battu aux élections de 1997, facture à deux reprises, en 1998 et en 1999, des services professionnels par l'intermédiaire de la firme Gescom, une entreprise de Jean Lafleur, pour du lobbyisme en faveur de VIA Rail, ce qui lui rapporte 113 500 $. Selon les explications fournies par M. Lafleur, le président de VIA Rail Marc LeFrançois cherche à obtenir du gouvernement un budget supplémentaire pour sa société d'État et il veut passer par un intermédiaire pour ne pas indisposer son ministre responsable. L'argent est versé à la compagnie de M. Dingwall, Wallding International, par le biais de la firme Gescom. Pourquoi utiliser un tel stratagème ? « M. Le-François m'a demandé de faire la transaction d'affaires pour que M. Dingwall puisse lui fournir de l'information et travailler auprès de membres du Cabinet et tenter d'apporter une information supplémentaire pour qu'ils puissent comprendre que VIA Rail avait besoin de subventions supplémentaires pour développer des voies ferrées », soutient M. Lafleur. Pour l'exécution du contrat, M. Dingwall se rapporte directement à M. LeFrançois.

Chuck Guité se laisse aussi gâter par Jean Lafleur ; la responsabilité des activités de commandite à TPSGC aurait pourtant dû lui interdire un tel commerce. Guité est invité « cinq ou six fois » à Saint-Adolphe-d'Howard et à une excursion de pêche au saumon. Ces rapports étroits, révèle l'enquête publique, ne sont pas sans avantages. Dans le feu de l'action, témoigne Jean Lafleur, des ententes verbales sont passées entre Chuck Guité et LCM pour bonifier certains contrats ou pour accélérer leur exécution, une situation dénoncée par la vérificatrice générale dans son rapport de novembre 2003. M. Lafleur a beau prétendre que ses relations avec le gouvernement Chrétien ne le servent pas dans ses affaires, il se contredit lui-même en ajoutant : « Comme homme d'affaires, j'ai intérêt à avoir des amis partout, des gens qui connaissent ce que je fais et qui pourraient dans d'autres circonstances évaluer mon travail et m'être utiles. »

Le président de LCM pousse assez loin la quête de ces amitiés profitables. Le cabinet du premier ministre Jean Chrétien a à son service pendant quelques mois, en 1997 et 1998, le vice-président de l'agence Lafleur, Éric Lafleur, et cela au moment même où la firme bénéficiait de plusieurs contrats de service avec le gouvernement fédéral, en particulier avec Postes Canada. L'information, tirée du curriculum vitæ d'Éric Lafleur produit devant le commissaire John Gomery, est d'ailleurs confirmée par André Ouellet. Selon le document, le fils Lafleur, en mai et juin 1997, lors de la campagne électorale fédérale, œuvre à titre d'adjoint de Jean Carle, directeur des opérations au cabinet du premier ministre et proche ami de son père. La présence d'Éric Lafleur au cabinet du premier ministre révèle pour la première fois depuis le début de l'enquête du juge John Gomery qu'un lien direct existe entre des agences de communication mises en cause par la vérificatrice générale et le cabinet du premier ministre Chrétien.

Éric Lafleur, également président de Publicité Dézert, autre fournisseur du gouvernement mis en cause dans le scandale des commandites, occupera la même fonction d'adjoint en janvier 1998 lors de la mission commerciale de Jean Chrétien et d'Équipe Canada en Amérique du Sud. Dans son CV, il se dit « conseiller stratégique auprès de l'honorable André Ouellet » durant la visite en Chine de ce dernier en 1997, pour le lancement d'un timbre consacré au Nouvel An chinois. « Oui, c'est tout à fait exact », témoigne André Ouellet qui ajoute que le titre que se donne Éric Lafleur est « peut-être un peu ronflant ».

Le témoignage d'Éric Lafleur devant le commissaire Gomery confirme les liens étroits que sa famille entretient avec les libéraux au pouvoir à Ottawa. Éric Lafleur est présenté par son père aux Martin Cauchon, Jean Pelletier, Marc LeFrançois, Jacques Corriveau, André Ouellet et Denis Coderre. Il assiste même, à la demande de son père, aux tournois de golf de Jean Chrétien et d'Alfonso Gagliano.

Les rapports entre Jean Lafleur et Jean Pelletier sont des plus cordiaux. Lorsque Jean Lafleur, par exemple, se rend compte que les revenus que tire sa compagnie du programme de commandites commencent à baisser à partir de 1997, en raison de l'apparition de la concurrence, il s'en plaint directement au bureau du premier ministre. Le 11 juin 1998, il fait parvenir au chef de cabinet de M. Chrétien, à la suite d'une brève conversation avec lui dans la rue, un fax où il explique qu'il connaît par rapport à l'année précédente un manque à gagner de 5 millions de dollars en contrats fédéraux. On apprend à la commission Gomery que M. Lafleur déjeune à l'occasion avec M. Pelletier, mais que les deux hommes ne discutent jamais de commandites, du moins selon ce que rapporte le président de LCM. Même si le bureau du premier ministre joue un rôle politique de premier plan dans la stratégie d'unité nationale du gouvernement, M. Lafleur soutient que ses rencontres avec M. Pelletier n'ont « pas de but précis »…

« Est-ce qu'il y avait une raison particulière pour ce repas ? » insiste Me Cournoyer, à propos d'une certaine rencontre. « Non, répond Jean Lafleur. Établir un bon contact, établir une relation avec M. Pelletier. Parler. Jaser. Je savais qu'il était au gouvernement du Canada. J'avais des mandats de visibilité du gouvernement du Canada. Je trouvais que c'était intéressant de pouvoir luncher ensemble. On était deux bons fédéralistes. » Jean Lafleur ajoute, en réponse à une autre question de Mᵉ Cournoyer, qu'il a « peut-être » discuté avec M. Pelletier de visibilité du gouvernement du Canada au Québec.

Du côté des sociétés d'État

Le procureur principal de la commission Gomery, Mᵉ Bernard Roy, réussit à exposer le 20 janvier 2005 la toile des relations qu'André Ouellet, l'ancien PDG de Postes Canada, a entretenues avec certains des fournisseurs de la société d'État. Mᵉ Roy tente de faire ressortir que M. Ouellet, lorsqu'il dirige Postes Canada, traite bien ses amis et que ces derniers le lui rendent bien. Non seulement Postes Canada fait bénéficier LCM de quelque 5 millions de dollars de contrats à partir de 1996, mais la société de la Couronne est particulièrement généreuse avec une autre agence de communication, Tremblay-Guitet, propriété de Michèle Tremblay avec laquelle André Ouellet dit avoir eu des liens de collaboration étroits pendant une quinzaine d'années, depuis qu'il est en politique. Il apprécie « les qualités de travail » de Mᵐᵉ Tremblay et il ne nie pas qu'il a développé avec elle une relation d'amitié. Alors qu'il devient en 1996 président du conseil d'administration et en 1999 chef de la direction de Postes Canada, André Ouellet continue à fréquenter Michèle Tremblay, aussi bien dans un contexte professionnel que de rencontres amicales. Les déjeuners de travail succèdent aux dîners d'anniversaire quand il ne s'agit pas de voyages, comme cette visite officielle de Postes Canada en Italie du 9 au 18 octobre en compagnie du ministre des Travaux publics, Alfonso Gagliano. « Nous avons fait un voyage exceptionnel en 1997, écrit au retour André Ouellet à Michèle Tremblay. Il faudrait penser à quelque chose d'encore mieux en 1998. »

Le procureur Bernard Roy démontre que, selon une compilation de la commission, l'agence Tremblay-Guitet a reçu de Postes Canada du 8 août 1997 au 24 septembre 2003, donc sous le règne d'André Ouellet, des contrats d'une valeur de 2 053 320,21 $. Mᵉ Roy fait ressortir que les « honoraires professionnels », que Tremblay-Guitet Communications reçoit pour des « avis et conseils au président et à la haute direction », varient entre 8560 $ et 27 220 $ par mois, et cela, même si à compter d'octobre 1998

Postes Canada verse à l'agence de Mme Tremblay un forfait mensuel de 12 000 $ pour rédiger des discours. Mme Tremblay ne manque pas d'exprimer sa gratitude à André Ouellet à quelques reprises, notamment en lui offrant un jour un luxueux étui à cigares…

André Ouellet se défend bien d'avoir favorisé qui que ce soit dans l'octroi des contrats de Postes Canada, même si à cet égard son témoignage est contredit par deux employées de Postes Canada, la directrice des relations publiques, Anne Buston, et une gestionnaire du même service, Lily Sioris. Mme Buston affirme que M. Ouellet décide souvent seul du choix des commandites. Mme Sioris témoigne pour sa part que ses supérieurs l'ont obligée à modifier le résultat d'un concours destiné à choisir les agences de communication de Postes Canada afin que Lafleur Communication, Tremblay-Guitet et Gagnon Gervais remportent la palme. André Ouellet rejette cette version des faits et nie avoir fait preuve de favoritisme dans le choix des agences. « Il a été prouvé clairement, dit-il aux journalistes, que j'ai donné des contrats à des firmes efficaces qui ont fait de l'excellent travail. C'est des gens que j'ai d'abord connus professionnellement et qui par la suite sont devenus des amis. Je pense qu'il n'y a rien de malhonnête à ce que des gens qui font des affaires ensemble, qui travaillent ensemble, par la force des choses, deviennent des amis. »

Jean Lafleur et Jean Carle, le protégé de Jean Chrétien, sont aussi des amis. Lors du témoignage de l'ancien président de la BDC, François Beaudoin, devant la commission Gomery, ce dernier fait longuement état de cette amitié. Il raconte surtout un étrange épisode à propos d'une loge au Centre Molson. À son arrivée à la BDC en 1998, Jean Carle demande à son patron si la banque peut louer une loge au prestigieux amphithéâtre. M. Beaudoin refuse en lui expliquant ses raisons. Or, le 24 février 1999 au restaurant Yo-Yo à Montréal, Carle et Lafleur suggèrent à nouveau à François Beaudoin de prendre une loge au Centre Molson, soutenant que « la Banque pouvait se le permettre ». M. Beaudoin réitère son refus. Il raconte au commissaire Gomery :

> On m'a demandé si c'était la question de la visibilité de la dépense qui pouvait être en jeu, dans la mesure où les dépenses de la BDC sont publiques. Toute personne peut obtenir le détail de toutes les dépenses.
>
> Eh oui ! Si j'étais mal à l'aise moi-même, je pensais que le public aurait été mal à l'aise. (…) Et là, je crois que c'est M. Lafleur qui m'a suggéré,

et il a utilisé une expression anglaise : « On peut faire le *dry cleaning*. »
Je ne savais pas ce que c'était le *dry cleaning*. Les deux hommes ont
éclaté de rire. Ils ont dit : « Si ta préoccupation est la visibilité de la dépense, ce qu'on peut faire, c'est reprendre la loge à nos frais, aux frais de
Lafleur Communication, et on te les facturera comme frais de consultant. Donc, aux yeux de qui que ce soit, ce ne sera pas un problème. »
J'ai dit : « Messieurs, de quoi me parlez-vous ? Quelle manigance essayez-
vous de me suggérer ? » Ça s'est terminé là.

L'enquête démontre que l'agence LCM est particulièrement
choyée en contrats par la BDC, plus particulièrement après le
départ de M. Beaudoin en 1999. Lafleur reçoit de la BDC, de 1998
à 2003, 1,7 million de dollars en contrats, alors que la part du
Groupe Everest décroît à partir de 1999 pour totaliser pour la
même période 402 428 $. François Beaudoin rappelle que c'est Jean
Carle qui lui fait valoir qu'à son avis la firme Everest n'est pas à la
hauteur en comparaison de LCM.

M. Beaudoin revient longuement sur la « relation très intime »
qui existe entre Jean Carle et Jean Lafleur : « Même lorsque je devais aller à Ottawa visiter le premier ministre, j'ai constaté la présence de M. Lafleur dans le bureau de M. Carle. » Il décrit ensuite
les réceptions au chalet de Jean Lafleur, où Jean Carle et « ses contacts » sont présents et où l'on visionne des films de leurs parties de
pêche. Le compte de dépenses de Jean Carle à la BDC fait état de
nombreux repas avec Jean Lafleur.

L'affaire de la série télévisée *Le Canada du millénaire* illustre
bien les bénéfices que peut tirer Jean Lafleur de ses liens avec Jean
Carle. C'est l'un des moments mémorables de l'enquête publique
où le commissaire sort véritablement de ses gonds, le 4 février 2005,
quand l'ancien directeur des opérations du cabinet de Jean Chrétien admet qu'il a collaboré à monter « une opération financière
factice » de façon à camoufler dans les livres du gouvernement une
commandite à la maison de production de Robert-Guy Scully.

« Si c'était une affaire de drogue, intervient alors John Gomery, on aurait appelé cela du blanchiment d'argent. Est-ce que je
me trompe ? »

Jean Carle répond de but en blanc : « Vous ne vous trompez
pas. »

C'est après ses années de service au bureau de Jean Chrétien,
de 1993 à 1998, que Jean Carle est nommé vice-président de la
BDC. La banque vient tout juste d'accepter de donner 250 000 $ en

commandite pour *Le Canada du millénaire*, une série qui consiste à interviewer des entrepreneurs de pointe, dont des clients de la BDC. Dans son rapport de novembre 2003, la vérificatrice générale a vertement critiqué la BDC dans cette affaire, pour avoir caché la vraie nature de cette contribution de 250 000 $ qui n'a fait l'objet d'aucun contrat écrit. M. Carle a autorisé les deux paiements de 125 000 $ sans que le projet soit approuvé. Il reconnaît à la commission d'enquête que cela va à l'encontre des pratiques normales.

Mais ce n'est pas tout. Au cours de l'interrogatoire que lui fait subir le procureur Bernard Roy, Jean Carle confirme qu'en mars 2000 la BDC a reçu via l'agence Média/IDA Vision un chèque de 125 000 $ qui provient de la direction des commandites à TPSGC. En fait, raconte le témoin, Robert-Guy Scully a une autre entente de commandite avec TPSGC pour 125 000 $. Pierre Tremblay, alors responsable des commandites, demande à Jean Carle – en lui expliquant que le gouvernement a déjà trop donné aux entreprises de Robert-Guy Scully – si la BDC peut facturer l'agence Média/IDA Vision pour 125 000 $ et verser ensuite l'argent à L'Information Essentielle. « Média Vision facturait Travaux publics, raconte Jean Carle, et ensuite l'argent reviendrait à la banque et on paierait Robert Scully nous-mêmes. La BDC a servi de courroie de transmission au dernier paiement. » Au passage, Média/IDA Vision et Lafleur raflent 18 750 $ de commission.

« Pouvez-vous m'expliquer pourquoi vous avez acquiescé à cette façon détournée de faire des choses ? demande alors le commissaire. Parce que vous avez agi pour couvrir un arrangement suspect. » – « Écoutez, répond Jean Carle, je ne le voyais pas comme un camouflage. Je le voyais comme un avantage pour la banque de recevoir 125 000 $ de publicité sans avoir à débourser. Et je dois vous dire que je ne l'ai pas fait de mauvaise foi, monsieur le commissaire. On a servi de courroie de transmission. »

Me Roy souligne alors que le contrôleur de la BDC et la vice-présidente aux affaires publiques Diane Beaulieu ont mis sur le compte d'une erreur l'encaissement de ce chèque de Média/IDA Vision. Jean Carle reconnaît qu'il n'a pas tenté de convaincre ces derniers du contraire, que c'est à la demande de Pierre Tremblay qu'il a pris cet arrangement. Me Roy lui rappelle que L'Information Essentielle n'a fourni aucun service à la BDC pour ce paiement. Jean Carle acquiesce et ajoute : « C'est M. Tremblay qui ne voulait pas avoir ces montants dans ses livres. » Le juge Gomery lui dit alors qu'il a « collaboré avec M. Tremblay pour fausser la situation ». L'avocat de Jean Carle, Me Latraverse, veut intervenir mais le commissaire, hors de lui, ne lui en laisse pas l'occasion. « M. Tremblay avait besoin de la collaboration de quelqu'un pour diriger des paiements vers L'Information Essentielle et il a eu la collaboration de la BDC pour cacher la vérité dans cette transaction, tranche-t-il. C'est pourquoi je pose ces questions. »

Lorsque Chuck Guité témoigne en novembre 2004, il étale à son tour certaines faveurs consenties au chef de cabinet du premier ministre Chrétien, Jean Pelletier. L'ancien tsar des commandites affirme que par son entremise Jean Pelletier a reçu de LCM de 8 à 10 billets de faveur VIP d'une valeur d'environ 1000 $ chacun pour assister à quelques reprises au Grand Prix de Montréal. L'agence Lafleur a elle-même reçu le contrat de commandite du gouvernement fédéral pour le Grand Prix Molson du Canada. Guité affirme qu'il a reçu ainsi de 20 à 25 billets VIP par année de Lafleur, notamment en 1995 et 1996, et qu'il en a remis chaque fois de 8 à 10 à Jean Pelletier et quelques-uns à Jean Carle. Lui-même retient chaque année quatre billets pour assister à l'événement. Le témoin ne peut se souvenir cependant à qui il a remis les autres laissez-passer VIP pour le Grand Prix. Mais il est sûr que Jean Pelletier assiste à ces événements puisqu'il le rencontre lui-même sur place. Les dirigeants de l'agence Lafleur, Jean et son fils Éric, sont également présents. Chuck Guité souligne qu'il est « habituel » que les agences et les commanditaires reçoivent des laissez-passer pour ce genre d'événement, que cela fait partie de la façon de faire les choses. Il ne précise pas cependant pourquoi c'est l'agence choisie par le gouvernement pour la commandite fédérale du Grand Prix qui distribue les billets de faveur et non l'organisation du Grand Prix elle-même. Il n'explique pas non plus pourquoi certains de ces billets de faveur sont donnés à du personnel politique du cabinet du premier ministre.

Les Grands Prix de Formule 1 ont de toute évidence la faveur de tout ce beau monde. Chuck Guité raconte devant la commission Gomery qu'il a aussi assisté au Grand Prix d'Italie à Monza en 1998 grâce à des billets reçus de son ami Jean Brault de Groupaction. Quelle n'a pas été sa surprise de se retrouver là-bas dans la même loge que Jean Lafleur de LCM et André Ouellet de Postes Canada !

Ceux qui fraternisent ainsi dans les loges VIP obtiennent bien d'autres avantages. Jean Brault, par exemple, fait la faveur d'acheter à Chuck Guité au prix de 35 000 $ une Mustang rouge dont celui-ci ne veut plus. Grand amateur de plaisance, Chuck Guité vend également pour 27 000 $, cette fois à Paul Coffin de Communication Coffin, son bateau *Bayliner*. Pour acheter le nouveau bateau d'environ 140 000 $ qu'il convoite, l'ancien tsar des commandites a besoin d'argent comptant pour faire un premier paiement. Plutôt que de prendre cet argent des coffres de sa compagnie Oro Communications, ce qui lui aurait occasionné une hausse importante d'impôts explique-t-il, il réussit à convaincre Jean Brault de lui prêter 25 000 $ au taux avantageux de 3 % d'intérêt par année.

Si ces fournisseurs du gouvernement traitent aussi bien Chuck Guité, qui n'est même plus dans la fonction publique, on peut raisonnablement déduire aujourd'hui que toutes ces faveurs entrent dans la catégorie « retour d'ascenseur »...

« Toute cette histoire de commandites sent la clique à plein nez. Et la clique, c'est l'antithèse de la démocratie », écrit le chroniqueur Vincent Marissal dans un texte intitulé « La "cliquocratie"[4] », qui est dans le ton de ce qu'on lit dans les éditoriaux et de ce qu'on entend dans les lignes ouvertes à la radio, au plus fort des révélations de la commission Gomery. « C'est pour ça que le scandale des commandites est si laid, poursuit Marissal. Une petite clique accrochée aux mamelles de l'État, qui tète les fonds publics avec la complicité de leurs copains au pouvoir, au mépris des règles élémentaires d'éthique et de transparence. Les commandites, c'est le triomphe de la *cliquocratie*. »

Et la clique, c'est celle des libéraux. Les acteurs du scandale ne sont pas nombreux certes, mais ils sont bien abouchés :

> Ce ne sont pas les sommes en cause qui dérangent les contribuables, c'est cette désagréable impression qu'un petit groupe de privilégiés se donnent accès au bien commun, se graissent la patte, se renvoient l'ascenseur et s'offrent aux frais de leurs concitoyens un niveau de vie auquel ceux-ci ne peuvent même pas rêver. Tout ça au moment même où le gouvernement demande aux contribuables de se serrer la ceinture pour contribuer à l'effort d'assainissement des finances publiques. Il y a quelque chose qui ne tourne pas rond quand un ministre dans l'exercice de ses fonctions, nommément Denis Coderre, souhaite, dans une vidéo, « bon anniversaire, au nom du gouvernement du Canada » à un autre entrepreneur abonné au programme de commandites. (...) Il y a quel-

que chose qui ne tourne pas rond quand le chef d'un parti d'opposition déclare publiquement que le parti au pouvoir est corrompu. Non pas que Jack Layton ait tort. Justement, c'est bien ça le problème : la déclaration ne choque plus personne parce qu'une proportion grandissante de contribuables pensent, eux aussi, que les libéraux sont corrompus[5].

Le chroniqueur conclut que la démocratie s'en va au diable. Il aurait pu ajouter qu'elle est réduite en cendres, comme ces havanes que fument, repus, les membres du désormais tristement célèbre Club des cigares.

CHAPITRE VIII

Pot-pourri

Les exemples de malversations relevés par la vérificatrice générale dans son rapport de novembre 2003 ne sont justement que des exemples. Par la suite, les enquêtes du Comité des comptes publics et de la commission Gomery révèlent l'ampleur véritable des supercheries concoctées par les acteurs du scandale.

Mais, encore là, tout n'est pas dit ou rendu public. Dans les millions de pages de documents collectés par la commission d'enquête publique dorment encore des transactions abracadabrantes et surréalistes qui n'ont guère été exploitées par les procureurs, faute de temps. L'exercice aurait de toute façon été fastidieux et inutile à la lumière des exemples spectaculaires dévoilés au public et amplement suffisants pour établir la preuve recherchée. Une fois faite la démonstration de malhonnêteté et de corruption, il était superflu de la refaire à répétition.

Les exemples particulièrement croustillants ne manquent pas, à commencer par cette invraisemblable histoire de génératrice prêtée par une « âme généreuse » à la Gendarmerie royale du Canada, où la police la plus importante du pays s'est fait flouer comme une pauvre victime sans défense.

En pleine crise du verglas, en 1998, donc, l'agence de communication montréalaise Gosselin offre à la GRC, pour venir en aide aux sinistrés, une génératrice qui appartient à la Fondation Bluenose et pour laquelle elle réclame ensuite à TPSGC – sans que la GRC en sache quoi que ce soit – des frais de commandite, une commission et des frais de gestion ! L'agence Gosselin se sert ainsi de la police nationale pour récolter des bénéfices financiers d'une action à première vue désintéressée.

C'est du moins ce qui ressort du témoignage fait à la commission Gomery par Odilon Émond, ancien commandant de la GRC pour la division du Québec de septembre 1995 à août 1998, et qui travaille quelque temps à l'organisation des célébrations du 125ᵉ anniversaire du corps de police, qui ont lieu en 1999.

Deux factures de Gosselin à Travaux publics mises en preuve à la commission Gomery, l'une du 1ᵉʳ avril 1998 et l'autre du 11 juin 1998, démontrent en effet que l'agence a réclamé en tout 10 957,50 $ pour la génératrice, dont 1997,50 $ pour des frais de gestion. Devant ces faits, qu'il ignorait complètement, Odilon Émond déclare au commissaire Gomery : « Non, je n'ai pas été informé qu'on allait facturer pour cette génératrice et ma perception de l'époque était qu'elle était fournie gracieusement. » M. Émond rappelle les besoins criants de génératrices pendant la crise du verglas, alors que des dizaines de milliers de foyers étaient privés d'électricité pendant de nombreux jours. « Quand on nous l'a offerte, raconte-t-il, ça tombait du ciel, c'était de l'or ! » Le procureur adjoint de la commission, Mᵉ Guy Cournoyer, demande au témoin s'il est surpris d'apprendre qu'il y a eu facturation. « Énormément surpris pour ne pas dire désagréablement surpris », répond-il.

Les bonnes affaires de Gosselin Communications

Lorsque M. Gosselin, un ancien journaliste, se présente devant la commission le 15 mars 2005, trois mois après le témoignage du commandant Émond, John Gomery veut savoir ce qui s'est passé dans l'affaire de la génératrice. Il ne comprend pas comment Gosselin Communications peut facturer une commission et des frais de gestion pour une génératrice qui est généreusement prêtée à la GRC par la Fondation Bluenose. Le commissaire fait remarquer au témoin que la Fondation Bluenose a fait ce geste par compassion.

« C'était bénévole de la part du Bluenose Trust, fait-il valoir au témoin. Ce n'était pas du tout bénévole de la part de Gosselin.

– Mais monsieur le commissaire, rétorque Gilles-André Gosselin, je dirige une compagnie ; je ne dirige pas une entreprise de bénévolat. J'ai jamais dit que c'était gratuit.

– Vous ne voyez rien d'anormal dans tout cet arrangement, monsieur Gosselin ?

– Absolument rien d'anormal.

– Mais je me rappelle la crise du verglas au Québec, renchérit John Gomery. Je dois vous dire qu'il y avait des voisins qui aidaient leurs voisins. Il y avait beaucoup de bénévolat à travers la province. C'était un moment de crise. »

Le commissaire déclare qu'il trouve décevant le comportement de Gilles-André Gosselin, notamment qu'il a « pensé à profiter d'un geste bénévole d'une autre région du Canada qui essayait d'offrir de l'aide aux gens du Québec à ce moment-là. »

Me Guy Cournoyer passe en revue cette journée-là diverses « commandites » de ce genre, tirées d'un fonds discrétionnaire d'un demi-million par année pour des « événements imprévus » et dont Gosselin Communications avait la responsabilité. L'un de ces événements concerne une demande de commandite de 5 000 $ adressée à Alfonso Gagliano pour la Casa d'Italia qui célébrait son 60e anniversaire par un banquet en 1998. En échange de ces 5 000 $, la photo et des vœux du ministre Gagliano sont insérés dans le programme de la soirée. Gosselin Communications touche pour l'occasion une commission de 2600 $.

Une autre commandite gérée par Gosselin, celle-là de 10 000 $, a rapport à un dîner organisé par la Chambre de commerce italo-canadienne où le ministre Sergio Marchi doit prendre la parole. Cela se passe à Montréal devant un auditoire fédéraliste et la commandite consiste à reproduire sur le matériel promotionnel le mot-symbole « Canada » et à placer un petit unifolié sur chacune des 40 tables. Pour ce travail, Gosselin Communications touche 3800 $ en frais de gestion, sans compter une commission de 1200 $.

« Comment êtes-vous en mesure de situer cet élément dans le cadre du programme de commandites ? demande le commissaire Gomery.

– Ça m'apparaît un peu étrange qu'il y ait des commandites pour les conférences des ministres », répond Gilles-André Gosselin qui affirme qu'en fait il n'y a pas de critères pour les commandites à TPSGC. Le procureur Cournoyer parle même de « flou artistique » si l'on considère la difficulté qu'il y a à tracer une ligne de démarcation entre les travaux exécutés par les agences de communication pour les commissions qu'elles touchent et les frais de gestion et honoraires qu'elles facturent en sus. « Il n'y avait pas de directives prévues envers les agences », témoigne M. Gosselin.

C'est de toute évidence cette absence de directives qui permet à Gilles-André Gosselin de confier à l'agence de sa femme, Uni-Com, et à celle de son fils, Portage Promotion, de lucratifs contrats d'achat d'articles promotionnels pour le gouvernement. Les marges de bénéfice prises par l'agence Uni-Com et ensuite par Gosselin Communications sont considérables, atteignant parfois le double du prix payé aux fournisseurs pour des sacs à dos, des t-shirts, des montres et autres objets du genre. Malgré l'insistance du commissaire, qui veut savoir si Gilles-André Gosselin a discuté de ces marges de bénéfice avec sa femme, celui-ci affirme qu'il ne l'a jamais fait : « On discute d'autres choses sur l'oreiller. »

Pour une autre commandite, la commission touchée par Gilles-André Gosselin est de 10 000 $. Le labeur accompli pour une telle somme a consisté à monter dans une immense limousine au Château Laurier à Ottawa, à se rendre à Montréal, à assister à un cocktail pour le lancement de la série télévisée sur Maurice Richard, à serrer la main à Roy Dupuis, à remonter dans la limousine et à rentrer à Ottawa. C'est à peu près en ces termes que l'homme d'affaires raconte au commissaire Gomery comment son agence a contribué au fameux projet commandité par TPSGC et produit par L'Information Essentielle de Robert-Guy Scully. Il suffit d'une simple télécopie de Chuck Guité pour que Gilles-André Gosselin apprenne qu'une somme et une commission d'agence sont à sa disposition. Que doit-il faire ? Une rencontre avec Scully et des discussions avec Guité ne le renseignent guère sur la question. Il demande alors au producteur de signer un protocole d'entente qui définit ce que son agence a à réaliser pour le projet. Scully refuse. Gosselin informe Guité de la situation. Celui-ci lui dit, selon Gilles-André Gosselin, de « le laisser aller ». « Arrange-toi au moins pour avoir des cassettes de la série et les visionner », lui dit Guité. Gosselin met quelqu'un dans la salle de visionnement de son bureau et le tour est joué. Pour ce visionnement, la rédaction d'un petit rapport et le voyage en limousine, Gosselin Communications touche 10 000 $ plus divers frais de production qui s'élèvent à 8885 $. « Ça n'aurait pas dû être fait comme ça », admet le témoin devant le commissaire visiblement médusé.

Un autre exemple particulièrement frappant de gaspillage des deniers publics est illustré par l'achat de 144 boîtes luxueuses qui doivent servir d'écrins à des drapeaux du Canada. Ces objets promotionnels, commandés au fournisseur Kadoke, coûtent 265 $ pièce et sont facturés 286,50 $ à TPSGC, pour un total de 41 212,80 $. Au passage, Gosselin touche une commission d'agence de 17,65 % (7274,06 $), même si les boîtes sont livrées directement à TPSGC par Kadoke… Ces boîtes en acajou, en érable ou en chêne doivent servir de cadeaux pour les dignitaires étrangers qui visitent le Canada. Les drapeaux qu'elles contiennent sont accompagnés d'un certificat signé par le premier ministre Chrétien. Gilles-André Gosselin avoue, devant l'étonnement du commissaire Gomery, qu'il n'a aucune idée de la raison pour laquelle ces articles de luxe ont été payés par le programme de commandites. Quel travail a fait l'agence dans ce projet ? demande le juge. « On a ouvert un dossier aux services financiers, répond le témoin. On a remis le dossier de la demande qui nous a été faite par M. Guité à un agent chez nous. L'agent a donc discuté avec Kadoke et il y a eu sûrement des discussions avec M. Guité pour savoir quels étaient ses choix de matériaux, etc. Les productions ont été analysées. »

Les trous de mémoire de Jean Lafleur

Bref, tous les moyens sont bons pour engranger la manne du programme de commandites. Du jour au lendemain, Gilles-André Gosselin devient millionnaire, tout comme d'ailleurs Jean Lafleur. Ce dernier, riche patron d'une des agences les plus choyées par le programme de commandites fédéral, ne se souvient plus, lorsqu'il témoigne devant le commissaire Gomery le 1er mars 2005, de quelle manière il est devenu millionnaire en 1995, pas plus qu'il ne se rappelle le travail qu'il a fourni pour facturer en 1998 au gouvernement 27 heures à 275 $ de l'heure pour l'achat d'objets promotionnels. La comparution de ce témoin clé est ainsi marquée par une série de faux pas, d'incongruités et de trous de mémoire qui provoquent à plusieurs reprises l'exaspération du commissaire. Pour la première fois depuis le début des audiences, le commissaire, poussé à bout, ordonne à Jean Lafleur de cesser de tergiverser et de répondre avec précision aux questions du procureur.

« Je vous demande, je vous ordonne de répondre même si vous avez des arguments », lui lance exaspéré le juge Gomery. Il s'en faut de peu que le commissaire ne le menace de le condamner pour outrage à la commission, délit passible de prison.

Celui qui fut commissaire à la commission scolaire de Pointe-aux-Trembles avant de fonder son agence de communication, en

1984, obtient donc en 1994 des contrats d'une valeur de 52 000 $ du gouvernement fédéral. L'année suivante, ce montant passe brusquement à 9,9 millions de dollars. Il fait encore un bond en 1996-1997 et atteint les 16 millions.

« Ça arrive comment, tout ça ? » demande le procureur. Jean Lafleur ne répond pas. « Laissez-moi vous poser la question suivante avec la plus grande candeur, revient à la charge Me Cournoyer. J'ai l'impression que si, durant une année, j'avais eu 52 000 $ de contrats et que l'année suivante j'avais eu 9,9 millions de contrats, j'aurais gardé un souvenir, malgré le passage du temps, plus précis des éléments qui ont entouré ces contrats. » Jean Lafleur rétorque qu'il a « possiblement » et « probablement » eu des rencontres et des discussions à propos de ces contrats avec le responsable des commandites à TPSGC, Chuck Guité.

« Pas *probablement*, tonne alors le commissaire Gomery. S'il vous plaît, laissez tomber le mot *probablement*. Vous êtes ici pour nous dire ce qui s'est passé, pas ce qui s'est *probablement* passé. Comprenez-vous la distinction ? Je veux savoir ce que vous avez dans votre mémoire quant aux circonstances entourant l'arrivée chez vous de contrats de près de 10 millions de dollars. C'est clair ? Pas *probablement*. »

Tout le témoignage de Jean Lafleur se déroule dans cette atmosphère tendue. L'ancien patron de cette agence gâtée par le gouvernement Chrétien ne peut expliquer à la Commission le travail fourni pour bénéficier d'une majoration de ses frais de 12 % dans des contrats d'achat de produits promotionnels, soit des casquettes, des ceintures, des chandails, des sacs de sport, etc. On apprend aussi que LCM a eu des contrats de TPSGC sous le règne du ministre David Dingwall et que, plus tard, après la défaite de celui-ci aux élections de 1997, c'est Gestion de crise Gescom, une autre firme de Jean Lafleur, qui donne à la compagnie de M. Dingwall, Walding International, 133 549 $ de contrats de lobbyisme d'août 1998 à mars 1999, dont l'un à la demande de Marc LeFrançois, le président de VIA Rail, pour tenter de convaincre le gouvernement de financer davantage la société publique de chemins de fer.

Jean Lafleur, en fort bons termes avec ses amis libéraux, développe rapidement l'art de surfacturer le gouvernement fédéral. Par exemple, pour la création et la pose de logos et de drapeaux du Canada sur les wagons de VIA Rail, en 1998-1999, le procureur Cournoyer tente en vain de comprendre pourquoi LCM a facturé plus du double de ce que cela a coûté en réalité. LCM facture en effet à TPSGC la somme de 179 920 $, hors taxes, seulement pour développer ces logos et drapeaux du Canada et pour superviser leur apposition sur les trains. Or, l'essentiel du travail de design, de création et d'exécution du contrat est réalisé en réalité par la firme Xylo, propriété de Pierre Davidson. Ce dernier facture 82 100 $ à LCM pour son travail. Donc, entre les factures présentées à LCM par Xylo, en novembre et décembre 1998, et celles que LCM achemine à TPSGC, en septembre 1998 et en janvier 1999, il y a un écart de 97 820 $, soit 119 % d'augmentation. Jean Lafleur est incapable de fournir une explication cohérente à ce sujet. Pas plus qu'il ne peut expliquer diverses autres factures liées au projet de VIA Rail. Par exemple, Jean Lafleur facture personnellement 57 heures de travail, à un taux horaire de 275 $, pour les logos de VIA (22 275 $ au total) même si le maximum prévu au contrat est un taux horaire de 245 $. Il réclame de plus au gouvernement fédéral 89 heures pour le travail de M. Davidson, alors que celui-ci a déjà facturé ses services à LCM par l'intermédiaire de Xylo. Le taux horaire de M. Davidson pouvait se situer n'importe où entre 100 et 180 $ l'heure sur les factures présentées par LCM au gouvernement, une variation que Jean Lafleur ne peut expliquer. Ce contrat a rapporté en tout à LCM 336 000 $, dont 58 825 $ en honoraires, 259 449 $ en frais de production, 22 703 $ en commission et 23 $ en dépenses diverses.

De telles histoires étonnantes et souvent saugrenues parsèment ainsi le scandale des commandites. Que dire par exemple d'un chef de cabinet du premier ministre qui, au lieu de vaquer aux affaires de l'État, consacre du temps au choix d'une cravate à offrir aux dignitaires étrangers lors des voyages du chef du gouvernement ? Jean Pelletier, l'ancien chef de cabinet de Jean Chrétien, soutient devant le commissaire Gomery le 7 février 2005, à l'étonnement général, que c'est presque l'honneur du Canada qui est en jeu. M. Pelletier s'en occupe donc personnellement et discute lui-même en 1998 avec Éric Lafleur, vice-président de LCM, du choix et de la commande de 46 320 $ de cravates ornées de feuilles d'érable, soit 480 cravates à 96,50 $ chacune. LCM rafle au passage 8 175,48 $ de commission. La maison Pluri Design, propriété de Jacques Corriveau, l'organisateur libéral très proche de Jean Chrétien, dessine pour sa part l'article de mode au coût de 4 500 $.

« Qu'est-ce que le chef de cabinet du premier ministre fait à discuter de cravates avec M. Éric Lafleur ? » demande Me Cournoyer. «On a réalisé à un certain moment donné qu'on voulait avoir des cravates de bonne qualité pour remettre à l'étranger aux gens que l'on rencontrait quand le premier ministre faisait ses voyages, répond avec une certaine irritation M. Pelletier. Je trouvais que ce que l'on nous fournissait, de façon générale, était de mauvaise qualité et de mauvais goût. Et j'ai pensé que le Canada devait avoir une cravate qui se tenait. J'ai donc demandé à M. Carle de s'organiser pour avoir des cravates. Il a dû passer la commande à M. Guité. M. Guité a choisi – je m'en suis rendu compte après – M. Éric Lafleur.»

Mᵉ Cournoyer demande alors à Jean Pelletier s'il sait que l'agence Lafleur a facturé une commission en plus du coût des cravates. «J'ai appris cela et vu la photocopie de la facture la semaine dernière chez mon avocat pour la première fois, répond l'ancien chef de cabinet. Et j'ai été scandalisé!» Plus tôt, Jean Pelletier a témoigné qu'il a lui-même engagé Éric Lafleur au bureau du premier ministre, sur recommandation de Jean Carle, le directeur des opérations, lors des élections de 1997 et en janvier 1998. M. Pelletier affirme qu'il ne se souvient pas si, à ce moment-là, il est au courant que le fils Lafleur a des contrats avec TPSGC. Jean Pelletier confirme d'ailleurs à Mᵉ Cournoyer qu'il a développé une relation d'amitié avec Jean Lafleur. «Je n'ai jamais parlé de contrats de publicité avec Lafleur, assure-t-il par ailleurs. Je n'en ai jamais parlé.» Cependant, selon une correspondance mise en preuve à la commission, Jean Lafleur a tenté d'obtenir des contrats supplémentaires du puissant chef de cabinet. Ce dernier assure le commissaire Gomery qu'il n'a jamais donné suite à cette requête.

Événements imprévus

On le voit, le programme de commandites ratisse large ; tout ou presque peut être considéré comme une commandite par les libéraux au pouvoir. On apprend, par exemple, qu'une enveloppe discrétionnaire, à laquelle nous avons fait allusion plus haut, identifiée sous la rubrique «événements imprévus», est gérée par Gosselin Communications avec le gouvernement fédéral. Le responsable des commandites à TPSGC, Chuck Guité, indique à l'agence les événements qui tombent dans cette catégorie. L'agence contacte alors les organisateurs et s'occupe de la gestion de ces commandites. Celles-ci, selon Gilles-André Gosselin, sont approuvées à l'avance et n'ont, par conséquent, rien d'« imprévu ». Le budget annuel de cette enveloppe, consacré à ce que le procureur adjoint, Me Guy Cournoyer, a appelé « une marge de sécurité gardée au début de chaque année », est de 490 000 $. Gilles-André Gosselin reconnaît devant le juge Gomery que beaucoup de ces événements se déroulent « dans la région de la Mauricie » (où se trouve la circonscription de Jean Chrétien) et dans « la communauté italienne » de Montréal d'où est issu le ministre des Travaux publics, Alfonso Gagliano. « Lorsqu'on fait le bilan à la fin de l'année, déclare M. Gosselin en parlant de ces événements, effectivement il y en a beaucoup qui étaient destinés aux régions de Jean Chrétien et d'Alfonso Gagliano. » Le témoin confie même que c'était devenu une blague dans son bureau. Chaque fois que Gosselin Communications savait qu'elle allait recevoir un de ces contrats, tout le monde disait à la personne chargée de les gérer, Me Alexandra Côté : « Tiens, encore un Italien qui s'en vient ! » L'un de ces projets « imprévus » consiste à inaugurer une « place Canada » dans le village italien de San Martino in Pensilis, en Italie. D'après une lettre du 2 novembre 1998, mise en preuve à la Commission et signée par un certain Giovanni Ariemma, le président de l'association des ressortissants de cette ville, qui a son siège social dans la circonscription d'Alfonso Gagliano, à Saint-Léonard, le ministre Gagliano a assisté en personne à l'inauguration de la fameuse place en Italie. Dans la lettre, M. Ariemma remercie le ministre et lui réclame du coup les 6850 $ qui ont permis la réalisation de l'événement. Il va sans dire qu'une telle activité ne peut être considérée comme une commandite servant à assurer « la visibilité du gouvernement fédéral » au Québec. En ce sens, elle ne peut être financée par TPSGC. Or, pour contourner cet obstacle juridique, un ancien employé de Chuck Guité passé chez Gosselin, Mario Parent, suggère dans un courriel interne de camoufler la facture en l'incorporant dans les factures du Bal des neiges d'Ottawa. Puisque *Piazza Canada* signifie « place du Canada » en français et qu'il y a une place du Canada au Bal des neiges, affirme en substance Mario Parent, personne ne se rendra compte du subterfuge.

Gilles-André Gosselin reconnaît en riant devant le commissaire Gomery que « Mario avait essayé de mettre ça sous la glace ». Finalement, la facture en question, selon la preuve présentée par Me Cournoyer, est camouflée et acquittée dans un montant de production de 8974,65 $ attribué à un événement intitulé « Rendez-vous

Canada, ville d'Ottawa », événement géré par Gosselin et qui concerne justement le Bal des neiges. « C'est pas une procédure normale », reconnaît Gilles-André Gosselin.

C'est pourtant ce même Gilles-André Gosselin qui voit ses revenus personnels en 1997 et 1998 s'élever à 3,4 millions de dollars grâce aux contrats de commandite. « Jamais je ne me serais attendu à une telle manne », dit-il au commissaire. C'est encore lui qui reconnaît avoir falsifié le questionnaire gouvernemental sur son entreprise, gonflant ses projections financières et le nombre de ses employés, ce qui lui permet d'obtenir quelque 11 millions de dollars de commandites en deux ans. « C'est un peu étirer l'élastique », avoue-t-il après maintes questions insistantes du procureur. « C'était pas casher. »

En fait, toutes les agences de communication proches des libéraux et qui décrochent des contrats de commandite n'hésitent pas à « étirer l'élastique ». Mme Fraser fait grand cas dans son rapport de novembre 2003 des contrats entourant la fameuse série télévisée consacrée à Maurice Richard. On en apprend davantage lorsque le producteur de la série, Robert-Guy Scully, se présente à la Commission le 13 décembre 2004. Il est stupéfait d'apprendre que plusieurs agences ont prélevé des commissions à hauteur de 665 000 $ sur des paiements gouvernementaux et de sociétés de la couronne – dont VIA Rail, Postes Canada et la BDC – de 14 millions faits à sa maison de production, L'Information Essentielle, du 1er janvier 1994 au 31 décembre 2003, sans avoir en échange fourni le moindre travail.

Dans un témoignage percutant, M. Scully raconte au procureur principal de la Commission, Me Bernard Roy, qu'il réussit à obtenir en 1998 de Chuck Guité un engagement de 7,5 millions pour un vaste projet sur Maurice Richard, dont une série télévisée qui a coûté à sa maison 4,7 millions de dollars. La DGSCC demande à M. Scully de faire parvenir ses factures à cinq agences de communication, soit LCM, Média/IDA Vision, Groupe Everest, Gosselin Communications et Groupaction/Gosselin. M. Scully demande pourquoi il faut autant d'agences pour transmettre les paiements de la DGSCC. M. Guité lui répond qu'il ne veut pas qu'une seule agence rafle tous les contrats. Le problème, souligne Me Roy, c'est que ces agences ne font aucun travail en échange des généreuses commissions qu'elles encaissent. En janvier 1999, Gosselin Communications transmet un paiement de 682 000 $ à L'Information Essentielle pour la série *Maurice Richard* en prélevant au passage une commission de 82 000 $. « Quel travail Gosselin a fait dans le cadre de la série *Maurice Richard* ? » demande Mᵉ Roy. « Aucun », répond M. Scully. En juin 1999, Groupaction/Gosselin transmet un autre chèque de 235 750 $ à L'Information Essentielle, en retenant une commission de 12 % (24 600 $) alors que l'agence de coordination retient, elle, 3 %, soit 6 150 $. En mai 1998, Gosselin Communications prélève 60 000 $ et Média/IDA Vision 15 000 $ sur un versement de 575 000 $. En mars 1999, Groupe Everest ramasse 67 826 $ et Média/IDA Vision 16 956 $ sur une somme de 650 000 $. En janvier 2000, Lafleur prélève 42 000 $ et Média/IDA Vision 10 500 $ sur 402 500 $ et en mars 2000 Lafleur récolte 15 %, soit 112 500 $, d'un versement de 862 500 $, toujours pour la série *Maurice Richard*. Pour chacune de ces transactions, Robert-Guy Scully assure la Commission que ces agences n'ont pas fait le moindre travail de production. Il qualifie ces paiements d'« étonnants ». « Je n'ai jamais vu ces montants-là avant de m'asseoir au bureau de la vérificatrice générale que j'ai rencontrée en juillet 2003, dit-il. Quand on est venus pour réconcilier leurs chiffres et mes chiffres, j'ai failli tomber de ma chaise quand j'ai vu les commissions. Nous n'avons jamais su quelles étaient les commissions. »

Robert-Guy Scully affirme par ailleurs lors de son témoignage que Chuck Guité est « la clef de voûte » du financement de la série *Maurice Richard* et qu'il a joué un rôle important dans l'obtention de la plupart des autres contrats gouvernementaux de L'Information Essentielle. C'est d'ailleurs lui, explique le producteur de télévision, qui intervient auprès des sociétés de la Couronne pour les associer à diverses commandites. « Il était un peu la banque centrale », lance le témoin. C'est encore Chuck Guité qui fait intervenir les agences, « un passage obligé », rapporte M. Scully. Le rôle joué par les sociétés d'État dans le scandale des commandites est central, si l'on s'en tient au rapport de la vérificatrice générale, puisqu'elles servent en quelque sorte à « blanchir » l'argent destiné à vendre le fédéralisme au Québec. En passant par les sociétés de la Couronne, les sommes allouées aux commandites peuvent ainsi échapper au contrôle du Parlement et à l'œil en général perçant des services de recherche de l'opposition.

D'ailleurs, dans son rapport déposé aux Communes en février 2004, Mᵐᵉ Fraser étudie en détail le transfert d'une somme de 1,5 million de dollars à la Société du Vieux-Port de Montréal (SVPM) en 2000. Encore là, les faits sont troublants. La SVPM souhaite acquérir un écran géant pour son Centre des sciences. Elle n'a pas l'argent. Ses dirigeants présentent donc une demande à TPSGC qui est refusée. La SVPM revient à la charge et, à la suite d'une présentation devant le ministre Gagliano, TPSGC accepte « verbalement » de verser 1,5 million de dollars en échange d'une visibilité accrue pour le gouvernement fédéral. Mais l'argent n'est pas versé directement à la SVPM. Le ministère signe plutôt un contrat avec LCM et Média/IDA Vision afin de transférer cette somme à la société d'État. Ainsi, LCM obtient 180 000 $ (12 %) et Média/IDA Vision reçoit 45 000 $ (3 %) simplement pour s'occuper du transfert de l'argent. « Les dossiers ne contiennent rien qui montre les résultats, s'il y en a, que l'État a obtenus de ces 225 000 $. (…) Dans une large mesure, l'opération visait essentiellement à transférer des fonds du ministère à la SVPM afin de lui permettre d'acquérir un bien immobilier », affirme Mme Fraser dans son rapport.

Un autre dossier illustre bien ce genre de dilapidation du bien public. Il s'agit de celui des commandites fédérales à l'équipe de baseball Les Expos de Montréal. Lorsqu'il témoigne le 2 mars 2005 devant le commissaire John Gomery à ce sujet, Jean Lafleur ne se rappelle pas le détail du travail que lui, son fils Éric et ses employés ont accompli au cours des 1768 heures qu'ils ont facturées à Ottawa dans le cadre de cette commandite. De 1995 à 1998, ces heures de travail, destinées à fournir de la visibilité au gouvernement fédéral au Stade olympique pendant les matchs des Expos, procurent à Jean Lafleur et à son fils 154 900 $ en honoraires. Jean Lafleur facture 275 $ l'heure alors que son fils demande 150 $ l'heure. Le père et le fils comptabilisent à eux seuls, pour cette commandite, 596 heures de travail. Le reste des heures, soit 1172, est attribué aux autres employés de l'agence. Le procureur Guy Cournoyer, ainsi que le commissaire Gomery, tentent en vain d'obtenir des explications acceptables pour ces factures. En 1995, par exemple, LCM facture en honoraires, pour la conception de 31 panneaux faisant la publicité de divers ministères fédéraux dans le Stade, 234 heures pour un montant de 40 780 $. Avec en main les factures soumises par l'agence à TPSGC, Me Cournoyer demande à Jean Lafleur d'expliquer en détail comment « les rencontres avec les clients », « les négociations de la visibilité publicitaire », « la visite des lieux » et « l'inventaire du programme publicitaire » peuvent justifier un tel nombre d'heures. « Ça demande du temps, ça », se contente de rétorquer Jean Lafleur. Sauf une facture du 12 juin 1995, celles de cette année-là ne contiennent aucun détail sur la nature du travail exécuté par LCM pour ces longues heures de travail. « C'est beaucoup de travail pour faire tout ça ! » répond encore Jean Lafleur. « Pour faire quoi ? » demande aussitôt le commissaire Gomery sur un ton ironique. « Ça paraît facile aujourd'hui, insiste Jean Lafleur, piqué au vif. Mais juste visiter le Stade et aller autour, c'est de l'ouvrage, ça. Négocier une entente et négocier de la visibilité, ça prend du temps. » La réponse du président de LCM étonne d'autant plus le commissaire qu'il sait que Jean Lafleur est un ancien employé du Comité organisateur des Jeux olympiques de 1976 et qu'il connaît le stade comme le fond de sa poche. Ces honoraires de près de 300 000 $ que reçoit Jean Lafleur en trois ans ne comprennent pas, faut-il le préciser, les commissions de l'agence pour ces mêmes commandites (261 216 $) ni les commissions prises sur l'achat d'articles promotionnels (43 362 $).

L'Encyclopédie du Canada

Enfin, au chapitre du gaspillage de fonds publics révélé par le scandale des commandites, nous ne pouvons terminer ce bref survol sans parler du dossier invraisemblable de l'*Encyclopédie du Canada* 2000. On apprend en effet en mars 2005 que, dans le cadre bien sûr d'une commandite fédérale, quelque 1500 exemplaires, payés 187 500 $ par les contribuables canadiens, d'une encyclopédie ont été littéralement jetés à la poubelle par une agence de communication qui ne voulait plus s'occuper de ces colis devenus trop encombrants. Selon des documents déposés à la commission Gomery le 10 mars 2005 et selon le témoignage d'un ancien employé de LCM, Stéphane Guertin, les encyclopédies en question – dont le projet avait été parrainé par le sénateur Serge Joyal et par Jean Pelletier – ont en effet terminé leur existence au site d'enfouissement Saint-Michel à Montréal.

Cette histoire d'horreur commence le 30 septembre 1997 lorsque Alain Stanké, des Éditions internationales Alain Stanké, une filiale de Quebecor, écrit à Jean Pelletier, directement à sa maison privée, rue des Braves à Québec, pour lui vanter l'idée d'une remise à jour de l'édition de 1987 de l'*Encyclopédie du Canada* pour célébrer l'an 2000. Le projet emballe Jean Pelletier qui tente de lui trouver du financement. Après un refus à Patrimoine Canada, il s'adresse au vice-premier ministre de l'époque, Herb Gray, responsable du Bureau du millénaire, qui refuse d'abord d'accepter un projet qui ne satisfait pas aux critères de son bureau. Le sénateur Serge Joyal, qui a parrainé l'ouvrage de 1987 et qui préfacera la version 2000, insiste auprès du ministre Gray, dans une lettre datée du 18 décembre 1998, pour qu'il aille de l'avant avec cette idée. Le projet est finalement accepté. Il est évalué à 1 380 000 $. Le tirage sera de 15 000 exemplaires et le coût unitaire de l'ouvrage sera de 125 $. Mais comme les projets du Bureau du millénaire doivent être financés aux deux tiers par des organisations privées à but non lucratif, il ne peut donc commander lui-même les encyclopédies à Alain Stanké. C'est ainsi que le dossier aboutit sur le bureau de Chuck Guité grâce aux bons soins de Jean-Marc Bard, le chef de cabinet d'Alfonso Gagliano. La somme de 1 380 000 $ est transférée à Travaux publics. M. Guité confie la commandite à LCM qui reçoit 144 000 $ de commission sans compter une somme de 65 000 $ pour la livraison des encyclopédies. Ce montant est versé à LCM même si l'agence, selon John Gomery, n'a fait aucun travail dans le dossier. L'agence de coordination Média/IDA Vision touche 36 000 $ pour transmettre la somme restante de 1,2 million aux éditions Stanké. Même s'il est prévu de faire distribuer l'ouvrage dans les écoles et les bibliothèques, sur la suggestion de M. Stanké, par la Fondation Travail sans frontières, une organisation à but non lucratif qui aide les jeunes à se réinsérer dans un milieu de travail, Pierre Tremblay, le successeur de Chuck Guité, décide de confier cette distribution à LCM en ajoutant 135 000 $ au contrat. Alain Stanké, dans une lettre à Serge Joyal, fait part de son désarroi devant ce geste qui prive un organisme de bienfaisance d'une aide importante. Me Marie Cossette, la procureure qui a interrogé Stéphane Guertin à la commission Gomery, met en preuve un document qui atteste que les frais de distribution doivent à l'origine être prélevés à même la commission de 144 000 $ de Lafleur, ce qui n'a pas été fait. Les Éditions Stanké obtiennent également une rallonge de 100 000 $ de TPSGC pour l'impression de l'ouvrage. LCM s'occupe donc de louer de Gestion Cité 2000 un entrepôt, rue Notre-Dame, afin de gérer la distribution de l'encyclopédie. L'agence doit, selon M. Guertin, vérifier si l'expression « Canada 2000 » est bel et bien imprimée en lettres d'or sur la page couverture. Elle s'occupe également de la préface de Serge Joyal et de la fabrication d'un signet avec le logo du Canada. Ces services rapportent en tout à Lafleur 279 000 $. En 2001, Jean Lafleur vend son agence de communication à Groupaction, agence dirigée par Jean Brault. Quelque 300 caisses d'encyclopédies sont encore dans l'entrepôt de la rue Notre-Dame. Groupaction décide de se débarrasser de ce matériel qui, sans doute, occasionne à l'agence des frais d'entreposage non désirés. Les documents déposés à la commission Gomery démontrent que Groupaction confie à Excavations Gagné le soin de vider l'entrepôt. Des billets de pesée du Complexe environnemental de Saint-Michel témoignent de l'enfouissement des 1 500 précieux ouvrages restants. Si l'on ajoute les frais de transport des conteneurs et les frais d'enfouissement de 187 500 $ de livres, cette mise à la poubelle aura coûté aux contribuables environ 197 000 $, sans compter les commissions touchées par LCM pour gérer la commandite.

Il n'y a pas que les encyclopédies qui sont enfouies et cachées à la vue générale dans le scandale des commandites. En effet, au cours de cette triste épopée, en décembre 1999, Ottawa trouve aussi le moyen de camoufler le destinataire d'un contrat. C'est le publicitaire Paul Coffin qui relate l'histoire. La maison de publicité BCP Communications, raconte-t-il à la commission Gomery, une agence très proche des libéraux fédéraux et pour le propriétaire de laquelle (Yves Gougoux) le premier ministre Chrétien ne cache pas son admiration, est chargée par Ottawa de mettre au point une stratégie de communication pour faire passer en douceur le projet de loi sur la clarté référendaire que le ministre Stéphane Dion s'apprête à déposer aux Communes. L'ennui c'est que BCP n'est pas accréditée pour recevoir ce genre de contrats. Or, pour contourner cet obstacle, TPSGC n'hésite pas à avoir recours à une autre agence afin qu'elle serve de paravent à BCP. La stratégie de communication en question est baptisée « Lumière » et Ottawa veut y consacrer 600 000 $ de fonds publics. Paul Coffin reçoit donc un coup de fil de Pierre Tremblay, le fonctionnaire à TPSGC qui a succédé à Charles Guité aux commandites, qui lui propose de servir justement de paravent. Coffin accepte. Tout ce qu'il a à faire, en échange de 86 000 $, c'est d'acheminer les factures de BCP à TPSGC. Paul Coffin ne se gêne pas, comme il l'avoue lui-même d'ailleurs, pour inventer toute sorte de frais de production afin de gonfler les factures et d'accroître ainsi ses gains.

Il n'est point nécessaire de poursuivre ici cette énumération pour comprendre que les commandites ont servi, bien souvent, à dilapider des fonds publics dans des aventures farfelues qui

n'avaient rien à voir avec la stratégie d'unité nationale du gouvernement Chrétien, c'est-à-dire avec la nécessité de rendre plus visible le gouvernement du Canada au Québec.

CHAPITRE IX

La GRC s'en mêle et s'emmêle

Aussi incroyable que cela puisse paraître, même la Gendarmerie royale du Canada est éclaboussée par le scandale des commandites. Priée par la vérificatrice générale, Sheila Fraser, dès le mois de mai 2002, d'ouvrir une enquête criminelle sur l'octroi de trois contrats gouvernementaux à la firme montréalaise Groupaction – les fameux rapports bidon –, la GRC ne s'attend certes pas à faire elle-même l'objet un an plus tard d'une enquête à propos de plus de trois millions de dollars de commandites reçus du gouvernement fédéral en 1998-1999 dans le cadre des célébrations entourant le 125e anniversaire de sa fondation.

Tout au long de l'affaire des commandites, la GRC enquête sur plusieurs dossiers considérés comme louches et elle dépose à quelques occasions des accusations criminelles. Ce travail se fait en parallèle et de façon indépendante des enquêtes du Parlement et de la commission Gomery. Mais jamais au grand jamais l'enquêteur n'aurait pu imaginer devenir un jour l'enquêté.

Sheila Fraser découvre en effet que la police fédérale a reçu de l'argent des commandites pour financer des opérations courantes. Mme Fraser dénonce d'ailleurs une série d'anomalies dans les opérations qui se sont déroulées entre les responsables du programme et la GRC, notamment l'ouverture par la GRC d'un compte bancaire distinct non gouvernemental pour gérer l'argent de la commandite du 125e anniversaire, une opération parfaitement illégale.

Entre 1997 et 1999, 3 030 290 $ sont sortis des coffres de l'État pour organiser les célébrations en vertu de huit contrats distincts conclus entre deux agences de communication, soit Gosselin Communications et LCM, et l'agence de coordination Média/IDA Vision. De ces trois millions, la GRC reçoit seulement 1 704 000 $. Les agences prélèvent, au passage, des commissions qui totalisent 244 380 $. Mme Fraser souligne que c'est beaucoup d'argent pour simplement transférer des fonds. «Il n'existe aucune raison, écrit-elle, qui explique pourquoi la DGSCC n'a pas transféré directement les fonds à la GRC.» Quant au reste du montant, soit 1 081 910 $, il est versé à Lafleur et à Gosselin pour des frais de production et de sous-traitance liés à la préparation des célébrations.

Mme Fraser affirme que cet argent a été utilisé en partie pour des dépenses de fonctionnement de la GRC, notamment pour l'achat de six chevaux et de deux remorques au prix de 107 268 $, une pratique qu'elle qualifie d'«inacceptable».

Lorsqu'il comparaît devant le Comité des comptes publics le 21 avril 2004, le commissaire de la GRC Giuliano Zaccardelli assure que son corps de police a agi de bonne foi dans cette affaire puisqu'il a reçu une autorisation «verbale» de Charles Guité pour acheter les chevaux.

Ce qui est inacceptable aussi pour la vérificatrice générale, c'est l'existence d'une seule entente signée pour une somme de 800 000 $ entre la GRC et Gosselin Communications, en échange de quoi la GRC doit donner une meilleure visibilité au gouvernement du Canada, ce qui figure pourtant déjà dans ses obligations. De plus, des sommes sont versées par la DGSCC à LCM pour des travaux de sous-traitance confiés, sans preuve d'appel d'offres, à une entreprise de Lafleur, Publicité Dézert, qui a «de nouveau facturé une commission».

Devant toutes ces anomalies, Giuliano Zaccardelli, extrêmement gêné, est contraint de reconnaître que ses services ont enfreint «par erreur» la Loi sur la gestion des finances publiques. «C'était contre les règles bien sûr, déclare-t-il. C'était pour de bonnes raisons, mais c'était une erreur.» Le commissaire explique que l'ouverture d'un compte bancaire non gouvernemental est une «erreur administrative». Il allègue que deux officiers ont fait cela à l'époque «pour assurer au maximum qu'il y avait une séparation entre les fonds de la GRC et les fonds du programme». Il affirme que les responsables des célébrations du 125e anniversaire ont voulu être «plus catholiques que le pape» et que des mesures correctives ont été apportées depuis.

Certains membres du Comité des comptes publics, notamment la vice-présidente, la libérale Marlene Jennings, et le conservateur Peter MacKay, trouvent bien mince l'explication du commissaire. Mme Jennings déclare à M. Zaccardelli qu'elle ne peut pas comprendre comment il se fait que des officiers de la GRC, bien payés, ne soient pas au courant des lois.

Les autorités de la GRC sont conscientes que l'image du prestigieux corps de police est écorchée par cette affaire. Elles font face à un véritable casse-tête en termes de relations publiques. D'ailleurs, environ trois mois avant la comparution du commissaire Zaccardelli devant le Comité des comptes publics, la GRC n'a d'autre choix que de confier la partie de l'enquête sur les commandites qui la met en cause à la Sûreté du Québec.

Quelques mois plus tard, coup de théâtre ! Le commissaire Zaccardelli revient sur la version des faits fournie au Comité des comptes publics. Il affirme, cette fois devant la commission Gomery le 14 décembre 2004, que la GRC ne s'est pas servie de l'argent des commandites pour l'achat des chevaux, même si tel était son désir à l'origine, en raison d'une erreur administrative. La GRC avait bel et bien l'intention d'acheter six chevaux, raconte Zaccardelli, et le corps de police souhaitait pouvoir éponger cette dépense de 46 530 $ avec l'argent des commandites. Dans les faits – ce que confirmera plus tard le commissaire Gomery dans son premier rapport[1] –, les chevaux ont été payés à même le fonds de commandite « en violation flagrante[2] » de la procédure d'octroi des crédits parlementaires et de la politique gouvernementale sur les paiements de transfert. Mais le prix des chevaux est par la suite remboursé au Trésor public par un chèque que la GRC tire sur le compte bancaire administré par le comité organisateur des cérémonies au Québec, compte dans lequel sont déposés tous les fonds avancés par TPSGC. Pour le commissaire Gomery, ce remboursement accidentel ne change rien au résultat « puisque des fonds de commandite ont servi à financer l'acquisition d'un bien immobilier – qui a continué de servir longtemps après les célébrations de 1998-1999[3]. »

M. Zaccardelli précise cependant que les deux remorques destinées à transporter les chevaux, qui ont coûté 60 735 $, sont acquises, elles, avec l'argent des commandites. « Ce fut une erreur, affirme Zaccardelli. Nous avons acheté les chevaux avec notre propre argent. Ensuite, l'argent des commandites qui devait rester entre nos mains a été envoyé au gouvernement. »

C'est ainsi que la GRC, malgré elle, resta honnête dans la transaction concernant les chevaux. Pour ce qui est des remorques, le corps de police admet qu'il n'aurait jamais dû procéder de la sorte tout en précisant que les erreurs commises dans ce dossier l'ont été sans malveillance.

La gendarmerie enquête

Malgré cet épisode peu glorieux, la GRC poursuit plusieurs enquêtes sur les commandites. Outre l'enquête qu'elle entame en juin 2002 sur les rapports de Groupaction, à la demande de la vérificatrice générale, elle fouille également, à la demande de TPSGC, divers autres dossiers de commandite depuis février 2003. Le 8 mars 2004, le ministre des Travaux publics, David Owen, révèle que le nombre de dossiers transmis à la GRC pour enquête s'élève maintenant à 18, sans compter celle sur les fameux trois contrats à Groupaction.

L'opposition aux Communes avait applaudi l'ouverture d'une enquête criminelle, même si une telle enquête n'avait qu'une portée limitée. « Je m'attends à ce que ce soit une enquête qui ne se limitera pas aux contrats de Groupaction, déclare Stephen Harper, le chef de l'Alliance canadienne. Il nous faut une enquête plus grande sur les pratiques qui mènent à l'attribution de contrats de commandite par le gouvernement fédéral et sur les relations de ces contrats avec les dons faits au parti au pouvoir. »

Le vœu de M. Harper est finalement exaucé, mais il faut attendre seize mois avant que la GRC ne dépose, le 10 septembre 2003, ses premières accusations. C'est Paul Coffin, le président de Communication Coffin, une agence de publicité de Montréal, qui écope le premier. M. Coffin, dont l'entreprise a obtenu pour quelque 3,5 millions de dollars de contrats de commandite du gouvernement fédéral entre 1997 et 2002, doit répondre de 18 chefs d'accusation de fraude totalisant environ deux millions de dollars. L'accusé est arrêté et libéré le même jour. Il doit comparaître devant les tribunaux le 18 novembre 2003 à Montréal.

L'enquête de la GRC démontre que Communication Coffin, qui ne compte aucun employé, a fraudé le gouvernement du Canada en ayant recours à « la supercherie, au mensonge ou autre moyen dolosif » en soumettant des factures abusives pour 18 événements commandités par Ottawa au Québec entre 1997 et 2002. Paul Coffin a alors 61 ans et il est passible de dix ans de prison.

« L'enquête menée par nos policiers, la section des délits commerciaux de la GRC, révèle que l'agence Communication Coffin a fabriqué, présenté et s'est fait payer de fausses factures dans le cadre du programme de commandites du gouvernement pour près de deux millions de dollars », explique ce 10 septembre à la presse le caporal Patrice Gélinas du bureau de la GRC à Montréal. On apprend également que les limiers de la GRC enquêtent sur les agences de communication Groupaction Marketing et LCM.

Trois jours plus tard, la GRC annonce qu'elle élargit son enquête au Parti libéral du Canada. La police fédérale demande en effet aux dirigeants du PLC à Montréal de lui fournir les états de compte du parti entre 1997 et 2002. La GRC tente de savoir s'il y a eu collusion entre les agences de communication impliquées dans le scandale et le gouvernement fédéral. Les dirigeants de l'aile québécoise du PLC n'ont d'autre choix que d'obtempérer ; un refus aurait déclenché un tapage publicitaire dont le PLC veut à tout prix se passer.

Le premier ministre Jean Chrétien sent le besoin de venir au secours de ses ministres le 15 septembre. Il affirme alors que les membres de son cabinet « n'ont probablement rien à se reprocher » : « Ils [les policiers] ont parlé avec le parti et ils [les dirigeants] ont dit que si vous voulez voir nos livres, vous pouvez les voir. S'il y a des gens qui ont fait des choses pas correctes, ils vont faire face aux conséquences judiciaires de leurs actes. Alors, c'est la vie. S'il y en a qui ont fait des erreurs, qu'ils paient pour. »

Il faut attendre la prise de pouvoir de Paul Martin en décembre 2003 avant que la GRC ne dépose d'autres accusations. Le 10 mai 2004, à quelques jours du déclenchement des élections, la GRC revient à la charge et dépose six chefs d'accusation de fraude et de complot contre le fonctionnaire à la retraite Chuck Guité et le président de Groupaction, Jean Brault. Guité et Brault, selon l'accusation, ont empoché illégalement 1,9 million de dollars.

Chuck Guité est arrêté le matin même à sa maison d'Orléans en Ontario. On le menotte et il est traîné au palais de justice de Montréal sans avoir le temps de changer de vêtements. Il est affublé d'un chapeau de cow-boy, d'un jean, d'une chemise sport et d'une veste à franges. Jean Brault, lui, est vêtu d'un complet sombre. Il s'est livré aux policiers le matin même. Il ne porte pas les menottes. Les policiers lui font cette faveur en raison de ses problèmes cardiaques. Les deux inculpés plaident non coupable. Ils sont passibles de soixante ans d'emprisonnement chacun.

Les actes d'accusation sont détaillés. Les deux hommes auraient raflé 340 000 $ sur un premier contrat de 500 000 $. Sur un autre contrat, celui-là de 550 000 $, la fraude atteindrait 385 000 $. Enfin, sur un troisième contrat de 575 000 $, les deux hommes auraient détourné à leur profit 432 000 $. En outre, Brault et Guité ont comploté, affirme encore l'acte d'accusation, pour frauder le gouvernement à l'aide d'un faux contrat de 330 000 $, dont l'objet prétendu serait la mise au point d'une stratégie de communication pour la nouvelle législation sur les armes à feu. Les deux hommes auraient aussi détourné 150 000 $ dans le cadre d'un autre faux contrat de surveillance sur Internet d'opposants au registre des armes à feu. Ces deux derniers contrats sont complètement bidon, selon la GRC.

Pour les libéraux de Paul Martin, ces accusations tombent du ciel. Elles pourraient disculper le PLC de toute participation au scandale. Ces accusations portées contre des tiers améliorent leurs chances de remporter les prochaines élections et de former un gouvernement majoritaire, une hypothèse qu'ils n'auraient jamais osé formuler quelques semaines plus tôt, au moment de la parution du rapport de la vérificatrice générale. Jean Lapierre, le lieutenant politique de Paul Martin au Québec et le candidat libéral dans Outremont, ne cache pas son désir de voir la GRC passer à l'action : « Je crois que cela provoquerait un soulagement. Les gens veulent savoir qui sont les coupables. Ils veulent voir les responsables être accusés et éventuellement trouvés coupables. C'est évident. » Les conservateurs dénoncent les propos du nouveau lieutenant de Paul Martin. Pour eux, il s'agit d'une forme de pression politique sur les policiers.

Pendant des mois, on n'entend plus parler des enquêtes de la GRC. Les journalistes se butent à un mur lorsqu'ils tentent de savoir auprès du corps policier combien d'enquêtes sont en cours et où elles en sont.

Le 31 mai 2005, la police sort de son mutisme. Paul Coffin est le premier des propriétaires d'agences de communication mêlées au scandale à tomber. Le président de Communication Coffin plaide coupable devant le juge Jean-Guy Boilard de la Cour supérieure du Québec au palais de justice de Montréal à 15 accusations de fraude déposées contre lui. Paul Coffin reconnaît que son entreprise a empoché illégalement, entre avril 1997 et mai 2002, 1,5 million de dollars à même des contrats fédéraux de commandites.

M. Coffin avait laissé entendre quelques jours plus tôt, le 23 mai, qu'il avait l'intention de présenter ce plaidoyer de culpabilité après des négociations avec la Couronne. Cela lui évite de subir un procès devant jury. Il espère aussi s'en tirer avec une peine moins lourde que les dix ans de prison prévus par la loi. En revenant ainsi sur le plaidoyer de non-culpabilité enregistré lors de son arrestation en 2003, Paul Coffin fait une volte-face spectaculaire.

À la barre des accusés le 31 mai 2005, l'inculpé répond d'une voix presque inaudible « coupable » à chacun des 15 chefs d'accusation de fraude énoncés par le greffier. Trois des 18 chefs d'accusation, portant sur des montants minimes, ont été retirés par la Couronne.

L'homme d'affaires, qui s'est déjà repenti publiquement lors de son témoignage quelques semaines plus tôt devant la commission d'enquête, se traitant lui-même de « stupide », fait savoir à la Cour qu'il a l'intention de rembourser le 1,5 million de dollars qu'il s'est approprié frauduleusement en facturant des rendez-vous qui n'ont jamais eu lieu et des documents qui n'ont jamais été rédigés.

Communication Coffin bénéficie de 1997 à 2002 de quelque 80 contrats de commandite totalisant 8,6 millions de dollars. De ce montant, la firme retient 3,2 millions de dollars en commissions et honoraires. Les accusations déposées contre Paul Coffin concernent 32 contrats d'une valeur totale de 3,2 millions. Ces contrats consistent à assurer une présence du gouvernement fédéral dans des événements culturels et sportifs tels que le Grand Prix automobile de Trois-Rivières, le 250e anniversaire de la ville de Mascouche ou encore la Super série de courses automobiles Cascar. Simplement pour ces trois événements, M. Coffin reconnaît qu'il a soumis des factures frauduleuses, respectivement de 217 000 $, de 14 000 $ et de 465 000 $. Il admet aussi avoir empoché la moitié des 3,2 millions sans avoir accompli le moindre travail ou très peu. Des événements prétendument commandités par le gouvernement fédéral et facturés par Communication Coffin, dont l'Union musicale de Plessisville, le 370e anniversaire de Trois-Rivières, les Championnats de ski acrobatique de Mont-Tremblant ou le Whistler Blackcomb, ne reçoivent pourtant pas un cent de commandites. Certains événements en revanche ont bien droit aux commandites annoncées mais Paul Coffin réclame à leur sujet des sommes astronomiques qui n'ont rien à voir avec les dépenses encourues. Pour des rencontres avec certains organisateurs d'événements, Paul Coffin facture des taux horaires variant de 150 à 200 $ alors que ces mêmes organisateurs nient catégoriquement avoir été présents à ces « rencontres ». Il en va de même pour les comptes rendus d'événements que doit fournir l'agence à Ottawa pour compléter les dossiers. Ces comptes rendus sont facturés par Communication Coffin alors qu'ils sont en réalité préparés par les organisateurs eux-mêmes et envoyés directement à Ottawa. M. Coffin reconnaît d'ailleurs devant la commission Gomery que son agence savait rédiger ses factures de façon à réclamer le maximum autorisé par le gouvernement, peu importe la quantité de travail accompli. Pas étonnant que Paul Coffin ait été extrêmement généreux avec le PLC de 1996 à 2003, y allant de contributions totales de 29 700 $. En revanche, il ne verse que 400 $ aux conservateurs.

En septembre 2005, le juge Jean-Guy Boilard de la Cour supérieure du Québec ne condamne pas Paul Coffin à la prison, malgré la gravité de ses méfaits. Il impose plutôt à l'homme d'affaires une peine de détention à domicile limitée de deux ans moins un jour avec sursis. Pendant cette période, M. Coffin doit demeurer à son domicile de 21 h à 7 h du lundi au vendredi. Ce couvre-feu ne s'applique pas le week-end.

Le juge Boilard estime que M. Coffin peut purger sa peine dans la communauté. Il a plaidé coupable, il a remboursé une bonne partie de l'argent soutiré à l'État et il a démontré des remords sincères. « Ses affaires sont en ruine et il passera le reste de sa vie à rembourser ses dettes », fait remarquer le juge. Paul Coffin promet de donner des conférences sur l'éthique dans les facultés de gestion, ce qu'il commence d'ailleurs à faire quelques jours plus tard à l'Université McGill où des étudiants ne se gênent pas pour le chahuter.

Le procureur de la Couronne François Drolet est estomaqué par la décision du juge Boilard. Il réclamait trente-quatre mois d'emprisonnement pour Paul Coffin. Il considère que la peine avec sursis infligée à l'homme d'affaires est insuffisante puisqu'elle ne tient pas compte de la gravité des fraudes commises et de la réprobation générale soulevée par le scandale des commandites. « Nous étions d'avis que cette sentence devait être de nature fédérale [c'est-à-dire d'au moins deux ans de prison] et elle ne l'est pas. Elle est dans la communauté, ce qui, selon notre position, ne constitue pas un message suffisamment clair. »

Le 21 octobre 2005, les procureurs annoncent qu'ils vont en appel. Ils affirment que la sentence du juge Boilard risque de miner la confiance des citoyens en la justice, considérant le caractère hautement médiatisé de l'affaire. Ils estiment qu'il faut donc une sentence exemplaire. Il s'agit aussi de dissuader d'autres personnes de faire comme Paul Coffin.

Pendant ce temps, les procès de Chuck Guité et de Jean Brault sont reportés au printemps 2006 et la GRC poursuit dans le plus grand secret ses nombreuses enquêtes sur les acteurs du scandale des commandites.

CHAPITRE X

La boîte de Chuck

Pour que l'argent puisse couler à flot et enrichir de 147,45 millions de dollars, comme il a été démontré à la commission Gomery, une poignée d'agences de communication proches du régime libéral, il fallait qu'il y ait une faille quelque part dans l'appareil de l'État pour que ce coulage échappe ainsi à la vue de tous.

Les règles normales d'attribution de contrats sont systématiquement violées dans la petite section réservée à la gestion des contrats de commandite et de publicité au ministère des Travaux publics[1].

Charles Guité mène d'une main de maître ce petit cénacle. Avec ses employés, il utilise tantôt la carotte tantôt le bâton. Tout se passe dans le plus grand secret. Une culture organisationnelle toute particulière permet au tsar des commandites de faire la pluie et le beau temps et de répondre, sans coup férir, aux caprices de ses maîtres politiques. Jean-Daniel Bélanger, porte-parole de l'Agent de l'intégrité de la fonction publique fédérale, résume fort bien le climat qui règne dans la boîte de Chuck : « La culture organisationnelle a contribué à ce que les problèmes ne soient pas réglés. Pourquoi les Huguette Tremblay, Mario Parent et Paul Lauzon n'ont-ils rien soulevé ? Ils voulaient conserver leur emploi… Les employés fidèles qui travaillaient sous ses ordres recevaient des récompenses. Les autres vivaient dans la crainte et voyaient ce qui arrivait à celui qui s'était plaint. Il faisait l'objet de représailles. » Faut-il encore rappeler ici la vie d'enfer faite à Allan Cutler parce que ce dernier voulait simplement faire les choses selon les règles ?

Lors de son témoignage devant la commission Gomery, Isabelle Roy, l'ancienne adjointe spéciale du ministre Gagliano, rapporte que la correspondance entre le cabinet de celui-ci et le programme de commandites se fait selon des règles bien particulières ; tout se passe en effet sous le sceau de la confidentialité. Un registre spécial est créé pour que le suivi des dossiers se fasse dans la plus grande discrétion.

De la fin 1998 jusqu'au mois de mai 1999, Isabelle Roy est chargée du programme de commandites au bureau d'Alfonso Gagliano. La journaliste Nathaëlle Morrissette rapporte ainsi son témoignage[2] :

> Lors de cette période, le cabinet du ministre ne souhaitait pas faire connaître l'existence de ce programme qui disposait d'un budget discrétionnaire de 40 millions. « On voulait limiter le nombre de personnes qui géraient les demandes, a soutenu la fonctionnaire (…) C'était pour des raisons politiques, on ne voulait pas nécessairement que ça soit publicisé. » Mme Roy avait donc comme directive « de ne pas gérer la correspondance » de façon habituelle. C'est pourquoi elle devait faire en sorte que les dossiers des commandites n'apparaissent pas dans le système informatique du ministère en créant un « système de classement secret ». Ainsi, les demandes étaient acheminées directement par messager ou par télécopieur à Chuck Guité, le fonctionnaire responsable du programme.
>
> « Il n'y avait donc pas d'accusé de réception ? » a alors demandé le juge John Gomery. Mme Roy a effectivement confirmé qu'en procédant de cette façon, le ministère effaçait toute trace de correspondance dans le système informatique. Mme Roy faisait une copie de chaque demande et ouvrait un dossier qu'elle compilait dans la base de données *mp log*. Croyant que ces documents n'existaient plus, elle a semblé extrêmement surprise de constater hier qu'ils avaient été retrouvés dans le système et que d'autres employés y avaient ajouté de nouvelles informations. Elle était convaincue que ces données avaient été détruites lorsque M. Gagliano a quitté la vie politique en 2002.

Le 2 novembre 2004, le témoignage d'un ancien employé de Chuck Guité, Mario Parent, nous fait entrer directement dans la petite sphère close du bureau des commandites et de la publicité à Travaux publics. Mario Parent est à l'époque le coordonnateur du programme de publicité. Il n'hésite pas à qualifier de « calvaire » la façon de travailler imposée par son patron, Chuck Guité, notamment l'obligation qu'il a de signer des factures les yeux fermés, sans les pièces justificatives requises. Mario Parent confirme que son patron est un homme « très centralisateur » qui exige que l'octroi de commandites « soit beaucoup plus expéditif ». Pas besoin donc d'appliquer les règles normales d'attribution des contrats. « Dans son optique, ce n'était pas nécessaire. » Mario Parent confirme que Chuck Guité est allé voir le ministre pour faire changer ces règles.

Si Mario Parent accepte, sous la tutelle de Guité à la DGSCC, de signer pour environ 100 millions de dollars de contrats, c'est parce qu'il n'y a personne d'autre autour de lui pour le faire, dit-il. Un autre témoin, David Myer, directeur général des achats à la DGSCC sous Guité, signe aussi de son côté pour 24 millions de dollars de factures de commandites lorsque son patron est absent. Il s'exécute sans vérifier si les services ont été rendus. M. Myer, selon son propre témoignage, se contente de l'assurance que lui en donnent les agences de communication et les gens en place dans l'équipe de Guité. L'homme justifie lui aussi ses actions en affirmant qu'il doit à tout prix – ce sont les ordres – « maintenir la chaîne de communication afin de pas interrompre le flot de la paperasse dans le système bureaucratique ». Le commissaire Gomery est estomaqué par l'irresponsabilité du témoin.

M. Parent raconte par la suite qu'il ressent un grand soulagement en 1996, lorsqu'on lui annonce que la maison Ernst & Young est chargée par TPSGC de faire une vérification des procédures contractuelles du SPROP. « Moi j'étais content, lance-t-il au procureur Guy Cournoyer. J'aurais compté le but gagnant dans la septième joute de la Coupe Stanley et je n'aurais pas été plus content. » Et pourquoi, demande Mᵉ Cournoyer ? « Parce que le calvaire – excusez le mot – aurait fini », répond Mario Parent.

Ce rapport de Ernst & Young recommandait en effet que tout le processus des commandites ne soit plus entre les mains d'un seul homme, « étant donné que nous n'avions pas les ressources et les compétences de gérer tout ça avec deux, trois personnes », ajoute Mario Parent. Charles Guité, explique encore M. Parent, « était à la fois [son] client et [son] patron », au sens usuel des règles contractuelles, ce que le procureur adjoint de la commission décrit alors comme « une fusion et une confusion des rôles ».

M. Guité se retrouve ainsi dans les contrats comme chargé de projet et chargé contractuel pour ensuite approuver les factures pour ces mêmes contrats, rompant ainsi l'équilibre de ce que

Me Cournoyer appelle « les mécanismes ou le génie de la loi sur la gestion des finances publiques ».

« C'était comme un orchestre avec un seul homme », commente Mario Parent.

« Le calvaire », que décrit le subalterne de Chuck Guité, tenait à l'obligation qu'il avait de signer des factures de commandites sans avoir en main toutes les assurances que les services pour lesquelles elles étaient rédigées avaient été rendus. M. Parent avoue au commissaire Gomery, les yeux pleins d'eau et en s'excusant d'être aussi émotif, qu'à la lumière de ce qu'a vécu son collègue Allan Cutler, qui, lui, a refusé de signer des factures de ce genre, il a craint les conséquences qu'entraînerait pour lui-même un refus de procéder. « Ça ne m'intéressait pas de vivre cela pour cinq cents », dit-il, soulignant que son supérieur avait un niveau hiérarchique très élevé et qu'il se résignait donc à suivre ses directives. M. Parent déchante vite lorsqu'il constate que les recommandations de Ernst & Young ne sont pas mises en application. « Je pense qu'ils ont sacré ça sur une tablette et que c'est resté là », raconte-t-il.

Chuck Guité semble donc jouir d'une protection en haut lieu. Pour qu'un rapport de vérification externe qui étale son incompétence aboutisse ainsi aux oubliettes, c'est qu'il y a quelqu'un quelque part, dans la chaîne de commandement politique, qui a décidé qu'il en sera ainsi.

Le 29 septembre 2004, le commissaire John Gomery constate en effet que la firme Ernst & Young a « dilué » les conclusions de son rapport de vérification de 1996. Lors de l'interrogatoire de trois comptables qui ont travaillé au rapport en question, Madeleine Brillant, Deanna Monaghan et Lucie Morin, le juge Gomery se déclare « perplexe » devant leurs façons de faire, notamment au vu des différences importantes qui existent entre le rapport préliminaire et le rapport final. Lorsque Mme Monaghan tente d'expliquer que le rapport préliminaire a été « réécrit », le juge intervient avec fermeté. « Vous ne l'avez pas réécrit, tonne-t-il, vous avez dilué vos conclusions considérablement. Vous avez mis de côté vos références à des violations régulières, à la nécessité de régler le problème immédiatement, vous ne parliez plus de l'embarras potentiel que cela pourrait créer, pourquoi avez-vous dilué le rapport ? » Les comptables répondent qu'elles ne le savent pas. Le commissaire leur demande si on leur a demandé de « diluer » le rapport. Elles répondent encore qu'elles ne le savent pas.

En effet, dans le rapport préliminaire de Ernst & Young mis en preuve par le procureur adjoint de la commission, Me Finkelstein, les vérificateurs signalent divers problèmes dont on ne fait pas mention dans le rapport final remis au gouvernement. On y affirme notamment que le SPROP ne respecte pas les politiques du Conseil du Trésor dans l'attribution des contrats de commandite. « Les contrats pouvaient être octroyés de manière injuste et au bénéfice de certains fournisseurs choisis à l'avance », peut-on lire dans ce document qui précise que « le processus d'attribution des contrats pouvait être perçu comme étant non transparent, ce qui aurait exposé le gouvernement à la critique ». Le document ajoute que le gouvernement peut ne pas en avoir eu pour son argent dans ces transactions.

L'enquête de la commission Gomery révèle qu'un haut responsable du service de vérification de TPSGC, Raoul Solon, a joué un rôle dans les changements apportés par la firme de vérification à la version finale de son rapport. Dans le rapport préliminaire, souligne Me Finkelstein à la comptable Deanna Monaghan, « vous dites au commencement que votre vérification a révélé qu'il n'y a pas eu conformité aux procédures et aux politiques de façon régulière, vous dites aussi qu'il est heureux qu'il n'y ait pas eu de poursuites légales et que cela n'ait pas attiré l'attention du public. Vous dites que pour éviter une potentielle situation embarrassante, ce serait mieux de régler cette question immédiatement. » Ces remarques sont écartées du rapport final et Me Finkelstein met en preuve une note manuscrite de Mme Monaghan où elle précise que le document final comporte « les changements suggérés par Raoul Solon ». Me James O'Grady, l'avocat qui défend les intérêts de Ernst & Young à la commission, estime pour sa part que c'est aller trop vite que de prétendre que le scandale des commandites aurait pu être évité si la première version du rapport de vérification avait été retenue. Selon lui, les responsables auraient aussi bien pu ne prêter aucune attention à ce rapport qui, même dans sa version finale, signalait plusieurs irrégularités. « Si quelqu'un avait lu le rapport au complet, dit-il, il aurait constaté les nombreux problèmes qui auraient dû être corrigés. » Cela tend donc à confirmer la passivité et le je-m'en-foutisme des dirigeants politiques qui n'avaient aucunement l'intention de démanteler un service qui répondait parfaitement à leurs desseins.

Malgré le « calvaire » que prétend avoir vécu Mario Parent sous les ordres de Chuck Guité et le ton candide de son témoignage, le rôle qu'il a joué dans toute cette affaire reste obscur. En a-t-il retiré des bénéfices personnels ? Pourquoi sa crainte des représailles a-t-elle prévalu sur sa responsabilité de fonctionnaire de respecter la loi et de s'assurer qu'elle soit respectée ? Le témoin confirme notamment à la commission d'enquête que, le 24 août 1998, il a commencé à travailler pour Gosselin Communications et qu'il a été responsable, au sein de cette agence, d'une loge au Centre Corel d'Ottawa pour les parties de hockey des Sénateurs. Il y reçoit à deux reprises Chuck Guité et, à d'autres occasions, ses anciens employés, dont Huguette Tremblay, Andrée LaRose et Denyse Paquette. Le juge Gomery fait remarquer qu'un employé du gouvernement qui accepte une telle invitation d'un fournisseur du gouvernement est sans l'ombre d'un doute en conflit d'intérêts. Mario Parent précise également que les anciens ministres Denis Coderre et Don Boudria sont venus au moins deux fois chacun dans la loge de Gosselin Communications. Quoi qu'il en soit, ce qu'il faut retenir de cet épisode, c'est qu'encore une fois – à l'image du Club des cigares – le principe des vases communicants joue à plein dans le milieu des commandites. Mario Parent est embauché par son ancien fournisseur pour traiter aux petits oignons son ancien patron, et cela, au-delà de toute préoccupation éthique.

La boîte aux lettres

Une autre collaboratrice et amie de Chuck Guité donne à la commission Gomery en octobre 2004 un témoignage éclairant sur le fonctionnement des activités de commandite. Andrée LaRose signe à maintes reprises des contrats de commandite « les yeux fermés », sur simple instruction de son patron, sans vérifier si ces contrats respectent les procédures gouvernementales. Confirmant que Charles Guité mène à sa guise le programme comme s'il s'agit d'un one-man-show, Mme LaRose n'en met pas moins la patience du juge John Gomery à rude épreuve en répétant plusieurs fois que, si elle a approuvé des contrats, dont certains atteignaient 750 000 $, comme ce fut le cas pour un contrat donné à la maison de production de Robert-Guy Scully, c'est parce que Chuck Guité lui a dit de le faire. « C'est comme ça que ça se passait dans ce temps-là », répond-elle au commissaire visiblement scandalisé. Ce dernier veut savoir pourquoi la fonctionnaire accepte de signer « n'importe quoi ». « Vous assumiez une responsabilité », lui fait valoir le juge, qui souligne qu'elle ne peut affirmer qu'elle n'était pas « impliquée » tout en lui rappelant qu'elle violait l'article 2034 de la Loi sur les finances publiques chaque fois qu'elle signait des documents « à la demande de son patron sans se poser de questions ». « C'est un geste important », lui rappelle le commissaire à propos de la responsabilité qui sous-tend la signature d'un contrat au nom du gouvernement. Sans ménagement, au cours d'un échange musclé, le procureur principal de la commission, Bernard Roy, compare Andrée LaRose à « une boîte aux lettres » qui n'a pour seule et unique fonction que de faire passer des documents à Charles Guité.

Mme LaRose approuve, entre autres exemples et toujours sur les directives de son patron, les fameux contrats pour la conception d'un logo au Bureau d'information du Canada (BIC). Ces contrats paraissent cependant douteux puisqu'ils sont donnés à six agences chargées de faire le même travail. En tout, selon les documents déposés devant la commission, 620 000 $ sont dépensés pour la conception et l'essai du logo du BIC par les maisons Environics (70 000 $), BCP (150 000 $), Vickers & Benson (50 000 $), Palmer Jarvis (50 000 $), Compass (50 000 $) et Groupe Everest (200 000 $). « Ça fait beaucoup d'argent pour un logo », ne peut s'empêcher de commenter le procureur Bernard Roy.

Andrée LaRose, qui a travaillé quatre ans auprès de Chuck Guité, affirme au commissaire que ce n'est pas comme cela qu'elle procéderait aujourd'hui pour sélectionner les agences de communication. L'une de ses tâches à l'époque, soit de 1995 à 1999, était de s'assurer, avant d'approuver des factures de commandites, que les services avaient bel et bien été rendus par les agences de communication. Pour ce faire, elle raconte qu'elle demandait l'avis de Chuck Guité et qu'à aucun moment elle n'a songé à se poser des questions, même si, de façon générale, les factures du programme de commandites n'étaient pas accompagnées de pièces justificatives.

Mme LaRose confirme de plus ses liens d'amitié avec Chuck Guité. Elle dit de ce dernier qu'il est un « solitaire » dans sa façon de travailler, qu'il n'aime pas déléguer ses responsabilités, qu'il envoie rarement des courriels à l'interne pour ne pas laisser de traces, qu'il travaille avec une déchiqueteuse sur son bureau et qu'il mène une organisation « de broche à foin » où le partage de l'information entre les employés est inexistant, où le travail n'est pas structuré. Les employés sont ainsi appelés à remplir n'importe quelle fonction dans le bureau.

La liste des exemples de sérieuses irrégularités constatées dans le travail de Guité et de son équipe par la commission Gomery est interminable. Mais s'il est une chose qui dépasse l'entendement et qui laisse pantois, c'est la persistance de ces irrégularités dans le temps. Comment se fait-il que, malgré les vérifications successives et le constat répété de lacunes importantes dans les activités de commandite, rien n'ait changé au cours des années ? La commission Gomery tente certes de comprendre cette anomalie mais elle ne réussit jamais à se faire expliquer par les vérificateurs de TPSGC pourquoi des mesures correctives n'ont jamais été prises alors que les problèmes sont connus depuis longtemps. Le commissaire John Gomery fait part de son étonnement à ce sujet, apostrophant l'un des témoins, Jim Hamer, l'administrateur principal de la vérification à TPSGC, pour qu'il lui explique le laisser-faire des vérificateurs devant la longue gestion catastrophique du programme de commandites, alors que déjà en 1996 la vérification de Ernst & Young soulignait ces lacunes et qu'une vérification interne en 2000 avait fait de même. « Monsieur Hamer, demande le juge, vous vous rappelez ce que les comptables et les vérificateurs nous ont dit ces dernières semaines, combien vous avez le devoir – ce qui est demandé par votre code de conduite professionnel –, lorsque vous voyez quelque chose qui indique la possibilité d'une irrégularité, de creuser la chose ? Vous comprenez cette responsabilité ? » Le juge souligne à l'adresse de son interlocuteur que ses collègues ont eu connaissance à l'époque de beaucoup de preuves d'irrégularités et qu'ils avaient le devoir d'enquêter davantage. Les vérificateurs, dont Norman Steinberg, le directeur général de la vérification et de l'éthique à TPSGC, reconnaissent que les deux rapports de vérification tirent les mêmes conclusions quant au non-respect des politiques du Conseil du Trésor, mais ils ne peuvent encore une fois avancer d'explication pour l'absence de suivi au ministère et pour leur propre nonchalance. Un document de TPSGC, mis en preuve, est d'ailleurs fort éloquent à cet égard. Intitulé « Diverses transactions » et classé sous la rubrique « protégé et ne pas reproduire », le document fait état de plusieurs dossiers de commandite énigmatiques, dont un concernant l'octroi de 400 000 $ au Canadien de Montréal (dont 105 000 $ ont servi à l'acquisition d'une loge au Centre Molson par LCM) et un autre les Jeux de la francophonie de 2001, dans lequel on trouve une lettre de remerciement en date du 22 juillet 1998 adressée par le ministre Don Boudria et le président des Jeux, Serge Savard, à Charles

Guité. Les signataires remercient M. Guité pour la contribution de son service au premier tournoi de golf des Jeux. On peut y lire également une phrase non complétée qui laisse songeur : « Vos importants contacts nous ont permis d'obtenir une loge gratuite au Centre Molson et les heureux gagnants sont messieurs… »

Le conseiller juridique adjoint de la commission, Me Neil Finkelstein, suggère de son côté aux témoins de la Direction générale de la vérification à TPSGC que l'un des motifs qui peut expliquer le manquement aux règles d'attribution des contrats est l'appât du gain. « Je crois que l'argent est une bonne motivation, n'est-ce pas ? » demande-t-il à M. Steinberg. Me Finkelstein fait alors part de son étonnement devant le peu d'empressement que montrent les vérificateurs à suivre cette piste. Les vérificateurs étonnent encore la commission lorsqu'ils affirment n'avoir pas été préoccupés outre mesure par un chèque de 5000 $, tiré du compte de l'agence Média/IDA Vision et adressé, le 26 février 1999, à l'aile québécoise du Parti libéral du Canada. « Vous auriez dû être préoccupé, a lancé l'avocat à M. Steinberg, que de l'argent des commandites soit retourné à un parti politique. » Le fonctionnaire répond que la GRC a tranché la question en affirmant qu'il n'y avait rien d'illégal dans la transaction.

Les employés de TPSGC affectés aux commandites et à la publicité apprennent ainsi rapidement qu'il est dans leur intérêt de se faire discrets sur les activités de leur bureau. Un jour, une assistante de Chuck Guité, Huguette Tremblay, demande des explications à son patron sur une mystérieuse subvention de 1,93 million au *Journal de Montréal*. Charles Guité lui répond : « Ne pose pas de questions ! ».

« Je pense que si on avait fait l'effort à l'époque, avouera néanmoins candidement le vérificateur Norman Steinberg au cours de son interrogatoire à la commission Gomery, certains des problèmes qui sont apparus en 2000 auraient pu être évités. »

Ce que l'on doit retenir du fonctionnement de la cellule responsable des commandites au sein de l'administration Chrétien, c'est son caractère singulier et inhabituel dans l'appareil d'État. La période qui suit 1995 n'est pas la seule de l'histoire au cours de laquelle le Canada a été aux prises avec la menace souverainiste. Mais jamais auparavant des dépenses aussi importantes n'avaient été administrées de façon à échapper délibérément aux mécanismes de contrôle bureaucratique. Jamais non plus elles n'avaient été volontairement soustraites de cette façon au contrôle du Parlement.

CHAPITRE XI

Chuck le cow-boy

On ne peut oublier cette image pittoresque, diffusée à la télévision, dans les premiers mois du scandale des commandites, d'un certain cow-boy à cheval, botté et affublé du traditionnel chapeau western et d'un cuissard en cuir à la Roy Rogers. Importuné par la caméra et le journaliste qui vient de le dénicher, ce cavalier solitaire envoie paître de belle façon le visiteur intempestif. Plus tard, lorsque des accusations de complot et de fraude sont déposées contre lui relativement à des contrats de commandite, on revoit à la sortie du palais de justice de Montréal Chuck Guité, toujours coiffé de son chapeau de cow-boy, fuir d'un pas pressé, le regard affolé, la meute de journalistes qui le pourchassent.

Charles Guité est un personnage clé du scandale des commandites. À titre de responsable des activités de commandite au gouvernement fédéral, il est au cœur de la tourmente. Certes, le personnage prend beaucoup de décisions, et cela, comme il l'admet lui-même, sans faire grand cas des règles en vigueur, mais il ne peut pas les prendre toutes, comme tentent de le faire croire les politiciens. Ce n'est certainement pas lui seul qui contrôle les 330 millions de dollars de contrats de commandite. Aucun gouvernement n'aurait permis qu'un simple fonctionnaire, aussi élevé fût-il dans la hiérarchie, ait tant de pouvoir. Et, à cet égard, la thèse que Charles Guité défend lui-même lorsqu'il comparaît pour la seconde fois est accréditée aujourd'hui par le commissaire John Gomery. Les ordres importants viennent d'en haut, ce qui n'empêche pas ce « charmant galopin », comme l'a qualifié un jour le juge Gomery, de tirer son épingle du jeu et d'engranger certains bénéfices de sa position stratégique.

L'irrésistible ascension de Charles Guité

Né en Gaspésie en 1944, Charles Joseph Guité grandit au Nouveau-Brunswick. En 1963, il s'engage dans l'armée de l'air canadienne. C'est là que ses camarades prennent l'habitude de l'appeler Chuck. L'homme est tour à tour arrimeur et chef d'opérations périlleuses, tel le parachutage d'un bulldozer à des milliers de mètres d'altitude. Il quitte les forces armées en 1970, travaille brièvement chez Sears comme représentant et trouve ensuite un emploi dans la fonction publique fédérale, à la Commission de la capitale nationale d'abord et puis au ministère des Anciens Combattants. Il occupe diverses fonctions jusqu'à ce qu'on lui confie un poste au ministère des Approvisionnements et Services en 1984. Il gravit les échelons de ce ministère. Peu à peu, sous le gouvernement de Brian Mulroney et sous celui de Jean Chrétien, Chuck Guité est chargé des contrats de commandite, de publicité et de recherche sur l'opinion publique. En janvier 1995, il est nommé directeur du Secteur de la publicité et de la recherche sur l'opinion publique (SPROP) au ministère des Travaux publics, service qui deviendra en novembre 1997 la Direction générale des services de coordination des communications (DGSCC). Ses promotions sont étonnamment rapides. De fonctionnaire de niveau EX-02 en novembre 1997, alors qu'est créée la DGSCC, il est aussitôt reclassé EX-03 après en avoir discuté avec le sous-ministre Ran Quail, le ministre Gagliano, Jean Carle et Jean Pelletier. Il passe rapidement au niveau EX-04 en avril 1998, niveau qui lui assure une retraite confortable d'environ 70 000 $ par année. « On peut conclure, écrit John Gomery dans son rapport, que M. Guité s'est servi de son statut et de ses contacts privilégiés avec M. Gagliano et le CPM (cabinet du premier ministre) pour obtenir des promotions et des augmentations de salaire[1]. » C'est en août 1998 qu'il prend une retraite au cours de laquelle il est loin de demeurer inactif puisqu'il met sur pied sa propre entreprise, Oro Communications.

À la DGSCC, et même avant, Chuck Guité dirige une vaste opération politique. Les règles de gestion assez strictes qu'il a contribué à mettre en place quelques années plus tôt, sous Mulroney, sont peu à peu abandonnées. Même si les conservateurs réservent les contrats gouvernementaux de communication et de publicité à une petite liste de firmes amies, ces contrats n'en sont pas moins soumis à une évaluation rigoureuse. Jean Chrétien a donné des consignes en mai 1994 pour que désormais l'attribution des contrats soit apolitique et se fasse hors de toute implication ministérielle, mais il ne faut pas beaucoup de temps pour que « la guerre » contre les « sécessionnistes » transforme ces directives en vœux pieux. Sous ses nouveaux maîtres politiques, Chuck Guité instaure la loi du Far West dans l'attribution des commandites et des contrats de publicité.

Il est l'homme d'Ottawa, comme le rapportent les journaux en septembre 2004, à sa première présence devant la commission Gomery, celui que le gouvernement libéral a choisi pour diriger sa politique de commandites après le référendum d'octobre 1995. Selon des documents cités par l'un des procureurs adjoints de la commission, Me Neil Finkelstein, Charles Guité est recommandé par le bureau même du ministre de TPSGC de l'époque, David Dingwall. Dans une lettre du 23 novembre 1995 adressée au sous-ministre de TPSGC, Ran Quail, et au sous-ministre adjoint, Jim Stobbe, le chef de cabinet du ministre Dingwall Warren Kinsella affirme qu'une révision de l'ensemble du système gouvernemental des communications a « établi clairement la nécessité de créer un système centralisé qui permet de coordonner les produits gouvernementaux de commandites, de publicité et de sondages ». M. Kinsella note que le bureau du Conseil privé et le cabinet du premier ministre partagent cet avis. Il ajoute que le service que dirige Charles Guité à TPSGC est le mieux placé pour réviser les anciennes politiques de commandites et en créer de nouvelles. Il ne s'agit bien sûr que d'une suggestion, mais d'une suggestion qui vient de haut. M. Kinsella recommande que M. Guité occupe un poste « qui lui permettra de mener à bien ces tâches et qu'on lui confie les ressources qui conviennent à ces activités ». À cet égard, Me Finkelstein souligne à l'adresse du secrétaire du Conseil du Trésor, Jim Judd, lors de son important témoignage devant la commission le 15 septembre 2004, qu'il est inhabituel que du personnel politique, en l'occurrence un chef de cabinet, fasse parvenir directement à un sous-ministre de telles directives. M. Judd admet qu'un tel procédé représente une situation extrêmement difficile pour un sous-ministre… M. Quail, rappelle d'ailleurs John Gomery dans son premier rapport, interprète cette note de Warren Kinsella « comme une tentative parfaitement saugrenue d'un membre du personnel politique de s'ingérer dans l'administration interne de TPSGC, qui relève entièrement de la compétence du sous-ministre[2] ».

D'autres documents cités par Me Finkelstein démontrent le rôle extraordinaire que joue Charles Guité dans le programme de commandites. Une lettre du 5 mai 1995, venant d'un autre sous-ministre adjoint à TPSGC, Richard Neville, et adressée à Marc Lafrenière, sous-ministre aux Affaires intergouvernementales, précise que « le contact » au ministère pour les commandites est M. Charles Guité. Une autre lettre encore, adressée à M. Guité par Marc Lafrenière (sur laquelle le « Monsieur » habituel a été rayé et remplacé par « Chuck ») et datée du 29 septembre 1995, prie le puissant fonctionnaire de faire signer au ministre une présentation demandant « d'utiliser 5 millions de dollars qui restent du montant réservé aux activités pour l'unité canadienne ». La lettre ajoute qu'« en raison du caractère délicat de ce document », M. Guité doit s'assurer qu'il soit « distribué le moins possible » au ministère. Me Finkelstein fait remarquer alors à M. Judd qu'il est plutôt « inhabituel » qu'un employé du niveau de Charles Guité soit chargé de faire signer un ministre.

Mais ce n'est qu'en avril 2004 que Charles Guité attire pour la première fois l'attention des médias, lorsque le Comité permanent des comptes publics de la Chambre des communes décide de lever le huis clos sur le témoignage qu'il avait fait devant ce comité en 2002. On apprend alors des choses surprenantes, notamment que la version des faits de M. Guité contredit en tout point celle de l'ancien ministre de TPSGC, Alfonso Gagliano. Ainsi, ce dernier a affirmé en mars 2004 devant ce même comité qu'il n'a rencontré M. Guité que deux ou trois fois par année au sujet des commandites. M. Guité avait affirmé quant à lui, le 9 juillet 2002, qu'il rencontrait le ministre « régulièrement », soit une, deux ou trois fois par semaine. Si son témoignage jette le discrédit sur la version de l'ancien ministre de TPSGC, il ne fait cependant pas la lumière sur le rôle joué par les politiciens libéraux dans le programme de commandites. M. Guité a en effet refusé de répondre aux questions concernant ses rapports avec ses supérieurs, dont le ministre Gagliano et le cabinet du premier ministre, invoquant le devoir de confidentialité auquel il se dit contraint en tant qu'ancien fonctionnaire. « Je refuserai aujourd'hui de répondre à toute question ayant trait aux discussions que j'aurais pu avoir avec des ministres. » Par ailleurs, c'est lors de ce témoignage que M. Guité reconnaît à maintes reprises, au grand étonnement des députés qui l'interrogent, qu'il contourne sciemment les règles d'attribution des contrats. « Nous étions ni plus ni moins en guerre pour tenter de sauver le pays », dit-il. Il n'est pas question, notamment en ce qui concerne les contrats accordés à Groupaction pour rédiger les trois fameux rapports jumeaux, de divulguer la stratégie du gouvernement fédéral « en ayant recours à un processus public d'appel d'offres et, partant, avoir en dossier certaines informations dont l'opposition aurait pu se servir ». En général il évite de verser trop de documents dans les dossiers de la DGSCC afin d'en limiter la consultation en vertu de la Loi sur l'accès à l'information. Charles Guité affirme avoir coordonné seul le projet et avoir choisi seul la firme Groupaction, une version des faits qui disculpe les politiciens et qui fait bien l'affaire du gouvernement.

Ce que révèle en outre ce témoignage à huis clos n'est pas sans intérêt. Par exemple, lors du référendum de 1995, M. Guité achète pour le gouvernement fédéral tout l'espace publicitaire extérieur disponible au Québec pour la somme d'environ huit millions de dollars, sans compter l'espace publicitaire dans les transports en commun, ce qui fait dire au Bloc Québécois qu'Ottawa a violé ou contourné la Loi électorale et la Loi sur les référendums. M. Guité reconnaît encore qu'il a vendu sa Mustang rouge à Jean Brault pour la somme de 35 000 $, qu'il a autorisé le paiement de factures présentées par Groupaction au nom de Joane Archambault, la femme de Jean Brault, au tarif de 202 $ l'heure. En trois mois, ces factures totalisent environ 110 000 $. Il reconnaît aussi avoir accordé un contrat de 615 000 $ à Groupaction pour 20 pages de texte et des conseils donnés, à ce qu'il dit, par téléphone. M. Guité est cependant avare de commentaires sur une de ses rencontres avec Jean Brault, de Groupaction, et Claude Boulay, du groupe Everest, dans un chalet des Cantons-de-l'Est. Lors de ce témoignage, Chuck Guité affirme qu'il est « très content » de ce qu'il a fait et croit que le gouvernement du Canada « en a eu pour son argent et qu'il a obtenu des résultats ».

Convoqué de nouveau devant le Comité des comptes publics le 22 avril 2004, Chuck Guité tente cette fois de régler ses comptes avec le premier ministre Paul Martin. Il affirme que le bureau de M. Martin, alors que ce dernier est ministre des Finances, intervient à « plusieurs occasions » en faveur de l'agence Earnscliffe, une agence liée de près à sa course à la direction du PLC. Jusque-là, le premier ministre a déclaré qu'il n'a jamais été mêlé de près ou de loin au programme de commandites. En réponse à des questions du député bloquiste Odina Desrochers, Charles Guité affirme qu'il a reçu des coups de téléphone du bureau du ministre, mais pas du ministre personnellement, qui avaient pour seul objet «d'essayer d'influencer la décision» à propos de tel ou tel contrat. «Je pense qu'aujourd'hui, si quelqu'un demandait l'accès à l'information pour tous les contrats qui ont été attribués à cette compagnie-là, vous seriez surpris.» M. Guité mouille également le ministre des Finances en poste, Ralph Goodale, qui, dit-il, «avait essayé de faire une interférence [*sic*] pour la même compagnie». Il affirme de plus qu'il a accepté de rencontrer celle qui était chef de cabinet de M. Martin à l'époque, Mme Terrie O'Leary, au sujet du choix des agences de commandite. Pour le convaincre de faire tel ou tel choix, Mme O'Leary lui dit constamment: «Eh bien! Paul préférerait…» Au cours de son témoignage qui dure quelque six heures, M. Guité révèle aussi qu'il reçoit en 1994 une note de service de Mme O'Leary dans laquelle cette dernière lui demande d'ajouter des agences à la liste gouvernementale.

Au cabinet du premier ministre Martin, un porte-parole nie catégoriquement que le bureau de l'ancien ministre des Finances soit intervenu en faveur de l'agence Earnscliffe. Quant au rôle qu'aurait joué Terrie O'Leary auprès de Chuck Guité, on affirme que ce que souhaitait seulement l'assistante de M. Martin à l'époque, c'était que «le processus soit plus ouvert, qu'il y ait plus de compétition». «Je trouve cela assez étonnant, confie à *La Presse* Mario Laguë, le directeur des communications du premier ministre, que l'opposition traite Charles Guité de menteur le matin et, plus tard, dès qu'il mentionne le nom de Martin, cela devient parole d'évangile[3].» M. Guité avait vu venir, plus tôt dans la journée, cette défense du bureau du premier ministre. «Ce qui est important ici, insiste-t-il, c'est que jamais un bureau de ministre ou son équipe ne devrait faire des contacts avec les fonctionnaires qui émettent les contrats.»

Par ailleurs, en ce qui concerne le cabinet du premier ministre Chrétien et les ministres responsables des commandites, soit successivement David Dingwall et Alfonso Gagliano, M. Guité témoigne que lui-même n'est jamais intervenu dans le processus de sélection des agences qui ont collaboré au programme. En revanche, ajoute-t-il, des ministres libéraux ainsi que le cabinet du premier ministre Chrétien ont joué un rôle majeur dans l'attribution de contrats, contredisant ainsi les témoignages précédents des anciens ministres Dingwall et Gagliano et de l'ancien chef de cabinet de Jean Chrétien, Jean Pelletier.

C'est alors qu'il fait une déclaration qui va devenir l'une des plus célèbres de toutes celles entendues au sujet des commandites: « Il n'y a pas de doute que, seul, un Chuck Guité ou un Joe Blo ne pouvait contrôler un tel programme par lui-même. » Par ces paroles, le haut fonctionnaire à la retraite affirme ainsi l'existence d'une « direction politique » derrière le scandale, allant en cela dans le sens de la conviction du premier ministre Paul Martin lui-même.

Une direction politique

M. Guité profite de sa seconde comparution pour régler des comptes avec à peu près tout le monde, reprochant notamment au président du Comité des comptes publics, John Williams, de l'avoir accusé de faire des pieds de nez au Parlement. Il accuse aussi la vérificatrice générale, Sheila Fraser, d'induire le public en erreur lorsqu'elle affirme qu'il n'a pas respecté les règles pour choisir des agences de communication et allouer des contrats de commandite. « La Direction générale des services de coordination des communications n'a jamais choisi une agence sans respecter le processus établi et les règles en place », dit-il. M. Guité dit ne pas comprendre que Mᵐᵉ Fraser n'ait pas trouvé de pièces justificatives dans les dossiers de commandite. Selon lui, elles y étaient au moment de son départ à la retraite. « Où sont-elles ? » demande-t-il.

À propos de la ministre Diane Marleau, qui a été ministre de TPSGC pendant une année, en 1996, il déclare que cette dernière ne s'intéressait pas du tout au dossier, et que c'est à ce moment-là qu'il est allé voir le chef de cabinet de M. Chrétien, Jean Pelletier, de qui il prendra ses ordres directement par la suite, quand ce ne sera pas de Jean Carle, le directeur des opérations de M. Chrétien. Charles Guité refuse donc de servir de bouc émissaire. Chaque fois que son service a préparé un plan de commandites pour l'année, afin de rendre plus visible le Canada au Québec, il en a discuté, dit-il, avec les ministres responsables et le cabinet du premier ministre. « Le gouvernement du Canada en a eu pour son argent, martèle le témoin. La preuve est dans le pouding. La raison pour laquelle il n'y aura plus de référendum [sur la souveraineté du Québec], c'est grâce au programme de commandites. »

Chuck Guité pérore, joue les sauveurs et s'attribue pour une bonne part le mérite de la défaite permanente des partisans de la souveraineté du Québec. Cependant, au cours des semaines qui suivent, le bonze de la commandite fédérale se rend sans doute compte que ceux qu'il tente de protéger n'ont nullement l'intention de lui rendre la pareille. Il se sent floué, abandonné par ses anciens maîtres. Il ne va pas rester les bras croisés à attendre que l'ouragan le terrasse. Il passe à l'offensive en faisant une entrée en scène fracassante à la commission Gomery le 3 novembre 2004. Il affirme sous serment que le ministre Alfonso Gagliano et le cabinet du premier ministre Chrétien, en particulier son chef de cabinet, Jean Pelletier, ont pris toutes les décisions quant au choix des événements à commanditer, des agences chargées de gérer ces commandites et des sommes allouées pour ces événements. Son témoignage est beaucoup moins vague que celui qu'il a donné le 22 avril précédent devant le Comité des comptes publics. Charles Guité assure cette fois au commissaire Gomery que toutes les décisions relatives aux commandites de plus de 25 000 $ passent soit par le bureau du ministre de TPSGC, soit par le cabinet du premier ministre, et que lui-même n'en est pas le responsable, au contraire de l'impression qu'il a pu donner au printemps précédent. M. Guité a de toute évidence décidé de ne pas servir de bouc émissaire et de faire à la commission de grandes révélations, à propos de la direction politique du programme. Au cours de son témoignage il contredit ainsi l'ancien ministre Gagliano et l'ancien chef de cabinet de Jean Chrétien, Jean Pelletier. Les deux hommes ont affirmé qu'ils n'ont pas joué de rôle décisionnel important dans le programme de commandites. Charles Guité est déterminé à entrer dans le détail de la machine gouvernementale.

C'est un peu avant le référendum de 1995 sur la souveraineté du Québec que les commandites sont mises sur pied par le gouvernement libéral. Il s'agit d'assurer une plus grande visibilité au gouvernement du Canada, en particulier au Québec. M. Guité est chargé par ses maîtres politiques de préparer une liste d'événements à commanditer et d'agences pour organiser ces commandites, et de déterminer enfin les sommes qui doivent leur être allouées. Il révise ces listes avec le ministre Gagliano qui, assure-t-il, prend les décisions. Sous le règne de Diane Marleau à TPSGC, soit de 1996 à juin 1997, il révise ces listes directement avec Jean Pelletier, et parfois avec Jean Carle, Mme Marleau refusant de faire affaire directement avec un fonctionnaire qui dépend, en principe, de son sous-ministre.

« Est-il juste de dire que vous n'avez jamais pris de décisions sur les événements, les agences et les montants ? » demande le procureur adjoint de la commission, Neil Finkelstein. M. Guité répond qu'il prenait des décisions seulement lorsqu'il s'agissait de sommes inférieures à 25 000 $, ce qui était l'exception. Toutes les autres décisions, jure-t-il, sont prises par le ministre ou par le cabinet du premier ministre. Ses rencontres avec le ministre Gagliano sont « régulières », dit-il, « normalement une fois par semaine », à ses bureaux ou à l'extérieur du bureau pour des déjeuners. Il déclare aussi que 90 % de leurs conversations portent sur les commandites. Les rencontres se font en présence du chef de cabinet de M. Gagliano, Pierre Tremblay.

Ainsi, la première année du règne Gagliano à TPSGC, les listes sont révisées en présence de Jean Pelletier. À partir de la deuxième année, précise Chuck Guité, ces listes sont révisées par le ministre Gagliano, Pierre Tremblay et lui-même. Pendant toute la durée du règne Gagliano, le bureau du premier ministre « était toujours impliqué dans le choix de certains événements », dit-il. « Chuck Guité ne prenait pas ces décisions seul, excepté pour les petites commandites dont vous avez parlé », suggère Me Finkelstein. « Exact », rétorque l'ancien fonctionnaire. Me Finkelstein veut savoir également ce que signifie le mot « implication » lorsque l'on parle de l'implication d'Alfonso Gagliano dans le dossier des commandites. « Est-ce que cela signifiait commentaires ou décision ? » demande-t-il. « Décisions », répond catégoriquement Chuck Guité. Il donne la même réponse en ce qui concerne M. Pelletier.

Par ailleurs, Charles Guité reconnaît qu'il a volontairement enfreint les règles en vigueur au gouvernement, refusant notamment d'attribuer ces contrats par voie de concours, parce qu'il n'est tout simplement pas d'accord avec ce mode de fonctionnement. Une fois les agences choisies, elles reçoivent des contrats pendant deux ou trois ans sans nouveau concours et selon le bon vouloir des responsables. Il insiste cependant sur le fait que le cabinet du premier ministre, le bureau du Conseil privé, le ministre, le sous-ministre et le Bureau d'information du Canada sont tous au courant de sa façon de faire. Il ajoute même que le cabinet du premier ministre ne la remet jamais en question, même si elle est illégale.

Pendant ce temps, Jean Chrétien, qui avait émis des directives en 1993 pour que le processus d'attribution des contrats et du choix des agences se fasse dans la plus grande transparence et de façon concurrentielle, est mal informé par le président du Conseil du Trésor de l'époque, Art Eggleton, qui affirme dans une lettre, déposée à la Commission, que 97 % des contrats donnés de juillet à décembre 1994 l'ont été par voie de concours.

Le lendemain, le 4 novembre 2005, Chuck Guité révèle que le cabinet du premier ministre Chrétien attache une importance tellement « inhabituelle » en 1995 aux activités de commandite qu'on lui ordonne de préparer la demande d'approbation de fonds auprès du Conseil du Trésor en y apposant lui-même le « bloc signature » de Jean Chrétien. Cette demande de fonds de 17 millions de dollars est donc exceptionnellement signée par le premier ministre lui-même au nom de TPSGC. « C'est très inhabituel pour le premier ministre du Canada, explique M. Guité, de signer une soumission au Conseil du Trésor au nom d'un ministère. De toute évidence, il y avait un intérêt au bureau du premier ministre pour que la soumission soit acceptée sans problème. » Par ses explications à la commission, Chuck Guité poursuit sa démonstration de la veille selon laquelle les ordres viennent d'en haut. Des documents officiels déposés à la commission montrent en effet que des réquisitions de fonds pour les commandites sont signées par le premier ministre, Jean Chrétien, notamment en 1995. Comme à l'époque les finances publiques sont sous le coup de compressions budgétaires rigoureuses, Chuck Guité a été prévenu par « quelqu'un » au Conseil du Trésor qu'il aura beaucoup de mal à faire approuver ses demandes. « Quelqu'un m'a dit : "Mettez la signature du premier ministre là-dessus et ça va être approuvé." » M. Guité affirme ne pas se souvenir de qui lui a dit d'agir de la sorte. Il s'agit probablement du chef de cabinet de M. Chrétien, Jean Pelletier, ou de son directeur des opérations, Jean Carle, ou encore de quelqu'un à TPSGC. « De toute évidence, lance le témoin, Chuck Guité n'a pas décidé lui-même de mettre le bloc signature de Jean Chrétien sur une soumission au Conseil du Trésor. Parce que si je l'avais fait, j'aurais été à la tête du pays. »

M\e Finkelstein demande à M. Guité pourquoi la demande d'approbation de fonds de 1995 auprès du Conseil du Trésor n'était pas accompagnée d'une liste des événements à commanditer, comme cela doit se faire. M. Guité répond que la signature du premier ministre sur la requête rend inutile l'adjonction de la liste. Personne au Conseil du Trésor n'aurait osé s'opposer à la signature du premier ministre.

Cette deuxième journée de témoignage est aussi marquée par des hésitations, des imprécisions, des rétractations et des trous de mémoire qui font mal paraître M. Guité. Il ne peut expliquer pourquoi les commandites en 1996 sont confiées à une seule agence, LCM, alors que la liste des agences qualifiées de TPSGC en compte six. Il affirme que ce n'est pas lui qui a pris une telle décision, et demande à apporter des précisions à certaines de ses déclarations de la veille sur le processus de sélection des agences. Le ministre, dit-il en parlant d'Alfonso Gagliano, détermine quelle agence sur la liste des agences déjà sélectionnées aura le contrat pour tel ou tel événement.

Enfin, la commission s'intéresse aux liens personnels entretenus par Charles Guité avec les dirigeants d'agences, par exemple à ses parties de pêche avec Jean Lafleur et Claude Boulay. Me Finkelstein fait confirmer à M. Guité ses nombreux dîners avec les Claude Lafleur, Claude Boulay, Jean Brault, Robert-Guy Scully, Paul Coffin et Gilles-André Gosselin. Il tente également de faire confirmer que des paiements ont été faits par Communication Coffin et Groupaction à la compagnie qu'il a créée après son départ de la fonction publique, Oro Communication. L'avocat de Paul Coffin s'objecte. Me Finkelstein se déclare « heureux » de les retirer afin de ne pas nuire aux procès criminels à venir. Les questions de Me Neil Finkelstein vont recevoir des réponses quelques mois plus tard lors d'une autre comparution de Chuck Guité devant la commission d'enquête, nous y reviendrons.

Une facturation imaginative

Entre-temps, le tsar des commandites poursuit son témoignage le lundi suivant, 8 novembre, en admettant cette fois qu'il aurait pu faire les choses autrement, en faisant affaire directement avec les fournisseurs du gouvernement plutôt que de passer par des agences de communication. Il reconnaît qu'il aurait pu faire épargner aux contribuables des millions de dollars versés inutilement en commissions. Serré de près par le procureur adjoint Finkelstein, Chuck

Guité paraît plutôt maladroit lorsqu'il tente d'expliquer pourquoi il a utilisé à profusion les agences de communication, non seulement pour les commandites mais aussi pour l'achat d'articles promotionnels. Par exemple, on se rappellera que, lors d'un concours de création de timbres en 1998, organisé par Postes Canada, la DGSCC a commandité l'événement en versant 521 739 $ à la société de la Couronne en passant par les agences LCM et Média/IDA Vision, et que les deux agences ont reçu 78 000 $ en commissions simplement pour transférer l'argent. Même si les règles en vigueur empêchent la DGSCC de transférer l'argent directement à Postes Canada, Chuck Guité admet qu'il aurait pu utiliser un autre processus pour transférer l'argent de façon à faire économiser au Trésor public les fameuses commissions. Le commissaire Gomery s'offusque qu'une telle somme soit versée pour le simple transfert d'un chèque, réfutant l'allégation de M. Guité selon laquelle LCM a cependant fourni du travail pour toucher cette commission, en choisissant les dessins d'enfants destinés à illustrer des timbres. Me Finkelstein remarque qu'il est peu crédible que la Société des postes – dont l'expertise en matière de timbres n'est pas à démontrer – ait besoin de LCM pour choisir les dessins gagnants. Le même type de remarque s'applique au rôle de LCM dans la commandite de la série *Le Canada du millénaire* produite par L'Information Essentielle. Un autre contrat donné à Lafleur consiste à faire l'achat d'articles promotionnels pour le gouvernement du Canada. Une des factures présentées, du 31 mars 1996, s'élève à 372 696,46 $. Parmi les objets achetés, il y a 2400 balles de golf (7200 $) et 1000 boules de Noël (67 800 $). Non seulement LCM touche-t-elle une commission de 22 786,93 $ sur la transaction, mais l'agence confie l'achat desdits articles à Publicité Dézert, la compagnie du fils de Jean Lafleur, qui soumet une facture à l'agence de papa tout en prélevant un profit sur la transaction. Une autre facture de LCM pour des articles promotionnels comporte 12 000 $ en honoraires, en plus de la commission d'agence de 15 %. M. Guité confirme qu'il n'y a pas eu d'appel d'offres pour ces projets étant donné l'urgence de la situation. Me Finkelstein demande alors où est l'urgence d'acheter des balles de golf et des boules de Noël au mois de mars. Chuck Guité ne trouve rien à répondre. Le directeur de la DGSCC affirme par ailleurs que si son service n'achète pas lui-même les objets, ce qui aurait fait épargner, encore une fois, une faramineuse commission au gouvernement, c'est par manque de ressources humaines.

M. Guité sait que Jean Lafleur refile le contrat à son fils. Il reconnaît aussi qu'il n'a fait aucune vérification pour s'assurer que le gouvernement a obtenu le meilleur prix pour le service demandé.

Dans un autre contrat, 1963 gravures de l'artiste Tom Forrestall représentant le voilier historique *Bluenose* sont commandées par le sénateur Wilfred Moore, président de la Société de conservation du *Bluenose II*, afin de remercier les grands donateurs de la société. Le sénateur Moore fait parvenir les gravures à M. Guité et la facture de la commandite de 202 000 $ à LCM. Lafleur transmet par la suite la facture à M. Guité, prélevant au passage 30 000 $ de commission. Le commissaire Gomery demande au témoin qu'est-ce que le gouvernement a reçu pour cette commission, étant donné que l'agence n'a fait aucun travail. M. Guité répond qu'il n'est pas là pour défendre les agences et que de toute façon c'est ainsi que le système fonctionnait.

Tout au long du témoignage de ce personnage clé, un différend majeur éclate entre la Chambre des communes et la commission Gomery. La commission d'enquête publique demande que les Communes lèvent l'immunité conférée à M. Guité lors de son témoignage au mois d'avril 2004 devant le Comité permanent des comptes publics. Cette demande est soutenue également par l'avocat de l'ancien ministre Gagliano, Me Pierre Fournier, et par celui de Jean Pelletier, Me Guy Pratte. Ces deux avocats craignent en effet que, si la Chambre des communes ne retire pas l'immunité accordée à M. Guité, il leur soit impossible de faire leur travail correctement et d'aller au fond des choses. D'ailleurs, la commission Gomery met un terme prématurément à ses travaux le 9 novembre 2004 à midi en raison de l'impossibilité pour les avocats de M. Gagliano et de M. Pelletier de procéder au contre-interrogatoire de Chuck Guité à propos des déclarations qu'il a faites devant le Comité des comptes publics. Le témoignage de M. Guité contredit en effet ce qu'il a dit au printemps précédent sur l'implication du cabinet du premier ministre et du ministre Gagliano dans les activités de commandite. On l'a vu, M. Guité est revenu sur cette version des faits pour dire que tout était décidé par le cabinet du premier ministre Chrétien et par le ministre Gagliano. Le commissaire Gomery donne jusqu'au 22 novembre à la Chambre des communes pour décider si elle lève l'immunité dont bénéficie le témoignage de Chuck Guité. John Gomery répète à maintes reprises qu'il s'attend à une collaboration entière des Communes. Mais nombreux sont les

parlementaires réticents à toucher à une tradition vieille de quatre cents ans. En fait, seuls les conservateurs sont d'accord pour lever cette immunité en affirmant qu'elle est avant tout réservée
aux députés et qu'il n'est pas nécessaire de l'étendre aux témoins.
Ils font valoir que le témoignage de M. Guité est public et qu'il doit
être utilisé par une commission d'enquête qui est, elle aussi, publique. Les libéraux pensent au contraire que de violer la promesse
d'immunité risque de décourager tous les témoins futurs appelés
devant un comité des Communes à dire la vérité. Le Bloc Québécois refuse également de lever l'immunité. « On ne revient pas sur
la parole donnée », fait valoir le whip du parti, Michel Guimond.
« Procéder au contre-interrogatoire d'une personne signifie mettre à l'épreuve la crédibilité de cette personne, plaide Me Pierre
Fournier devant les journalistes. Et l'examen des déclarations antérieures d'un témoin est une technique bien connue du contre-
interrogatoire pour vérifier sa crédibilité. » L'enjeu est de taille.
Tout le monde est au courant des contradictions entre les diverses
déclarations de M. Guité. Cela empêche l'avocat de M. Gagliano
d'aller au fond des choses et cela nuit à la crédibilité de l'enquête
publique.

Dans un rapport remis aux Communes le 18 novembre 2004,
le Comité permanent de la procédure et des affaires de la Chambre
s'oppose à la requête du commissaire John Gomery. Les libéraux,
les bloquistes et les néo-démocrates se sont opposés à ce que la
commission utilise le témoignage de M. Guité devant le Comité
des comptes publics pour le contre-interroger. Le Comité de la procédure rappelle que le privilège parlementaire est enchâssé dans la
Constitution et qu'il touche à l'essence même du régime parlementaire et à l'article 9 de la Déclaration (britannique) des droits,
un texte qui date de 1689. Les conservateurs soulignent pour leur
part que les activités en cause touchent les plus hauts niveaux du
gouvernement et la direction du Parti libéral.

Chuck Guité en rappel

À la reprise des travaux de la commission, le lundi suivant 22 novembre, le commissaire n'a d'autre choix que de respecter l'avis du
Parlement. Le juge Gomery décide, visiblement à contrecœur, que
les avocats qui interrogent les témoins doivent respecter l'immunité parlementaire qui a été accordée par écrit à M. Guité avant sa

comparution. John Gomery déplore de se trouver dans la « situation paradoxale » d'exclure de son enquête des éléments de preuve qui sont pourtant accessibles au public en général et qui ont été largement commentés dans les journaux. Il estime qu'il aurait été utile à l'enquête de déterminer dans quelle mesure les déclarations de M. Guité sont contradictoires. L'ancien fonctionnaire aurait toutefois pu demander qu'une cour de justice se prononce sur cette décision, ce qui aurait causé des délais dommageables. « Selon moi, cela aurait constitué un danger beaucoup plus grand à ma capacité de remplir mon mandat que celui d'être privé de l'utilisation des transcriptions du Comité des comptes publics. » Le juge estime qu'il y a bien d'autres moyens pour les avocats de mettre à l'épreuve la crédibilité de Chuck Guité.

> Selon moi, même sans l'utilisation de son témoignage antérieur, je devrais être en mesure d'en venir à des conclusions satisfaisantes à propos de la crédibilité de M. Guité, et cela en m'appuyant sur mon expérience de juge, sur les documents amassés par la commission, sur les autres déclarations contradictoires du témoin faites ailleurs que devant le Comité des comptes publics et sur les indices habituels tirés des faits et de la façon dont les témoins répondent aux questions.

Me Guy Pratte interroge Chuck Guité une bonne partie de la journée au nom de Jean Pelletier. Après l'exercice, l'avocat se déclare persuadé que l'ancien directeur du programme de commandites ment quand il affirme que son client choisissait lui-même les événements à commanditer et les agences de communication pour le faire : « Il ne dit pas la vérité. M. Pelletier a dit qu'il n'a jamais rien eu à voir avec le choix des événements. Il le redira encore. Les documents contredisent M. Guité. Sa propre secrétaire contredit M. Guité. » Et, souligne Me Pratte, le fait que M. Guité ne veuille pas que l'on se serve de ses déclarations antérieures met en doute sa crédibilité. L'ancien directeur exécutif de la DGSCC vient tout juste de narguer l'avocat lors de son contre-interrogatoire. Chuck Guité adresse à Me Pratte son plus beau sourire : « Si vous essayez de me dire que M. Pelletier ne savait pas qui étaient ces agences, je ne suis pas d'accord. »

Me Fournier a de la difficulté à coincer le bonze de la commandite lorsqu'il tente de démontrer que son client, Alfonso Gagliano, n'est pas intervenu dans le choix des événements à commanditer. M. Guité, devant une liste que lui glisse le procureur adjoint de la commission, Neil Finkelstein, identifie des événements précis au sujet desquels le ministre serait intervenu personnellement, dont le Festival de la tulipe à Ottawa, les Jeux de la francophonie, les Fêtes gourmandes internationales de Montréal. Me Fournier souligne, devant les journalistes après la séance, les déclarations contradictoires faites par M. Guité devant la vérificatrice générale en 2002, où il affirmait que M. Gagliano n'avait rien à voir dans le choix des commandites, alors que maintenant, devant la commission en 2004, il prétend le contraire. « J'espère que quiconque écoutera ce témoignage conclura que M. Guité a peu ou pas de crédibilité. »

Ce que l'on peut retenir de ce passage de Chuck Guité à la commission d'enquête, c'est qu'il reconnaît avoir trompé la vérificatrice générale, lorsqu'il a affirmé que ses « discussions avec le ministre ne visaient qu'à lui fournir de l'information » sur le programme de commandites. Mme Fraser a en effet rapporté dans son fameux rapport de novembre 2003 que Chuck Guité lui-même « et son personnel avaient décidé quels événements seraient commandités et à quel niveau ». Or, rien n'est plus faux, admet cette fois le directeur à la retraite ; il tient le ministre Gagliano et l'ancien chef de cabinet de Jean Chrétien, Jean Pelletier responsables du choix des commandites. Alors, pourquoi avoir menti sciemment à la vérificatrice générale ? M. Guité explique de façon fort malhabile qu'il n'est plus au ministère depuis longtemps et qu'il « n'avait aucun document en sa possession, aucune information », lorsqu'il a rencontré Mme Fraser, pour admettre ensuite qu'il savait fort bien qu'il ne disait pas la vérité aux vérificateurs.

Guité va jusqu'à confesser qu'il a bel et bien négocié une entente avec VIA Rail pour assurer le financement anticipé de la télésérie consacrée à Maurice Richard. Mme Fraser souligne dans son rapport qu'une telle pratique constitue un contrat fictif, ce qui est contraire à la Loi sur la gestion des finances publiques. « Après mon départ, M. Tremblay a payé VIA Rail comme entendu », reconnaît Chuck Guité devant la commission. « L'engagement que j'avais pris avec M. LeFrançois [l'ancien président de la société VIA Rail] signifiait qu'un jour, plus tard, l'argent reviendrait à VIA Rail. Évidemment, si je lui ai dit que cela serait dans le budget de l'année suivante, il aurait l'argent. » À l'avocat de la vérificatrice générale, Me Richard Dearden, qui lui demande si dans le contexte VIA Rail savait qu'il « retrouverait son argent », M. Guité répond : « Correct. » « Alors, on y est ! », conclut Me Dearden, satisfait d'avoir démontré que la loi canadienne a été violée dans l'opération. Précisons que VIA Rail a commandité la série de M. Scully en janvier 1999, mais n'a reçu les fonds des commandites qu'en mars 2000, selon le rapport de la vérificatrice générale.

Charles « Chuck » Guité n'est pas au bout de ses peines. Le témoignage qu'il vient de livrer à Ottawa ne sera pas son chant du cygne dans l'affaire des commandites. Le coloré personnage devra se présenter devant le commissaire Gomery lors de la deuxième partie des audiences, qui se transportaient d'Ottawa à Montréal, et qui seraient consacrées au rôle joué dans le scandale par les agences de communication proches des libéraux.

Retour d'ascenseur

Chuck Guité comparaît donc à nouveau pendant cinq longues journées, à la fin d'avril 2005, à Montréal. L'homme que les procureurs interrogent n'est plus le même que celui qui a témoigné en novembre devant eux. Il n'est plus ce personnage arrogant qui s'était présenté devant le Comité des comptes publics l'année précédente. Guité est résolu à révéler presque tout ce qu'il sait. Il n'est plus question pour lui de prendre à son seul compte la responsabilité dans le scandale ; il n'est plus question de continuer à se taire et d'accepter que les hommes politiques cherchent à faire croire que le scandale est l'affaire d'un seul homme. Charles Guité affirme à la commission Gomery que quelques-uns des ministres clés et des proches collaborateurs de l'ancien premier ministre Jean Chrétien ont, à partir de 1993, dirigé des contrats de commandite de plusieurs millions de dollars vers des agences de communication qui ont aidé le Parti libéral à se faire élire. M. Guité désigne ainsi ses maîtres politiques. Ce sont eux, « pas Chuck Guité », qui refaçonnent les règles, perpétuant les abus, le trafic d'influence et la corruption dans les activités de commandite : « J'étais extrêmement conscient au cours des années Mulroney ou au cours des années Chrétien que les agences qui font du travail pour le gouvernement ont des attaches politiques. Ce n'est pas un secret. Et quiconque affirme qu'il n'est pas au courant de cela ment. » « Le programme de commandites, dit-il également, avait une direction politique. Une campagne électorale est faite par qui ? Par les agences de communication, les agences de publicité. Et quand la campagne est terminée et que les politiciens ont gagné, alors ils veulent retourner l'ascenseur. » Il affirme de plus à la commission que les anciens ministres de TPSGC, David Dingwall et Alfonso Gagliano, aussi bien que les proches collaborateurs de Jean Chrétien, Jean Pelletier et Jean Carle, font eux-mêmes le choix des agences pour les événements ou favorisent l'octroi d'autres contrats «politiquement orientés». «Il y a de la documentation qui montre que le bureau du premier ministre était impliqué, et que le ministre [des Travaux publics] était impliqué… et personne ne se souvient. Personne n'était impliqué dans ces commandites, tout relevait de Chuck Guité ? Je suis désolé, ce n'était pas ça la situation. » Il n'est pas celui qui décidait de l'octroi de tel ou tel contrat à une agence. « Je n'avais pas ce pouvoir-là », dit-il.

Ainsi «l'ingérence politique », selon l'expression de M. Guité, est omniprésente dans ce système de retour d'ascenseur. L'ancien fonctionnaire veut d'ailleurs le démontrer en tentant d'impliquer Paul Martin et l'ancien ministre de l'Industrie, John Manley. Guité explique qu'une agence de communication proche du parti libéral avait demandé aux deux hommes d'intervenir pour qu'elle conserve ses contrats fédéraux, même si elle était passée aux mains d'intérêts étrangers, ce qui contrevient aux règles en vigueur. En mars 2000, MM. Martin et Manley ont confirmé à leur collègue Gagliano que Vickers & Benson conserverait ses contrats même si elle avait été vendue à la firme française Havas. Selon M. Guité, c'est Pierre Tremblay, alors chef de cabinet du ministre Gagliano, qui lui a donné cette assurance.

Charles Guité mouille le gouvernement Chrétien jusqu'au cou. Il affirme que l'ancien ministre des Travaux publics de 1993 à 1996, David Dingwall, alors chargé de mettre de l'ordre dans le processus de sélection des agences, est quelque peu revenu sur ses promesses de réforme en excluant le critère du prix dans le processus d'attribution des contrats fédéraux. «Il m'a dit, raconte Guité: "Nous avons notre politique, nous ne voulons pas de ce critère de prix." » Le choix des agences répond donc avant tout à des critères politiques. Autrement dit, sans l'obstacle que constitue l'obligation d'attribuer un contrat au plus bas soumissionnaire, le gouvernement libéral peut plus facilement octroyer les contrats de commandite à ses loyaux amis, ceux en particulier qui contribuent au financement du parti. «Je ne crois pas que Chuck Guité, affirme ce dernier, aurait gagné cette bataille contre le Conseil du Trésor et le Conseil privé. Il a été politiquement décidé d'enlever le critère du prix et ce n'était pas par Chuck Guité. » Il explique ensuite cette décision. « Je vais être très direct. Parce que les politiciens ne pourraient pas avoir les agences qui ont organisé leurs campagnes électorales. » Ils ne pourraient donc pas « retourner l'ascenseur »…

La question du critère du prix dans le choix d'une agence est ainsi centrale, fait alors remarquer le commissaire John Gomery à Chuck Guité. Si ce critère avait été maintenu, le système d'attribution des contrats aurait été plus ouvert, plus transparent et plus juste. « Je vais vous suggérer, dit-il, que c'est là une des raisons pour lesquelles nous sommes dans ce pétrin-là aujourd'hui. »

Le commissaire Gomery se permet également de commenter publiquement cette question du critère du plus bas soumissionnaire lorsque la preuve développée devant lui démontre que l'ancien directeur de la DGSCC refuse – non seulement parce qu'on le lui ordonne mais par conviction – de prendre en compte ce critère lorsqu'il s'agit d'attribuer des commandites à telle ou telle agence. Le commentaire du juge est cinglant à l'égard du gouvernement libéral : « Il [Guité] était notoirement de l'avis qu'on ne pouvait évaluer une commandite en tenant compte de son coût, qu'il s'agissait plutôt d'une sorte de processus artistique… Il était paradoxal de confier à cet homme la responsabilité d'un processus d'appel d'offres compétitif alors qu'il ne croyait même pas à ce processus. »

L'histoire du concours destiné à trouver une agence pour Tourisme Canada, en septembre 1994, est d'ailleurs exemplaire de cette approche. Charles Guité préside ce concours. L'agence torontoise Vickers & Benson arrive en tête et BCP en seconde position. Vickers & Benson est avisée par lettre qu'elle est choisie. BCP reçoit malgré tout des contrats de publicité de Tourisme Canada d'une valeur totale de 65,7 millions de dollars jusqu'en 2003. Que s'est-il passé ? Charles Guité donne sa version des faits : « Quand le contrat a été donné seulement à Vickers & Benson, Yves Gougoux [le président de l'agence BCP] est devenu fou de rage et a appelé le bureau du premier ministre. Ils ont changé ça (…). Est-ce que c'était de l'ingérence politique ? Je le crois. » Guité affirme ainsi avoir reçu par la suite un appel du cabinet du premier ministre pour lui demander de diviser le budget publicitaire de Tourisme Canada entre Vickers & Benson et BCP.

Comme le rapporte le lendemain la journaliste Kathryn May, « le témoignage de Charles Guité (…) a mis en lumière, au sein même de la bureaucratie, un système de récompenses politiques aussi vieux que la Confédération[4] ». On apprend que Vickers & Benson, par exemple, a collaboré au « Comité de la feuille rouge », l'équipe électorale qui a développé les publicités et la stratégie pour faire élire Pierre Trudeau. Vickers et BCP ont également été mis à contribution pour faire élire Jean Chrétien en 1993 et en 1997.

Pour donner plus de poids à ses accusations d'ingérence politique, Chuck Guité raconte l'épisode assez incroyable d'un investissement fédéral de 10 millions de dollars pour la création, échelonnée sur trois ans, d'une série télévisée de vingt-six épisodes destinée à la télévision chinoise. Le projet confié à Vickers & Benson « fut pris en charge politiquement du début à la fin », après son annonce au cours d'un voyage d'Équipe Canada en Chine à la fin des années 1990. La série, qui vise quelque 80 millions de téléspectateurs, a pour objectif de montrer aux Chinois la vie et les coutumes canadiennes ainsi que de promouvoir le commerce entre les deux pays. Dès le départ, raconte Guité, l'idée de cette série destinée à la Chine ne lui sourit guère. Mais on lui dit qu'il n'est pas question de la « mettre à la poubelle » : « On me dit : "Ce sera approuvé." » La série a la bénédiction, selon lui, de Jean Pelletier et de Jean Carle. Le projet est à l'origine retenu par M. Pelletier en 1996 lorsque ce dernier passe en revue une liste d'événements à commanditer. C'est du moins ce que prétend l'ancien tsar des commandites. Il ne comprend pas, à juste titre, ce que vient faire un projet destiné à la Chine dans un programme dont l'objectif est de faire la promotion de l'unité canadienne. Le commissaire Gomery ne comprend pas non plus : « Il n'y a pas beaucoup de souverainistes en Chine », lance-t-il avec ce ton pince-sans-rire qui le caractérise.

Un autre aspect capital du témoignage de Charles Guité concerne le rôle de Jacques Corriveau dans les commandites. C'est le ministre Dingwall qui lui a présenté M. Corriveau au début du règne de Jean Chrétien. Le ministre lui recommande de « prendre bien soin » de Jacques Corriveau, lui faisant comprendre que le personnage est tenu en haute estime au 24 de la promenade Sussex. « Si jamais vous trouvez quelqu'un un jour au lit entre Jean Chrétien et sa femme, ce serait Jacques Corriveau », lui aurait même dit David Dingwall. Le ministre a un sens de l'humour particulier, précise M. Guité qui affirme qu'il n'a pas eu de mal à saisir le message. La rencontre entre M. Guité et M. Corriveau se passe dans les bureaux du ministre à Gatineau plusieurs mois avant le référendum de 1995. Jean Lafleur, de LCM, est également présent. On sait désormais que M. Corriveau a gagné par la suite 6,7 millions de dollars en sous-contrats de commandite alors que LCM a reçu environ pour 30 millions de dollars de contrats fédéraux.

À l'occasion de ses visites fréquentes aux cabinets du premier ministre ou de son ministre à TPSGC, Charles Guité fait parfois d'étonnantes rencontres. Un jour, au bureau de Jean Carle, il croise Mme Aline Chrétien, à qui il est présenté. Après le départ de Mme Chrétien, Jean Carle indique à Chuck Guité deux montres posées sur une table. «Ce sont les deux montres qu'elle préfère», dit Jean Carle. «Évidemment, de retour à mon bureau, commente M. Guité à la commission, j'ai téléphoné à Lafleur pour lui dire qu'il devrait commander ces deux montres.» Ces montres, commandées par centaines dans un étui luxueux et ornées du logo «Canada», doivent servir de cadeaux lors des voyages de commerce ou des voyages officiels du premier ministre à l'étranger. C'est Jean Lafleur qui fournit ces articles promotionnels, qu'il commande à la firme Publicité Dézert de son fils Éric Lafleur. Les montres choisies par Aline Chrétien sont baptisées ironiquement par les fonctionnaires du service des commandites de «montres de Mme Chrétien». À nouveau, le commissaire Gomery s'interroge sur le bien-fondé de ces dépenses qui ont bien peu à voir avec un programme créé essentiellement pour contrer la menace de sécession du Québec.

M. Guité révèle aussi que Jean Carle, le protégé de Jean Chrétien, est à l'origine des commandes de balles de golf du premier ministre sur lesquelles la feuille d'érable et, parfois, sa signature sont apposées.

Une retraite active

Charles Guité ne s'en tire pas blanc comme neige. Mais son dernier témoignage, celui d'avril 2005, paraît empreint d'une certaine crédibilité – en dépit des efforts des avocats de MM. Gagliano et Pelletier pour démontrer le contraire – justement parce qu'il n'hésite pas à collaborer avec le procureur Bernard Roy lorsque vient le moment d'examiner les avantages personnels qu'il a tirés de ses nombreuses relations dans le monde politique et de la publicité. Lorsque Chuck Guité prend sa retraite en août 1999, il fonde sa propre maison, Oro Communication. Il n'a pas de mal à se trouver des clients, parmi ses anciennes relations de travail, qui le payent 1400 $ la journée. En trois ans, il amasse plus de un million de dollars, sans compter les généreuses prestations de retraite de 69 000 $ qu'il reçoit chaque année du gouvernement fédéral. Chuck Guité n'a jamais gagné autant en une année pendant toute sa carrière de fonctionnaire. Les gens sont « disposés à payer Chuck Guité » pour bénéficier de son influence, affirme-t-il. « Ils m'ont dit : "Nous savons que vous pouvez entrer dans le bureau de Jean Pelletier ou celui du ministre des Travaux publics et influencer." »

Le lendemain de son départ de la fonction publique, il envoie au producteur Robert-Guy Scully une facture de 5000 $ pour des services de consultation. Charles Guité doit utiliser ses relations pour obtenir à M. Scully une entrevue avec l'ambassadeur du Canada à l'ONU, Robert Fowler. L'interview n'a jamais lieu mais le nouveau lobbyiste est payé en tout et pour tout 15 000 $ par L'Information Essentielle. Ainsi, Oro Communication décroche la grande majorité de ses contrats auprès des entreprises avec lesquelles Chuck Guité a fait des affaires au programme de commandites, surtout avec Groupaction, PacCanUS, Serdy Vidéo, Compass, l'Institut de la publicité canadienne, Gescom et L'Information Essentielle. La plupart de ces contrats ne débouchent sur aucun résultat tangible, reconnaît l'intéressé, même s'ils lui permettent d'amasser des sommes considérables. Il travaille aussi pour Claude Boulay, Jean Lafleur et Jean Brault. Il reçoit de l'argent de Wallding International inc., la firme de lobbyisme mise sur pied par David Dingwall après sa défaite électorale en 1997. L'un des contrats les plus avantageux pour lui est celui qu'il déniche au profit d'une agence parente de Vickers & Benson. Cette agence lui verse 371 000 $ pour divers services entre 2000 et 2002. Vickers & Benson, raconte M. Guité, requiert ses services au moment où l'agence française Havas tente d'en faire l'acquisition. Mais comme une partie importante des affaires de Vickers dépend de la publicité fédérale, la maison française ne peut consentir à payer le gros prix pour l'agence sans avoir l'assurance qu'Ottawa maintiendra son lien d'affaires avec elle. De plus, l'acheteur a besoin d'une filiale entièrement canadienne afin d'être apte à recevoir des contrats fédéraux. En effet, pour être admissible à ces contrats, l'agence de publicité doit être canadienne à cent pour cent. « C'est là que je suis entré en jeu », explique Charles Guité. Il appelle d'abord le ministre Gagliano qu'il rencontre au restaurant Mamma Teresa à Ottawa le 22 mars. Il explique la situation au ministre. M. Gagliano le rassure en lui disant qu'il s'en occupe. Une semaine plus tard, M. Guité recevait un appel de son propre successeur à TPSGC, Pierre Tremblay, qui lui assurait que « l'affaire était dans le sac ». M. Guité communique la bonne nouvelle au patron de Vickers & Benson, John Hayter, à qui il donne la garantie supplémentaire que, si son volume de contrats de publicité avec le gouvernement fédéral venait à diminuer, le manque à gagner serait compensé par des contrats de commandite. Même si ces contrats doivent normalement être attribués par concours, M. Guité assure à son interlocuteur qu'il y a toujours moyen de retarder ces concours ou de les arranger pour que Vickers & Benson en sorte gagnant. L'achat de cette agence par Havas a lieu et Chuck Guité est payé 100 000 $ par cette même maison pour ses bons services. L'ex-tsar des commandites sait parfaitement, en invitant à dîner Alfonso Gagliano, qu'il viole la règle de la fonction publique qui oblige un employé nouvellement retraité à attendre une année avant de faire du lobbyisme auprès de son ancien employeur. De plus, il a agi en tant que lobbyiste sans être enregistré comme tel auprès du gouvernement – une autre infraction à la loi. « Cela ne vous a pas causé un certain malaise ? » lui demande Me Roy. « Cela m'en cause un aujourd'hui », rétorque sans hésiter Charles Guité.

L'ancien directeur de la DGSCC réussit aussi l'exploit de représenter en même temps deux entreprises concurrentes qui tentent de fusionner. Oro Communication décroche en effet un contrat de 125 000 $ de Groupaction pour examiner la possibilité d'acquérir l'agence Compass ou d'opérer une fusion. Au même moment, il reçoit du patron de Compass, Tony Blom, la mission de voir si une fusion avec Groupaction est possible. Il est payé 47 900 $ par Compass. MM. Brault et Blom ne sont pas informés du stratagème de Guité, mais le projet n'aboutit jamais.

L'autre bon coup que réussit Chuck Guité, avant que n'éclate le scandale des commandites, est de se faire embaucher pendant deux années au poste de vice-président de l'Institut canadien de la publicité pour les relations avec le gouvernement, un travail qui lui rapporte 190 000 $. Lui qui admet avoir contourné bien des règles dans l'attribution des contrats gouvernementaux fait même pression, dans une lettre du 30 juillet 2002, auprès du Conseil du Trésor afin qu'il adopte un nouveau mode de sélection des agences de publicité, question de remplacer « un modèle miné par les problèmes et les abus » et sujet à « une influence politique inappropriée »...

Si Chuck Guité devient si bavard en avril 2005 devant le juge John Gomery, c'est qu'il se rend compte, lors des quelques semaines qui séparent ses deux témoignages devant la commission, qu'il n'est pas aux yeux de ses anciens maîtres politiques le personnage important qu'il croyait être. Celui qui se vante d'avoir contribué « à sauver » le Canada quelques semaines plus tôt réalise qu'on l'a dupé. On l'a utilisé. On l'a berné. Petit pion dans une machination beaucoup plus vaste qui dépasse ce qu'il a pu imaginer.

En somme, lui, le valeureux chevalier de l'unité canadienne, n'a été qu'un paravent pour camoufler des desseins plus vils dont il ignore encore l'existence et que la commission Gomery révélera quelques semaines plus tard. Blessé, humilié, sa réputation anéantie, il n'accepte pas le rôle de bouc émissaire que ses anciens patrons tentent de lui faire tenir aux yeux du grand public. S'il parle à la commission d'enquête, c'est pour retrouver un peu d'honneur et de fierté personnelle, lui qui devra encore subir les affres d'un procès en cour criminelle pour fraude et complot. On objectera qu'il s'est enrichi de manière douteuse grâce aux stratagèmes dont nous venons de faire état. Mais les sommes d'argent qu'il reçoit de ces contrats sont minimes en comparaison de celles engrangées par les propriétaires des agences de communication proches des libéraux. Chuck Guité a géré pour environ 1,5 milliard de dollars de contrats gouvernementaux au cours de l'épisode des commandites et la moitié de cette somme s'est retrouvée dans les coffres des agences. Lui-même va se chercher par la suite peut-être un ou deux millions de dollars grâce aux bons soins de ses anciens amis et clients. C'est presque une aubaine pour ceux qui veulent lui faire jouer le rôle de grand responsable du scandale.

L'ensemble du témoignage de Charles Guité devant la commission Gomery a appris deux choses aux enquêteurs : d'abord que tout le monde est au courant de la façon de faire du fonctionnaire, c'est-à-dire des manquements à la Loi sur la gestion des finances publiques, que ce soit au bureau du premier ministre, à celui du ministre des Travaux publics, au Bureau d'information du Canada ou encore au Conseil privé (le ministère du premier ministre). Personne ne lève le petit doigt pour remettre les choses en ordre. Les agissements de M. Guité confirment ensuite les grandes conclusions du rapport de la vérificatrice générale sur la gestion du programme et ne réussissent pas à cacher la direction politique des commandites. Le témoignage-choc de M. Guité met en effet en lumière le contrôle permanent qu'exerce le bureau du premier ministre Chrétien sur le programme, à la fois par l'entremise de Jean Pelletier, et par celle de Jean Carle. Chuck Guité déclare sous serment qu'il n'a jamais décidé lui-même de l'attribution d'un contrat supérieur à 25 000 $.

Beaucoup de documents déposés à la commission prouvent cette mainmise politique sur le programme. Prenons seulement l'exemple de cette note de service de 1998, déposée dès le début du témoignage de M. Guité, une note qui démontre que quelque 2,4 millions de dollars en contrats donnés au Groupe Polygone Éditeurs font l'objet de discussions entre M. Pelletier et M. Gagliano. Il s'agit d'un document non signé envoyé par M. Guité au ministre Gagliano. On y fait état de sept événements de commandite pour 1998-1999, dont cinq projets destinés au Groupe Polygone : 1,9 million pour des salons de chasse et pêche au Québec et 529 000 $ pour l'*Almanach du peuple*. « Monsieur le ministre, écrit Chuck Guité, les projets mentionnés plus haut ont été discutés avec M. Pelletier hier. Il m'a demandé de lui faire parvenir la liste parce que je suis certain qu'il y aura des pressions pour que nous participions à ces projets. La liste sera envoyée à M. Pelletier ce matin parce qu'il m'a dit qu'il veut en discuter avec vous cet après-midi. »

En conclusion, comme il le reconnaît lui-même, le tsar des commandites aurait pu, en agissant autrement, faire économiser à l'État des millions de dollars en commissions inutiles versées aux agences. Mais l'essentiel de son témoignage tient à une vérité fondamentale : Chuck Guité n'a pas agi seul.

CHAPITRE XII

Quelque chose de pourri…

Au début du mois de mai 2002, alors que circule la rumeur selon laquelle la vérificatrice générale va demander à la Gendarmerie royale d'examiner d'un point de vue judiciaire les transactions entre le gouvernement fédéral et l'agence montréalaise Groupaction – pour les trois fameux rapports quasi identiques payés plus d'un demi-million de dollars chacun –, celui qui a ordonné la préparation de ces rapports, Alfonso Gagliano, est à Montréal, où il assiste en toute quiétude au mariage de sa fille.

Pourtant, quelques mois plus tôt, l'ancien bras droit et lieutenant de Jean Chrétien au Québec était malgré lui sous les feux de la rampe de la manière la plus désagréable qui soit : accusé sur la place publique, démis de ses fonctions de ministre des Travaux publics et « exilé » au royaume de Danemark à titre d'ambassadeur du Canada. Certes, il s'agissait d'un exil doré mais qui n'en traduisait pas moins l'embarras du gouvernement Chrétien.

Tout s'était précipité à la fin de l'année 2001 quand l'ancien président de la Société immobilière du Canada (SIC), Jon Grant, avait accusé l'influent ministre de favoritisme et d'ingérence dans la gestion de cette société d'État. Ce n'était pas la première fois que M. Gagliano était accusé de tels méfaits depuis sa nomination au Cabinet en 1996.

Passons brièvement en revue les faits qui lui sont reprochés dans la dernière année et demie. En juin 2000, une affaire embêtante est révélée aux Communes par le Bloc Québécois. Le Bureau d'information du Canada (BIC), dont est responsable M. Gagliano, a accordé un nombre important de contrats de plus de 25 000 $ sans appel d'offres entre avril 1997 et août 1999, ce qui est contraire aux directives du Conseil du Trésor.

En août 2000, Alfonso Gagliano est aux prises avec des allégations de favoritisme concernant son fils, Vincenzo Gagliano, embauché au début de 1999 par Lithographie Dickson à titre de directeur du marketing et du développement commercial. L'ennui, c'est que cette entreprise imprime du matériel publicitaire pour Groupaction et Groupe Everest, deux firmes, on l'a vu, très choyées par les contrats de commandite de TPSGC.

En mai 2001, un quotidien torontois révèle que le ministère de M. Gagliano a accordé un contrat de 615 000 $ sans appel d'offres à Groupaction. Aussi invraisemblable que cela puisse paraître, le contrat consiste pour la firme montréalaise à évaluer elle-même le travail qu'elle fournit au gouvernement fédéral…

En juin 2001, une autre affaire éclate. Des rapports de vérification établissent qu'un contrat de 150 millions de dollars d'une durée de cinq ans a été attribué de façon douteuse à Média/IDA Vision, la filiale de Groupe Everest. Les vérificateurs affirment que le ministère de M. Gagliano n'a pas respecté les règles en vigueur dans l'attribution de ce contrat, occasionnant des frais excessifs au Trésor public.

En novembre 2001, le *Globe and Mail* révèle que deux sociétés de la Couronne sous la houlette du ministre, soit la Société canadienne d'hypothèque et de logement et Postes Canada, ont embauché à contrat Maurizio Creuso, un ancien sénateur d'Italie accusé de fraude et qui se présente comme l'ami du ministre. L'homme a été condamné à seize ans de prison en Italie, ce qui ne l'empêche pas d'obtenir la citoyenneté canadienne, accompagnant même Alfonso Gagliano en Pologne en janvier 2000 au sein d'une délégation canadienne. Lorsque l'affaire est découverte, le ministre affirme avoir toujours ignoré que M. Creuso, qu'il connaît depuis 1983, possédait un dossier criminel.

Au cours des derniers mois de 2001, le quotidien *The Globe and Mail* a publié ainsi une série d'articles traitant des contrats accordés par Travaux publics à des amis et à des proches du ministre. Alfonso Gagliano réplique alors que toutes les règles d'attribution des contrats ont été respectées et qu'il n'a nullement l'intention de quitter la politique comme le laissent entendre certains. Une rumeur l'envoie même au Vatican pour représenter le Canada. Le ministre est en furie. Il lance diverses accusations, sans tou-

tefois les appuyer de preuves, selon lesquelles des libéraux ten-
teraient de saper sa réputation et de ruiner sa carrière politique
par la communication de fausses informations aux médias. Il suggère même que certains de ses collègues du Cabinet sont derrière
cette cabale. « Il est clair que quelqu'un veut ma job, déclare-t-il
au *Globe and Mail*, particulièrement depuis les six derniers mois. »
« Je suis là pour rester, ajoute-t-il, et je compte bien me battre. Je ne
vais pas m'en aller et les laisser simplement détruire ma réputation
en politique. »

Une recommandation n'est pas un ordre

Jon Grant accuse, entre autres, le ministre Gagliano et des membres de son entourage d'avoir embauché de ses amis très proches,
dont nul autre que Tony Mignacca, l'organisateur politique qui fera
tant parler de lui plus tard à la commission Gomery. Selon M. Grant,
le ministre a aussi fait des pressions sur lui pour que la SIC retienne
les services de la firme de communications de Michèle Tremblay,
une proche collaboratrice d'Alfonso Gagliano, à un coût de 5000 $
par mois, afin de rédiger des discours. M. Grant affirme que Jean-
Marc Bard, le chef de cabinet du ministre, lui a affirmé à propos
de cette embauche, question de délimiter clairement la chasse
gardée de son patron : « Le reste du Canada est à vous, mais le Québec, c'est à nous. » Le ministre nie toutes ces accusations, usant
d'une défense qui va lui servir à profusion deux ans plus tard à la
commission Gomery : certes il a « recommandé » à M. Grant d'embaucher M. Mignacca mais cela n'aurait jamais dû être interprété
par M. Grant comme un ordre. « Je pense que c'est une question
d'interprétation, de perception », déclare-t-il sur les ondes de TVA.
Cette controverse déclenche une telle tempête politique aux Communes que les rumeurs d'une mise hors jeu du puissant ministre
vont bon train à Ottawa à la fin de 2001. Il n'y a pas que l'Alliance
canadienne, le Bloc Québécois, le Nouveau Parti démocratique et
le Parti conservateur qui réclament la tête du ministre. Certains
députés libéraux n'hésitent pas à dire aux journalistes en privé que
« l'affaire Gagliano » risque d'avoir des retombées épouvantables
pour le Parti libéral du Canada. Ces députés en ont assez des frasques de leur collègue qui défraye les manchettes depuis des mois.

   Le premier ministre renouvelle publiquement à quelques reprises sa confiance en M. Gagliano, mais il ne peut tenir longtemps

devant l'évidence et la gravité des fautes de son bras droit. Il saisit le prétexte de la démission surprise de son ministre de l'Industrie, Brian Tobin, pour faire un remaniement ministériel majeur. Il convoque Alfonso Gagliano le 14 janvier 2002 au matin, au 24 de la promenade Sussex, pour annoncer à son vieil ami qu'à partir de ce jour il n'est plus ministre. Jean Chrétien l'éloigne à toute vitesse et le nomme ambassadeur du Canada au Danemark. « Je perds un collègue très précieux », dit-il après l'annonce de sa décision. Le premier ministre refuse cependant d'admettre que les récents problèmes de son lieutenant sont à l'origine de sa décision. M. Chrétien raconte, sans réussir à convaincre les journalistes, que M. Gagliano lui a fait part de son désir de quitter la vie politique en septembre 2001, que le remaniement déclenché par le départ de Brian Tobin a précipité son départ, que M. Gagliano aurait préféré demeurer en poste encore quelque temps.

Alfonso Gagliano est dévasté. La chute est brutale. Lui qui a quitté à l'âge de 16 ans sa Sicile natale pour se faire, rempli d'espoir, une nouvelle situation au Canada, voit s'effondrer en un instant ce qu'il avait travaillé avec acharnement à construire pendant toute sa vie adulte. Le poste qu'on lui offre au Danemark est une bien maigre consolation pour ce politicien devenu maître dans l'art de tirer discrètement les ficelles. Comment est-il possible qu'on le laisse ainsi tomber comme une vieille chaussette, lui qui a offert sur un plateau d'argent à Jean Chrétien une victoire spectaculaire du PLC au Québec le 27 novembre 2000 – alors que les libéraux raflent 44,25 % des voix contre 39,85 % au Bloc Québécois ? Il n'a rien vu venir[1]. Pragmatique et capable de faire abstraction de ses sentiments personnels, Jean Chrétien a vite compris que de nouvelles révélations sur les agissements de son ministre auraient des conséquences désastreuses pour sa propre capacité à gouverner. Il ne veut pas courir ce risque et il n'hésite pas à sacrifier celui qui lui a pourtant rendu de grands services.

Pour comprendre le personnage Gagliano et les témoignages rendus devant le Comité des comptes publics de la Chambre des communes et devant la commission Gomery, quand ce ne sont pas tout simplement ses interventions dans les médias, il n'est pas inutile de revoir son parcours depuis sa naissance le 25 janvier 1942 dans le village sicilien de Siculiana, une agglomération de 5000 habitants. C'est en 1958 qu'il arrive à Montréal. Il accepte très vite de petits boulots de subsistance ; il travaille dans une manufacture de matelas pour bébé et il se fait même, pendant huit longues années, repasseur le jour afin de payer les cours de comptabilité qu'il suit le soir à l'Université Sir George Williams. Rapidement, il fait son chemin dans la société italo-canadienne de Saint-Léonard, dans le nord-est de Montréal. Il est membre de la chambre de commerce de Saint-Léonard et de l'Association des gens d'affaires et professionnels italo-canadiens. Il s'intéresse aux activités de la commission scolaire Jérôme-Le Royer dont il devient même pendant cinq ans le président. C'est là, soit dit en passant, que travaille un certain Jean Lafleur et qu'est actif un certain Joe Morselli.

En 1978, M. Gagliano signe sa première carte du Parti libéral du Canada. C'est le début d'une longue carrière politique. En 1984, il est élu député fédéral de Saint-Léonard et devient, en 1988, président de l'aile québécoise du caucus libéral. Il est en première ligne lorsque vient le temps de déloger John Turner de la tête du parti et de le remplacer par Jean Chrétien, ce qui lui vaut la profonde reconnaissance du « p'tit gars de Shawinigan » et une ascension remarquée dans la hiérarchie gouvernementale. Pourtant, Jean Chrétien sait dès le départ que son protégé éveille une certaine méfiance. En 1993, alors que le nouveau premier ministre veut le nommer dans son cabinet, la GRC l'avise que M. Gagliano a entretenu jusqu'en 1984 des liens d'affaires avec un caïd de la mafia sicilienne, Agostino Cuntrera, né, lui aussi, à Siculiana. M. Cuntrera voit, à l'occasion, M. Gagliano à l'Association de Siculiana à Saint-Léonard. Cuntrera a été reconnu coupable de complicité dans le meurtre d'un autre mafioso montréalais, Paolo Violi, en 1978. C'est *La Presse* qui révèle au public en 1994 que le bureau de comptable de M. Gagliano tient les livres de deux entreprises d'Agostino Cuntrera, dont un restaurant Mikes. Jean Chrétien se porte aussitôt à la défense de son ami : « La Chambre des communes serait bien meilleure si nous avions plus de gens comme Gagliano. » Cette information retarde cependant la nomination de M. Gagliano, qui accède en 1996 au poste de whip en chef et de ministre du Travail du gouvernement Chrétien. Au lendemain des élections de juin 1997, il est nommé ministre des Travaux publics.

À l'hiver 2001, les relations de M. Gagliano attirent de nouveau l'attention. *La Presse* révèle cette fois que son bureau de comté de Saint-Léonard a fait des représentations par écrit au ministère de l'Immigration pour qu'on l'informe de l'état de la demande

d'immigration de l'épouse de Gaetano Amodeo, un mafioso sici‐
lien reconnu coupable de meurtre en Italie et qui attend dans une
prison montréalaise une décision au sujet d'une demande d'extra‐
dition du gouvernement italien. M. Gagliano affirme qu'il ne con‐
naît pas ce Gaetano Amodeo, qu'il n'est jamais intervenu en sa
faveur. L'affaire en reste là. Le criminel est extradé en Italie où il
purge une peine de prison à vie.

Alfonso Gagliano attribue très souvent les multiples rumeurs
et allégations non prouvées qui le tourmentent à ses origines sici‐
liennes. Il ne se gêne pas pour accuser ses détracteurs de racisme.
« Si mon nom était Lapierre ou Arcand, déclare-t-il aux Communes
lors de l'affaire Amodeo, ce genre de chose n'arriverait pas. » Quant
à ses liens avec Cuntrera, le ministre reconnaît publiquement « son
erreur de jugement ».

Ainsi, lorsque sa nomination au poste d'ambassadeur au Dane‐
mark devient officielle, l'opposition ne peut retenir ses sarcasmes.
Le député Stockwell Day, de l'Alliance canadienne, qualifie aussi‐
tôt la décision de M. Chrétien d'irresponsable : « Ce n'est pas juste
pour nous, ce n'est pas juste pour l'autre pays. » Son collègue, Peter
Goldring, se permet une comparaison de mauvais goût lorsqu'il
affirme que « fort à propos M. Gagliano est envoyé au pays du nau‐
séabond fromage bleu danois ».

Remous autour d'une nomination

Déjà, l'opposition évoque la nécessité de soumettre le ministre
démis à un examen du comité permanent des affaires étrangères de
la Chambre des communes afin de savoir s'il est apte à représenter
le Canada à l'étranger. L'ancien premier ministre Joe Clark, à la
tête du Parti progressiste conservateur, accuse le gouvernement de
tenter de camoufler par cette nomination la gravité des gestes posés
par M. Gagliano à titre de ministre. Pour Joe Clark, cette nomina‐
tion est aussi la preuve que le gouvernement Chrétien ne prend
nullement au sérieux les affaires internationales.

Pendant ce temps, au Danemark, la nomination de M. Gagliano
crée d'autres remous. Certains journaux se disent vexés que le gou‐
vernement canadien leur envoie « un ministre congédié » pour le
représenter. Le grand quotidien *Berlingske Tidende* titre : « Le Canada
affecte un ministre congédié au Danemark ». On présente le futur
ambassadeur comme le « démis », « le ministre remercié ». « Au

lieu d'être renvoyé chez lui, peut-on lire dans un autre journal danois, le *Ekstra Bladet,* il est envoyé au Danemark. » Son nouvel emploi, commente ce journal, doit être considéré comme « un poste insignifiant ».

La disgrâce de l'ancien ministre est telle que l'opposition réussit à faire plier le gouvernement et à contraindre le futur ambassadeur à comparaître devant le Comité permanent des affaires étrangères des Communes afin d'évaluer ses compétences. C'est une humiliation de plus pour l'ancien député de Saint-Léonard même si la procédure est qualifiée de « routinière » par le vice-premier ministre John Manley. Le comité, présidé depuis peu par la députée libérale d'Etobicoke-Lakeshore, Mme Jean Augustine, accepte la motion de la députée bloquiste de Mercier, Francine Lalonde, selon laquelle l'ancien ministre n'est pas qualifié pour diriger la chancellerie de Copenhague et que sa nomination « politique » dessert la réputation des services étrangers canadiens. Mme Lalonde a déposé cette motion immédiatement après que le premier ministre Chrétien eut annoncé par décret en janvier la nomination de M. Gagliano au Danemark. Il n'était jamais arrivé dans l'histoire du parlement canadien que le Comité permanent des affaires étrangères exprime ainsi l'opinion qu'un candidat n'était pas à la hauteur du poste auquel il avait été nommé. Reste que ce comité, si important soit-il, n'a pas les pouvoirs de répudier l'ambassadeur. Il peut tout au plus faire part à la Chambre des communes de ses réticences.

Un peu plus tôt, soit au début de février 2002, l'opposition tente, devant un autre comité des Communes, le Comité permanent des transports et des opérations gouvernementales, de faire entendre un certain nombre de témoins susceptibles de faire la lumière sur les allégations d'ingérence politique et de favoritisme faites à l'encontre de l'ex-ministre de TPSGC. Mais forts de leur majorité à ce comité, les députés libéraux bloquent la manœuvre. « La partisanerie a fait ses effets (…) Ils [les libéraux] ont une sainte peur de connaître la vérité », réagit alors un député du Bloc Québécois membre de ce comité, Ghislain Lebel.

Si les libéraux fédéraux viennent de remettre le couvercle sur l'une des marmites de l'affaire Gagliano, ils ne connaissent guère le répit espéré. Quelques jours plus tard, la controverse rebondit avec le dépôt en Cour supérieure d'une lettre manuscrite accusant M. Gagliano d'avoir usé de son influence auprès d'une société

d'État pour qu'elle embauche certains de ses amis et qu'elle distribue des contrats selon ses recommandations. En tant que ministre de TPSGC, M. Gagliano est le grand responsable des sociétés
d'État. La lettre en question, datée du 22 octobre 1998 et rédigée
par un ancien vice-président de la Société immobilière du Canada,
Michel Couillard, contient la liste des noms des professionnels et
des consultants «suggérés par le ministre A. Gagliano et Jean-
Marc Bard [le chef de cabinet du ministre] pour que la SIC les embauche». Trois mois après avoir écrit cette lettre, M. Couillard est
suspendu de ses fonctions à la SIC. Le journaliste André Noël raconte à la une de *La Presse* le 13 février 2002 :

> Une vaste enquête policière a été déclenchée (…), qui s'est en partie
> retournée contre M. Couillard. En décembre dernier, il a plaidé coupa-
> ble à une accusation d'abus de confiance pour une affaire mineure : il a
> accepté qu'une écurie de Bromont efface une partie de la facture pour
> la pension du cheval de sa fille. Son avocat, Tom Walsh, a livré sa plai-
> doirie sur la sentence à imposer à son client, en Cour supérieure hier.
> Me Walsh demande que son client obtienne un pardon. Et, afin de bien
> faire comprendre le contexte au juge, il a déposé la lettre de son client,
> qui avait déclenché toute l'enquête. M. Couillard avait adressé la lettre
> à son patron, le PDG de la SIC, Erhard Buccholz. Le premier nom de
> la liste de personnes recommandées par le chef de cabinet du ministre
> Alfonso Gagliano était celui de Tomasso Nanci, avocat de Montréal et
> ancien organisateur du ministre. Michel Couillard explique qu'on lui a
> demandé de transférer tous les dossiers confiés à la firme Martineau
> Walker à Me Tomasso Nanci, de la firme Guy et Gilbert. «L'idée [qui
> m'était présentée] était que T.N. [Tomasso Nanci] devait devenir le
> principal conseiller juridique de la SIC (Québec), plutôt que Martineau
> Walker. Comme vous savez, j'ai donné un peu de travail à T.N., mais
> j'ai personnellement un problème à transférer du travail additionnel de
> M.W. [Martineau Walker] à T.N.» Vient ensuite le nom d'Emmanuel
> Triassi à qui, explique Michel Couillard, le ministre voulait que soit
> confiée la construction ou la gérance du projet d'immeubles à loge-
> ments Benny Farm à Montréal. Ces immeubles sont sous la supervision
> de la SIC. «Il a été demandé que le processus d'appels d'offres ou de
> soumissions soit évité pour s'assurer que (…) l'entreprise de construc-
> tion de Manuel Triassi obtienne le contrat, écrit M. Couillard. J'ai re-
> fusé de le faire !» Selon Radio-Canada, Emmanuel Triassi sera plus tard
> nommé président du conseil d'administration de la Monnaie royale du
> Canada par Alfonso Gagliano. Michel Couillard ajoute que le ministre
> Gagliano voulait que la firme d'ingénieurs Pageau Morel ait sa part du
> projet Benny Farm. «Le gendre du ministre, écrit-il, travaille pour cette
> entreprise.» Le vice-président de la SIC affirme aussi qu'on lui a de-
> mandé de favoriser plusieurs sociétés autour du projet Benny Farm, dont

la société d'architectes Bertomeu et Ruccolo. Autre nom proposé : la
firme d'ingénieurs Pageau Morel pour les travaux mécaniques et électriques de Benny Farm. «Le gendre du ministre travaille pour cette
firme », note M. Couillard. «Par ailleurs, on m'a dit que le travail d'in-
génierie de structure pour le projet Benny Farm devrait être donné à So-
prin/ADS. [Dans ce cas], les appels d'offres devraient être évités. Tous
les travaux de démolition devraient être donnés à la firme de démolition Forlini sans délai. Le contrat devrait être accordé directement ! »
M. Couillard affirme aussi que le chef de cabinet de M. Gagliano a fait
pression pour qu'il embauche le consultant Michel Hébert. Vers le 2 juin
1998, le ministre Gagliano et son chef de cabinet, Jean-Marc Bard, ont
«fortement suggéré que le contrat de consultation et de marketing de
Robert Charest [de la firme Gestpro] soit prolongé, étant donné que
son frère [Jean Charest] allait maintenant sur la scène provinciale et
que les libéraux fédéraux voulaient l'aider », écrit M. Couillard. M. Couillard affirme aussi qu'il a reçu plusieurs demandes pour donner du
travail à Clément Joly, comptable de la firme RCMP, et, ajoute Radio-
Canada, un des responsables des finances du Parti libéral du Canada au
Québec. Enfin, le vice-président de la SIC confie qu'on lui a demandé
de trouver un emploi permanent à Tony Mignacca, organisateur politique de M. Gagliano. «Comme vous savez, Tony Mignacca est un ami
personnel du ministre Gagliano et on m'a demandé de lui donner un
emploi permanent au salaire annuel de 70 000 $ dès octobre ou novem-
bre. Tony Mignacca a de l'expérience dans l'entretien d'édifices à la commission scolaire de Saint-Léonard… J'ai dit au ministre et à J.-M. Bard
que je ferais de mon mieux pour l'aider, mais que je ne peux pas lui
offrir ce salaire pour une telle expérience (une personne d'entretien).
La pression a été très intense pour trouver un job à Tony Mignacca.
Dernièrement, j'ai dit à J.-M. Bard, après avoir discuté avec vous de
cette situation, de revoir cette affaire avec vous et M. [Jon] Grant [pré-
sident du conseil d'administration de la SIC], s'il n'était pas content de
ma réponse. Nous ne pouvons pas faire cela[2] ! »

Lorsque l'ex-ministre Gagliano se présente le 19 mars 2002 devant le Comité permanent des affaires étrangères, son dossier peu
reluisant s'est ainsi alourdi. Mais les députés libéraux, qui reçoivent des directives d'en haut, trouvent encore le moyen de sauver
leur ancien collègue. Cette séance du Comité des affaires étrangères dure trois heures et se transforme rapidement en guerre de procédure, les partis en présence ne cessant à tour de rôle d'invoquer
le règlement. Après quatre-vingts minutes d'affrontement, l'ancien
ministre de TPSGC n'a pas encore répondu à une seule question.
L'opposition tente à maintes reprises de faire porter l'enquête sur
les allégations de Jon Grant et de Michel Couillard. Elle souhaite
demander des éclaircissements sur les deux rapports «identiques»

fournis par Groupaction à son ministère. Toutes ces questions sont directement liées aux « qualifications et compétences » de l'ancien ministre. Mais la présidente libérale du comité, Jean Augustine, fait entendre clairement, au terme de prises de bec acerbes, qu'elle ne permettra pas aux parlementaires d'interroger M. Gagliano sur son travail de ministre. « J'espérais que ça ne se passe pas comme ça, commente, estomaquée, Francine Lalonde. (…). Si le ridicule tuait, je crois que le comité n'aurait pas pu continuer à siéger. » « C'est tout à fait inacceptable et répugnant que le comité n'ait pu poser des questions sur le travail du ministre Gagliano, commente à son tour le néo-démocrate Svend Robinson. Depuis vingt ans que je suis au Comité des affaires étrangères, jamais je n'ai assisté à un spectacle aussi pathétique, à un blanchiment de la sorte du ministre Gagliano par un groupe de députés libéraux. » M. Gagliano proteste de son innocence le peu de fois qu'il a la parole pendant la séance. Interrogé par Mᵐᵉ Lalonde sur la nécessité pour lui de blanchir sa réputation avant d'accepter ce poste, l'ancien ministre sort de ses gonds :

> Je rejette totalement et catégoriquement toutes les allégations qui ont été faites, que les journaux ont faites. Quand j'étais en poste, j'ai eu l'occasion de répondre à ces critiques. Chaque fois, j'ai mis sur la table des faits précis. Laissez les faits parler et vous allez voir que tout est correct. Je peux vous regarder dans les yeux, madame Lalonde, et vous dire que je suis une personne intègre et honnête. Mais je n'ai aucune leçon de moralité à recevoir de qui que ce soit, incluant vous.

M. Robinson a déposé une motion qui demande que le comité s'abstienne d'appuyer la nomination du nouvel ambassadeur jusqu'à ce qu'une enquête parlementaire complète fasse la lumière sur les accusations de favoritisme portées contre l'ancien ministre. La motion est défaite par la majorité libérale (9 contre 7). « Il y a un énorme nuage de corruption qui flotte au-dessus de M. Gagliano, déclare M. Robinson. (…) Je ne comprends pas que l'on veuille approuver la nomination de cet homme sans qu'il y ait eu enquête sur ces graves allégations. Maintenant, il est en route pour le Danemark. C'est honteux. »

L'opposition sort de la réunion tellement dépitée qu'elle porte plainte auprès du président de la Chambre, Peter Milliken. C'est la porte-parole du Bloc Québécois en matière d'affaires étrangères, Francine Lalonde, qui, la première, soulève la question de privilège, estimant qu'elle n'a pu poser en comité les questions adéquates sur l'expérience de M. Gagliano. Brian Pallister, de l'Alliance canadienne, ainsi que Bill Casey des conservateurs et Bill Blaikie du NPD, appuient Mme Lalonde qui se déclare lésée dans ses privilèges de parlementaire. «On m'a privée de parole», lance-t-elle. Le président libéral de la Chambre rejette la plainte de l'opposition.

Francine Lalonde conclura alors: «Je ne comprends pas que lui-même ne veuille pas d'une enquête.»

La relégation au Danemark

Cet épisode du Comité des affaires étrangères survient quelques jours à peine après l'affaire des rapports bidon de Groupaction qui ont déclenché le tollé que l'on sait et provoqué la première enquête de la vérificatrice générale. Le départ d'Alfonso Gagliano pour le Danemark alimente le cynisme de bien des chroniqueurs politiques. Don Martin, de Southam News, n'avait pas hésité à faire allusion dans une de ses chroniques à la célèbre réplique du soldat Marcellus à Horatio dans le *Hamlet* de Shakespeare[3]: «Il y a quelque chose de pourri au royaume de Danemark.»

Au cours des mois qui suivent, dans sa retraite dorée au Danemark, Alfonso Gagliano réussit presque à se faire oublier complètement, parce que la crise de confiance qui secoue le gouvernement Chrétien et l'expulsion du Cabinet des ministres Eggleton, Boudria et McAuley qui, comme l'ex-ministre de TPSGC, sont accusés de divers manquements à l'éthique, ont presque réussi à détourner l'attention publique du personnage. Celui-ci peut ainsi, sans trop se faire remarquer, assister au mariage de sa fille à Montréal au printemps 2002 avant de retourner à Copenhague, non sans avoir confié à des proches que lui et son épouse acceptent désormais avec sérénité leur installation en Europe. Ce qu'Alfonso Gagliano ne dit pas cependant, c'est qu'il caresse l'idée de se faire muter à Rome, comme ambassadeur du Canada auprès du Saint-Siège. D'ailleurs, au mois de mai 2003, des rumeurs circulent sur sa nomination au Vatican, le site Internet de la cour de Danemark faisant même état d'une réception d'adieu tenue par la reine en l'honneur de M. Gagliano. Mais l'information disparaît du site en moins de vingt-quatre heures, la réception n'a jamais lieu et Alfonso Gagliano n'est jamais nommé à ce poste qu'il convoite tant. Le Vatican n'aurait pas voulu d'un candidat sur lequel pèsent tant de soupçons de corruption. Le premier ministre Chrétien, qui nie toujours avoir tenté d'envoyer son ami à Rome, s'incline sans doute devant les discrètes mais fermes objections du Saint-Siège.

Au Danemark, les journaux reviennent régulièrement à la charge contre le « ministre démis », l'obligeant à se défendre encore. L'hebdomadaire anglophone *The Copenhagen Post* publie à la une de son numéro du 12 avril 2002 une photo d'Alfonso Gagliano vêtu d'un habit d'apparat noir alors qu'il remet ses lettres de créance à la reine au château Fredensborg. On peut lire sous la photo que « M. Gagliano a fait l'objet d'une enquête au sujet d'allégations de malversation au ministère des Travaux publics », ce qui mécontente au plus haut point le nouveau diplomate. Ce dernier réplique vertement dans une lettre où il demande une rétractation : « Permettez-moi d'être on ne peut plus clair : je n'ai jamais fait l'objet de quelque enquête que ce soit, dans ce dossier ou dans tout autre. J'apprécierais donc que vous publiiez une correction (*berigtigelse*) dans le prochain numéro du *Copenhagen Post*. » M. Gagliano n'a en effet fait l'objet d'aucune enquête au Canada même si l'opposition aux Communes l'a réclamée à plusieurs reprises.

La quiétude relative du protégé de Jean Chrétien au royaume de Danemark est à nouveau perturbée lorsque la vérificatrice générale rend public, le 6 mai 2002, son rapport sur les trois rapports quasi identiques de Groupaction[4]. En constatant que l'État canadien a sans doute fait les frais d'une arnaque de premier ordre, les partis d'opposition pressent le gouvernement Chrétien de mettre sur pied une enquête publique sur l'ensemble des activités de commandite fédérales depuis 1996. « L'enquête doit aller au-delà de l'affaire Groupaction », soutient le chef du Parti conservateur, Joe Clark. Les partis d'opposition exigent le rappel immédiat d'Alfonso Gagliano. Plusieurs journaux réclament également la tête de l'ancien ministre. « Le premier ministre Jean Chrétien devrait annuler la nomination d'Alfonso Gagliano au poste d'ambassadeur au Danemark et présenter des excuses aux Danois pour s'être servi de leur territoire comme d'un sanctuaire destiné à protéger M. Gagliano de la colère des Canadiens », écrit *The Winnipeg Free Press* dans un éditorial retentissant[5]. Le quotidien est d'avis qu'un ministre qui préside à un tel fiasco devrait normalement démissionner.

Dans ce cas, M. Chrétien avait déjà congédié M. Gagliano du cabinet et lui avait donné le poste d'ambassadeur au Danemark – peut-être pour sauver son honneur bafoué, peut-être pour récompenser sa loyauté envers lui ou peut-être pour l'empêcher de révéler au grand jour d'autres abus de pouvoir des libéraux. (…) À la lumière du rapport de la vérificatrice générale, M. Gagliano n'est clairement pas en mesure de représenter le Canada à l'étranger ou d'administrer un poste outre-mer pour le gouvernement canadien.

Malgré tout ce tapage, l'ambassadeur n'est pas rappelé. Aussi bien en privé qu'en public, le premier ministre a toujours affirmé sa conviction que son ancien lieutenant n'avait jamais fait usage de sa position pour retirer quelque gain financier que ce soit. De plus, M. Chrétien sait bien, lui qui a géré quasiment seul le dossier du Québec depuis sa prise de pouvoir en 1993, que le rappel de M. Gagliano avec ordre de dévoiler sa stratégie post-référendaire risquerait de le mettre lui-même dans une position inconfortable.

N'empêche que l'étau se resserre et que de nouvelles révélations du *Globe and Mail* ne font rien pour arranger les choses. Le 11 mai 2002, l'influent quotidien torontois rapporte que Jean Brault, président de Groupaction, et Claude Boulay, président de Groupe Everest, ont approché le ministre Gagliano afin de lui faire certaines suggestions et de discuter de publicité et de commandites. M. Boulay a, par exemple, proposé une campagne de publicité de plusieurs millions de dollars à l'occasion des Jeux olympiques de Nagano de 1998. Les rencontres avec les dirigeants d'agences, précise le quotidien, ont habituellement lieu dans le bureau du ministre à midi pendant que ce dernier prend son repas. Ces informations contredisent les déclarations répétées de l'ex-ministre qui affirme n'avoir jamais été impliqué dans le processus d'octroi des contrats à Groupaction et à Groupe Everest.

Le gouvernement fait la sourde oreille aux demandes de l'opposition et l'ancien bras droit de Jean Chrétien peut couler des jours paisibles dans son ambassade de la rue Kristen Bernikowsgade à Copenhague jusqu'à ce jour fatidique de février 2004 où la vérificatrice générale rend public son rapport sur le programme de commandites. Le premier ministre Martin a, nous l'avons vu[6], préparé sa stratégie à l'avance et avant même que le rapport ne soit déposé aux Communes le gouvernement remet un communiqué aux journalistes, réunis à huis clos pour scruter le rapport, qui annonce le congédiement de l'ambassadeur. Le premier ministre agit unilatéralement ;

ses émissaires n'ont pas réussi à convaincre le fier diplomate de renoncer de son propre gré à son poste. Jusque-là, M. Gagliano, se retranchant derrière son devoir de réserve, a refusé de commenter sa gestion à TPSGC. Joint au Danemark par un journaliste[7] dès l'annonce de son congédiement, l'ambassadeur déchu change cependant son fusil d'épaule. « Cette affaire me harcèle depuis deux ans, déclare-t-il, et j'aurai l'occasion de répondre à vos questions. »

Dans une série d'entrevues qu'il accorde quelques semaines plus tard à son retour au Canada, M. Gagliano tente par tous les moyens de réfuter les accusations qui pèsent contre lui. Il se présente comme une victime que l'on tente de lyncher sur la place publique. « J'ai l'impression de jouer dans un western ; une bande de cow-boys m'accusent, me déclarent coupables et me pendent », dit-il le 5 mars 2004 à la journaliste Rosemary Thompson sur les ondes de CTV. L'ex-ministre affirme que, durant les cinq années qu'il a passées à la tête de TPSGC, il n'a jamais été mis au courant de l'existence d'un quelconque scandale, qu'il n'a jamais discuté du programme de commandites avec Jean Chrétien ou Paul Martin, que le pays était sur le point d'éclater et que le gouvernement se devait d'agir mais que lui-même n'a jamais violé la loi ou demandé à quiconque de violer la loi. L'ancien lieutenant de Jean Chrétien affirme que ses origines sont peut-être pour quelque chose dans le sort qu'on lui fait. « Parfois je me demande, lance-t-il à Mme Thompson, que c'est peut-être parce que je m'appelle Gagliano, que je suis d'origine italienne. » Au *Toronto Star* il affirme qu'en 2000, quand on a porté à son attention le fouillis qui régnait au sein du programme de commandites, il a même songé à appeler la police[8]. Il tente de faire dévier le tir sur Paul Martin, suggérant que ce dernier, en tant que ministre des Finances, avait la responsabilité de scruter à la loupe les dépenses gouvernementales et qu'il a dû être au courant des problèmes du programme. « Le seul reproche que j'accepte, conclut-il, c'est que le système a failli[9]. »

Devant le Comité des comptes publics

Alfonso Gagliano prépare ainsi le terrain au témoignage qu'il doit rendre quelques jours plus tard devant le Comité des comptes publics de la Chambre qui enquête sur les révélations spectaculaires de la vérificatrice générale. Il espère saisir cette occasion pour remettre les pendules à l'heure, c'est-à-dire démontrer son innocence.

Mais les choses s'annoncent difficiles. Son ancien sous-ministre à TPSGC, Ran Quail, qui travaillait sous ses ordres de novembre 1997 à septembre 2001, est déjà passé devant le comité et son témoignage est loin de blanchir Alfonso Gagliano. M. Quail affirme, le 1ᵉʳ mars 2004, qu'il a été écarté de la gestion du programme condamné par la vérificatrice générale : « C'est une situation difficile pour un sous-ministre. Je ne pouvais pas dire au ministre de ne pas faire affaire directement avec le directeur du programme et de ne pas parler à ce groupe. Ils [les membres du gouvernement] voulaient être impliqués directement. Ils voulaient une approche directe afin que les choses se fassent. Il [Gagliano] faisait affaire directement avec la DGSCC. » M. Quail explique que tout se fait dans le climat particulier de l'après-référendum de 1995 :

> Il n'y a aucun doute dans mon esprit que pour faire face à la situation, il y avait au niveau politique une volonté d'aller de l'avant avec le projet. Ils voulaient des résultats ; ils voulaient améliorer les communications, c'est pourquoi ils ont dégagé cet argent. (…) Ce n'est pas tous les jours que vous recevez une demande du Conseil du Trésor, signée par le ministre Gagliano et le premier ministre Chrétien pour augmenter le budget consacré aux communications et, surtout, ce n'est pas tous les jours qu'on trouve immédiatement l'argent pour ce genre de programme.

L'ancienne sous-ministre Janet Cochrane, en poste d'avril 2001 à juin 2003, témoigne le même jour que son prédécesseur. Tout comme lui, elle affirme que la création d'une branche quasi autonome à l'intérieur du ministère, ce qu'était la DGSCC, est « inhabituelle ». Les deux témoins ne peuvent dire cependant pourquoi cette branche était organisée de telle façon que ses dirigeants relèvent – en violation des règles – directement du ministre Gagliano.

M. Quail confirme ainsi qu'il y a eu ingérence politique dans les commandites et que les contrôles les plus élémentaires, dans la gestion du programme, ont été écartés. Le député libéral Joe Jordan s'étonne, à la sortie de la séance, que la DGSCC sous la direction de M. Gagliano ait pu ainsi dépenser l'argent du programme « comme si c'était le sien ». Le président du comité, le conservateur John Williams, conclut lui que M. Gagliano « était beaucoup plus engagé » qu'on ne l'a cru dans l'administration quotidienne du ministère, et, plus particulièrement, dans celle du programme de commandites. Il s'était assuré lui-même que Charles Guité obtienne ses promotions successives de façon à ce que celui-ci relève directement de lui.

C'est dans le contexte de ces témoignages accablants que l'ex-ministre et ex-ambassadeur se présente le 18 mars 2004 devant le Comité permanent des comptes publics de la Chambre des communes. Va-t-il traiter ses deux anciens collaborateurs de menteurs ? Va-t-il les contredire ?

Dans une atmosphère presque surréaliste, le témoin plaide l'ignorance la plus totale à propos de ce qui s'est passé sous sa gouverne à TPSGC. Devant les députés libéraux, conservateurs, bloquistes et néo-démocrates qui siègent au comité, il avance avec le plus grand sérieux une explication qui demeure l'une des plus inattendues qu'un ancien dirigeant politique ait prononcée : « Un ministre ne gère pas son ministère : il n'a ni le temps ni la liberté d'agir pour ce faire. » Médusé, le député conservateur Peter MacKay ne peut se retenir : « C'est une déclaration alarmante, étant donné l'obligation de la responsabilité ministérielle. » Accompagné de son avocat Me Pierre Fournier, M. Gagliano décrit longuement les multiples responsabilités qu'il a détenues de juin 1997 à janvier 2002 et les multiples comités auxquels il devait assister. « Vous nous dites aujourd'hui, rétorque encore Peter MacKay, que vous étiez une marionnette dans votre propre ministère, que vous n'aviez pas de contrôle sur le programme de commandites et sur la façon dont cet argent était administré, de l'argent donné pour des contrats spécifiques destinés aux amis libéraux des agences de communication dans votre province ? » M. Gagliano s'indigne de cette attaque, affirmant qu'il n'est pas une marionnette. Il exige des excuses qu'il n'obtient pas.

Les députés de l'opposition membres du comité relèvent que le témoignage du ministre déchu est bel et bien en contradiction avec celui de son ancien sous-ministre, Ran Quail. Le député bloquiste Odina Desrochers révèle en outre que des témoignages entendus à huis clos, deux jours plus tôt, de deux fonctionnaires qui ont travaillé pour M. Guité établissent à quel point la collaboration était étroite entre Alfonso Gagliano et Charles Guité : « Ils se voyaient deux fois par semaine. » Pourtant, M. Gagliano vient tout juste de soutenir qu'il n'a rencontré M. Guité que trois ou quatre fois par année.

Au cours du témoignage de l'ancien ministre, le député conservateur Vic Toews s'emploie à lui faire dire toute l'importance que le gouvernement Chrétien attache au programme de commandites « pour sauver le Canada » après le référendum de 1995. M. Gagliano affirme que les objectifs du programme sont bons même si le Comité des communications du Cabinet – qu'il a présidé – n'en a jamais discuté. Il ajoute que jamais, non plus, il n'en a discuté avec Jean Chrétien. M. Toews répond avec indignation que M. Gagliano n'a aucune crédibilité lorsqu'il prétend avoir confié à un sous-fifre, Charles Guité, la tâche de diriger à lui seul un programme majeur destiné « à sauver le Canada ».

M. Gagliano tente de convaincre le comité qu'il a agi avec diligence lorsqu'il a eu vent, après la vérification interne d'août 2000, de certains « problèmes administratifs » au programme de commandites. Après avoir reçu ce rapport de vérification, il a élaboré un plan de redressement en 37 points, conforme aux normes du Conseil du Trésor. Bref, le plaidoyer d'ignorance de M. Gagliano fait dévier le blâme vers les directeurs successifs du programme, Charles Guité et Pierre Tremblay, ainsi que vers le sous-ministre Ran Quail. Il précise cependant devant les journalistes que son intention n'est pas de salir les autres. « Si je veux un processus juste pour moi, je pense qu'il faut que les autres aussi bénéficient d'un processus équitable. Je ne blâme ainsi personne encore. Il y a beaucoup de faits à examiner. » Il répète que M. Guité était responsable du programme mais qu'il lui appartient de présenter sa version des faits. « Jusqu'à la vérification interne de 2000, ajoute-t-il, je n'avais pas à me plaindre. C'était un gentilhomme. Il avait toujours de bonnes manières. Personne ne m'a jamais dit qu'il y avait quoi que ce soit qui ne marchait pas. »

Le passage de l'ancien ministre au Comité des comptes publics n'impressionne guère les membres des partis d'opposition. Le député conservateur Jason Kenney dit que M. Gagliano vient de donner un nouveau sens à l'expression « être évasif » : « Son témoignage était un véritable panneau-réclame d'irresponsabilité ministérielle. Il affirme que le programme de commandites était un projet politique important, qu'il en avait un contrôle direct, et en même temps qu'il ne savait rien de ce qui se passait. Il a avancé une défense à la O. J. Simpson, prétendant qu'il n'était pas coupable et qu'il allait trouver le vrai tueur. »

Le témoignage de l'ambassadeur déchu continue de faire des vagues dans les jours qui suivent. Un témoin clé, Norman Steinberg, le directeur général de la vérification et de l'éthique à TPSGC, rejette le 29 mars 2004 devant le comité la version des faits présentée par l'ancien ministre. Selon lui, il est complètement faux de dire, comme le fait M. Gagliano, que les ratés du programme n'étaient que de nature administrative : « Je suis profondément perturbé par le fait que certains ont cru que nous avions caractérisé les problèmes comme des problèmes administratifs. Je suis d'avis qu'il s'agit de fautes importantes et inacceptables. » M. Steinberg raconte que, lors d'une rencontre avec M. Gagliano le 25 septembre 2000, il lui fournit une copie du rapport de vérification interne avec un résumé de ses principales conclusions. Les problèmes relevés dans le rapport sont beaucoup plus que de simples problèmes « administratifs » – comme le prétend M. Gagliano. On y lit que le processus de sélection des agences de communication ne respecte ni l'esprit ni la lettre des règles établies par le Conseil du Trésor ; que le processus d'approbation et de prise de décision relatif au choix des commandites est « subjectif » et que le cadre de gestion du programme est « inadéquat » et ne garantit pas que le gouvernement obtient le meilleur rapport coût-bénéfice. Pour illustrer la gravité des malversations constatées, M. Steinberg se sert d'une comparaison automobile : les problèmes qu'il a indiqués au ministre touchent le moteur, « le volant et les freins du programme, pas la climatisation ou la radio du programme ». Le témoin contredit M. Gagliano sur un autre point. L'ancien ministre ne lui a jamais demandé, comme il le prétend, si le contenu du rapport de vérification du mois d'août 2000 contenait des révélations de nature criminelle qui auraient nécessité d'« appeler la police ». « Je n'ai aucun souvenir qu'il ait dit cela. » Quoi qu'il en soit, M. Steinberg précise que ses experts en fraude au ministère, d'anciens policiers de la GRC, lui auraient assuré à l'époque qu'il n'y avait pas eu d'actes criminels de commis dans la gestion du programme de commandites. Le président du comité, le conservateur John Williams, réagit avec perplexité à cette affirmation : « Il doit y avoir eu beaucoup d'erreurs et beaucoup de mauvaises conclusions tirées par un nombre affreux de personnes pour conclure cela. Nous savons que cela n'a pas été le cas. Il y a eu de sérieuses irrégularités que je croirais de nature criminelle. Nous avons d'ailleurs, à l'heure actuelle, un certain nombre d'enquêtes policières en marche. » M. Williams estime par ailleurs que le ministre et son équipe ont traité avec légèreté la vérification interne de 2000 qui avait déterminé à quel point l'environnement du programme de commandites était à haut risque : « Ils l'ont laissé aller encore quatre ans. »

M. Steinberg dit avoir organisé à l'époque des séances d'information sur le contenu de sa vérification pour le Conseil du Trésor, le Conseil privé et le cabinet du premier ministre – Mario Laguë, qui devient plus tard directeur des communications de Paul Martin, et Françoise Ducros, l'ancienne directrice des communications de Jean Chrétien, assistent à la séance d'information destinée au cabinet du premier ministre. M. Williams ne comprend pas qu'une vérification comme celle-là soit montée jusqu'au cabinet du premier ministre et que cela ne se produise pas pour une trentaine d'autres vérifications cette année-là. « Il faudra que l'on réponde à ces questions », dit-il.

Le 25 mars 2004, une fonctionnaire de carrière qui a travaillé au programme de commandites réduit à son tour en pièces le témoignage d'Alfonso Gagliano. Huguette Tremblay affirme que le ministre Gagliano a en moyenne une réunion par semaine avec le directeur du programme, Chuck Guité, pour faire le choix des divers projets.

> Le processus décisionnel au niveau de l'approbation de la commandite relève du directeur exécutif qui, lui, reçoit ses instructions, dans la très grande majorité des cas, du ministre Gagliano lui-même ou de son cabinet. En effet, les directeurs exécutifs rencontraient le ministre personnellement à son bureau, en moyenne une fois par semaine. Le directeur exécutif revenait alors de cette réunion avec les directives du ministre que nous devions suivre aveuglément. À quelques occasions, j'ai questionné les directives et je me suis fait dire de ne pas poser de questions et de payer les factures. De plus, nous recevions parfois des demandes des bureaux d'autres ministres, et, à quelques occasions, du bureau du premier ministre.

Mme Tremblay souligne que les ordres pour les contrats lui sont transmis verbalement par M. Guité, sans documentation à l'appui. Puis elle contredit M. Gagliano sur un autre point fondamental : la vérification interne du programme de commandites faite en 2000 a été commandée par le sous-ministre Ran Quail, et non par M. Gagliano lui-même comme il l'a prétendu.

Des fréquentations douteuses

Pendant que le témoignage de M. Gagliano est ainsi démoli, de nouvelles allégations sur ses fréquentations douteuses n'aident guère à améliorer sa crédibilité. Le 27 mars 2004, *La Presse* révèle qu'« une entreprise dirigée par l'ancien chef d'un réseau de prostitution et

financée par un proche des Hells Angels a fait de la publicité pour
la campagne électorale du Parti libéral du Canada en 2000[10] ».
Cette entreprise, dirigée par un certain Pierre Gagnon qui a reconnu
sa culpabilité huit mois plus tôt à des accusations de proxénétisme,
a pour nom P.R. Média et fait parader un camion Ford aux couleurs
du PLC un peu partout au Québec en novembre 2000. Le camion en
question est immatriculé au nom d'Investissements R. Baillargeon et
le propriétaire de cette compagnie, Robert Baillargeon (aussi appelé
Ti-Bras), est considéré comme un « sympathisant » des Hells Angels. M. Baillargeon a aussi eu maille à partir avec la police et il est
accusé en 2003 de prêt usuraire. Irène Marcheterre, la porte-parole
du PLCQ, confirme au quotidien, en voyant une photo du camion
devant le local électoral de M. Gagliano, que l'entreprise en question a bel et bien fait de la publicité pour le parti.

Deux jours plus tard, le 29 mars, un autre article de *La Presse*
vient encore jeter le doute sur le témoignage de l'ancien ministre.
On y apprend en effet que Jean Lafleur, le président de LCM, est
présent au moins une fois en 2000 dans le local électoral d'Alfonso
Gagliano[11]. Au cours de son témoignage, l'ex-ministre a pourtant
assuré aux députés qu'il n'a rencontré M. Lafleur qu'une seule fois,
lors d'un voyage en Italie en 1999. Pourtant, le photographe Arger
Émond du journal *L'Avenir de l'Est* est formel : M. Lafleur se trouvait
bel et bien dans le local électoral de M. Gagliano, rue Jean-Talon,
à Saint-Léonard, le (ou vers le) 12 novembre 2000 en présence
du ministre.

Il y a encore cette histoire abracadabrante publiée par le *Daily
News* de New York qui affirme que l'ancien ministre a entretenu
des liens étroits avec la famille Bonanno, une famille célèbre du
monde interlope new-yorkais. Le *Daily News*, citant des documents
du FBI, soutient dans son édition du 18 novembre 2004 que M. Gagliano est un lieutenant de la famille Bonanno dans la région de
Montréal au cours des années 1990. Il est même décrit comme « un
soldat de longue date de la famille Bonanno » par un des anciens
membres de ce clan, Frank Lino, devenu délateur pour le FBI.
Frank Lino prétend l'avoir rencontré lors d'une réunion secrète
dans un restaurant de l'est de Montréal au début des années 1990.
Plutôt que de venir en aide à son ancien collègue dans cette nouvelle affaire, le premier ministre Martin affirme aux Communes
qu'il s'agit là d'« allégations très sérieuses ». Il ajoute, pour donner
l'impression de tempérer ses propos, qu'il ne faut pas tirer de

conclusions prématurées avant de connaître tous les faits. Le premier ministre du Canada ne fait rien pour mettre un terme aux spéculations dans cette affaire.

Alfonso Gagliano nie catégoriquement les allégations du quotidien new-yorkais : « C'est totalement faux, affirme-t-il à *La Presse*. Je n'ai aucun lien avec aucune famille. Je ne connais personne qui soit mentionné dans l'article. Je ne sais même pas qui sont ces gens-là. »

Avec la fin abrupte de l'enquête du Comité des comptes publics[12] et les élections générales de juin 2004, Alfonso Gagliano connaît quelques mois de répit, jusqu'à ce que la nouvelle Commission d'enquête sur le programme de commandites et les activités de publicité le rattrape. Plusieurs témoins l'y incriminent à diverses reprises, comme c'est le cas le 1er novembre 2004 lorsque Patrick Brunet, responsable du programme de commandites au sein de son cabinet, affirme sous serment que le cabinet du ministre intervient directement dans le programme de commandites, décidant même des montants à allouer à telle ou telle commandite. M. Brunet, qui assure la liaison entre le cabinet et la DGSCC, qui est à l'époque sous la direction du successeur de Charles Guité, Pierre Tremblay, souligne devant le commissaire Gomery que seuls lui-même et le chef de cabinet de M. Gagliano, Jean-Marc Bard, sont autorisés à s'occuper du programme. M. Brunet ajoute que même, lorsqu'on discute des commandites, tous les autres membres du cabinet doivent se retirer. M. Brunet fait, avec Jean-Marc Bard, le suivi hebdomadaire des demandes de commandite auprès de la DGSCC, notamment de celles provenant de la circonscription du ministre et de celles des députés du PLC. Il informe M. Gagliano des commandites approuvées, de celles qui sont en attente de décision et de celles qui sont refusées ou annulées. M. Brunet explique le caractère privé des discussions par un certain « culte du secret » : « Il y avait un mot d'ordre pour tout ce qui touchait au volet commandites. Il n'y avait personne autour de la table ; il y avait seulement trois personnes qui pouvaient avoir de l'information sur les commandites, c'est-à-dire moi, M. Bard et le ministre. C'était clair. » Lorsque le juge Gomery lui dit alors : « Je vous suggère que l'une des raisons pour garder les choses secrètes, c'est que, si ce n'est pas secret, c'est embarrassant. Est-ce que ça pourrait être une explication ? » M. Brunet répond par l'affirmative. Il révèle aussi que quatre tiroirs de classeur contiennent des dossiers de commandite numérotés selon leur ordre de réception au bureau du ministre et enregistrés dans un journal de bord mis en preuve à la commission. M. Brunet ne peut dire ce qu'il est advenu de ces dossiers, mystérieusement disparus.

Charles Guité incrimine à son tour Alfonso Gagliano lors de son premier passage devant le juge Gomery en novembre 2004. M. Guité, on l'a vu, affirme que c'est le ministre lui-même, ainsi que Jean Pelletier, le chef de cabinet du premier ministre, qui prennent toutes les décisions dans l'attribution des contrats de plus de 25 000 $. Comme son témoignage n'est prévu que pour le début de 2005 et que les allégations de son implication dans le scandale ne cessent de s'accumuler, M. Gagliano, pour calmer la tempête, a recours à l'avocat qui le représente à la commission, Me Pierre Fournier, un homme doué d'une habileté redoutable, d'une gentillesse irrésistible et d'une maîtrise exemplaire de la procédure. Dès les premières semaines des audiences, Me Fournier rencontre régulièrement les journalistes pour leur faire part de ses réflexions sur l'état de la preuve. L'avocat soutient que, si l'argent du programme de commandites a été mal dépensé, son client n'en est en «aucune» façon responsable :

> Pendant qu'il était ministre, il est responsable. Aujourd'hui, il n'est pas responsable. (…) Si vous demandez qui devait rendre des comptes au Parlement à l'époque, mon client était responsable. Actuellement, c'est le ministre actuel qui est responsable, M. [Scott] Brison. Il est responsable devant le Parlement de ce qui s'est produit au cours des règnes de ses prédécesseurs. C'est ce qui s'appelle le devoir de rendre des comptes au Parlement. La loi est claire.

Pour son avocat, M. Gagliano n'a fait qu'exercer son rôle politique, soit revoir les projets de commandite pour s'assurer qu'ils offraient bien le genre de visibilité dont le Canada avait besoin au Québec. «Mon client ne prenait pas de décision, soutient Me Fournier. Ce sont les fonctionnaires qui prenaient les décisions.» Me Fournier a cependant quelques difficultés à contrer le témoignage de David Marshall, un ancien sous-ministre de M. Gagliano. Celui-ci convient certes avec l'avocat que personne ne s'attend à ce que le ministre s'occupe de l'administration au jour le jour de son ministère. Cependant, il remet en question la façon de faire de son ancien patron :

Dans la mesure où le ministre s'implique directement avec les hauts responsables de façon régulière, alors le ministre s'expose à accroître son champ de responsabilité. N'oublions pas qu'un ministre de la Couronne a beaucoup de poids dans son ministère ; il représente le peuple et il est là au nom du Parlement et du gouvernement. Donc, ce n'est pas une petite affaire si le ministre parle directement à un responsable au Ministère. Cela a des conséquences sérieuses sur le genre de directives que reçoit le responsable et sur la façon dont ce responsable est perçu par ses collègues. Si un responsable particulier a la faveur du ministre, par exemple, et s'il est en contact régulier avec lui, les gens autour de cet individu vont commencer à se demander si cette personne a des pouvoirs spéciaux et une influence spéciale. Donc, si un ministre s'adresse directement à un responsable au sein de son ministère, cela ne devrait pas être fait à la légère.

M. Marshall conclut que M. Gagliano a « franchi une barrière » susceptible de créer un environnement malsain au ministère. Me Fournier ne trouve rien à répondre, si ce n'est qu'il est en désaccord avec le sous-ministre.

Le témoignage de Ran Quail, un autre ancien sous-ministre de M. Gagliano, met aussi à mal – comme lors de sa comparution devant le Comité des comptes publics en mars 2004 – la crédibilité de l'ancien lieutenant de Jean Chrétien. La relation de travail entre Alfonso Gagliano et Chuck Guité est « inhabituelle » et « unique », affirme-t-il au commissaire Gomery en novembre 2004. « Je ne peux penser à aucune autre personne au ministère qui avait ce genre d'accès au ministre ou, sur cette question [les commandites], au cabinet du premier ministre. » Non seulement l'ex-sous-ministre des Travaux publics contredit-il son ancien patron mais il donne plus de poids à ce qu'a dit M. Guité de l'implication du ministre dans l'attribution des contrats de commandite.

Le commissaire Gomery reproche à M. Quail d'avoir abdiqué ses responsabilités en permettant ainsi au ministre de le court-circuiter. M. Quail explique que MM. Gagliano et Pelletier sont, en raison de leur connaissance politique du Québec, les personnes les mieux placées pour choisir les événements à commanditer. Le fonctionnaire dit aussi que son travail à lui consiste à gérer les budgets et à veiller à ce qu'ils soient respectés. Le commissaire Gomery lui demande si, lors de ses rencontres avec le ministre, les projets sont déjà approuvés. L'ancien sous-ministre répond : « Nous ne discuterions pas d'argent si ce n'avait été le désir du ministre d'aller de l'avant et de commanditer ces projets. Le choix des projets

était le résultat des discussions entre lui-même [le ministre], M. Pelletier et M. Guité. » Il sait que M. Pelletier participe au choix des
commandites parce que MM. Gagliano et Guité lui en font part.
M. Quail appuie son témoignage par un nombre impressionnant
de notes manuscrites qu'il a l'habitude de rédiger lors de ses conversations téléphoniques et lors des réunions auxquelles il assiste.
Ces notes démontrent, entre autres choses, que c'est le cabinet du
premier ministre Chrétien qui tient les cordons de la bourse pour
les commandites, que des discussions ont lieu régulièrement entre
M. Pelletier et M. Guité sur les commandites, que le ministre exige
de voir à l'avance les publicités commanditées par le gouvernement, que les projets ne vont pas de l'avant « sans l'approbation du
ministre ». Elles démontrent encore que Jean Pelletier s'oppose à
ce que la DGSCC soit retirée du contrôle de Chuck Guité afin
d'être fusionnée avec le BIC.

Pour réfuter ce témoignage et tous les autres qui l'incriminent,
Alfonso Gagliano avance une défense plutôt faible. Il plaide devant
le commissaire John Gomery le 3 février 2005 que non seulement
il n'a rien à voir dans le choix des commandites fédérales mais
qu'il est, dans toute cette affaire, la victime de ses fonctionnaires.
« Ce sont eux qui relevaient de moi et je leur faisais confiance,
lance-t-il sans broncher. Ma confiance a été trahie. »

Trous de mémoire

Il faut rappeler ici qu'après le témoignage de M. Quail et avant celui de M. Gagliano, Jean-Marc Bard, qui a été son chef de cabinet
entre septembre 1999 et janvier 2002, avait tenté de disculper son
ancien patron. M. Bard affirme le 26 janvier 2005, devant un commissaire Gomery pour le moins perplexe, que même si son ministre et lui exercent un suivi de tous les instants à l'égard des commandites fédérales, jamais les deux hommes ne décident quoi que
ce soit à ce sujet, laissant cela aux fonctionnaires responsables du
programme, Chuck Guité et, plus tard, Pierre Tremblay. M. Bard a
du mal à soutenir ce qu'il avance puisque le procureur adjoint de la
commission, Me Guy Cournoyer, produit des extraits du journal de
bord de Jean-Marc Bard qui contiennent d'innombrables annota-
tions sur des décisions du chef de cabinet et de son ministre au sujet de l'octroi de commandites ainsi que des sommes qui leur sont
consacrées. On peut lire par exemple dans ce journal, titré « mplog »,

au sujet d'un festival d'été à Shawinigan en 1999, que l'agence Lafleur « reçoit une confirmation de J-M ». On peut y lire aussi que ce dernier parle au directeur de la DGSCC d'une commandite pour le Marathon des Rives. Le document précise que Jean-Marc Bard « voudrait un montant pour cette année ». Plus loin, on lit encore que « Jean-Marc a rencontré Alain Renaud » au sujet d'événements dans les Cantons-de-l'Est et qu'il veut que ces projets soient confiés à Groupaction. Ailleurs, M. Bard envoie une autre demande au BIC pour un projet à Calgary. On trouve aussi dans le journal les sommes allouées à une commandite avec à côté les initiales du chef de cabinet : « J-M B Maximum de 5000 $ » pour un festival de l'érable.

M. Bard réagit à ces documents en affirmant qu'il n'a pas « souvenance » de la plupart de ces initiatives ni de quelque intervention que ce soit de sa part.

« Alors, intervient le commissaire Gomery, est-ce que c'est votre témoignage que celui ou celle qui a écrit ces notes a inventé tous ces détails ou c'est juste un blanc de mémoire de votre part ?

– Je ne peux pas me souvenir de tous les gestes quotidiens que j'ai posés pendant les cinq ans pendant lesquels j'étais à l'emploi du ministre Gagliano », répond Jean-Marc Bard.

Lorsque le procureur Cournoyer étale également une imposante correspondance adressée à M. Bard et portant sur les commandites, par exemple une lettre de l'ancien député libéral Yvon Charbonneau qui fait état d'une commandite de 50 000 $ pour la Fondation québécoise de l'environnement, « reconfirmée » par le ministre Gagliano « devant toi et moi en juin dans l'antichambre » des Communes, M. Bard maintient que ni lui ni le ministre n'ont pris de décision. Il déclare que leur rôle s'est limité à faire des suggestions sur « l'ensemble des demandes » de commandite.

M. Bard, comme le démontrent les documents, rencontre souvent des demandeurs de commandite, quand il n'échange pas avec eux de la correspondance. Il le fait au nom du ministre qui ne peut recevoir tout le monde. « Si quelqu'un veut voir le ministre, je suis un peu le portier », dit-il. À propos d'une de ces rencontres, avec Gilbert Rozon du festival Juste pour rire, le juge Gomery interrompt Me Cournoyer pour demander au témoin : « Monsieur Bard, si la décision n'était pas prise par le bureau du ministre, c'était quoi le but de la réunion ? » M. Bard répond qu'il ne fait que s'acquitter de ses fonctions de portier et que ces rencontres n'ont « rien à voir avec la prise de décision » au sujet des commandites. M. Bard maintient durant tout son témoignage que « les demandes de commandite étaient transmises avec des suggestions et des commentaires » au directeur de la DGSCC.

Fort de cet allié, Alfonso Gagliano se présente donc devant le commissaire Gomery le 1er février 2005 à Montréal pour contredire du tout au tout le témoignage rendu par Chuck Guité au mois de novembre précédent. Le procureur principal de la commission, Bernard Roy, rappelle les témoignages de Chuck Guité et de Ran Quail qui font état de rencontres régulières entre les deux hommes. « J'ai pas rencontré M. Guité au bureau de mon comté et je peux vous dire que je n'ai pas rencontré M. Guité au bureau régional du ministre (…), et je peux vous dire que je ne rencontrais pas M. Guité une fois par semaine. » « Moi, je prétends, j'ai toujours prétendu, dit M. Gagliano, que j'ai rencontré M. Guité au total, en moyenne, au total dans une année, pour tous les dossiers, de 10 à 12 fois par année, dont 3 à 4 fois pour les commandites. » Me Roy lit alors au témoin une partie de l'entrevue qu'il a accordée en mars 2004 à Bernard Drainville à l'émission *La part des choses* à RDI, où il affirme qu'il rencontre M. Guité « deux, trois, maximum quatre fois par année et pas toujours sur les commandites ». Cela contredit sa version de 10 ou 12 rencontres. Au commissaire Gomery qui lui demande de s'expliquer, M. Gagliano répond : « Je peux pas vous expliquer, vous le savez aussi, vous en avez eu l'expérience dernièrement lorsque vous avez donné des entrevues à des médias, sous le feu de l'action vous pouvez dire des choses qui dépassent la pensée. » Plus tard, cerné de près par Me Roy, le témoin avance d'autres explications : « Je pense même la nuit, j'essaie de me rappeler, malheureusement on n'a pas d'agenda. Je dis que je l'ai rencontré trois, quatre fois. Si je l'avais rencontré 10 fois, dans le fond, ça change quoi ? Tout le monde s'est acharné à prouver que j'ai menti parce que j'ai dit que je l'ai rencontré trois, quatre fois alors que je l'ai rencontré 10 fois. Que je le rencontre 3 ou 10 fois, ça change rien ! »

Perdu dans les méandres de ses explications, Alfonso Gagliano tente désespérément de contester la version de la majorité des témoins interrogés à ce jour sur la fréquence de ses rencontres avec Chuck Guité. Si la commission Gomery insiste tant sur ces détails c'est qu'ils revêtent une grande importance pour déterminer le degré de la responsabilité politique dans le scandale. M. Gagliano répète qu'il n'a jamais pris de décisions quant aux commandites, qu'il n'a fait que soumettre «des suggestions». Il n'a jamais renversé une décision prise par Chuck Guité et il confirme de plus qu'il revoit régulièrement des listes de commandites avec M. Guité et le chef de cabinet de Jean Chrétien, Jean Pelletier. L'ancien ministre reprend la défense pour le moins étonnante qu'il a présentée devant le Comité des comptes publics, soit que ce n'était pas lui qui avait la responsabilité de gérer son ministère, que cela incombait à son sous-ministre. «Je n'ai blâmé personne, témoigne-t-il encore, je blâme le système. Et encore aujourd'hui je ne blâme personne. J'ai été bien servi comme ministre. Mais je crois que le système est tellement rigide, quand il arrive des situations comme celle que l'on a, ça découle un peu de tout ça.»

Le lendemain, le 2 février 2005, on apprend que le programme de commandites a été volontairement et consciemment maintenu dans un quasi-secret par le gouvernement Chrétien. M. Gagliano confirme qu'il était d'accord à l'époque pour que l'on n'étale pas sur la place publique l'existence du programme. Il ne voulait pas que le gouvernement fédéral soit accusé de faire de la propagande au Québec. C'est Chuck Guité qui l'avait convaincu de la nécessité de ce caractère quelque peu occulte du programme: «Son argument était que de toute façon, il y avait assez de gens qui connaissaient le programme et que, si on l'annonçait, les séparatistes allaient nous accuser de méchante propagande fédérale et on aurait eu des effets négatifs plutôt que positifs.»

L'ancien ministre relate par la suite que c'est au cours de la fameuse vérification interne d'août 2000 qu'il découvre les ratés du programme de commandites géré par la DGSCC. Toutefois, M. Gagliano ne veut pas reconnaître que le rapport en question est accablant pour les agences de communication impliquées dans le scandale. Le rapport souligne en effet que ces agences ne fournissent pas toutes les factures pour leurs services, qu'elles ne remettent pas de rapports de visibilité, de pièces justificatives pour se faire payer et qu'il n'y a pas de contrôle des frais de production. «Je crois, commente M. Gagliano, que le rapport était accablant pour les fonctionnaires qui n'ont pas exigé ces documents-là avant d'autoriser les paiements.» Ainsi, l'ancien ministre ne trouve pas étrange qu'après ce rapport de vérification interne, le nouveau processus de sélection des agences aboutisse au choix des mêmes agences de communication que celles auxquelles ces reproches avaient été adressés, soit les Lafleur Communication, Groupaction, Gosselin, Everest et Coffin.

Le commissaire Gomery ne comprend pas pourquoi, alors que M. Gagliano se présente comme l'expert dans le domaine politique, il s'est fié, prétendument, à l'opinion de M. Guité pour le choix des agences et des commandites. L'ancien ministre répond que M. Guité mène les commandites comme un général à la guerre et que lui-même est d'accord avec cette approche et l'utilisation d'outils de propagande.

« Vous pensiez à l'époque qu'il avait raison, dit le juge, vous pensez qu'il a raison aujourd'hui ?

– Définitivement, la situation existe encore », rétorque Alfonso Gagliano.

L'ancien ministre établit un lien de cause à effet entre le programme de commandites et la baisse de popularité de l'option souverainiste au Québec. « Je crois que le programme de commandites a bien servi la cause fédéraliste au Québec », dit-il.

Après quatre jours de témoignage, le vendredi 4 février 2005, l'ancien bras droit de Jean Chrétien affiche son amertume à la sortie de la salle d'audience. Il confie aux journalistes que sa carrière est ruinée et qu'on l'a jugé sans preuves. Il s'emploie à défendre l'organisateur libéral Jacques Corriveau, mis en cause la même semaine dans l'enquête. « Tous ceux qui ont travaillé pour le Parti libéral, soit en période électorale ou hors période électorale, ont été payés par le Parti libéral », déclare-t-il. Cette déclaration sera contredite plus tard par de hauts responsables du parti et l'acharnement d'Alfonso Gagliano à protéger Jacques Corriveau ne fera rien pour atténuer les doutes qui planent sur sa crédibilité.

Abandonné par ses amis

Au cours des mois qui suivent, Alfonso Gagliano se sent souvent abandonné par ses anciens amis libéraux. Toujours inébranlable dans sa détermination à blanchir sa réputation, l'ancien député de Saint-Léonard répond publiquement à toutes les attaques. C'est ainsi que dans une série d'entrevues accordées aux médias, il soutient que le ministre des Transports de l'heure, Jean Lapierre, a agi de manière inappropriée en tant que lobbyiste avant de revenir en politique fédérale en 2004. Ces déclarations déclenchent une tempête aux Communes où Stephen Harper, le chef de l'opposition officielle, demande la démission de M. Lapierre pour avoir enfreint la Loi sur l'enregistrement des lobbyistes. M. Gagliano affirme que Jean Lapierre l'a approché pour qu'il rencontre un de ses amis, François Dufort, de Cossette Communication, qui veut obtenir des contrats fédéraux. Ce n'est qu'après cette rencontre que M. Gagliano apprend, affirme-t-il, que Jean Lapierre est un lobbyiste rémunéré par Cossette : « Si j'avais su qu'il était un lobbyiste, je n'aurais définitivement pas accepté de le rencontrer. »

« Les allégations faites par M. Gagliano sont pathétiques. Il s'agit de déclarations faites par un homme qui est, je dirais, dans un triste état en ce moment », affirme avec une bonne dose de venin Jean Lapierre, lui aussi, ironiquement, lieutenant politique du premier ministre au Québec. Les rencontres qu'il a eues avec MM. Gagliano et Dufort sont en fait « des rencontres sociales ».

C'est aussi lors de ces entrevues que M. Gagliano traite Paul Martin et son équipe électorale de « bande d'amateurs » qui sont en train de donner le Québec sur un plateau d'argent aux souverainistes. Il prédit que le Bloc Québécois balaiera le Québec aux prochaines élections, ouvrant ainsi la voie à une victoire du OUI lors d'un prochain référendum sur la souveraineté. M. Lapierre estime que ces commentaires proviennent d'un « homme désemparé ».

En fait, il est plutôt facile de comprendre la guerre intestine qui se joue entre l'ancien ministre des Travaux publics et le clan Martin. Alfonso Gagliano n'apprécie guère que ceux qui ont fait partie du même gouvernement que lui – Paul Martin en tête – se dissocient publiquement de lui et clament haut et fort qu'ils ignoraient tout de ce qui s'est passé dans l'affaire des commandites.

Plusieurs des témoignages qui suivent la comparution de l'ancien ministre sont tellement incriminants pour lui qu'il demande d'être entendu à nouveau, ce qui lui vaut d'être le dernier des 172 témoins qui auront défilé devant la commission d'enquête.

Certains témoignages, tels ceux de Daniel Dezainde ou de l'ancienne présidente de l'aile québécoise du PLC, Françoise Patry, irritent profondément Alfonso Gagliano. Mme Patry notamment affirme que M. Gagliano a refusé d'entendre ses doléances lorsqu'elle s'est plainte en 2001 d'une prise de contrôle des finances du parti par un certain Joe Morselli et son acolyte Beryl Wajsman. Mme Patry estime que l'intégrité du parti est en péril et qu'il faut agir avec urgence.

Mme Patry confirme l'emprise d'Alfonso Gagliano sur l'aile québécoise du PLC. Il « contrôlait tout », dit-elle, s'avouant impuissante à l'empêcher de confier les finances du parti à ses amis. Le commissaire John Gomery s'étonne : « Vous êtes la présidente, n'est-ce pas ?

Ça doit être à vous de décider ?» « Il y a un difficile équilibre entre l'aile gouvernementale et l'aile militante, répond-elle. Le lieutenant politique est le représentant du chef, il est l'autorité.» En accord avec le directeur général de l'époque, Daniel Dezainde, Mme Patry congédie Beryl Wajsman, ce qui déplaît beaucoup à M. Gagliano.

De retour donc devant la commission Gomery le 31 mai 2005, Alfonso Gagliano tente de se tirer d'embarras en retournant le tir contre ses accusateurs. Il raconte d'abord que c'est lui qui a recommandé Daniel Dezainde pour le poste de directeur général du PLCQ, même si celui-ci a été responsable de certains « gestes disgracieux » lors de la campagne à la direction du parti en 1990. M. Dezainde, avec un petit groupe de partisans de Paul Martin, avait chahuté à répétition Jean Chrétien lors du congrès libéral de cette année-là. Cela n'a pas empêché le cabinet du premier ministre d'embaucher ce turbulent meneur de claque. En effet, même si Jean Chrétien estime que Daniel Dezainde n'a pas la compétence pour occuper ce poste, M. Gagliano reçoit le feu vert de son chef pour l'engager. Le ministre ne se doute pas que, quelque mois plus tard, celui qu'il croit son obligé va faire congédier Beryl Wajsman, un protégé de Joe Morselli, l'ami du ministre. M. Gagliano affirme donc au commissaire Gomery qu'il a commis « une erreur » en embauchant M. Dezainde.

M. Gagliano tente de minimiser son rôle dans les activités de financement du parti au Québec et, particulièrement, dans l'embauche de Morselli, une version des faits contredite par un autre témoin, Benoît Corbeil. Mais les choses ne se passent pas comme il le veut puisque le procureur de la commission, celui du gouvernement ainsi que le commissaire Gomery ne lui laissent guère la chance d'orienter son témoignage dans le sens qu'il le souhaite. Le procureur du gouvernement, Me Sylvain Lussier, lui reproche d'avoir dirigé des commandites vers sa propre circonscription de Saint-Léonard même quand elles ne servaient d'aucune façon l'objectif du programme, c'est-à-dire la lutte contre les souverainistes. Il souligne que la circonscription voisine, celle du chef bloquiste Gilles Duceppe, Laurier-Sainte-Marie, n'a pas reçu son juste lot, alors qu'il y a visiblement plus de souverainistes dans Laurier-Sainte-Marie que dans Saint-Léonard. Ce que suggère en fait Me Lussier, sans le dire, c'est que M. Gagliano a fait preuve de favoritisme dans l'octroi des commandites. L'ancien ministre se met en colère : « Ce n'est pas une question qu'il y a moins de séparatistes à Saint-Léonard. Il y en a 20 % et même si c'était 100 % fédé-raliste, ça ne ferait pas de différence. On est canadien à part en-tière, on a le droit aux mêmes services, aux mêmes programmes. Depuis des mois, vous insultez la communauté italienne, vous conti-nuez aujourd'hui. »

Et lorsque l'affaire du financement de la plaque qui a servi à inaugurer une place du Canada en Italie refait surface, l'ancien mi-nistre se perd dans des explications nébuleuses, ne sachant pas trop comment expliquer la nécessité d'accroître la visibilité du gouver-nement fédéral… en Italie : « Au Canada, il y a eu une fête au re-tour ici. Quand ces gens sont revenus avec leurs photos, avec leurs albums, ça a donné de la visibilité. Ces gens-là nous ont accompa-gnés dans cette belle aventure. C'est ça, le Canada. »

Le commissaire Gomery doit élever la voix à quelques reprises pour empêcher le témoin de faire diversion plutôt que de répondre aux questions. Toutes les commandites précédemment citées de-vant lui et destinées à sa circonscription ont été attribuées à LCM. Était-ce un hasard ? L'ancien ministre répond qu'il ne connaît pas ce détail.

Alfonso Gagliano a dû regretter, après cet épisode laborieux, d'avoir insisté pour comparaître à nouveau. Quelques jours plus tard, par la voix de son avocat, Me Pierre Fournier, il crie à l'in-justice, accusant le commissaire Gomery d'avoir été agressif envers lui et d'avoir attaqué sa réputation. Me Fournier met en lumière les passages du témoignage de son client où, affirme-t-il, le com-missaire Gomery ne lui a pas permis de donner des réponses com-plètes. « Ces interventions laissaient croire que le commissaire favorisait la thèse accablant M. Gagliano et méprisait celle qui le favorisait. La seule personne au sujet de laquelle la commission fait toujours enquête est M. Gagliano, sans qu'il existe une preuve justifiant de le faire. »

Le clan Martin choisit d'abandonner complètement Alfonso Gagliano. Lors des représentations finales faites au nom du Procu-reur général du Canada, Me Lussier tient l'ancien ministre respon-sable du scandale des commandites, absolvant du même coup Paul Martin et Jean Chrétien : « MM. Chrétien et Martin ont pris des mesures correctrices au fur et à mesure que des problèmes ont été découverts, des problèmes dont ils n'étaient pas au courant avant que ceux-ci soient rendus publics. Les problèmes en cause ne se si-tuaient pas dans leur ministère et ce n'était pas de leur responsabilité d'être au fait de ces problèmes et de s'occuper du ministère des Travaux publics. »

« C'est le ministre des Travaux publics qui avait la responsabilité constitutionnelle de la mise en œuvre du programme de commandites et de voir à ce que celui-ci soit géré selon les règles et il revient maintenant au commissaire d'établir si les actions ou l'inaction du ministre ont été appropriés », explique par la suite l'avocat aux journalistes. Me Lussier affirme que l'implication de M. Gagliano dans le programme a comporté des « risques de dérapage qui se sont matérialisés ».

CHAPITRE XIII

Le pot aux roses

Malgré toutes les révélations qui se succèdent depuis 2002 dans l'affaire des commandites, le fameux lien, l'impensable lien entre l'argent de ces commandites et le Parti libéral du Canada n'est toujours, lorsque la commission Gomery commence ses audiences en septembre 2004, qu'une hypothèse. Mais voici qu'une série de témoignages en cascade à la commission vient changer la situation du tout au tout.

On apprend du jour au lendemain, après sept mois d'audiences, que des agences de communication largement engraissées par le programme fédéral de commandites, donc par le fameux Fonds de réserve pour l'unité nationale, ont secrètement acheminé de très importantes sommes d'argent vers les coffres de l'aile québécoise du Parti libéral du Canada (PLCQ).

Le témoignage spectaculaire de Jean Brault à la fin du mois de mars 2005 met un terme à la loi du silence qui prévalait jusque-là aussi bien chez les libéraux et les fonctionnaires que chez les dirigeants d'agences de communication. L'ex-président de Groupaction, aux prises avec la justice, abandonné de ses anciens amis libéraux, cloué au pilori par l'opinion publique, révèle tout au commissaire John Gomery au cours de six jours de témoignage : « Je savais que l'argent devait retourner au Parti libéral, lance Jean Brault le 31 mars 2005. On entendait la phrase : "Le Parti n'a pas d'argent, puis ça nous prend de l'argent. Si tu veux être là, il faut que tu contribues." » Pour avoir droit à sa part du gâteau, Jean Brault contribue, et de belle façon.

Les révélations de l'homme d'affaires sont explosives. Grâce à un savant et discret système de ristournes, grâce parfois à un trafic d'enveloppes remplies de liasses de dollars, ou encore grâce à des salaires bidon payés à de loyaux travailleurs politiques libéraux, Jean Brault – ainsi que d'autres propriétaires d'agences, on le verra – permet au PLCQ d'empocher plus de deux millions de dollars en échange de contrats d'une valeur de 61 millions de dollars pour les commandites et de 112 millions de dollars pour la publicité. Groupaction reçoit la part du lion des contrats, ce qui permet à son fondateur de satisfaire sa passion pour le luxe, les belles voitures, les bijoux, les complets chics et les cravates Armani. Le témoignage de Jean Brault fait tout chavirer pour le gouvernement minoritaire de Paul Martin qui espérait continuer sur son erre d'aller jusqu'à l'hiver 2006, donc après la parution des rapports du juge Gomery, avant de déclencher des élections générales.

Le nerf de la guerre

Des indices extrêmement sérieux d'un système de financement occulte du PLCQ avaient pourtant déjà fait surface avant le témoignage de Jean Brault. L'utilisation de prête-noms pour financer les activités du PLCQ semble fort prisée par les agences de communication qui bénéficient des contrats de commandite. On a vu, quelques jours avant le témoignage de Bernard Thiboutot, que Jean Lafleur avait également remboursé certains de ses employés à qui il avait demandé de verser des contributions au PLC. Deux ex-employés de Jean Lafleur racontent le 7 mars 2005 devant la commission Gomery qu'ils ont fait des contributions électorales au PLC en 1997 à la demande expresse de leur patron. Pierre Michaud, un gestionnaire chez Lafleur Communication Marketing (LCM), et Pierre Davidson, un sous-traitant en design, ont déboursé ainsi chacun 1000 $. Pierre Michaud contredit par ailleurs le témoignage de Jean Lafleur, selon lequel LCM lui aurait par la suite remboursé les 1000 $. Interrogé par un autre procureur adjoint de la commission, Me Marie Cossette, Pierre Michaud souligne qu'il n'avait pas vraiment le choix, étant donné le contexte dans lequel M. Lafleur lui a fait cette demande : « On se sentait un peu forcé de contribuer. » Quant à Pierre Davidson, il déclare : « J'aurais pu refuser, mais je pense qu'il fallait le faire. » À plusieurs reprises au cours du témoignage de Jean Lafleur, le procureur adjoint de la commission, Mᵉ Guy Cournoyer, avait tenté de savoir si l'ancien président de LCM avait invité ses employés à faire un don au PLC en 1997. Le témoin maintient sans broncher qu'il ne se souvient pas d'avoir fait une telle chose. Cette année-là, les employés de Jean Lafleur, selon les documents officiels d'Élections Canada, donnent 9950 $ au PLC. Ces dons sont versés à la caisse électorale de la candidate libérale de Saint-Lambert, Yolande Thibeault, un fait qu'affirme ignorer Pierre Michaud. C'est Jean Lafleur qui se charge, selon lui, de transmettre son chèque. À lui seul, Jean Lafleur, qui a reçu des millions de dollars de contrats de commandite, verse au PLC 47 718,83 $ de 1994 à 2001. En demandant à certains de ses employés de contribuer à leur tour à la caisse du PLC, moyennant pour certains un remboursement secret de leur contribution, il peut camoufler l'ampleur de ses dons au parti qui a fait de lui un millionnaire.

Deux jours avant le témoignage de Bernard Thiboutot, Gilles-André Gosselin, de Gosselin Communications, commence à lever le voile sur les pratiques du gouvernement Chrétien dans l'attribution des contrats de commandite. M. Gosselin révèle un aspect capital du fonctionnement du programme. Il affirme, sans pouvoir en faire avec certitude une règle générale, qu'il y a un lien direct entre l'importance des commandites qu'une agence reçoit d'Ottawa et celle des contributions de ses dirigeants au PLC. Ainsi lorsque Gilles-André Gosselin constate que ses contrats avec le gouvernement fédéral chutent considérablement en 1999, il s'enquiert auprès du successeur de Chuck Guité à la DGSCC, Pierre Tremblay, de la raison de ce tarissement soudain. M. Tremblay lui répond qu'il ne peut rien dire et qu'il doit pour cela voir Jean-Marc Bard, le chef de cabinet du ministre Gagliano. « C'est lui qui décide », aurait dit Pierre Tremblay. Gilles-André Gosselin raconte alors qu'il a pris un petit-déjeuner au Château Laurier à Ottawa avec M. Bard le 15 septembre 1999. Lorsqu'il a posé des questions au bras droit de M. Gagliano sur la baisse de son chiffre d'affaires, M. Bard lui aurait lancé sèchement : « Tes adversaires t'ont cassé la gueule. Si tu continues, c'est la mâchoire qu'ils vont t'arracher. » Interrogé par le commissaire Gomery sur le sens de ces paroles, Gilles-André Gosselin répond : « J'ai compris que je ne faisais pas partie du club. J'ai compris qu'il était temps que je m'en aille. » D'après M. Gosselin, ce n'est pas Pierre Tremblay qui dirige tout à l'époque, mais bien Jean-Marc Bard, donc le bureau du ministre

Gagliano. Le témoin explique également qu'il n'a jamais voulu, par principe, contribuer à la caisse du PLC, même si on lui a tordu le bras pour le faire à deux reprises, soit en 1998 et en 1999. Ce témoignage montre déjà clairement qu'il existe un lien entre les contributions au PLC et l'importance des contrats que reçoivent les agences de communication. Bernard Thiboutot avait déjà fait quelques révélations renversantes, sans l'ampleur cependant de celles faites par Jean Brault.

Directeur de la controversée station de radio CHOI-FM à Québec et, avant cela, responsable de l'agence de communication Commando dans la Vieille Capitale, Bernard Thiboutot révèle que Groupaction achemine secrètement, en 2000, 22 000 $ au PLCQ ainsi que d'autres chèques d'une valeur de plus de 50 000 $ à divers organisateurs libéraux. L'un de ces chèques, de 2000 $, transite par l'organisation du secrétaire d'État au Sport amateur, Denis Coderre, avant d'aboutir dans les caisses du parti. M. Thiboutot livre un témoignage-choc. C'est la première fois que la commission Gomery rattache de façon aussi flagrante des acteurs du scandale des commandites au PLCQ.

Bernard Thiboutot confirme, le 17 mars 2005, à la commission Gomery que des opérations de camouflage de chèques en faveur du PLCQ ont bel et bien été orchestrées par le président de Groupaction, Jean Brault, alors que le programme de commandites bat son plein. L'agence Commando est l'antenne à Québec de Gosselin Communications Stratégiques puis de Groupaction qui a racheté Gosselin Communications en novembre 1999. « C'est M. Brault qui m'a demandé d'effectuer deux fois des contributions politiques de 10 000 $, témoigne Bernard Thiboutot. Il y avait des activités de financement à Québec. M. Brault trouvait important que le bureau de Québec contribue. » Ces injections secrètes de fonds sont effectuées juste avant le déclenchement des élections générales du 27 novembre 2000 qui donnent un troisième mandat à Jean Chrétien.

Cela n'arrive pas par hasard. Le PLC, déchiré par les luttes internes, a un criant besoin d'argent. Le 10 mars 2000, six jours avant le congrès libéral qui doit se tenir à Ottawa et alors que Jean Chrétien envisage sérieusement de se présenter pour un troisième mandat, une vingtaine de députés libéraux partisans de Paul Martin se réunissent en secret à l'hôtel Regal Constellation à l'aéroport de Toronto. La plupart sont de Toronto et des circonscriptions du sud de l'Ontario. De proches conseillers de Paul Martin, dont le stratège David Herle, sont également présents. Il s'agit pour ces fidèles du ministre des Finances de mettre au point une stratégie qui fera de Paul Martin non seulement l'héritier de Jean Chrétien mais la solution immédiate aux problèmes du parti. Le clan Martin est convaincu que Jean Chrétien risque, s'il se présente à nouveau, de faire perdre aux libéraux leur majorité aux Communes. Mais il est également convaincu que le premier ministre n'a pas l'intention de passer le flambeau, même si, selon eux, M. Martin ferait beaucoup mieux que M. Chrétien au Québec. Le petit clan décidera cependant de ne pas bouger.

Sauf que, de retour à Ottawa, plusieurs députés libéraux, dont Diane Marleau, Ovid Jackson, Nick Discepola, Joe Fontana et Stan Keyes, manifestent publiquement leur désir de voir Jean Chrétien laisser la place à Paul Martin. La nouvelle de la réunion secrète à l'aéroport de Toronto est diffusée au bulletin d'information *The National* à CBC, étalant au grand jour le schisme qui menace le Parti libéral. Cela a pour effet de braquer le premier ministre Chrétien, qui perçoit la manœuvre comme une tentative de putsch. Piqué au vif, il décide de briguer un troisième mandat.

Les ressentiments entre les clans Martin et Chrétien ne s'éteignent pas avec cet épisode. Aigris, les gens de Paul Martin décident de ne faire aucun effort particulier pour amasser des fonds en vue de la prochaine campagne électorale. Qui plus est, les hommes d'affaires associés au clan Martin reçoivent la consigne de ne pas souscrire au financement de la campagne de Jean Chrétien. Presque toute la classe des gens d'affaires de Montréal et de Toronto suit cette directive. Et lorsque le clan Martin reçoit malgré tout des contributions, cet argent est remis aux associations de femmes libérales du Québec. Selon les statuts du PLC, ces sommes ne sont pas transférables. Le PLC et Jean Chrétien n'arrivent plus, lors des traditionnels dîners-bénéfice, à amasser suffisamment d'argent pour mener la campagne. Il faut donc, d'une façon ou d'une autre, trouver du financement…

Revenons à cette séance du 17 mars 2005 de la commission Gomery où témoigne Bernard Thiboutot : « Comme je vous le disais, M. Brault m'a demandé de faire une contribution à une activité de financement par ma compagnie et de lui acheminer une facture pour qu'il me rembourse cette contribution-là. » Des factures et des chèques mis en preuve démontrent que l'agence

Commando se fait rembourser par Jean Brault ses deux contributions de 10 000 $. Sur les deux factures envoyées à Groupaction, on peut lire sur l'une « honoraires professionnels » et, sur l'autre, « remboursement pour avance de dépenses ». Une autre facture soumise à Groupaction par l'agence Commando, celle-là de 57 512,50 $ et datée du 1ᵉʳ octobre 2000, indique des travaux de « recherche et analyse ». Selon Bernard Thiboutot, cette facture sert aussi à camoufler des paiements à des organisateurs ou militants libéraux. « M. Brault m'a dit qu'il avait des gens à payer, confie M. Thiboutot, une liste de gens à payer, qu'il voulait les faire payer par mon entreprise parce qu'il ne voulait pas avoir des liens d'entreprises avec ces gens-là. C'est mon employeur… Alors il m'a envoyé un montant d'argent et il y avait une liste de gens qui devaient m'envoyer des factures, factures que j'ai acquittées. » Deux chèques de 4000 $ mis en preuve cette journée-là sont libellés au nom de M. Louis Pichette, un libéral qui devient par la suite conseiller du premier ministre du Québec, Jean Charest, avant de devoir démissionner à la suite de ces révélations. Un chèque de 11 556,25 $ a été remis à Consultations Jacques Roy. Jacques Roy était un ex-employé du Conseil du Trésor fédéral. Un chèque de 9202 $ a aussi été versé à Michel Monette, l'ex-adjoint politique de Daniel Johnson, alors que Guy Bisson, le président de la Commission des aînés du PLC, recevait 6400 $. Enfin, Franco Iacono, un adjoint d'Alfonso Gagliano, a reçu 9202 $. Mᵉ Guy Cournoyer, le procureur adjoint de la commission qui interroge Bernard Thiboutot, ne manque pas de souligner que Franco Iacono travaille dans le bureau du ministre de TPSGC, Alfonso Gagliano, du 11 juin au 2 septembre 1997. Parmi les documents produits devant la commission figure bel et bien un chèque de 57 512,50 $ signé par Jean Brault au nom de Commando Communication Marketing. Mᵉ Cournoyer fait alors remarquer que les paiements effectués par Thiboutot totalisent seulement 44 000 $. Bernard Thiboutot précise que Jean Brault lui a demandé en outre de verser une contribution politique de 2000 $ à la campagne de l'ancien secrétaire d'État au Sport amateur, Denis Coderre. Chaque fois que le PLC organise une activité politique dans la région de Québec, des députés et divers organisateurs libéraux sollicitent une contribution financière de la firme de Bernard Thiboutot.

Jean Brault se met à table

Vient donc, après Gilles-André Gosselin et Bernard Thiboutot, du 30 mars au 6 avril 2005, le témoignage de Jean Brault qui ne sera révélé au grand public qu'à la toute fin. Jean Brault obtient en effet du commissaire Gomery une ordonnance de non-publication en raison de la proximité de son procès pour fraude, fixé alors au début mai, pour lui assurer un procès juste et équitable. Le 7 avril 2005, John Gomery lève cette ordonnance, à l'exception de certains passages qui font état des liens entre Jean Brault et Charles Guité, puisque la Cour supérieure du Québec a accepté début avril de reporter le procès de M. Brault au 6 juin 2005.

Vendredi 8 avril 2005, les Québécois et les Canadiens découvrent le pot aux roses. À la une de tous les journaux s'étalent en titres de feu les révélations du témoignage secret de Jean Brault : l'argent des commandites a été détourné au profit du PLC. Déjà, la presse parle du plus grand scandale de l'histoire politique canadienne, comparant même l'affaire au Watergate[1]. Non seulement le président de Groupaction comble-t-il de nombreux vides du rapport de la vérificatrice générale, mais il brosse le portrait d'un parti politique qui n'a pas hésité à puiser à même les fonds publics pour faire avancer sa cause. Jean Brault parle même d'une « recette miracle » pour accumuler les lucratifs contrats de commandite, une recette qui consiste à accepter de détourner une partie de l'argent de ces contrats vers le PLC : « On commençait à sentir quelle était la recette miracle pour être chanceux, dit-il à un commissaire Gomery abasourdi. Au niveau des commandites, c'était de porter une bonne écoute à certaines demandes que le parti pouvait nous faire. »

Jean Brault confie d'abord que des membres du PLC lui font de nombreuses requêtes pour qu'il leur verse directement de l'argent comptant. Il révèle ensuite qu'on lui demande à l'occasion d'inscrire certains membres du parti sur la liste de paye de son entreprise pendant ces années où Groupaction accapare la part du lion des contrats de commandite : « Dans mon esprit c'est clair que n'eût été les investissements sous toutes les formes qu'on a faits au sein du parti, et malgré nos compétences, je pense que la portion de la tarte aurait été très petite. »

M. Brault et ses diverses entreprises versent au moins 1,8 million de dollars au PLC entre 1993 et 2002, ce que l'opposition aux

Communes qualifie d'«argent sale». Environ 166 000 $ prennent la forme de dons officiels au parti alors que le reste de l'argent est acheminé sous diverses autres formes, allant des fausses factures aux transactions bidon en passant par des paiements en liquide, autant de manières de brouiller l'origine des fonds. Jean Brault affirme notamment que Benoît Corbeil, directeur général du PLCQ à l'époque, qui occupe donc la plus haute position dans la hiérarchie exécutive de la formation politique au Québec, lui demande en 2001 de façon «assez directe» 400 000 $ pour renflouer la caisse du parti. M. Corbeil lui explique que cette contribution lui sera ultérieurement remboursée par la commission qu'il touchera sur un contrat de trois millions de dollars. Groupaction obtient le contrat en question, même s'il est moins important que prévu, et s'en tire en versant 60 000 $ au parti. Comment M. Brault peut-il obtenir une si grande réduction de sa contribution ? Son témoignage en dit long sur le fouillis qui règne au PLCQ au chapitre du contrôle des «contributions». «J'ai découvert à la fin, raconte Jean Brault, qu'ils ne tenaient pas un compte précis.» Insulté par la demande éhontée de 400 000 $ de Benoît Corbeil, le président de Groupaction se rebiffe: «Il n'en était pas question, c'était ridicule. On me disait qu'il y avait un déficit d'un million [au parti] puis que tout allait s'arranger dans les futurs contrats. Je pense que la demande a été réduite de 400 000 à 200 000. Ils m'ont donné un *break* et finalement, je n'ai versé que 60 000 $.» Brault sait jouer sur la désorganisation des libéraux et le peu de mémoire des responsables du parti en ce qui a trait aux dessous-de-table: «Je tenais le discours: "N'oubliez pas, je vous ai donné 200 000 $."» Mais Brault sait bien qu'il n'a pas donné ces 200 000 $. On lui dit: «Oui, oui, on le sait.» «Je voyais, ajoute-t-il, que le décompte n'était pas tenu; il n'y avait pas de registre précis. Je l'ai découvert malheureusement en 2001. Peut-être que si j'avais su ça en 97-98, ç'aurait été moins compliqué. On ne serait peut-être pas ici aujourd'hui.»

Jean Brault révèle aussi que son agence achemine 430 370 $ plus taxes au PLC par l'entremise d'un personnage qui s'avérera au centre du scandale, l'organisateur libéral Jacques Corriveau, un partisan inconditionnel de Jean Chrétien. C'est le maire de Longueuil, Jacques Olivier, qui a mis Brault sur la piste de Corriveau. M. Olivier lui lance un jour à brûle-pourpoint: «Colle-toi sur Corriveau; ça va t'ouvrir des portes.» Jacques Corriveau est un joueur clé des campagnes au leadership de Jean Chrétien en 1984 et en 1990. Selon

M. Brault, 430 370 $ transitent donc par Corriveau grâce à de faus-
ses factures envoyées à Groupaction entre 1996 et 2002. M. Brault
affirme qu'il a sans doute versé à Corriveau beaucoup plus que cette
somme. Il ne peut cependant le démontrer puisqu'il n'a plus en sa
possession la documentation relative à l'année 2001. « Ces montants
représentent des montants qui m'étaient demandés, pour ne pas dire
exigés, soit par M. Corriveau pour des montants destinés à ce qu'il
appelait "la cause". » C'est-à-dire qu'ils sont destinés, selon ce que lui
explique plus tard Benoît Corbeil, au PLC. Le stratagème employé
par Brault et Corriveau pour soutenir « la cause » est relativement
simple. L'entreprise de graphisme de Jacques Corriveau, Pluri Design
Canada inc., n'accomplit jamais les travaux décrits sur les factures envoyées à Groupaction entre 1996 et 2002. Selon M. Brault,
M. Corriveau empoche les 430 370 $ grâce à une ristourne de 10 %
sur toutes les commissions de 12 % que touche Groupaction en relation avec les commandites fédérales attribuées aux expositions de
commerce et de plein air et pour la création d'un almanach. Ces
commandites, supervisées par Groupaction, sont gérées par deux
autres agences de communication, Polygone et Expour, propriétés de
Luc Lemay. Pluri Design agit à titre de « sous-traitant » d'Expour et
de Polygone même si en réalité, à ce que dit Jean Brault, Groupaction ne fait jamais appel aux services de Pluri Design.

« Alors est-ce que j'aurais raison de vous suggérer, demande le
procureur principal de la commission Gomery, Me Bernard Roy,
que les factures que j'ai appelées "maquillées" de M. Corriveau et les
paiements que vous avez faits, en réalité c'était votre contribution
financière pour les besoins de la cause et ça provenait essentiellement des profits générés par les contrats d'Expour et de Polygone ?

– Exactement », répond Jean Brault qui touche 4 millions de
dollars en commissions sur les 35 millions de dollars de commandites gérées par Polygone.

Jean Brault révèle qu'il paye à l'époque un lobbyiste montréalais du nom d'Alain Renaud, autre libéral bien branché, pour
qu'il l'aide à obtenir des contrats fédéraux. De plus, Alain Renaud
a pour tâche d'entretenir en faveur de Groupaction le réseau des
joueurs politiques et des employés de l'État susceptibles de lui procurer des contrats de commandite et de publicité. M. Renaud fait
si bien son travail que Jean Brault lui paie de 1996 à 2000 des honoraires de 1,1 million de dollars et des dépenses de 240 000 $ qui
servent essentiellement à financer certaines activités du PLC.

Alain Renaud devient dès 1996 un employé régulier de Groupaction. «Ma compréhension, déclare Jean Brault, et mes attentes étaient que M. Renaud était mis en disponibilité à plein temps pour le Parti libéral du Canada, section Québec.» Les contacts d'Alain Renaud permettent à son patron de faire la connaissance de hauts responsables tels que Charles Guité et Jean Carle, le directeur des opérations au bureau du premier ministre. Selon M. Brault, c'est Jean Carle qui l'envoie le 17 août 1995 au bureau de M. Guité à TPSGC. «Allez au bureau de M. Guité, lui aurait dit Jean Carle. Allez voir Andrée Larose [l'adjointe de M. Guité]. Ils vont tout vous expliquer quoi faire.»

En septembre 2000, Jean Brault tente de convaincre Alain Renaud d'accepter des honoraires moins élevés. Le volume des contrats gouvernementaux a diminué et le président de Groupaction trouve excessif de verser plus de 150 000 $ par année à son lobbyiste. Alain Renaud ne prise guère le geste. Il quitte Groupaction en furie mais, en mai 2001, il demande à retrouver son emploi. Il rencontre Jean Brault au restaurant Mediterraneo à Montréal où les deux hommes sont rejoints par un certain Tony Mignacca, un proche d'Alfonso Gagliano. M. Brault affirme au commissaire Gomery que Tony Mignacca insiste pour qu'il reprenne Alain Renaud. Il aurait menacé de faire perdre à Groupaction son important contrat avec VIA Rail si Jean Brault n'obtempérait pas. Il lui parle en paraboles d'un boss avec qui il affirme avoir dîné, «le *choo-choo man*», sans doute quelqu'un de la haute direction de VIA Rail, selon Brault. En relatant ces faits étranges le 31 mars 2005 et en faisant état du malaise et de la colère qu'il éprouve, alors qu'il se remet à peine d'une crise cardiaque, Jean Brault s'effondre en larmes devant les caméras de télévision.

Le président de Groupaction affirme aussi que les requêtes qu'il reçoit à l'époque proviennent d'un cercle de dirigeants et d'organisateurs libéraux bien placés. Outre Alain Renaud, Jean Brault fait affaire avec Jacques Corriveau, Benoît Corbeil et, plus tard, Giuseppe «Joe» Morselli, un autre proche d'Alfonso Gagliano qui se prétend vice-président de la Commission des finances du PLCQ.

Les contributions de Groupaction au parti prennent d'autres formes. Jean Brault débourse des milliers de dollars en achats de billets pour des épluchettes de blé d'Inde, des tournois de golf et des dîners-bénéfice au profit du PLC. Le témoin se rend à certains de ces événements avec en main des enveloppes pleines d'argent qu'il glisse discrètement à certains dirigeants du parti. On lui demande secrètement d'inscrire quatre personnes sur sa liste de paye alors qu'elles travaillent en réalité pour le PLC. Jean Brault affirme même que, s'il fait l'acquisition de Gosselin Communications en 1998, c'est à la suite de pressions politiques… À une certaine époque le PLC lui envoie même des factures d'entretien, de lignes téléphoniques et d'Internet ainsi que des factures de réparations électriques. Il refuse de payer. « Assez c'est assez ! » proteste-t-il, exaspéré.

Groupaction devient la cheville ouvrière du PLC dans le programme de commandites, raflant la plus grande part des contrats. L'entreprise croît à un rythme fou, avalant au passage les agences Gosselin Communications et LCM. En plus des 61 millions de dollars reçus en contrats de commandite, Groupaction réussit à se ménager au cours de ces années de vaches grasses 112 millions de dollars en contrats de publicité. Jean Brault et son épouse, Joane, se payent quelque 4 millions de dollars en salaires plus des dividendes de 2,7 millions de dollars. La renommée de la firme au zénith atteint les plus hautes sphères politiques si bien que, lorsque Groupaction célèbre son 15ᵉ anniversaire, Jean Brault reçoit des lettres de félicitations des premiers ministres Jean Chrétien et Lucien Bouchard.

La créativité des organisateurs libéraux

L'embauche de libéraux par Groupaction est l'un des stratagèmes utilisés par le PLC, fortement éprouvé financièrement, pour alléger ses charges. Jean Brault affirme d'ailleurs que les responsables du parti ont « beaucoup de créativité dans leurs demandes » de contributions. Ainsi, le 16 avril 1996, Jacques Corriveau lui aurait demandé de prendre à son service un membre du parti, Serge Gosselin. Le président de Groupaction accepte de payer 7000 $ par mois à M. Gosselin, même si ce dernier, toujours selon Jean Brault, ne fournit aucun travail pour sa firme. M. Gosselin rédige cette année-là une biographie du ministre fédéral de TPSGC, Alfonso Gagliano. Deux ans plus tard, Benoît Corbeil, le directeur général du PLCQ, demande à M. Brault d'embaucher John Welch, qui deviendra après les élections de 2004 chef de cabinet de la ministre Liza Frulla. Brault paye Welch 8000 $ par mois pendant toute une année. « Il était libre de son temps, rapporte Brault. Il était très actif au téléphone et on doit comprendre qu'il faisait du travail sous une forme ou une autre pour le parti. »

Groupaction embauche également Maria Lyne Chrétien, la nièce du premier ministre, qui fait toutefois un travail réel pour l'agence pendant quelque huit mois. Dans une déclaration sous serment à la commission Gomery, Maria Lyne Chrétien affirme qu'elle n'obtient pas cet emploi grâce à Jacques Corriveau et qu'elle n'a jamais demandé, non plus, à son oncle de lui trouver du travail. M. Brault témoigne également que Benoît Corbeil lui a demandé de venir en aide au fils d'Alfonso Gagliano, Vincent Gagliano, en donnant quelques contrats à l'entreprise Lithographie Dickson où il travaille, ce qui est fait. Jean Brault recommande, par ailleurs, Imma Gagliano, la fille du ministre, à l'un de ses clients, la compagnie Naya.

Les demandes d'argent du PLC à Groupaction sont incessantes. Lors de la campagne électorale de 1993, on demande à Jean Brault de faire un don de 20 000 $. Trouvant la demande trop élevée, M. Brault accepte cependant d'inscrire Daniel Yves Durand, un travailleur libéral, sur sa liste de paye pendant quatre mois à 500 $ par semaine. En 1998, M. Brault accepte également de verser 4000 $ à Gabriel Chrétien, le frère aîné du premier ministre, afin d'aider à financer certaines activités partisanes sur la rive sud de Montréal. M. Brault paye Gabriel Chrétien en demandant à ce dernier d'envoyer une fausse facture de 4000 $ en « frais professionnels ». Dans une déclaration sous serment, Gabriel Chrétien affirme cependant qu'il a plutôt versé ces 4000 $ au nom de Groupaction à la campagne libérale provinciale et qu'il n'a jamais fait parvenir une fausse facture à l'agence de communication pour laquelle, précise-t-il, il n'a jamais travaillé.

Pour satisfaire encore ses bienfaiteurs et maîtres politiques, en particulier Jacques Corriveau, Jean Brault demande à ses employés de faire des dons au PLC en prenant bien soin de les rembourser, dans la plus grande illégalité, à la fin de l'année. Il aurait versé entre 5000 et 12 000 $ par ce stratagème. Il a de plus, toujours selon ses dires, prêté au PLC pour la campagne électorale de 1997 l'un de ses employés, Richard Boudreault. Pour éviter de mécontenter l'un de ses plus importants clients, le gouvernement péquiste du Québec, qui n'a pas vu d'un bon œil que les gens de Groupaction travaillent pour le PLC, Groupaction radie M. Boudreault de sa liste de paye mais lui verse quand même ses honoraires professionnels en les faisant transiter par le cabinet de ses vérificateurs comptables, Harel, Drouin et associés, qui ne sait rien de la manœuvre. M. Boudreault fait ainsi parvenir pour plus de 24 000 $ de fausses factures à Harel, Drouin et associés qui, à son tour, soumet une facture à Groupaction.

Groupaction paye également 39 300 $ à trois travailleurs de campagne libéraux. Pour camoufler l'opération, l'agence leur achemine l'argent en passant par la compagnie de M. Boudreault. Le PLC demande aussi à Groupaction de payer une facture de 22 000 $ à la maison de production Cameo pour un tournage vidéo. Cette maison de production appartient à Thalie Tremblay, la fille de Michèle Tremblay, une amie d'Alfonso Gagliano et d'André Ouellet qui reçoit un nombre important de contrats de communication du gouvernement fédéral.

L'agence de Jean Brault achemine secrètement d'autres sommes importantes au PLC en se servant de la compagnie d'un de ses employés, Commando Marketing, qui appartient à Bernard Thiboutot. On demande à M. Thiboutot de donner 20 000 $ au PLC tout en ne manquant pas de le rembourser plus tard. M. Brault donne également 57 000 $ à Commando pour payer certains travailleurs politiques libéraux, dont cinq organisateurs et militants. Jean Brault confirme ainsi le témoignage fait par Bernard Thiboutot quelques jours auparavant. Encore une fois, de « l'argent sale » a bel et bien servi à financer illégalement le parti de Jean Chrétien et d'Alfonso Gagliano.

La créativité des dirigeants libéraux est sans limite, comme en témoigne le principal intéressé à la commission Gomery. Groupaction paye une série de fausses factures pour des « services professionnels » présumément rendus par son entremetteur auprès du gouvernement fédéral, Alain Renaud, services, il va sans dire, qu'il n'a jamais rendus. Ces factures s'élèvent en tout à 63 500 $. L'année de ces transactions, soit 1998, les compilations officielles d'Élections Canada indiquent que M. Renaud a fait des dons au PLC pour un montant similaire. M. Brault sait que cet argent va aboutir d'une façon ou d'une autre dans les coffres du PLC. « À un moment donné, déclare Brault au commissaire Gomery, on s'est retrouvé un peu comme devant un miroir aux alouettes. On était très sollicité… On ne se questionnait pas – on laissait sous-entendre que toute contribution allait être prise en considération et allait d'une manière ou d'une autre être compensée. »

En août 2001, raconte Brault dans l'un des moments les plus spectaculaires de son témoignage, Giuseppe Morselli lui demande de mettre sur la liste de paye de son entreprise un collecteur de fonds du parti, Beryl Wajsman, afin d'aider la formation politique à bénéficier des largesses de la communauté juive de Montréal. On demande à Jean Brault de lui verser 10 000 $ par mois, ce qu'il refuse net tout en proposant en revanche de lui remettre 5000 $ par mois en liquide. M. Brault apporte avec lui dans une enveloppe le premier versement de 5000 $ lors d'un dîner auquel il est convié par Joe Morselli au restaurant Franck de la rue Saint-Zotique à Montréal. « Donc, le 21, raconte Brault au procureur Bernard Roy, il était convenu que je retournais chez – toujours – chez Franck comme invité de M. Morselli mais qu'il allait m'introduire à M. Wajsman. J'ai apporté l'enveloppe, une enveloppe avec 5000 $ et on a fait du *small talk*. » Comme Beryl Wajsman est sur le point d'arriver, Jean Brault s'en va aux toilettes. Il se lève et laisse la fameuse enveloppe sur le coin de la table. « Quand je suis revenu, les deux étaient assis, l'enveloppe n'était plus là. » La conversation se poursuit comme si de rien n'était. Cet épisode, qui rappelle des histoires de série noire ou des films de gangsters, est – faut-il s'en étonner ? – catégoriquement nié par MM. Morselli et Wajsman lorsque les deux hommes témoignent quelques jours plus tard à la commission Gomery.

Au printemps 1998, les responsables du PLC demandent à Jean Brault une contribution de 100 000 $, à verser par l'entremise d'Alain Renaud, « l'ouvreur de portes » qui l'a fait profiter de ses entrées au PLC. Dès 1994 d'ailleurs, Alain Renaud a fait décrocher à Groupaction un premier contrat fédéral de 600 000 $ auprès du Conseil de la radiodiffusion et des télécommunications canadiennes (CRTC). M. Brault répond à la demande du parti en faisant à M. Renaud un premier versement de 50 000 $. Il ne donne jamais suite à sa promesse d'un second versement. Mais, à l'été 2001, Joe Morselli lui fait comprendre que désormais, pour tout ce qui touche au financement du parti, il ne doit plus faire affaire avec Jacques Corriveau, mais bien avec lui. Le nouveau *boss*, comme le surnomme Benoît Corbeil, vient en aide à Brault, qui craint de perdre un lucratif contrat de publicité avec le ministère de la Justice, un contrat rattaché à la création du registre national des armes à feu. Un appel d'offres doit être lancé pour la suite du contrat et Jean Brault demande à Morselli s'il ne peut pas faire quelque chose pour tout au moins retarder l'exercice : « Je lui ai proposé 100 000 $ si le concours est retardé. "Peu importe si vous intervenez ou pas, je ne veux rien savoir. Ça vaut 100 000 $." Il m'a dit que mon problème serait réglé. » En décembre 2001, Jean Brault désire faire une « livraison » au PLC d'une partie des 100 000 $ et il se rend au cocktail de Noël qui a lieu au Buffet Le Rizz, dans l'est de Montréal. Il s'agit d'un repas de spaghettis à 2000 $ par personne destiné à amasser des fonds pour le parti. « J'avais une livraison à faire ce soir-là, dit Jean Brault, et j'ai livré. » Il livre en effet 25 000 $ comptant à Joe Morselli, conformément à l'entente prise avec lui antérieurement. Le président de Groupaction apprend plus tard de Pierre Tremblay, le responsable des commandites à Travaux publics, qu'il n'a pas à s'inquiéter parce qu'il n'y aura pas dans l'immédiat d'appel d'offres. « Il n'y a pas eu d'appel d'offres », confirme M. Brault à la commission Gomery.

Le témoignage de Jean Brault révèle également que son agence contribue en 1998 à la campagne électorale de Jean Charest au Québec en versant illégalement, par l'entremise de « frais professionnels » facturés à Groupe Everest et à la suite d'une demande de Chuck Guité (niée par l'intéressé), 50 000 $ au PLQ. Le Parti Québécois n'est pas épargné non plus par les révélations de M. Brault. Affirmant que son personnel est partagé entre fédéralistes et souverainistes, Jean Brault aurait remboursé à quelques-uns de ses employés des dons individuels au PQ totalisant environ 50 000 $. Ces faits n'ont cependant rien à voir avec le scandale des commandites.

En résumé, ce que Jean Brault révèle – et qui sera confirmé par d'autres témoins par la suite –, c'est que le système de corruption mis en place dans les hautes sphères du PLC est tellement contraignant pour Groupaction et les autres agences de communication, telle Polygone-Expour, qu'elles ont dû surfacturer les Canadiens pour la plupart des foires commerciales que leur gouvernement commandite. Jean Brault force sans doute un peu la note en jouant cette carte de la victime. Nul n'est dupe cependant. En démontrant qu'il y a dans les faits des ristournes attachées aux contrats de commandite dont bénéficie son agence, il reconnaît en même temps qu'il a dû se rembourser de ces « frais » inéluctables grâce au stratagème de la surfacturation. « On pourrait dire que l'ensemble des sommes facturées n'est pas représentatif du travail requis, affirme-t-il devant la commission, ce qui veut dire qu'on a été surpayé ou très bien payé pour ce travail-là. »

M. Brault apprend seulement au début de 1997 l'existence d'un programme destiné à mousser la visibilité du gouvernement

fédéral au Québec. Ce programme est depuis le début protégé par
une chape de silence et son financement est contrôlé au plus haut
niveau. M. Brault affirme même que le cabinet du premier ministre est impliqué de très près dans le choix des événements à commanditer. Le président de Groupaction insiste sur l'atmosphère de
secret entourant la provenance des fonds et la façon dont les commandites sont choisies : « La provenance précise [des fonds] n'était
pas connue mais on… le mythe du secret était à chaque coin de
rue. Il y avait une consigne d'être discret, souvent de ne pas docu-
menter, de ne pas attirer l'attention des parties qui prônaient une
autre option. Donc on nageait un petit peu, à tort ou à raison…
mais on nous mettait dans le contexte "Ça va être secret puis il ne
faut pas trop parler". On était dans des zones grises. »

Après les six journées du témoignage dévastateur de Jean
Brault, le PLC tente désespérément de limiter les dégâts. Plusieurs libéraux se présentent comme des victimes dans cette affaire. Ils demandent à la GRC d'enquêter sur la possibilité d'un
complot entre les différents protagonistes au centre des accusations de M. Brault. Ils tentent de faire croire d'abord que M. Brault
a inventé toute cette histoire pour ensuite suggérer que les quatre libéraux au cœur des révélations du jour – Jacques Corriveau,
Alain Renaud, Benoît Corbeil et Joe Morselli – ont conspiré ensemble pour s'enrichir de façon illicite. Lorsque l'avocat représentant le PLC à la commission Gomery, Me Doug Mitchell,
tente de coincer Jean Brault en contre-interrogatoire à propos du
grand nombre de « fausses factures » qu'il rédige, le dirigeant de
l'agence de communication répond du tac au tac : « Je vais vous
répondre que je suis parti en affaires en 1982, puis avant d'avoir
votre client dans mes pattes, je n'ai jamais fait de fausses factures. » La répartie, qui déclenche les rires de l'assistance, est diffusée par la plupart des médias et reste l'une des grandes citations
de la commission Gomery.

On ne peut vérifier certaines des allégations de Jean Brault.
Mais de grands pans de son témoignage sont confirmés par des preuves tangibles, des factures, des chèques, des relevés de téléphone
et d'autres documents puisés à même les quelque 700 boîtes d'archives obtenues par mandat des juricomptables de la commission.
De plus, des témoins importants et indépendants confirment au
cours des semaines suivantes la fantastique histoire racontée par
l'ex-président de Groupaction.

Le 13 juin 2005, lorsque l'avocat de M. Brault, Me Harvey Yarovsky, présente sa plaidoirie au commissaire, il souligne que, « contrairement à d'autres témoins », son client a dit toute la vérité devant la commission : « Plutôt que se cacher derrière des blancs de mémoire ou derrière des explications mensongères, Jean Brault a répondu aux questions qui lui ont été posées d'une manière franche, ouverte, directe et honnête. De plus, il aurait pu depuis longtemps se départir de ses documents, les faire disparaître. » Me Yarovsky note que le délai qui s'est écoulé entre l'éclatement du scandale des commandites en février 2002 et l'exécution d'un mandat de perquisition chez lui par la GRC, en septembre 2002, lui aurait donné amplement le temps de détruire ses documents, ce qu'il n'a pas fait. Le commissaire John Gomery ajoute avec humour qu'aucun « dégât d'eau » ne s'est produit chez Jean Brault au cours de cette période, comme l'avait allégué le témoin Alain Renaud pour justifier la disparition de certains documents. Les agendas conservés par l'ancien président de Groupaction, avec l'inscription de ses rencontres et de ses appels téléphoniques, sont très utiles à l'enquête ; ils confirment le témoignage de M. Brault et en contredisent d'autres. « Je vous soumets, monsieur le commissaire, poursuit l'avocat, – et je n'ai aucune hésitation à le faire – qu'en adoptant une telle approche, Jean Brault a fait une contribution importante à vos travaux. Il vous a aidé à ouvrir des voies d'enquête et il a inspiré certains autres à faire la même chose. » Un témoin majeur qui se présentera devant la commission quelques jours plus tard, Daniel Dezainde, affirmera d'ailleurs que c'est le témoignage de Jean Brault qui l'a incité à parler.

CHAPITRE XIV

La filière Corriveau

Les liens étroits qui existent entre Jean Brault et Chuck Guité jusqu'en août 1999 sont amplement mis en lumière au cours du témoignage de M. Brault. L'un des témoins qui lui succèdent à la commission d'enquête, un ex-comptable de Groupaction, Roger Desjeans, confirme d'ailleurs l'importance de ces liens. Il affirme sous serment que l'agence de M. Brault verse en 2001 à Chuck Guité 25 000 $ en prêt que ce dernier doit rembourser en 2002. Selon M. Desjeans, ce prêt n'a rien à voir avec les services de consultation fournis par M. Guité après sa retraite de la fonction publique et pour lesquels il est également payé. Une chose est certaine, affirme le témoin, M. Guité ne rembourse jamais les 25 000 $ en question.

Le rôle qu'a joué l'organisateur libéral et ami de Jean Chrétien, Jacques Corriveau, dans le programme de commandites paraît de plus en plus important au fur et à mesure qu'avancent les travaux de la commission d'enquête. L'homme d'affaires montréalais Luc Lemay, l'un des bénéficiaires du programme, révèle au commissaire Gomery le 12 avril 2005 que c'est Jacques Corriveau lui-même qui l'a guidé vers cette véritable corne d'abondance. Lemay ne sait encore rien du programme de commandites lorsque Jacques Corriveau lui annonce que le gouvernement fédéral est prêt à allonger 400 000 $ pour soutenir un Salon national du grand air qu'il est en train d'organiser au printemps 1997 au Stade olympique de Montréal. Luc Lemay vient de gagner le gros lot. C'est la première fois qu'il obtient un tel montant pour ses activités, mais ce n'est pas la dernière. Luc Lemay, président de Malcom Média, qui regroupe les anciennes sociétés Expour, Expour 2000 et Groupe Polygone, reçoit au cours des cinq années qui suivent quelque 42 millions de dollars de contrats de commandite. Une fois payées les commissions aux agences Média/IDA Vision et Groupaction, ces contrats représentent tout de même 36,7 millions de dollars pour les entreprises de M. Lemay. À elle seule, l'agence Polygone reçoit pour 23 millions de dollars de contrats. « Ça a été très rentable », témoigne Luc Lemay.

Au cours de cette même période, soit de 1997 à 2002, Luc Lemay donne à la firme Pluri Design de Jacques Corriveau des contrats de sous-traitance pour au moins 6,7 millions de dollars. D'ailleurs, dès le premier contrat de 450 000 $ pour le Salon du grand air de Montréal, Luc Lemay consent à verser à Jacques Corriveau des commissions de 17,5 % sur les futurs contrats que son agence décrochera grâce à lui. « Ça vous est tombé du ciel », commente le commissaire Gomery. « On était très heureux », répond Luc Lemay. Simplement pour ce contrat au Stade olympique, il verse 125 000 $ à Jacques Corriveau pour son travail. Ce que ne sait pas M. Lemay, c'est que M. Corriveau facture également 27 000 $ au Groupe Everest pour le même travail. M. Corriveau suggère d'ailleurs à M. Lemay de faire affaire avec le Groupe Everest de Claude Boulay pour aider Polygone à trouver des commandites privées pour le Salon national du grand air de Montréal. À la suite de ce salon, qui a lieu en mai 1997, Jacques Corriveau propose à Luc Lemay une petite visite à Ottawa où les deux hommes rencontrent dans un restaurant chic Chuck Guité ainsi que Roger Collet, du BIC. C'est le début d'une collaboration qui s'avère extrêmement payante pour Luc Lemay qui publie l'*Almanach du peuple*, produit des centaines de capsules radiophoniques de chasse et de pêche et organise des soirées chasse et pêche extrêmement courues dans près d'une centaine de municipalités du Québec. Il y a là pour les responsables des commandites des « véhicules » parfaitement adaptés au projet d'accroître la visibilité du gouvernement fédéral au Québec. Luc Lemay élabore une série de projets que Jacques Corriveau réussit à vendre à TPSGC, moyennant évidemment une commission de 17,5 %.

L'effet diurétique de l'oignon

Le témoignage de Luc Lemay donne un assez bon aperçu de la façon dont l'argent des contribuables canadiens est littéralement jeté par les fenêtres lorsqu'il s'agit de commandites. Dans bien des cas, les commissions que touchent les agences reçoivent, de la part de leurs dirigeants, beaucoup plus d'attention que le contenu des commandites. Ottawa, par exemple, dépense 13,7 millions de dollars en capsules de radio pour souhaiter «d'agréables heures de pêche» aux Québécois, ou les inciter à bien se nourrir, à être prudent, ou encore pour vanter «l'effet diurétique» de l'oignon. Ces capsules, produites par Polygone et diffusées dans 80 stations de radio du Québec de 1997 à 2002, déclenchent l'hilarité de l'assistance à la commission Gomery lorsqu'elles sont présentées par le procureur du gouvernement, Me Sylvain Lussier, qui tente de démontrer que le gouvernement fédéral n'en a pas eu pour son argent avec ces commandites.

À cet égard l'*Almanach du peuple* produit par l'éditeur Polygone est un autre exemple du peu d'attention qu'on accorde à la façon de dépenser les deniers publics. Dans l'édition 2002 de l'ouvrage, il en coûte 58 000 $ au gouvernement du Québec pour 78 pages de publicité. Ottawa, lui, paye 668 000 $ pour 145 pages de publicité, soit 4606 $ la page au lieu des 743 $ que paye le Québec. Selon les factures mises en preuve à la commission, Jacques Corriveau, dont la compagnie Pluri Design reçoit les contrats de Polygone pour rédiger l'almanach, empoche à lui seul quelque 160 000 $ essentiellement pour coller des pages Web du gouvernement les unes à la suite des autres. L'homme d'affaires émet d'autres factures à l'intention de Polygone pour avoir transformé des textes en documents Word et les avoir expédiés à l'éditeur. M. Corriveau facture même la distribution de l'*Almanach du peuple* alors que ce travail est fait par les Messageries Dynamiques. Luc Lemay admet que ces factures sont «irréalistes» et sans fondement. Il les paye tout simplement parce qu'elles correspondent à une commission de 17,5 % sur les commandites qu'il a obtenues grâce à Corriveau.

Inutile de dire que, dans ce contexte, le témoignage de Jacques Corriveau, l'ami de Jean Chrétien, est très attendu. Les 430 370 $ qu'il a touchés de Groupaction intriguent passablement les procureurs de la commission et le commissaire lui-même. Jacques Brault a décrit Jacques Corriveau comme un de ceux qui ont multiplié les demandes de contributions secrètes au PLC.

Jacques Corriveau est un témoin dont le refus de collaborer avec la commission est évident dès le départ. Ce partisan libéral de longue date, que l'on décrit comme un mélomane et un amateur d'art, répond aux questions du procureur Bernard Roy avec une politesse affectée et empreinte d'une certaine exaspération. On est loin de l'élégance d'un Jean Brault. L'homme, selon les témoignages précédents, a empoché pour huit millions de dollars en sous-traitance de six agences de communication et 1,1 million de dollars du PLC. Il ne fait aucun secret de sa loyauté envers Jean Chrétien et son clan, mais nie d'entrée de jeu être un intime de Jean Chrétien, concédant non sans mal que l'ancien premier ministre est pour lui simplement un «bon ami», qu'il voit une ou deux fois par année, et qu'il n'a passé qu'une seule nuit à sa résidence officielle, le 24 de la promenade Sussex. Ce «bon ami» s'occupe pendant quelque temps du fils adoptif de M. Chrétien, Michel, à qui il donne du travail pendant deux ans. Son témoignage est caractérisé par d'innombrables trous de mémoire qu'il attribue à une longue intervention chirurgicale subie le 22 novembre 2004 et aux médicaments qu'il doit prendre… Dans un document déposé à la commission et qui concerne une vaste consultation mise sur pied par le BIC et l'agence BCP, M. Corriveau est décrit comme «conseiller informel de Jean Chrétien», une assertion que nie le principal intéressé. N'empêche que, de 1996 à 2003, la boîte de graphisme de Jacques Corriveau, Pluri Design, reçoit quelque 10 millions de dollars en honoraires, dont près des trois quarts sont liés à des commandites fédérales. De plus, 10 % des revenus de Pluri Design proviennent des contrats de conception des pancartes du PLC pour les élections générales de 1993 et de 2000. Jacques Corriveau est bien branché avec la haute direction du PLC, comme le démontrent divers documents déposés à la commission Gomery. Il assiste à divers événements mondains avec les dirigeants du parti, qu'il s'agisse de dîners, de parties de hockey ou de courses de Grand Prix. Son comptable, Gaëtan Sauriol, témoigne même qu'il a conduit son patron à l'édifice Langevin, là où se trouvent les bureaux du premier ministre, le 16 décembre 1996, pour une rencontre avec Jean Pelletier, le chef de cabinet de M. Chrétien. Il peut ainsi influer sur des décisions concernant des contrats de commandite. Au cours des années Mulroney, les affaires de M. Corriveau sont peu florissantes. Tout change avec l'arrivée au pouvoir des libéraux. «Quand la bonne fortune nous sourit, lance-t-il sans vergogne au commissaire Gomery, il faut en profiter.»

L'essentiel de ce premier témoignage de Jacques Corriveau se résume à deux choses: l'organisateur libéral admet avoir empoché des millions en commissions sur des commandites en agissant illégalement à titre de lobbyiste et en rédigeant de fausses factures, mais il nie avec la dernière énergie avoir acheminé secrètement une partie de cet argent au PLCQ. L'homme de 72 ans reconnaît qu'il a quelque peu maquillé sa facturation lorsque Jean Brault et Luc Lemay lui ont versé une tranche importante des revenus de commandites qu'il leur a obtenus. Jacques Corriveau nie en revanche que Jean Brault lui ait versé, sur réception de fausses factures, 430 000 $ dans le but de financer « la cause », soit le PLC : il affirme que cet argent est allé à sa propre compagnie, Pluri Design.

De 1996 à 2002, sans être un lobbyiste au titre de la loi, Jacques Corriveau réussit néanmoins à procurer à l'agence Polygone de M. Lemay plus de 36 millions de dollars en contrats de commandite, reconnaissant avoir perçu au passage des commissions de 17,5 %. Selon le commissaire Gomery, il s'agit là de « trafic d'influence ». Et, à partir de 1998, M. Corriveau s'arrange pour recevoir des commissions supplémentaires de Groupaction, de l'ordre justement de 430 000 $. Corriveau communique régulièrement avec le directeur du programme à TPSGC, Chuck Guité, et, plus tard, avec son successeur, Pierre Tremblay. C'est ainsi qu'il parvient en 1998 à convaincre M. Guité, à la demande de Jean Brault, de faire transiter les commandites destinées à Polygone par Groupaction plutôt que par Groupe Everest. Aussitôt dit, aussitôt fait et Jacques Corriveau touche au passage le dixième de la commission de Groupaction, soit 1,2 %. Pour se faire payer, M. Corriveau reconnaît avoir soumis des factures décrivant une multitude de « services professionnels » qui, en réalité, ne sont jamais rendus. L'exemple le plus cocasse est celui des factures relatives aux Salons du grand air de Rimouski, de Chicoutimi, de Sherbrooke, de Trois-Rivières et de Sainte-Foy, en 1999, qui évoquent toutes « le réaménagement complet des espaces (…) au Stade olympique » ! « Dans le Québec de Corriveau, titre le lendemain un grand quotidien, les stades olympiques pleuvaient[1]… » Le but de ces factures bidon est de camoufler cette commission de 1,2 %. Selon M. Corriveau, c'est Jean Brault qui lui demande d'agir de la sorte pour éviter que son lobbyiste attitré, Alain Renaud, n'apprenne que le président de Pluri Design joue dans ses plates-bandes. M. Corriveau nie, encore une fois, qu'il agit, ainsi que l'affirme Jean Brault, comme intermédiaire auprès des présidents successifs du PLCQ, Benoît Corbeil, Michel Béliveau et Roger Légaré, afin d'obtenir de l'argent liquide de Groupaction. Il rejette aussi les affirmations de M. Brault qui a prétendu que c'était lui, Jacques Corriveau, qui avait demandé d'inscrire les travailleurs libéraux Serge Gosselin et John Welch sur la liste de paye de Groupaction. Il reconnaît cependant avoir recommandé l'embauche de la nièce de M. Chrétien, Maria Lyne Chrétien. Cette dernière nie par contre avoir demandé à M. Corriveau, chez qui elle a déjà travaillé, une telle recommandation.

Jacques Corriveau a bien des façons d'engranger les dollars des commandites, si l'on en juge par le témoignage d'un promoteur de salons de chasse et pêche, Gaétan Mondoux, qui estime s'être carrément fait rouler par l'organisateur libéral et par le président de Malcom Média, Luc Lemay. En 1999, M. Mondoux vend les droits de commandite de ses salons de Trois-Rivières et de Sherbrooke à Polygone (propriété de Malcom Média) pour 20 000 $ par année. La transaction lui rapporte donc 100 000 $ en cinq ans. Il réalise avec indignation juste avant de témoigner, au cours de la rencontre préliminaire qu'il a avec le procureur de la commission, que Polygone a reçu du gouvernement fédéral à l'époque 1,6 million et que, de cette somme, 1 million de dollars est versé à Jacques Corriveau pour de soi-disant « services professionnels » à titre de consultant. M. Mondoux témoigne que jamais Jacques Corriveau n'a levé le petit doigt pour le travail d'organisation de ses salons. M. Mondoux estime qu'il lui en coûte environ 45 000 $ pour mettre sur pied ses salons de chasse et pêche. Or, aux mains des Lemay et Corriveau, ces salons coûtent à Polygone cinq fois cette somme, soit environ 201 000 $ par année pour chaque salon. Jacques Corriveau facture à lui seul 126 875 $ par salon pour ses « services de consultation ». « C'est moi qui fais le montage de mes salons de A à Z, lance Gaétan Mondoux au commissaire Gomery. Avant ce matin, je n'avais aucune idée à quoi il ressemblait Corriveau. »

Les relations d'un millionnaire

Le lundi 18 avril, un autre membre du club des millionnaires des commandites, Claude Boulay, l'ancien président de Groupe Everest, succède à M. Corriveau à la barre des témoins. Avec ses allures de chanteur de charme et son étrange ressemblance avec Tony Bennett, M. Boulay est déterminé, comme il l'a annoncé à la presse, à redorer le blason des agences de communication en démontrant que le gouvernement fédéral en a eu pour son argent avec Groupe Everest. L'agence de M. Boulay reçoit, entre 1994 et 2003, des contrats de commandite et de publicité d'une valeur de 107 millions de dollars, dont 67 millions pour les commandites. Son entreprise dégage à ce chapitre des revenus réels de 27 millions dont Claude Boulay retire des revenus personnels de 11,8 millions. Claude Boulay et son épouse, Diane Deslauriers, vivent une bonne partie de l'année à Hilton Head Island, un paradis pour vacanciers et amateurs de golf en Caroline du Sud, dans une magnifique résidence rose et blanc de plusieurs millions de dollars qui donne sur la mer. Un petit panneau à l'entrée accueille les visiteurs avec l'inscription peinte à la main « Joie de vivre ». Précisons enfin que, des 40 millions de dollars obtenus par Everest d'une cinquantaine de ministères et de sociétés d'État, au moins quatre millions proviennent du ministère des Finances qui a à sa tête Paul Martin.

Claude Boulay tente dès le début d'atténuer l'importance de ses entrées au PLC, au gouvernement, auprès des ministres et des hauts fonctionnaires, de toutes ces relations qui lui permettent de décrocher de lucratifs contrats de commandite. On apprend très vite cependant que le riche entrepreneur a tissé avec Charles Guité des liens étroits qui se sont maintenus même après le départ de ce dernier de la fonction publique. La compagnie Oro Communications, fondée alors par l'ancien tsar des commandites, fait de bonnes affaires avec Everest. Chuck Guité reçoit 25 000 $ de Claude Boulay pour la construction d'une cave à vin et pour l'achat d'une « couple de centaines de bouteilles ». La relation entre les deux hommes dépasse de toute évidence la simple relation d'affaires.

Claude Boulay et Diane Deslauriers semblent plus près du premier ministre Paul Martin qu'ils ne veulent bien le laisser entendre. Paul Martin lui-même, lors de son témoignage devant la commission, affirme que l'ancien président de Groupe Everest n'est qu'une connaissance. Certes, M. Boulay travaille brièvement à sa campagne au leadership en 1990, mais sa présence dans l'organisation de M. Martin est beaucoup plus marquante au cours de la campagne électorale de 1997. Lors des élections de 1993, Diane Deslauriers avait accompagné Paul Martin dans sa circonscription tout au long de la campagne et Claude Boulay avait rencontré le candidat au moins deux fois par semaine, selon son propre témoignage. Au 50e anniversaire de M. Boulay, M. Martin lui adresse une lettre fort chaleureuse qui fait beaucoup jaser aux Communes en raison du caractère très intime des propos tenus. L'ancien ministre des Finances y fait notamment l'éloge de la beauté de Diane Deslauriers.

Claude Boulay est aussi un ami de l'ancien ministre Denis Coderre et il aide même Jean-Marc Bard, le chef de cabinet d'Alfonso Gagliano, à se loger à l'Île-des-Sœurs. Il ne ménage pas non plus ses dons au Parti libéral du Canada auquel il verse, entre 1996 et 2003, 194832 $. Diane Deslauriers, pour sa part, est connue comme « la reine des vendeuses de billets » pour les dîners-bénéfice du parti, selon l'expression même du ministre Jean Lapierre. Enfin, Paul Martin invite systématiquement le couple Boulay, lors du dépôt de ses budgets fédéraux de 1995, 1996, 1997 et 1998, au dîner de 70 personnes qu'il donne chaque fois pour célébrer l'événement.

Malgré tout, M. Boulay prétend n'avoir jamais fait jouer ses amitiés libérales pour obtenir des contrats de commandite. N'empêche que les commandites fédérales durant les années 1997, 1998 et 1999 sont des plus profitables pour le Groupe Everest. Le commissaire Gomery le fait d'ailleurs remarquer au témoin, signalant « la progression fulgurante » qu'il connaît au plus fort du programme.

Le témoignage de Claude Boulay est cependant très peu utile à l'enquête. L'ancien président de Groupe Everest assure qu'il n'a jamais acheminé illégalement des fonds au PLC. Un épisode est toutefois venu jeter une ombre sur la crédibilité du témoin. La procureure adjointe de la commission, Me Marie Cossette, rapporte au commissaire qu'au cours d'une rencontre fortuite avec Jean Brault, en présence de l'avocat de celui-ci, Me Harvey Yarovsky, M. Boulay suggère à M. Brault de faire concorder son témoignage avec le sien. L'affaire tourne autour d'une étrange contribution de 50000 $ qui transite par Everest en 1998 et qui est destinée à la campagne électorale du chef libéral provincial Jean Charest. Selon Me Cossette, M. Boulay suggère à M. Brault de faire passer ce versement de Groupaction à Groupe Everest pour un solde résiduel à verser pour l'achat d'un immeuble rue Sherbrooke à Montréal. M. Boulay nie cette version des faits alors que Jean Brault confirme que ce montant est bel et bien destiné à la campagne de M. Charest et qu'une fausse facture « pour des honoraires professionnels » a été préparée par Everest. Le président de Groupaction affirme qu'il a agi de la sorte pour brouiller les pistes et ne pas être associé publiquement au Parti libéral du Québec. Le plus étonnant dans cette histoire, c'est que Jean Brault affirme qu'il a reçu cette demande de versement de Charles Guité, le directeur du programme de commandites. M. Boulay maintient que cette somme constitue le solde d'une transaction immobilière et qu'il a très peu de liens avec le PLQ. Par contre, son épouse, Diane Deslauriers, y a œuvré, notamment à titre d'attachée politique de Liza Frulla, la ministre de la Culture du gouvernement de Daniel Johnson. Ce paiement secret à Jean Charest ajoute aux nombreuses allégations de ristournes politiques, de fausses factures et de diverses irrégularités qui s'amoncellent dans le cahier de preuves de la commission d'enquête.

Le plus troublant dans l'épisode Boulay vient des démentis répétés du premier ministre, Paul Martin, sur ses fréquentations du couple Boulay. M. Martin témoigne en février 2005 devant la commission qu'il ne se souvient pas des Boulay lorsqu'on lui demande s'il a eu des contacts avec eux entre 1990 et 1994. Pour Monte Solberg, un député conservateur, le témoignage des Boulay, affirme-t-il aux Communes le 21 avril 2005, met directement en cause la crédibilité même du premier ministre.

Après le témoignage spectaculaire de Jean Brault, celui de Claude Boulay est pour ainsi dire décevant. C'est le retour à la normale, c'est-à-dire un retour aux témoins dont le souci premier est de se tirer d'embarras, de préserver les fortunes amassées grâce aux commandites, sans égard pour la vérité.

Il en va tout autrement pour Michel Béliveau, un proche de Jean Chrétien qui a été directeur général du PCLQ de 1996 à 1998, qui révèle les 5 et 6 mai 2005 qu'il a sollicité à trois reprises des donations en liquide, non déclarées, de Jacques Corriveau. M. Béliveau éclate en sanglots devant le commissaire Gomery lorsqu'il raconte comment il doit parer aux urgences financières du parti à l'époque en réclamant plus de 300 000 $ à l'influent militant libéral. Michel Béliveau est le premier haut responsable au PLC à confirmer les allégations de ceux qui disent que des ristournes illégales issues des commandites ont été versées au parti. M. Béliveau ajoute qu'en plus des trois occasions où il réclama de l'argent à M. Corriveau, il a reçu 8000 $ du lobbyiste Alain Renaud quand ce dernier était à l'emploi de Groupaction. Cet argent a servi à financer une partie de la campagne libérale dans la circonscription de Sherbrooke lors de l'élection complémentaire tenue en raison du départ de Jean Charest de la scène politique fédérale pour diriger le PLQ. À sa grande honte, Michel Béliveau reconnaît que l'argent comptant donne plus de latitude aux organisateurs politiques qui n'ont pas à l'inscrire dans les dépenses officielles. C'est en avril 1997, juste avant les élections générales, que M. Béliveau affirme avoir approché Jacques Corriveau pour obtenir les 300 000 $ nécessaires pour renflouer les « comtés orphelins » du Québec, c'est-à-dire les circonscriptions qui n'ont pas de députés libéraux. Le témoin révèle qu'un jour, au quartier général du parti à Montréal, il se trouve seul avec M. Corriveau qui lui remet d'abord 100 000 $ dans une grande enveloppe bourrée de coupures de 100 $ et de 20 $. M. Béliveau affirme avoir transmis cet argent à son assistant, Benoît Corbeil, qui lui succède en 1999 à la direction générale du PLCQ. M. Béliveau confie enfin que le restant de la somme, soit 200 000 $, lui est versé par un intermédiaire. Cet argent est destiné aux circonscriptions de l'est du Québec. L'organisateur en chef de cette vaste région, l'ancien ministre provincial libéral Marc-Yvan Côté, lui confirme plus tard que tous les besoins ont été satisfaits… Michel Béliveau raconte ensuite qu'en novembre 1997, il reçoit 8000 $ de Jacques Corriveau afin de régler un marchand de Québec qui a fourni des services à la campagne de la candidate libérale Hélène Scherrer. Le témoin précise qu'il n'a pas informé Mme Scherrer de la provenance de l'argent. En janvier 1998, il approche également M. Corriveau pour obtenir de 7000 $ à 8000 $ en remboursement des frais de logement et de subsistance d'un bénévole qui travaille dans la circonscription de Jean Chrétien. M. Béliveau assure qu'il n'a jamais informé le premier ministre de ces transactions.

Il n'en faut pas plus pour que les procureurs de la commission d'enquête exigent une nouvelle comparution de Jacques Corriveau, ce qui se produit quelques jours plus tard.

CHAPITRE XV

Un pavé dans la mare libérale

Ce qu'il advient entre-temps est inattendu et renversant. Quelques jours avant son témoignage devant la commission, un ancien directeur général du PLCQ, Benoît Corbeil, révèle dans des entrevues aux médias que l'argent des commandites a bel et bien servi à financer le PLC. Cette nouvelle fait l'effet d'une bombe aussi bien dans l'opinion publique qu'au Parlement fédéral. M. Corbeil a été éclaboussé par le témoignage de Jean Brault et il ne veut pas attendre sa comparution, prévue au début du mois de mai, pour rétablir sa réputation. Dans de longues entrevues accordées à *La Presse,* au *Globe and Mail* et à Radio-Canada, M. Corbeil, qui veille à la bonne marche du PLC au Québec de janvier 1999 à mars 2001, révèle que plusieurs personnes au gouvernement Martin ont reçu des sommes en liquide de Jean Brault. Benoît Corbeil confirme ainsi les révélations faites par ce dernier à la fin mars au juge John Gomery. L'ancien directeur général du PLCQ nomme même privément ces personnes à quelques journalistes, se réservant cependant le privilège de rendre publiques leurs identités lors de son prochain témoignage devant la commission d'enquête. Il rappelle que le PLC est à court d'argent lors de la campagne électorale de 2000 et qu'il faut trouver une façon de payer les militants « bénévoles » qui menacent de quitter le navire s'ils ne sont pas rémunérés.

« Là où la goutte a fait déborder le vase, raconte-t-il à *La Presse*[1], c'est un bon matin, je reçois un appel du bureau du premier ministre et on me dit : "Y'a quelqu'un qui va débarquer chez vous [au PLCQ] et il faut que vous trouviez une façon de le payer." J'ai dit : "On n'a pas d'argent" et on m'a répondu : "Arrangez-vous avec ça." »

Benoît Corbeil s'adresse alors aux hautes instances du parti à Ottawa. L'appel de retour ne se fait pas attendre. Il provient du cabinet d'un ministre et son interlocuteur lui signifie qu'il recevra bientôt une contribution de 100 000 $ de Jean Brault. M. Corbeil se rend donc chez Groupaction où il rencontre Jean Brault :

> Je lui ai dit : « On me dit de venir vous voir, est-ce qu'on peut avoir un don officiel ? » Il m'a répondu : « Non, j'ai assez donné à la caisse électorale (…), donne à Thiboutot les noms des gens que tu veux payer et ils vont être payés et l'autre [partie], je vais te la donner en coupures, c'est à prendre ou à laisser. » Moi j'étais tellement dans le trouble financièrement, et les gens qui venaient des bureaux de ministres voulaient être payés en comptant, j'ai pris l'argent, pas déclaré, bien sûr, je l'avoue.

Benoît Corbeil confirme donc les allégations de Bernard Thiboutot, dont l'agence Commando sert de prête-nom à Groupaction. Commando paye des employés du PLC et Corbeil reçoit l'autre moitié de la somme promise en deux versements. M. Corbeil affirme de plus que la commission électorale du PLCQ – coprésidée par le ministre Alfonso Gagliano et Me Claudette Tessier Couture (nommée juge depuis) – sait tout de la transaction. L'avocat qui accompagne Benoît Corbeil lors des entrevues qu'il accorde aux médias est Me Guy Bertrand. Ce dernier affirme que les procédés décrits par son client violent clairement la loi électorale. « Tout allait tellement vite, explique M. Corbeil à *La Presse*. Je devais prendre des décisions rapidement. Moi j'étais qu'un exécutant. Si c'était à refaire, je ne le referais pas. Et je m'assurerais d'avoir un bon avocat au parti. »

Juges et parti

Benoît Corbeil annonce également la couleur des déclarations qu'il va faire devant la commission ; il entend en effet révéler au grand jour que plusieurs professionnels, des avocats, des comptables et des relationnistes, une trentaine de personnes en tout, ont travaillé pour le PLCQ lors de cette campagne électorale. Ces « bénévoles » sont-ils en même temps payés par les firmes qui les emploient ? Benoît Corbeil le soupçonne : « Toutes ces firmes, sans exception, ont par la suite obtenu d'importants contrats du gouvernement fédéral. » Selon Me Bertrand, la loi considère comme bénévoles les personnes qui travaillent pour un parti pendant un nombre d'heures limité : « Un professionnel peut difficilement être considéré bénévole s'il travaille pour un parti du matin au soir, six jours par semaine. » Parmi ces professionnels, révèle encore M. Corbeil, certains avocats seront, par la suite, nommés juges, soit sous Jean Chrétien, soit sous Paul Martin. « Les biens matériels donnés au parti par des fournisseurs étaient généralement déclarés à Élections Canada, mais pas la majorité des services professionnels, affirme M. Corbeil. C'était une infraction à la loi, ajoute-t-il, mais elle ne peut plus faire l'objet d'une accusation, le délai de prescription étant passé[2]. »

Benoît Corbeil vient de jeter un lourd pavé dans la mare libérale. Il met en pièces par ces aveux publics la thèse soutenue depuis plusieurs jours par le lieutenant de Paul Martin pour le Québec, le ministre Jean Lapierre, selon qui le scandale des commandites n'est que l'affaire d'une petite clique en dehors du PLC, une sorte de réseau de financement « parallèle » inconnu des principaux dirigeants du parti. Or, Benoît Corbeil, l'un des principaux dirigeants du parti, confirme lui-même l'existence d'un stratagème illicite de financement. Le PLC n'est plus la victime innocente de ce réseau ; il en est le maître d'œuvre.

L'autre aspect sensationnel des aveux de Benoît Corbeil concerne le référendum de 1995 sur la souveraineté du Québec. Selon lui, l'ancien premier ministre du Québec, Jacques Parizeau, a eu raison de dire le soir du vote que les tenants du OUI ont perdu en raison de l'argent et de votes ethniques. « Aujourd'hui, si l'on me pose la question [M. Parizeau avait-il raison ?], je suis obligé de dire oui, déclara-t-il encore à *La Presse*. Venant de moi, c'est assez particulier. C'est clair que la stratégie [du Parti libéral], c'était de faire sortir le vote ethnique au maximum. Si nous avions gagné par 300 000 électeurs, j'aurais dit non [c'est-à-dire que M. Parizeau n'avait pas raison]. Mais lorsqu'on regarde les résultats du référendum, la réponse est oui[3]. » M. Corbeil rappelle comment, à l'époque, le cabinet du premier ministre Chrétien a accéléré le processus d'octroi de la citoyenneté à des milliers d'immigrants au Québec, comment ses discours variaient selon qu'ils étaient en français ou en anglais, s'adressant particulièrement aux immigrants dans la langue de Shakespeare. M. Corbeil raconte aussi comment la fameuse manifestation d'amour du Canada au centre-ville de Montréal, la veille du référendum, violait quant à son financement la Loi sur les référendums au Québec. « À l'époque, pour moi, les déclarations de Jacques Parizeau, c'était de la folie, ajoute Benoît Corbeil. Avec le recul, dix ans plus tard, je dis que ce n'était pas de la folie[4]. » Les journalistes Noël et Marissal de *La Presse* rapportent encore :

> M. Corbeil a grimpé les échelons dans le PLCQ jusqu'à en devenir le directeur général, en 1999. Il dit que le « réseau libéral » a tout fait pour unifier les forces fédéralistes au Québec sous l'aile libérale. Pour cela, ajoute-t-il, il faut éliminer le Parti conservateur au Québec. Ce réseau convainc Daniel Johnson [ancien premier ministre québécois] de quitter la direction du Parti libéral du Québec, ajoute-t-il. Le but : laisser la place vacante pour Jean Charest. Le « réseau » voulait que Jean Charest quitte le Parti conservateur. Lui-même a convaincu des députés conservateurs de passer au Parti libéral. De cette façon, les conservateurs ne pouvaient plus diviser le vote fédéraliste aux élections, dit-il. La stratégie a fonctionné. On a obtenu des résultats formidables aux élections de 2000, avec 44 % des voix, contre 41 % au Bloc, et un seul élu conservateur[5].

Enfin, Benoît Corbeil confie à ses interviewers, sous embargo, qu'il a reçu voici quelques jours un appel de l'ancien ministre Alfonso Gagliano concernant son témoignage à venir devant la commission Gomery. M. Gagliano lui aurait fait des menaces, parce qu'il s'apprêtait à salir des réputations et que cela serait fort mauvais pour la suite de sa carrière… M. Corbeil souhaite cependant que les journaux ne diffusent pas cette information avant qu'il n'en fasse part lui-même à la commission d'enquête, question de tirer parti de l'immunité qu'elle lui confère.

Après ces révélations pour le moins explosives aux médias, Benoît Corbeil continue d'étaler devant la commission Gomery, le 9 mai 2005, les méthodes illégales de financement du PLC. Benoît Corbeil, nouvellement au chômage et mis au ban de son parti, décide de tout dire, de nommer ceux qui ont utilisé de l'argent des commandites pour payer du travail politique au cours des campagnes électorales de 1997 et de 2000, en contournant dans bien des cas la loi électorale. Alors que le gouvernement Martin maintient de justesse sa majorité aux Communes, le témoignage de Benoît Corbeil vient encore lui compliquer les choses. Dès le lendemain, le 10 mai, par une manœuvre-surprise de l'opposition, une motion de défiance est mise aux voix avec la perspective d'une défaite du gouvernement le jour même. Les libéraux perdent le vote 153 à 150 mais refusent de rendre les armes. Ils considèrent qu'il ne s'agit pas d'un vote de défiance. La crise politique est à son paroxysme.

Benoît Corbeil, profitant de cette immunité que lui assure la commission, étale au grand jour les noms de 11 militants libéraux à qui il aurait donné quelque 59 000 $ en argent comptant lors des campagnes de 1997 et de 2000. Plusieurs de ces militants sont encore au parti, quatre d'entre eux œuvrant dans des cabinets ministériels.

Des travailleurs pas vraiment bénévoles

Les bénéficiaires de ces paiements ne sont pas d'illustres inconnus. Jean Lapierre peut difficilement continuer à soutenir que le scandale des commandites n'est que l'affaire d'un petit « groupe parallèle » au sein du parti. Irène Marcheterre, directrice des communications du même Jean Lapierre, aurait reçu, alors qu'elle était responsable des communications du PLC en 2000, 5000 $ d'argent comptant de Benoît Corbeil. Ce dernier énumère ceux qui auraient ainsi bénéficié de l'argent détourné des commandites. Daniel Dezainde, attaché politique du ministre Jacques Saada, aurait reçu 3000 $ alors qu'il était directeur général adjoint du PLC. (M. Dezainde niera plus tard avoir reçu cet argent.) Luc Desbiens, conseiller politique de Lucienne Robillard, a été un permanent du parti, « prêté pour la campagne » de 2000 et payé 5000 $. Un « ami de Daniel Dezainde », dont Benoît Corbeil ignore le nom, reçoit aussi 2000 $. Pierre Lesieur, administrateur principal de Développement économique du Canada, qui a été adjoint au cabinet d'Alfonso Gagliano et candidat libéral battu dans Champlain en 1997, empoche 6000 $. Claude Lemieux, directeur de la députation au cabinet de Jean Charest, est en 2000 le directeur des communications au PLCQ et il reçoit une enveloppe de 6000 $. Richard Mimeau, directeur adjoint du PLC-Québec jusqu'en février 2004, reçoit 6000 $. Michel Joncas, président de la Commission de l'organisation du PLC national, était au moment où il a reçu 2000 $ « responsable de la sortie du vote » et du vote par correspondance. Quant à Bruno Lortie, chef de cabinet de la ministre des Affaires municipales à Québec Nathalie Normandeau, il bénéficie, toujours selon Benoît Corbeil, de 15 000 $ alors qu'il est directeur général adjoint du PLCQ. L'ex-directeur général du PLCQ assure au commissaire Gomery qu'il reçoit en avril 1997 de Michel Béliveau, directeur général du PLCQ à l'époque, deux enveloppes. Il remet alors l'une de ces enveloppes, qui contient 5000 $ – « en billets de 100 », précise-t-il, – à Joe Barbieri, l'adjoint de Denis Coderre dans la circonscription de Bourassa. L'autre enveloppe, contenant 4000 $, est remise à Marcel Aucoin, organisateur du député Yvon Charbonneau dans la circonscription d'Anjou-Rivière-des-Prairies. L'argent est destiné à la campagne des deux candidats.

Irène Marcheterre, Luc Desbiens et Richard Mimeau contestent aussitôt ces allégations en faisant parvenir à Benoît Corbeil, en pleine audience, des mises en demeure que lit au commissaire Gomery l'avocat de M. Corbeil, Me Guy Bertrand. Ce dernier fait part de sa stupéfaction, d'autant que le témoin jouit à ce moment-là de l'immunité judiciaire conférée par la commission. Me Bertrand souligne qu'il s'agit de la troisième fois que son client est en butte à des manœuvres d'intimidation. Benoît Corbeil profite de l'occasion pour révéler, à l'étonnement général, ce qu'il a confié trois semaines plus tôt à des journalistes : l'ancien ministre de TPSGC, Alfonso Gagliano, l'a menacé au téléphone : « Il me dit, témoigne Benoît Corbeil : "Je viens d'apprendre que tu vas faire des révélations à la commission qui sont fausses. Les gens vont sortir contre toi unanimement, tu vas perdre ta réputation, des amitiés." Je savais qu'en disant tout, il y aurait un impact. » M. Gagliano dément aussitôt avoir menacé Benoît Corbeil, affirmant qu'il ne s'agissait que d'un coup de fil amical : « Il n'était pas question de faire des menaces. » Or, ajoute Benoît Corbeil, cet épisode n'est pas le seul. Quelques jours plus tard, il a reçu un appel d'un inconnu qui lui conseillait fortement « de faire bien attention », que sa réputation risquait d'être mise à mal.

Le témoignage de Benoît Corbeil donne une certaine crédibilité à celui rendu par Michel Béliveau, la semaine précédente. Celui-ci avait déclaré avoir reçu de l'argent liquide de Jacques Corriveau. Il affirmait cependant avoir remis à Benoît Corbeil une somme se situant entre 75 000 $ et 100 000 $, alors que M. Corbeil maintient qu'il ne s'agissait que de 50 000 $...

Quoi qu'il en soit, la filière Gagliano est encore une fois mise en lumière par le témoignage de l'ancien directeur général du PLCQ. La situation financière du parti était catastrophique. Pris à la gorge par des employés politiques qui ne cessaient de réclamer des paiements en échange de leur travail et qui menaçaient à tout moment d'abandonner le navire, Benoît Corbeil confirme qu'il a lancé un appel de détresse au chef de cabinet du ministre Gagliano, Jean-Marc Bard, celui-là même qui avait fait comprendre à Gilles-André Gosselin que son absence de collaboration financière avec le PLC lui avait coûté des contrats fédéraux de commandites. « Je prends le téléphone, raconte Benoît Corbeil, j'étais tanné, et j'appelle Jean-Marc Bard. "Aidez-moi, ça n'a pas de sens." » Jean-Marc Bard le rappelle quelques jours plus tard et lui dit d'aller voir Jean Brault, le président de Groupaction. Comme on l'a vu, Jean Brault lui propose alors une contribution secrète en deux temps. Une première tranche de 50 000 $ doit être acheminée à l'agence Commando à Québec, propriété de Bernard Thiboutot. Une autre, de 50 000 $ aussi, est remise à Benoît Corbeil dans « des enveloppes jaunes » bourrées de billets de 100 $. C'est cet argent qu'il verse aux militants et travailleurs libéraux. Benoît Corbeil, qui a perdu son emploi quelques jours plus tôt à la Fondation de l'UQAM à la suite des révélations de Jean Brault, confirme néanmoins le témoignage incriminant de l'ancien président de Groupaction. Un stratagème illégal de financement du Parti libéral est ainsi mis au jour, qui était géré par des organisateurs à des postes élevés dans la formation politique. Malgré les protestations d'innocence des personnes incriminées par son témoignage, Benoît Corbeil maintient sa version des faits : « Si les gens disent qu'ils n'ont pas reçu d'argent, de deux choses l'une : soit ils n'ont plus de mémoire, soit ils ne disent pas la vérité. »

Benoît Corbeil raconte que ceux qui reçoivent ces dessous-de-table ou des promesses de contrats futurs pendant la campagne électorale de 2000 sont de « faux volontaires » – c'est-à-dire qu'ils sont encore payés par leur entreprise pour faire ce travail politique. Ils font partie d'une cellule spéciale, une sorte de système parallèle, qui a son propre local que Benoît Corbeil qualifie de « local B » au quartier général du parti. Il y a entre 30 et 40 de ces travailleurs au statut particulier sous la direction de l'ancien ministre de TPSGC, Alfonso Gagliano, l'organisateur en chef du PLC pour le Québec. Quant aux vrais bénévoles, ceux-là œuvrent dans ce que M. Corbeil a appelé le « local A ». Le témoin assure d'ailleurs qu'il a eu lui-même connaissance de l'existence de tels « faux bénévoles » dans au moins quatre circonscriptions en 2000, soit dans Verdun, Bourassa, Louis-Hébert et Saint-Maurice, la circonscription du premier ministre. Ces circonscriptions ont toutes été remportées par des libéraux.

La commission électorale du PLC est tout à fait consciente de la présence de ces travailleurs spéciaux qui donnent de leur temps sans exiger de rémunération et qui ne sont nullement comptabilisés dans les livres du parti. « Parce que ces gens-là travaillaient à temps plein à la permanence, explique M. Corbeil, tant dans ce que j'appellerais le local A que le local B. Donc, ils sont présents. Ils sont actifs sept jours sur sept. Donc c'était clair que tous les gens qui sont à l'intérieur de la permanence savent très bien que ces gens-là ne sont pas là pour leurs beaux yeux. Ils sont là pour travailler. Ils sont là pour l'élection et ils sont présents en tout temps. »

Benoît Corbeil ajoute un fait notable. Environ un mois avant sa comparution devant le juge Gomery, il a reçu un appel téléphonique de l'un de ces anciens « faux volontaires », Luc Desbiens, un conseiller de la ministre des Affaires intergouvernementales, Lucienne Robillard : « M. Desbiens m'a appelé pour me demander de ne pas dire que je l'avais payé. Il me dit : "J'espère que tu ne diras pas publiquement que j'ai reçu de l'argent comptant en campagne électorale." » Luc Desbiens est un permanent du PLC et il est pour ainsi dire « prêté » à la campagne 2000. Selon M. Corbeil, il continue de recevoir son salaire de la permanence du parti tout en accomplissant du travail politique de terrain. Il s'agit là, à n'en pas douter, d'une forme de contribution électorale. Le seul ennui c'est qu'elle n'est pas déclarée à Élections Canada, selon Benoît Corbeil.

Le jour même, l'ancien ministre libéral du gouvernement Bourassa et organisateur du PLC pour l'est du Québec en 1997 et en 2000, Marc-Yvan Côté, vient donner encore plus de substance au témoignage de Benoît Corbeil. Marc-Yvan Côté corrobore devant le commissaire Gomery les affirmations de Benoît Corbeil à propos de ce système parallèle de « faux bénévoles ». Celui que l'on surnommait « le Beu de Matane » sous l'ère Bourassa déclare n'avoir pas constaté d'irrégularités au cours de la campagne de 2000, mais il confirme que, pendant la campagne de 1997, il a lui-même participé à des paiements secrets en liquide destinés à un réseau de faux bénévoles. Marc-Yvan Côté est ainsi le troisième dirigeant libéral d'importance à confirmer que le parti a utilisé des fonds illégaux pour la campagne électorale.

L'ancien ministre de Robert Bourassa fait un récit presque incroyable, digne des films de gangsters. À titre d'organisateur libéral pour l'est du Québec, une région qu'il compare au Sahel en raison de la grande sécheresse que vit le PLC dans ce coin de pays gagné aux souverainistes, Marc-Yvan Côté débarque dans Saint-Maurice en 1997, pour la campagne de Jean Chrétien, avec 60 000 $ en coupures de 100 $. « C'était une enveloppe jaune bien gonflée, témoigne-t-il, avec deux compartiments à l'intérieur. Elle faisait trois pouces et demi [d'épaisseur]. » Il s'agit en fait d'une première tranche d'une somme de 120 000 $ reçue vingt-quatre heures plus tôt au quartier général du PLCQ à Montréal des mains de Michel Béliveau, l'ex-directeur exécutif du parti. Marc-Yvan Côté n'inscrit pas la somme dans les livres du parti, pas plus qu'il ne la dépose à la banque. « Je me voyais mal arriver à la banque, comme si je venais de gagner au casino. » Cet argent est destiné à venir en aide « sous la table » à 18 candidats libéraux pour ainsi dire coincés dans des circonscriptions très dépourvues sur le plan financier. M. Côté raconte qu'il divise la somme de 60 000 $ en parts de 5000 à 10 000 $ qu'il glisse dans des enveloppes afin de couvrir les dépenses dans ces circonscriptions. Une fois rendu dans la ville natale de Jean Chrétien, Shawinigan, où les candidats sont rassemblés pour le lancement de la campagne, il distribue ces enveloppes à neuf candidats dans le besoin, dont Robert Boulay, le candidat libéral dans Matapédia-Matane. M. Boulay confirme publiquement deux jours plus tard qu'il a bel et bien reçu une enveloppe contenant un peu plus de 5000 $ des mains de l'ancien ministre de Robert Bourassa et que la somme n'a jamais été déclarée à Élections Canada[6].

Marc-Yvan Côté raconte qu'il reçoit par la suite deux paiements additionnels en liquide, l'un de 40 000 $ et l'autre de 20 000 $. Il envoie des travailleurs électoraux d'urgence à Montréal prendre possession de l'argent lors d'un échange très bref avec M. Béliveau. M. Côté avoue avec candeur qu'il n'est pas surpris de la façon dont les choses se passent, même s'il est quelque peu mal à l'aise d'accepter tout cet argent liquide. « Mais huit ans plus tard, affirme-t-il au commissaire, je peux vous dire que c'est définitivement une erreur. » Quelques heures plus tôt ce jour-là, Benoît Corbeil avait conclu son témoignage en confiant que ce mode de financement « sous la table » était la façon de procéder du « réseau libéral » pendant les élections. La déposition de M. Côté corrobore aussi celle faite par Michel Béliveau quelques jours plus tôt, lors de laquelle celui-ci affirmait avoir distribué de l'argent comptant obtenu d'un autre ami de Jean Chrétien, Jacques Corriveau.

CHAPITRE XVI

La fée Clochette chez Frank

Après le témoignage de Marc-Yvan Côté, beaucoup croyaient avoir tout vu et tout entendu sur le financement occulte du Parti libéral du Canada. Ils se trompaient. Dès le lendemain, le 11 mai 2005, Daniel Dezainde va révéler à la commission Gomery des faits encore plus époustouflants. Militant libéral de longue date qui travaille même un temps au bureau du premier ministre Chrétien, Daniel Dezainde est directeur général du PLCQ de mai 2001 jusqu'en 2003. Il succède à ce poste à Benoît Corbeil. Au moment de son témoignage, il est l'attaché politique du ministre du Développement économique pour le Québec, Jacques Saada.

Le récit de Dezainde est fascinant. Il révèle que le PLCQ est littéralement tenu « en otage » par une organisation « parallèle » et secrète dirigée par les hommes d'Alfonso Gagliano. Il faut ici prendre ce terme de « parallèle » avec un grain de sel puisque cette organisation est tout de même sous la gouverne d'un pilier du PLC à l'époque, le lieutenant pour le Québec de Jean Chrétien, Alfonso Gagliano. Cette organisation contrôle la collecte de fonds pour le parti d'une manière telle que les dirigeants normalement responsables de cette activité ne peuvent, selon M. Dezainde, intervenir.

Daniel Dezainde commence par raconter qu'après avoir appris par la présidente du PLCQ, Françoise Patry, qu'il avait été choisi pour occuper le poste de directeur général du PLCQ, le ministre Gagliano le prend à part, le 9 mai 2001, dans l'antichambre de la Chambre des communes, pour lui annoncer officiellement cette décision :

Puis en même temps, et ça a été… je dirais pas que ça a ajouté un peu d'ombre sur ma joie, mais ça a créé un certain inconfort. Dans une première phrase, il m'annonce «OK Daniel, tu as été choisi. Félicitations. Je suis content de travailler avec toi.» Mais de l'autre côté, il dit: «On va en profiter, compte tenu qu'on change de directeur général, on va en profiter pour modifier les fonctions du directeur général.» Il dit: «Donc, à compter de maintenant, à compter de ton entrée en fonction, le directeur général ne s'occupera plus de financement.»

Cet épisode est capital dans la compréhension de certains rouages de l'organisation du PLCQ à l'époque. Il montre que le ministre Gagliano, sans le mentionner à Daniel Dezainde, a déjà en tête la structure et les personnes qui vont s'occuper du financement du parti. Il a en quelque sorte déjà concocté un plan pour accroître sa mainmise sur les finances du parti. Il s'apprête, comme le rapportent tous les journaux, à «prendre en otage» le PLCQ.

Le vrai boss

Mais Daniel Dezainde, déjà ébranlé par cette rencontre avec Alfonso Gagliano, n'est pas au bout de ses surprises. Il raconte comment, quelques jours plus tard, les choses se sont passées à la permanence du PLC. Son prédécesseur, Benoît Corbeil, l'informe de certains détails administratifs, comme l'existence d'une entente qui lie le PLC à la Banque nationale. Le parti possède une marge de crédit de trois millions de dollars. M. Dezainde apprend aussi, à sa grande stupéfaction, que le parti doit rembourser 500 000 $ sur cette marge de crédit avant le 30 juin suivant, puis une semaine plus tard que le parti a déjà dépensé environ 2,8 millions de dollars sur ces 3 millions de crédit possible. Benoît Corbeil lui dit: «Bon, embarque avec moi, je vais aller te présenter quelqu'un.» La suite de l'échange entre M. Dezainde et le procureur adjoint de la commission, Me Guy Cournoyer, est étonnante:

Me COURNOYER. – Est-ce qu'il vous indique qui il va aller vous présenter?
M. DEZAINDE. – Non. Il dit: «Embarque avec moi, je vais aller te présenter quelqu'un.» Je ne savais pas qui. OK, je lui fais confiance là. Je me dis bon, est-ce que ça fait partie du processus de bienvenue? C'est une…
Me COURNOYER. – Un rite initiatique?
M. DEZAINDE. – Peut-être, je ne le savais pas encore. On est monté à bord de sa voiture et il m'a amené au restaurant Chez Frank, un restaurant où je n'avais jamais été encore sur… dans la Petite Italie.

Mᵉ COURNOYER. – Saint-Zotique ?

M. DEZAINDE. – Il m'amène là et, à cette occasion-là, il me présente ce-lui que j'ai découvert être M. Joseph Morselli.

Mᵉ COURNOYER. – Mais, M. Morselli c'est quelqu'un que vous aviez déjà rencontré avant le 14 mai 2001… ?

M. DEZAINDE. – Si, je l'avais déjà rencontré, parce que… c'était dans le cadre d'événements publics ou financiers, mais c'est pas quelqu'un avec qui j'avais déjà eu des conversations ou quoi que ce soit, non. Alors il m'amène là ; on se rend au restaurant Chez Frank et là il me présente M. Morselli en me disant : « Je te présente le *boss*, le vrai *boss*. » Alors là, là, il y a plusieurs clochettes qui se sont… c'était pas la fée Clochette, mais il y a vraiment plusieurs cloches qui se sont mises à sonner. La semaine d'avant, le ministre me dit : « Tu t'occupe-ras pas de financement tout seul. » Je peux respecter, c'est le ministre, et puis il doit avoir ses raisons. Mais là, j'arrive et Benoît me présente M. Morselli que je ne connaissais ni d'Ève ni d'Adam en me disant : « Je te présente le *boss*, le vrai *boss*. » Moi, le *boss*, le vrai *boss*, j'ai toujours dit à l'époque où j'étais au parti que j'en avais trois. Mon premier patron, mon premier supérieur immédiat, c'est la présidente du parti. C'est à elle que je donnais mes comptes. Mon deuxième pa-tron, c'est le lieutenant politique du Québec, et puis, ultimement, mon troisième patron, c'est le chef du parti. Puis, M. Morselli cadrait pas dans aucune de ces catégories-là. Alors, j'étais un peu étonné pour dire. Alors on s'est assis, on a échangé quelques mots et…

Daniel Dezainde raconte ensuite qu'on lui explique que Joe Morselli est responsable du financement et que c'est par lui qu'il doit passer s'il a besoin de fonds. Le nouveau directeur général est estomaqué. La rencontre se passe plutôt mal, « la chimie ne s'étant vraiment pas faite », confie-t-il à Mᵉ Cournoyer. Il ne comprend pas ce qu'il appelle « cette espèce de structure parallèle », une struc-ture, dit-il, qui n'existe pas sur papier. Au retour, dans la voiture, Benoît Corbeil lui recommande de ne pas se mettre Morselli à dos, d'être patient.

Dezainde apprend par la suite de Françoise Patry que Joe Mor-selli est venu au parti « par l'entremise du ministre Gagliano parce qu'il se définissait comme étant un très proche ami du ministre Ga-gliano ». L'homme s'est attribué le titre de vice-président de la Commission des finances, il s'est fait faire des cartes d'affaires à ce titre, alors que le poste n'existe pas. Un autre personnage, un pro-tégé de Morselli et qui fera aussi parler de lui, Beryl Wajsman, s'est pour sa part octroyé le faux titre de directeur adjoint des opérations de cette même commission. Daniel Dezainde reçoit un jour à son bureau les cartes de Wajsman et, outré par un tel sans-gêne, il les passe à la déchiqueteuse. « Il n'est pas question que ça sorte d'ici », lance-t-il à son adjointe.

Morselli est un personnage singulier qui, au cours des trente dernières années, a été mêlé à bien des controverses. C'est en 1976 que Joe Morselli devient bénévole au PLC avec son ami Gagliano. C'est à cette époque qu'il est accusé par six de ses collègues, commissaires comme lui à la commission scolaire Jérôme-Le Royer, de conflit d'intérêts, puisque son frère, Antonio, et sa belle-sœur, Carmella, ont raflé tous les contrats de gestion des cafétérias de cette commission scolaire, utilisant parfois même des équipements empruntés à l'entreprise de M. Morselli, Buffet Trio. L'homme d'affaires a fondé Buffet Trio en 1968 et il a obtenu, sous le gouvernement Bourassa, de généreux contrats pour la préparation des repas servis dans les cafétérias de la Baie-James. Plus tard, il fait d'autres bonnes affaires avec les gouvernements, obtenant la gestion des cafétérias du Centre fiscal de Shawinigan – peu de temps après l'accession de son ami Gagliano à TPSGC –, de quelques bureaux d'Hydro-Québec, de la GRC et de la Société de transport de Montréal. En 1983, alors qu'il travaille au financement de la campagne au leadership de Robert Bourassa, il fait la connaissance de Jean-Marc Bard qu'il présente à Alfonso Gagliano, qui fera plus tard de M. Bard son chef de cabinet à TPSGC. Joe Morselli est entré en politique grâce à Tommy D'Errico, un homme qui a été longtemps responsable du financement du Parti libéral du Québec et avec qui il a fait des affaires[1]. Ce même Tommy D'Errico obtient pour son ami quatre mandats consécutifs à la Société immobilière du Québec, responsable de la location des édifices pour tous les bureaux du gouvernement. Sous le règne de Jean Chrétien, Joe Morselli est aussi nommé à la Société du Vieux-Port de Montréal. Quant à l'étrange explosion de sa voiture le 29 mai 1989 devant son domicile, à l'époque où il est président de la commission scolaire Jérôme-Le Royer, l'enquête policière n'a jamais abouti. Le mystère demeure entier.

D'autres rencontres ont lieu par la suite entre Dezainde et Morselli sans pour autant que les choses s'arrangent entre les deux hommes. Morselli n'informe pas Dezainde des opérations financières qu'il mène pour le parti. Dezainde découvre également que Beryl Wajsman mène parallèlement à son rôle de collecteur de fonds au PLC des activités de lobbyisme auprès du gouvernement fédéral au nom de certaines entreprises qui contribuent à la caisse du parti. Il prévient M. Wajsman qu'il doit dorénavant se rapporter à lui. La réponse est brutale : « Écoute, moi, je travaille pour Joe et je sais que tu en as parlé avec lui. T'arrangeras ça. Moi je rends les comptes à Joe. » M. Wajsman, selon M. Dezainde, fait ses affaires sur du papier à en-tête du parti et il achemine ses documents en utilisant le télécopieur du parti. « C'est la recette idéale pour une explosion atomique, témoigne Daniel Dezainde. C'était clair et ça, on l'a désamorcé. » Le 29 juin, le nouveau directeur général, craignant pour la réputation du parti, congédie M. Wajsman. M. Dezainde l'avise par lettre qu'il le congédie parce qu'il s'adonne à des activités de financement « en marge et à l'insu des autorités dûment mandatées » pour le faire.

En voulant ainsi reprendre le contrôle des opérations de financement, Daniel Dezainde s'attire quelques ennuis. Il sollicite, à l'été 2001, en compagnie de la présidente du parti, Françoise Patry, une rencontre avec le chef de cabinet de Jean Chrétien à l'époque, Percy Downe, afin d'exposer les raisons du congédiement de M. Wajsman et de faire état de la situation qu'il vit avec Joe Morselli. Le directeur général du PLCQ sort de cette rencontre encore plus ébranlé : « Je suis ressorti de là avec Mme Patry, et puis on avait l'impression qu'on a eu des reproches sur la façon dont on avait procédé », notamment pour n'avoir pas prévenu le ministre Gagliano de la mise à pied de Wajsman. M. Gagliano avait vraisemblablement informé le bureau du premier ministre de son « irritation » face au geste du directeur général.

Le départ de Wajsman n'améliore guère les rapports avec M. Morselli. Ce dernier continue de ne pas informer M. Dezainde de ses activités de financement. Il lui demande même un jour de reprendre M. Wajsman. Dezainde refuse et, selon ce dernier, Joe Morselli le menace de faire perdre des contrats gouvernementaux à l'un de ses amis, Serge Miousse : « Écoute, aurait dit Morselli, tu sais ton ami Serge, il a des contrats du gouvernement. Ça serait dommage qu'il les perde. » Le directeur général oppose une fin de non-recevoir au « chantage » de Morselli. Mais ce dernier entre dans une grande colère. « Là, affirme Dezainde, il s'est approché de moi, il m'a pointé du doigt à deux pouces du nez puis il a dit : "À partir de maintenant, je vous déclare la guerre." » Se sentant menacé physiquement, le dirigeant libéral ne fait ni une ni deux et téléphone immédiatement au ministre

Gagliano pour le mettre au fait de la scène qu'il vient de vivre. M. Gagliano minimise l'incident, mettant le tout sur le tempérament bouillant de son ami et promettant de parler à Morselli. Mais Daniel Dezainde n'est pas rassuré pour autant. Il sait toute la confiance que porte le ministre Gagliano à Joe Morselli. Lors d'une autre rencontre chez Frank le 1er juin 2001, ce dernier a signifié à Daniel Dezainde que, dorénavant, il doit lui soumettre toutes ses factures « pour que lui détermine ce qui doit être payé et ce qui ne doit pas l'être et quand. Alors là, raconte l'ancien directeur général du PLCQ au commissaire Gomery, s'il restait des colonnes après le temple, elles sont tombées cette journée-là, parce que ça, ça ne se peut pas. Non seulement tu ne sais pas comment vient l'argent puis à quelle fréquence et quoi, puis en plus tu n'as même plus la responsabilité de gérer toi-même la façon dont tu administres ton organisation. »

Un simple vendeur de billets

Le passage de Joe Morselli devant la commission Gomery le 26 mai 2005 ne fait rien pour rehausser la réputation du personnage. Le témoignage de l'homme d'affaires est d'ailleurs l'occasion d'une virulente altercation avec le commissaire John Gomery, exaspéré par les libertés qu'il prend avec la marche de son interrogatoire.

D'abord, Morselli nie catégoriquement avoir reçu plus de 100 000 $ en liquide de Jean Brault, comme l'a affirmé ce dernier, et d'avoir été le « vrai boss » du PLCQ. Il admet cependant des façons de faire qui, aux yeux du juge Gomery, compromettent rudement sa crédibilité. Selon Joe Morselli, le seul argent comptant qu'il a reçu de Jean Brault consiste en une somme de 5000 $ en coupures de 50 $. Cette somme était destinée à son ami Benoît Corbeil, candidat pour le parti Vision Montréal aux élections municipales de Montréal de novembre 2001. « C'était une enveloppe matelassée, petite, fermée. Je n'en ai informé personne, je ne vois pas pourquoi j'aurais dû le faire », affirme le protégé d'Alfonso Gagliano. Il révèle du coup qu'il a gardé l'argent pour lui, question de se rembourser, dit-il, de divers frais encourus pour aider à la campagne de M. Corbeil. Cette révélation, qui trahit une façon de faire pour le moins discutable, suscite un mouvement d'incrédulité chez le commissaire : « C'est ça ! Vous avez gardé l'argent ! » lance John Gomery, rouge de colère.

Joe Morselli admet avoir rencontré au moins une demi-douzaine de fois Jean Brault, dont à quelques reprises dans son repaire, le restaurant Chez Frank de la rue Saint-Zotique. Il reconnaît aussi avoir rencontré, toujours chez Frank, d'autres dirigeants d'agences, dont Claude Boulay et Jean Lafleur. Réduisant son rôle au PLCQ à celui de simple « vendeur de billets », Morselli nie avoir intercédé auprès du gouvernement libéral au nom de ces dirigeants d'agence pour leur obtenir des contrats de commandite en échange de contributions politiques occultes. Il nie également avoir fait auprès d'eux de la sollicitation pour regarnir les caisses du parti. Du même souffle, il avoue qu'il s'est bel et bien autoproclamé « vice-président » de la Commission des finances du parti, une fonction inexistante, jugeant que cela ne pouvait faire de mal à personne… Il n'est pas étonnant que ces aveux et d'autres passages de son témoignage, criblés de contradictions, provoquent le scepticisme de John Gomery. Joe Morselli ne prise guère que Jean Brault, Benoît Corbeil et Daniel Dezainde l'aient dépeint sous des dehors peu reluisants, allant jusqu'à suggérer que ses méthodes s'apparentent à celles de la mafia. M. Morselli prend d'ailleurs la peine de préciser qu'il est originaire de la Vénétie, une région d'Italie où il n'y aurait pas de mafia. Il n'en donne pas moins l'image d'un témoin hostile qui ne cherche qu'à prendre sa revanche sur ses détracteurs. Il affirme devant toute l'assistance que c'est parce que Daniel Dezainde est raciste qu'il a congédié son ami Beryl Wajsman. « C'était un raciste, dit-il. Il m'a dit : "On a réussi à se débarrasser du maudit juif et, bientôt, on va se débarrasser de toutes les maudites couleurs." J'ai perdu mon calme, ma pression est montée. Si j'avais eu un bâton, je l'aurais frappé. » Cette déclaration d'une spontanéité déroutante ne contribue guère à redorer son blason aux yeux du commissaire Gomery. Ce dernier intervient de façon cassante lorsque M. Morselli tente, sans que le procureur Guy Cournoyer ne le lui ait demandé, de régler ses comptes avec Jean Brault. M. Morselli veut donner une évaluation de son cru de la personnalité de M. Brault, ce qui soulève immédiatement les objections de M\ Yarovsky, l'avocat de l'ancien dirigeant de Groupaction. M. Morselli revient plusieurs fois à la charge, malgré le maintien de l'objection par le juge, ce qui provoque une violente altercation entre les deux hommes : « Non, il ne vous est pas permis de faire votre évaluation de la personnalité ni de la fortune de M. Brault, tranche le juge. Vous êtes ici pour répondre aux questions. »

Joe Morselli ne dément pas avoir fait part à Daniel Dezainde de son mécontentement à la suite du congédiement de Beryl Wajsman. Il n'est pas impossible, admet-il, qu'il lui ait dit que c'était désormais la guerre entre eux. Il n'aimait pas celui qui venait d'être nommé directeur général du PLCQ. Finalement, ce témoignage ne fait que révéler ou confirmer pourquoi les Dezainde et Brault craignent un tel personnage, qui paraît plutôt inquiétant. Et tous ceux qui suivent le passage de Joe Morselli devant la commission cette journée-là comprennent, devant son refus de parler, l'exaspération du juge Gomery et du procureur adjoint de la commission, Guy Cournoyer.

Quoi qu'il en soit, pour en revenir à Daniel Dezainde, il apprendra aussi autre chose de colossal, qu'il classe dans la catégorie de l'impensable. Ayant parlé avec Françoise Patry des difficultés qu'il éprouve à reprendre en main les opérations du financement du parti, celle-ci lui conseille d'en parler avec Jacques Corriveau : « Écoute, dit-elle, je ne sais pas ce que ça peut donner, mais quand Benoît [Corbeil] était là, Benoît m'a souvent dit dans le passé que, lorsqu'il y avait des difficultés, qu'il y avait des problèmes financiers, il allait voir celui qu'il appelait presque affectueusement son père ; il allait voir Jacques Corriveau, puis Jacques l'aidait tout le temps. » Jacques Corriveau accepte de rencontrer le jeune directeur général vers la mi-juin 2001. Il lui donne rendez-vous à la taverne Chez Magnan à Montréal. Mis au fait de la situation par son hôte, M. Corriveau fait une sortie en règle contre Jean-Marc Bard et Joe Morselli en déclarant que depuis qu'ils étaient là « ça n'allait pas du tout », que « la situation était absolument exécrable et qu'il avait pris la décision que tant que ces gens-là seraient en place, il ne s'impliquerait plus ». M. Dezainde est déçu du peu de résultat de sa démarche mais il rencontre à nouveau Jacques Corriveau chez Magnan un peu avant les vacances, une dizaine de jours après le congédiement de Beryl Wajsman. M. Corriveau refuse de nouveau de l'aider. Une troisième rencontre à la même taverne, vers la fin de l'été 2001, ne donne pas plus de résultats, mais lui apprend des faits étonnants sur Jacques Corriveau : « Il m'a dit, témoigne M. Dezainde : "Écoute bien là, dans le passé j'avais mis en place un système où je recevais des ristournes sur les commissions des agences de communication. J'en gardais une partie pour mes frais et le reste, je le mettais à la disposition du parti." » Le nouveau directeur général du PLCQ est littéralement soufflé par ce qu'il apprend. Il dit au juge Gomery : « Là, monsieur le commissaire, tu es assis à la table avec un gars qui te dit en pleine face : "J'avais mis en place un système de ristournes sur les commissions et j'en gardais une partie pour mes frais." Et je me souviens que ma première réaction avait été de dire : "T'en gardais une partie pour tes frais ?" Et là, il m'avait dit : "Oui, mais écoute, je suis un homme d'affaires. Il faut, tu sais, que je paye mes services." Puis il disait : "Le reste, je le mets à la disposition du parti. Alors je l'ai fait suivre au parti." » Daniel Dezainde fait longuement part de son étonnement. « Comment peut-il me dire cela en plein visage ? » demande-t-il. « Mon premier réflexe, ça a été un haut-le-cœur », ajoute-t-il. En parlant de Jacques Corriveau, il s'interroge : « Comment ce gars-là qui se prétend un grand ami du chef, comment peut-il me dire une affaire comme ça ? Écoutez, je pense que je suis sorti de là en marchant sur les genoux. Ça me laisse sans voix, ça me dépasse. J'ai voulu m'éloigner le plus rapidement possible, OK, et je ne l'ai jamais revu privément par la suite. »

Ces révélations – les plus accablantes pour le Parti libéral depuis le début des audiences de la commission d'enquête sur le scandale des commandites – contredisent une partie des affirmations de Jacques Corriveau faites quelques jours plus tôt devant la commission. M. Corriveau avait en effet affirmé sous serment avoir gardé pour lui les profits réalisés grâce à des contrats fédéraux de commandites, qui lui avaient rapporté huit millions de dollars, et ne jamais avoir acheminé une partie de ces revenus au PLC. Les révélations de M. Dezainde confirment cependant le témoignage sensationnel fait quelques semaines plus tôt par Jean Brault. Ce dernier avait déclaré que Jacques Corriveau avait touché des commissions importantes sur les contrats obtenus par les agences de communication, notamment Polygone et Groupaction, dans le cadre du programme de commandites. Jacques Corriveau aurait sollicité auprès de lui ces dons – près de 500 000 $ – « pour la cause ». Brault, on s'en souvient, paye M. Corriveau à même les commissions qu'il prélève des commandites destinées aux salons de plein air. Jacques Corriveau reçoit ainsi d'importantes commissions pour avoir fait obtenir ces commandites à Luc Lemay. La commission d'enquête a aussi appris quelques jours plus tôt que M. Corriveau donne secrètement au parti quelque 300 000 $ en liquide pour la campagne de 1997, une somme qui sert à payer les travailleurs électoraux et à couvrir des dépenses dans certaines circonscriptions dans le besoin.

Quatre années après avoir été menacé par Joe Morselli, Daniel Dezainde entretient encore de vives craintes à l'égard des amis d'Alfonso Gagliano. Il confie au commissaire, lors de la deuxième journée de son témoignage le 12 mai 2005, qu'il a rencontré la GRC trois semaines avant de témoigner, tout simplement parce qu'il a toujours peur de M. Morselli. «On a passé trois heures à la GRC l'autre jour, dit-il, où je leur ai fait part de mes appréhensions compte tenu du témoignage que je m'apprêtais à livrer puis des risques que ça pouvait représenter pour ma santé, dû au fait que j'avais déjà été menacé par M. Morselli.» La meilleure protection dont il puisse jouir, lui explique la GRC, c'est d'aller témoigner publiquement.

Ainsi, le plus vieux parti politique du pays, considéré par plusieurs générations de Canadiens comme le parti naturel de gouvernement, est tellement hors de contrôle en 2001 que l'un de ses dirigeants est encore, quatre ans après ces faits, si profondément traumatisé, qu'il a peur de devoir témoigner devant une commission d'enquête publique du fonctionnement interne du parti à l'époque.

Le mécontentement de Daniel Dezainde et de la présidente du parti, Françoise Patry, à l'égard des Wajsman et Morselli est porté à l'attention non seulement du ministre responsable, Alfonso Gagliano, mais aussi du bureau du premier ministre. Selon le témoignage de Mme Patry, il est clair que les deux personnages bénéficient de la protection d'Alfonso Gagliano, donc de l'homme de confiance de Jean Chrétien pour le Québec. Mme Patry, qui préside le PLCQ de 1997 à 2001, affirme que M. Gagliano «contrôlait tout» et qu'elle n'avait «aucun moyen» de l'empêcher de confier des responsabilités financières à ses amis. Ses plaintes à l'égard de Morselli et de Wajsman sont restées vaines. Et, lorsqu'elle porte ses doléances au cabinet du premier ministre, en particulier à Percy Downe, le chef de cabinet de Jean Chrétien, on la renvoie à nouveau à M. Gagliano. Une chose est certaine, d'après le témoignage de Mme Patry : le cabinet de M. Chrétien a été mis au courant des pratiques douteuses des amis de Gagliano quant au financement du parti. On s'explique mal pourquoi, alors qu'il le sait, le cabinet du premier ministre ferme par la suite les yeux sur toute l'affaire.

Après cette série spectaculaire de témoignages, tout le monde est curieux de savoir ce que Jacques Corriveau aura à dire maintenant qu'il apparaît mêlé de près au financement occulte du parti.

De nouveau devant la commission Gomery les 27 et 30 mai, M. Corriveau qualifie de «pure fiction» les révélations de ses anciens amis, en particulier celles de Michel Béliveau. Dans une déclaration que la preuve accumulée et les détails fournis par les témoins précédents rendent quasi surréaliste, Jacques Corriveau affirme que toutes les allégations de M. Béliveau à son égard sont «totalement fausses». «Je trouve que ça fait rocambolesque et inimaginable. C'est impensable», lance-t-il. Selon M. Corriveau, il n'y a jamais eu de système de ristournes pour financer le PLC à même les commissions perçues par les agences. Cependant, confronté à des preuves irréfutables – dont des chèques signés par son entreprise –, Jacques Corriveau doit reconnaître qu'il a bel et bien, à la demande de Michel Béliveau, plusieurs fois assumé les salaires d'employés du PLC. Revenant sur des parties du témoignage rendu lors de sa première comparution, l'ami de Jean Chrétien est pris à partie par le juge Gomery qui lui demande s'il n'a pas, la première fois, tenté d'induire la commission en erreur. Poussé à bout par le commissaire qui ne lui laisse aucun répit, M. Corriveau répond : «Je vous l'accorde, monsieur le commissaire.» La crédibilité du témoin est mise en pièces lors de sa deuxième comparution. Le *Globe and Mail* cite, en guise d'exemple, les dénégations de M. Corriveau au sujet des rencontres qu'il a eues à trois reprises avec Daniel Dezainde chez Magnan, lors desquelles il a expliqué au directeur général du PLCQ le «système de ristournes» qu'il a mis au point pour le parti. M. Corriveau prétend qu'il n'y a eu qu'un seul repas à cette taverne. M. Dezainde a affirmé que c'est M. Corriveau qui avait choisi la place parce que c'était un de ses endroits préférés. Or, M. Corriveau affirme pour sa part que c'est M. Dezainde qui a choisi Chez Magnan. Mais trois personnes ont confirmé au *Globe* que M. Corriveau était un habitué de la fameuse taverne et qu'il préférait la section au bas des escaliers où se trouve le «bar à salade» qui convient mieux à son régime alimentaire. Alain Renaud dit avoir rencontré M. Corriveau au moins une trentaine de fois à ce restaurant au cours des années alors que le procureur du gouvernement fédéral à la commission, Me Sylvain Lussier, rapporte qu'un serveur de chez Magnan lui a confirmé que M. Corriveau était un client régulier, ce que corrobore le gérant de l'établissement, M. Bernard Corbeil[2].

Dans un éditorial enflammé, le *Globe and Mail* conclut de cette série de témoignages que les ristournes de commandites au PLC ne peuvent être l'affaire seulement d'un petit groupe de parias au sein du parti.

> On nous parle d'une corruption profonde qui semble avoir atteint les hautes sphères du parti et qui fut gardée secrète pendant des années. La confirmation des ristournes, incluant les noms de ceux qui auraient été impliqués, n'est pas venue de personnes qui cherchaient vengeance ou qui étaient désireuses de présenter d'elles la plus belle façade pour camoufler les gestes disgracieux qu'elles auraient posés dans le scandale des commandites. Elle est venue de personnes crédibles à l'intérieur du parti, dont certaines ont exprimé des craintes pour leur sécurité en raison de la nature de leurs témoignages[3].

CHAPITRE XVII

L'abîme des commandites

Les téléspectateurs qui suivent avec passion les travaux de la commission Gomery, du début de l'automne 2004 jusqu'en juin 2005, sont renversés de ce qu'ils apprennent jour après jour. Le feuilleton, avec sa galerie de personnages colorés, parfois farfelus et originaux, avec au-dessus de la mêlée un juge populaire et attachant, entretient, surtout au Québec, un sentiment général d'indignation. Le caractère spectaculaire du scandale fait monter les cotes d'écoute à des sommets jamais atteints ; l'audience du Réseau de l'information (RDI) passe l'après-midi d'un maigre 20 000 téléspectateurs à plus de 100 000 en moyenne.

Il faut cependant attendre à la toute fin de l'enquête publique pour apercevoir – et encore là partiellement – l'importance des sommes englouties par le gouvernement fédéral dans les commandites et la publicité. La vérificatrice générale calculait dans son rapport de novembre 2003 que 255,1 millions de dollars avaient été dégagés pour l'opération commandites. Mais – ô surprise ! – ce montant est révisé en mai 2005 par la firme de vérification Kroll Lindquist Avey chargée par la commission Gomery de démêler le fatras de chiffres épars, lancés depuis des mois sur la place publique. Ce ne sont plus 255,1 millions qui ont été dépensés pour les commandites mais bien 331,9 millions. Et, du côté des activités publicitaires du gouvernement, on passe selon l'enquête de 793 millions à 1,1 milliard. Ce n'est plus un milliard de dollars que toute cette affaire a coûté aux contribuables mais un milliard et demi.

Les commentateurs ne se gênent pas pour parler désormais de l'« abîme » des commandites.

La différence entre ces deux évaluations tient au fait que l'analyse de Kroll couvre dix années fiscales au lieu des cinq de la vérificatrice générale. Plutôt que de s'en tenir à la période de 1997-1998 à 2001-2002, la maison de juricomptables reprend l'analyse à partir de 1994-1995 et ajoute les exercices 2002-2003 et 2003-2004.

Après avoir passé au peigne fin 28 272 000 documents, répartis en 7068 boîtes, Kroll Lindquist Avey constate que près de la moitié des 331,9 millions de dollars de commandites ont abouti dans les coffres des agences de communication proches des libéraux sous forme de commissions et de frais de production, soit 147,45 millions de dollars (44,4 % du total). Les événements commandités, eux, ont reçu 49,5 % de l'enveloppe globale, soit 164,36 millions de dollars. Vingt millions de dollars (6,1 %) ont été consacrés à l'achat d'espace publicitaire dans les médias.

Que les événements culturels et sportifs commandités touchent à peine plus que les agences chargées de gérer ces commandites est l'un des aspects les plus troublants de l'enquête comptable. Ce phénomène donne naissance à un club de nouveaux millionnaires, qui ne manquent pas de manifester leur reconnaissance au PLC par de généreux retours d'ascenseur qui totalisent – selon ce que Kroll peut identifier – quelque 2,6 millions de dollars.

Les contributions officielles au PLCQ montent à 801 627 $. Le reste de l'« argent souillé », pour reprendre l'expression du ministre libéral Jean Lapierre, provient de contributions « indirectes », c'est-à-dire sous la table, évaluées par Kroll à 1,8 million de dollars. Les plus généreux arroseurs du PLCQ en contributions officielles, donc légales, sont le Groupe Everest (194 832 $), Vickers & Benson (151 659 $) et Groupaction (170 854 $).

Mais au moment de soumettre leur rapport à la commission Gomery, les enquêteurs de Kroll ne peuvent cependant établir si les dons de Jean Brault ont bel et bien abouti dans les coffres du PLC, ce que le parti ne manque pas de souligner tout en reconnaissant avoir reçu des contributions officieuses, donc en contravention de la loi électorale, de 130 000 $. Ces « cadeaux » proviennent de Commando Communications (50 000 $) pour payer sous la table du personnel libéral lors des élections de 2000, de Productions Caméo (39 850 $) pour une vidéo partisane, de Richard Boudreault (24 975 $) pour du travail publicitaire lors de la campagne de 1997 et de Gestions Richard B. Boudreault (14 790 $) pour rémunérer des employés au cours de la campagne de 1997.

Les libéraux de Paul Martin savent cependant qu'ils sont sur une pente glissante. En attendant la publication du rapport du commissaire Gomery, ils promettent de déposer en fiducie 750 000 $, question de démontrer leur volonté de rembourser un jour, s'il le faut, « l'argent sale ».

Le club des nouveaux riches engendrés par les commandites a son palmarès. Claude Boulay d'Everest obtient pour une valeur totale de 67,67 millions de dollars de contrats. Jean Lafleur de LCM suit de près avec 65,46 millions. Jean Brault de Groupaction rafle de son côté pour 60,83 millions de dollars de contrats. Suivent, dans l'ordre, Gosselin Communications (44,26 millions), Vickers & Benson (15,36 millions), Compass Communication (15,11 millions), Coffin Communications (8,7 millions) et BCP (6,35 millions). Une poignée d'autres agences se partagent 21,4 millions.

Au cours de cette décennie faste, ces nouveaux Crésus de la publicité se gratifient de salaires, primes et dividendes qui totalisent pas loin de 100 millions de dollars.

Le couple Boulay-Deslauriers du Groupe Everest remporte la palme du plus gros bénéfice avec des salaires qui totalisent, entre 1995 et 2002, 4,3 millions auxquels il faut ajouter la vente de leur entreprise en février 2000 à Draft Worldwide pour la somme de 25,5 millions. Suit ensuite la famille Lafleur avec, entre 1993 et 2001, 13,1 millions de dollars en salaires, sans compter des dividendes de un million, et Luc Lemay du Groupe Polygone/Expour avec 13,5 millions. Jean Brault, le président de Groupaction, et sa femme, Joane Archambault, encaissent pour leur part près de 5 millions. Gilles-André Gosselin et son épouse, Andrée Côté-Gosselin, touchent, eux, 4,4 millions. Yves Gougoux, le grand patron de BCP, empoche 1,6 million en salaires et bonis, et les actionnaires de l'agence se partagent 4,2 millions en dividendes. John Hayter, de Vickers & Benson, gagne 8,7 millions en salaires et dividendes. Les autres actionnaires se partagent 8,6 millions. Paul Coffin et son fils, Charles, raflent en salaires et primes un million de dollars, sans compter des dividendes de 223 095 $. Mais le grand gagnant toutes catégories, même si comme Luc Lemay il n'est pas à proprement parler un publicitaire, c'est Jacques Corriveau, le propriétaire de la maison de graphisme Pluri Design ; l'ami de Jean Chrétien ne gagne pas plus d'argent que les autres, mais il le gagne avec une extrême facilité. Jacques Corriveau empoche 5,5 millions de dollars en jouant simplement les intermédiaires, sans toucher d'aucune façon à la gestion des contrats.

Au chapitre des événements commandités qui profitent de cette manne, le groupe Polygone/Expour, propriété de Luc Lemay, est le plus choyé. Ce groupe, spécialisé dans l'édition de l'*Almanach du peuple*, les salons de plein air en région, les revues et les soirées de chasse et pêche, rafle 44,9 millions de dollars de contrats de commandite. Le sport amateur s'en tire pas mal, aussi, avec 42,07 millions, suivi du sport professionnel qui reçoit 39,36 millions.

Du côté des contrats de publicité, l'agence torontoise Vickers & Benson vient en tête de peloton avec des contrats d'une valeur de 277,6 millions. BCP se classe au second rang avec 159,7 millions et Groupaction suit avec 111 millions.

Mais, dans l'ensemble, le rapport des juricomptables de Kroll, qui coûte à la commission d'enquête – sans appel d'offres – 7,5 millions, déçoit la plupart des observateurs. Cette maison, qui s'est rendue célèbre pour son travail dans l'affaire Enron aux États-Unis et pour avoir aidé à retracer les fortunes d'une brochette de dictateurs, dont Saddam Hussein, Ferdinand Marcos, François Duvalier et Manuel Noriega, laisse trop de questions en suspens. « Dans le cas de Kroll Lindquist Avey, écrit le chroniqueur Michel Vastel, c'est un navrant travail d'amateur, totalement dépourvu de rigueur[1]. »

On s'étonne en effet qu'une firme comptable telle que celle-là ne puisse retracer les versements en argent comptant faits au Parti libéral, comme ceux dont Jean Brault a longuement parlé lors de son témoignage. Ces transferts d'argent échappent en général il est vrai aux systèmes comptables. Ils ne laissent que très peu de traces et ne sont surtout pas portés au bilan financier des caisses électorales. Kroll indique tout au plus que d'autres montants, pour un total de 1,76 million de dollars, sont « hypothétiquement reliés au Parti libéral du Canada ».

« Nous n'avons pas eu accès à tous les états financiers des agences : dix ans, c'est long, se défend Robert MacDonald de Kroll devant le commissaire Gomery. Il y a des documents manquants, certaines agences ont été vendues, les proprios ont changé. » Son collègue, Pierre Saint-Laurent, note pour sa part que des livres comptables ont été détruits et qu'il n'est pas facile dans ces circonstances de reconstruire l'information. Nous n'apprenons donc pas en lisant le rapport de Kroll quelle part des profits réalisés par les agences de communication est attribuable aux abus des commandites, malgré la démonstration claire faite par la commission Gomery de l'existence de ces profits.

On reproche aussi aux juricomptables d'avoir confiné leurs travaux à l'intérieur des frontières du Canada. Il n'y aurait aucun indice dans la documentation examinée de l'existence d'abris fiscaux à l'étranger dans lesquels de l'argent des commandites aurait pu être accumulé. Les enquêteurs ne se sont pas penchés sur les comptes bancaires des multimillionnaires de la commandite, pas plus qu'ils ne se sont interrogés sur la façon dont ceux-ci ont acquis ou loué leurs luxueuses propriétés, qu'il s'agisse de la villa de Claude Boulay en Caroline du Nord ou de l'ancienne résidence de Jean Lafleur à Saint-Adolphe-d'Howard dans les Laurentides.

Le rapport de Kroll Lindquist Avey confirme cependant la gabegie générale des activités de commandite et les abus mis au jour par la vérificatrice générale. Les juricomptables font ressortir que lorsque le gouvernement décide de gérer lui-même certaines commandites, les confiant par exemple à Communications Canada, il n'en coûte alors que 4 % des sommes versées aux événements commandités. Les agences de communication engagées par les libéraux n'hésitent pas, elles, à facturer des frais de gestion exorbitants atteignant parfois 400 % de ces mêmes sommes. Un exemple frappant dans le rapport de Kroll est celui de Tourisme Canada. Du placement média pour des publicités de 61,2 millions de dollars coûte à cet organisme gouvernemental 167,56 millions en travail d'agences.

Kroll confirme que les dépenses de « visibilité » du gouvernement Chrétien au Québec commencent dès 1994, bien avant le référendum de 1995 et qu'en moins de deux années elles passent le cap des 50 millions de dollars. Option Canada, créé le 5 septembre 1995, reçoit de Patrimoine Canada 4,8 millions. On ne sait toujours pas aujourd'hui ce qu'il est advenu de cet argent, à quoi il a véritablement servi, sinon qu'il a été dépensé au Québec. Beaucoup soupçonnent que cette agence mystérieuse a servi à blanchir l'argent utilisé pendant la campagne référendaire. Michel Vastel écrit encore :

> Les flux d'argent en 1995-1996 et 1996-1997 ne laissent aucun doute sur la complicité de plusieurs personnalités québécoises, Jean Chrétien en premier lieu, mais également les ministres Marcel Massé puis Stéphane Dion, titulaires des Relations fédérales-provinciales, qui se négociaient des enveloppes de 10 millions de dollars et plus pour des projets spéciaux du genre : « *Strenghtening Canada* », « *Unity-Quebec Referendum* », « *Canadian Identity* »… Alouette[2] !

La firme comptable découvre également des fonds dont peuvent user à leur discrétion Charles Guité, Alfonso Gagliano et Pierre Tremblay. Il existe, selon Kroll, un « compte pour programmes spéciaux » d'environ trois millions que peut gérer comme bon lui semble le directeur du programme. Ce compte sert à des dépenses spéciales sur lesquelles Kroll se fait avare de commentaires.

Un autre fonds, mis à la disposition de l'ex-ministre Gagliano, s'intitule « compte pour la réserve des services corporatifs ». Il est évalué en 1998-1999 à 8,5 millions de dollars. Selon Kroll, sept millions de ce fonds sont « approuvés par le sous-ministre Ran Quail à la suite de discussions avec le ministre des Travaux publics », Alfonso Gagliano. L'argent de ce fonds et de celui de Charles Guité provient d'autres ministères ou organismes gouvernementaux.

Kroll révèle encore que sept événements commandités à hauteur de 3,3 millions de dollars sont, sous le règne de Chuck Guité, financés en double. La firme comptable met la main sur une lettre de M. Guité en juillet 1999, un peu avant sa retraite, qui autorise Groupaction à passer à la déchiqueteuse les documents de Polygone et d'Expour concernant les contrats de visibilité signés avec le gouvernement entre 1997 et 1999.

Les incongruités relevées par Kroll à propos des activités de commandite et de publicité sont, comme il fallait s'y attendre, nombreuses et renversantes. Ainsi, du côté des concours de sélection d'agences, les juriscomptables constatent qu'il n'y a que des gagnants à ces concours, pas de perdants. De plus, la plupart des services rendus par les agences engagées sont exécutés par des sous-traitants dont on ignore les noms et cela pour des contrats d'un total de 26 millions de dollars. La sous-traitance est une mine d'or pour les publicitaires. En janvier 1998, pour ne donner qu'un exemple, Gosselin Communications touche, sur une commandite de 1,1 million d'Industrie Canada, une commission de 90 000 $ sans lever le petit doigt. C'est la firme Cossette qui réalise pour lui la totalité du contrat. Quant aux pratiques de surfacturation, elles sont omniprésentes dans ce rapport. Lors de la tournée du *Bluenose*, gérée encore une fois par Gilles-André Gosselin, ce dernier paye ses employés entre 12 et 17 $ l'heure et il paye Jean Lafleur entre 125 et 150 $ l'heure. Or, sur la facture envoyée à Travaux publics, le publicitaire augmente les taux horaires de ses employés de 99 % et ceux de Jean Lafleur de 138 %.

Kroll confirme aussi l'aubaine que représentent les contrats liés aux articles promotionnels pour ceux qui les obtiennent. La production de ces articles rapporte aux agences des marges de bénéfices qui peuvent atteindre 96%, peu importe le travail accompli.

CHAPITRE XVIII

Les frères ennemis à la barre

Alfonso Gagliano est un lieutenant extrêmement loyal à son chef, le premier ministre Jean Chrétien. En revanche, l'ancien ministre de TPSGC n'a jamais caché, surtout depuis l'éclosion du scandale, son hostilité à l'égard de Paul Martin et de son clan. Il est impossible de faire l'autopsie du scandale des commandites sans examiner le rôle qu'a joué au sein du PLC la rivalité entre le clan Martin et le clan Chrétien.

Cette rivalité, comme nous l'avons vu, a eu un effet néfaste sur le financement du parti, contribuant à assécher les coffres du PLC. Elle donne lieu surtout à un véritable combat de coqs entre Jean Chrétien et la Commission d'enquête sur le programme de commandites et les activités de publicité. C'est Paul Martin, ne l'oublions pas, qui a créé la commission. Et le calcul politique, l'objectif stratégique qui sous-tend cette création est d'éloigner ce nuage qui pourrait lui porter ombrage, en le liant de près ou de loin au programme de commandites. En ordonnant la tenue d'une enquête publique sur les révélations de la vérificatrice générale, le premier ministre veut projeter l'image d'un homme qui veut connaître la vérité. Et s'il veut connaître la vérité, c'est bien parce qu'il ne connaît ni les tenants ni les aboutissants de l'affaire.

Les sous-entendus d'un tel raisonnement sont limpides. Si ce n'est pas Paul Martin qui a conçu ce plan de visibilité du gouvernement fédéral et cette offensive de marketing au Québec, c'est donc nécessairement quelqu'un du gouvernement précédent. M. Martin n'a-t-il pas déclaré en février 2004 qu'il était « impossible » qu'il n'y ait pas eu une « direction politique » au programme de commandites ?

Jean Chrétien n'a jamais été dupe des motivations de son successeur et il n'accepte guère l'existence même de la commission Gomery. Il sait qu'il peut difficilement sortir blanchi de l'exercice, peu importe les conclusions que va tirer le juge. La commission Gomery est le « roman-savon » le plus populaire du Québec et ce grand spectacle n'annonce rien de bon pour Jean Chrétien. Son éternel rival, Paul Martin, cherche à se servir de ce théâtre pour régler ses comptes avec lui.

Le clan Chrétien contre-attaque

Le 11 janvier 2005, alors que la commission reprend ses travaux après la pause des fêtes, les avocats de l'ancien premier ministre et de son chef de cabinet, Jean Pelletier, prennent le juge Gomery à partie. Ils lui reprochent d'avoir manqué à son devoir de réserve au cours d'entrevues qu'il a accordées aux médias avant Noël les 16 et 17 décembre 2004.

Me David Scott, l'avocat qui représente Jean Chrétien, fait valoir au juge :

> Nous avons la conviction et vous soumettons que vos remarques aux médias sont sans précédent, en ce qui a trait à leur contenu, pour une commission d'enquête toujours engagée dans le processus de présentation de la preuve. Vous avez fait des commentaires sur la preuve, fait des observations de nature politique et avez déclaré que vous « n'aviez rien à perdre » et que « vous vous fichiez de ce qu'ils pensent » parce que vous « n'aviez pas d'ambitions » et que votre retraite était imminente.

Le juge Gomery a en effet confié avant Noël qu'il était en train de se rallier à la conclusion de la vérificatrice générale sur la gestion « catastrophique » du programme de commandites, que certains des témoignages entendus se contredisaient et que les juges ne supportaient pas qu'on leur mente. Il ajoutait qu'il était impossible de ne pas aimer Chuck Guité, que ce dernier était « un charmant coquin qui avait envoûté son département », que les conclusions de son enquête pourraient nuire à la carrière de certains et que son rapport final « pourrait avoir plus de conséquences pour un gouvernement minoritaire que pour un gouvernement majoritaire ». Le commissaire déclarait qu'il occupait le « meilleur siège »

pour assister au « meilleur spectacle en ville » et que la « partie ju-
teuse » de son enquête serait révélée lors des audiences de Montréal. En partageant ainsi, un peu imprudemment il faut le dire, ses
réflexions avec les journalistes, John Gomery se laisse aller à commenter une des trouvailles de son enquête, l'achat par le cabinet
du premier ministre, à même les deniers publics, de balles de golf
ornées des initiales de Jean Chrétien et de la feuille d'érable destinées aux amis du premier ministre, à ses gardes du corps et aux per-
sonnalités politiques avec qui il joue au golf. Le commissaire Gomery ne se gêne pas pour qualifier de *small town cheap* la mentalité
que trahit l'achat de ces babioles, une expression qui signifie une
mentalité de petit village et d'un goût cucul.

En citant ces exemples, Mᵉ David Scott fait la leçon au juge en
lui rappelant qu'il a « le devoir d'éviter de tirer des conclusions
avant d'avoir entendu toute la preuve ». Mᵉ Guy Pratte, l'avocat
de Jean Pelletier, renchérit en lançant que « l'objectif de la commission » n'est « pas un lynchage public ». Les deux avocats demandent au commissaire de leur donner la certitude qu'il veillera
à l'avenir à assurer à leurs clients un climat d'objectivité. Piqué au
vif, John Gomery rejette ces reproches en invoquant l'évolution
du rôle des juges au Canada :

> Il y a cinquante ans, la plupart des juges restaient assis et impassibles
> comme un sphinx durant toutes les audiences. Jamais ils ne faisaient
> d'intervention, jamais ils ne posaient de questions et jamais ils ne fai-
> saient de commentaires. Ils ne disaient rien jusqu'au jugement. On con-
> sidérait cela comme une conduite judiciaire adéquate. Aujourd'hui, ce
> n'est plus le cas, ils interviennent activement dans les procès et les
> commissions. Je pense que l'on attend même d'eux qu'ils fassent des
> commentaires parfois à des témoins ou qu'ils posent des questions et
> même révèlent leurs impressions sur les éléments mis en preuve.

Le commissaire Gomery assure ensuite aux procureurs Scott et
Pratte qu'il n'a tiré aucune conclusion dans l'affaire des commandites. « Cela me surprend que quelqu'un ait pu penser que j'ai déjà
tiré des conclusions alors que mon expérience de juge m'a démontré à maintes reprises que les juges doivent garder l'esprit ouvert
jusqu'à ce que toute la preuve leur ait été présentée », affirme-t-il.
Mᵉ Scott déclare aux journalistes, à la sortie de la salle d'audience,
qu'il n'est pas satisfait de la réponse du commissaire, qu'il est encore sous le choc et qu'il doit réfléchir à ce qu'il va faire.

David Scott et Jean Chrétien réfléchissent en effet et l'affaire n'en reste pas là. Le jour de la comparution de l'ancien premier ministre approche et celui-ci retrouve ses instincts de bagarreur. Vingt jours plus tard, le 31 janvier 2005, Jean Chrétien réclame, par l'entremise de ses avocats, ni plus ni moins que la récusation du juge Gomery pour « partialité » dans l'enquête. La manœuvre est certes dirigée contre John Gomery mais elle vise aussi Paul Martin, qui est à l'origine de la commission d'enquête. La rivalité entre les deux hommes prend des allures de règlement de comptes. Me Scott se dit tout d'abord surpris que le commissaire ait engagé comme procureur principal Me Bernard Roy, l'ancien chef de cabinet de Brian Mulroney. « Me Roy – la nature humaine étant ce qu'elle est – aurait inévitablement une perception de notre client, dit David Scott, celle d'un adversaire ; une perception qui serait peu compatible avec l'objectivité nécessaire à un procureur de la commission. » L'avocat torontois, un personnage original qui se distingue par ses grosses lunettes en écaille de tortue et son éternel nœud papillon, fait valoir au juge que ses propos du mois de décembre ont démontré qu'il avait déjà tiré certaines conclusions à propos de son enquête, rappelant surtout l'épisode des balles de golf. Selon Me Scott, Jean Chrétien ne prise guère non plus que le porte-parole de la commission, François Perreault, ait indiqué aux journaux que la plupart des gens qui font parvenir des courriels à la commission se demandent ce que Jean Chrétien a « à cacher » en voulant ainsi saboter la commission. Même si les propos de M. Perreault portent sur des faits et que les courriels sont accessibles au public sur le site Internet de la commission, Me Scott soumet au juge que cela démontre une « présomption raisonnable de préjugé » dans sa manière de mener l'enquête.

Les excuses du commissaire

John Gomery essuie les coups sans broncher. Il sait qu'il a de solides appuis. Me Sylvain Lussier, l'avocat du Procureur général du Canada, donc l'avocat du gouvernement Martin, ceux de la vérificatrice générale, Sheila Fraser, du Parti conservateur et du Bloc Québécois s'opposent tous à la demande de récusation. Me Lussier souligne que le gouvernement trouve « regrettables » certains propos tenus par le commissaire Gomery dans les interviews des 16 et 17 décembre 2004. Le gouvernement reconnaît cependant, affirme-t-il au juge, « que les explications que vous avez données le 11 janvier dernier aux procureurs du très honorable Jean Chrétien et de M. Jean Pelletier doivent rassurer toutes les parties que vous n'avez pas tiré de conclusions relativement aux questions relevant de votre mandat ». Aux Communes le même jour, Paul Martin réitère son appui à la commission Gomery, et rappelle que c'est lui-même qui l'a mise sur pied et que les Canadiens veulent connaître « toutes les réponses » à leurs questions sur les commandites. « C'était notre position hier, c'est notre position aujourd'hui et ce sera notre position demain », déclare-t-il. C'est cependant l'avocat de Sheila Fraser, Me Richard Dearden, qui répond le plus longuement et avec le plus de détails aux avocats de l'ancien premier ministre. Il tente de démontrer que nulle part dans les entrevues accordées par John Gomery en décembre, ce dernier n'a présumé des conclusions de son enquête. Le commissaire n'a fait que parler des preuves déposées devant lui, « ne révélant rien de ses conclusions », soulignant simplement les contradictions de certains témoignages et précisant qu'il n'a encore rien démêlé de tout cela, qu'il espère pouvoir le faire à la fin de l'enquête. Quant au commentaire du commissaire sur Chuck Guité, qu'il a qualifié de « charmant coquin », l'avocat rappelle que M. Guité devra témoigner à nouveau dans les mois qui viennent et que le juge ne peut, dans ce contexte, avoir déjà arrêté ses conclusions à son égard. Enfin, Me Dearden insiste sur les graves conséquences d'une récusation de John Gomery : « Si vous vous récusez, il faut reprendre au début, fait-il valoir. Ce serait un gaspillage colossal de l'argent des contribuables. » John Gomery suspend l'audience pour le reste de la journée et le lendemain matin, dans un texte concis et cartésien, il rejette la requête de Jean Chrétien. Le juge reconnaît qu'il a commis une erreur en accordant des entrevues au mois de décembre. Cependant, cette erreur ne signifie nullement qu'il a déjà tiré des conclusions finales sur l'enquête : « Après avoir réfléchi en profondeur à la question, j'ai la ferme conviction qu'une personne raisonnable, bien informée et juste comprend la différence qui existe entre commettre une erreur et être habité de préjugés. »

Les excuses du commissaire Gomery sont beaucoup plus prononcées que celles du 11 janvier lorsque les avocats de Jean Chrétien lui avaient reproché, une première fois, ses déclarations aux journaux.

Je réalise maintenant, après mûre réflexion, que j'ai fait une erreur en acceptant de donner des entrevues aux médias avant Noël. Je reconnais aussi que certaines des déclarations que j'ai faites au cours de ces entrevues étaient regrettables et inappropriées. Mon manque d'expérience avec les médias est évident pour tout le monde et a eu pour effet de détourner l'attention de l'objectif véritable de l'enquête, c'est-à-dire trouver la vérité aux questions qui ont fait l'objet des chapitres 3 et 4 du rapport de la vérificatrice générale. Je regrette sincèrement cette conséquence.

Le commissaire rappelle que, le 11 janvier, Me David Scott lui avait dit qu'il s'était « fermé l'esprit ». « Cette déclaration était dans les faits incorrecte, commente le juge. Je suis la seule personne au monde qui peut savoir si je me suis fermé l'esprit et j'ai alors répondu, pour rassurer M. Scott et d'autres personnes, que mon esprit demeurait ouvert. Il est encore ouvert aujourd'hui et je répète que je n'ai pas encore arrêté de conclusions sur toutes les questions que je dois trancher dans cette enquête. » Ensuite, le commissaire reprend un à un les reproches que lui ont adressés les avocats de Jean Chrétien. Lorsqu'il a dit notamment, dans une des entrevues de décembre, qu'il était en train de parvenir aux mêmes conclusions que la vérificatrice générale au sujet des commandites, fait-il valoir, il ne disait pas qu'il était déjà arrivé à ces conclusions. « En d'autres termes, commente le juge, j'ai indiqué que ma réflexion se poursuivait ; je n'ai pas exclu d'avance aucune preuve du contraire qui pouvait être avancée. » Au sujet des balles de golf aux initiales de Jean Chrétien, Gomery précise sa pensée ; il affirme qu'il a été personnellement déçu d'entendre un témoin lui affirmer qu'un premier ministre « aurait pu autoriser » – et il souligne le conditionnel – une telle utilisation de son nom. « Je n'exclus aucune explication raisonnable à ce sujet », déclare-t-il en affirmant du même coup attendre avec « intérêt » le témoignage de M. Chrétien. Quant à ses remarques à propos de certains témoins qui n'auraient pas dit la vérité, il fait valoir qu'il n'en a nommé aucun et qu'il n'a pas indiqué non plus lesquelles des versions contradictoires il allait retenir. Il revient aussi sur la façon dont il a qualifié le tsar de la commandite de « charmant coquin ». Il concède qu'un juge ne devrait pas faire ce genre de remarques. Mais il estime que cela ne révèle en rien ce qu'il pense de la crédibilité du témoin : « Les personnes charmantes sont parfois crédibles, parfois pas. Il est encore trop tôt pour savoir quelle valeur j'accorderai au témoignage de M. Guité. » Le juge rappelle enfin que la référence faite dans la requête de M. Chrétien au passé du procureur principal de la commission, Me Bernard Roy, en particulier à son rôle de chef de cabinet de Brian Mulroney, est intempestive et que ces activités politiques ont cessé voilà plus de quinze ans. « Toutes les parties concernées, rappelle-t-il, connaissaient son passé au moment où j'ai procédé à sa nomination, et ce passé n'a strictement rien à voir avec l'objet de l'enquête. Me Roy doit être jugé en fonction de son travail pour l'enquête, qui a été professionnel, impartial et objectif. Je lui accorde toute ma confiance. » De plus, John Gomery soutient à la fin de son jugement que sa récusation entraînerait une « situation d'incertitude stressante pour toutes les parties, y compris les témoins déjà entendus et ceux qui ne l'ont pas encore été ». Il se refuse ainsi à imposer de longs retards et des coûts supplémentaires à l'enquête.

Jean Chrétien fait son numéro

Ces excuses apparemment complètes ne suffisent pas à Jean Chrétien. Et c'est donc avec une bonne dose d'hostilité et à contrecœur que le « p'tit gars de Shawinigan » se présente le 8 février 2005 à la barre des témoins. Jean Chrétien n'a pas oublié les déclarations du juge Gomery et il entend bien lui rendre la monnaie de sa pièce.

On assiste alors à l'épisode le plus burlesque des audiences de la commission. La presse contribue depuis des jours à électriser l'atmosphère ; elle traite la comparution du « vieux bagarreur » comme s'il s'agissait du retour dans l'arène de Mohammed Ali, en multipliant les manchettes à propos du caractère historique de l'événement à venir. Depuis John A. Macdonald en 1873, aucun premier ministre du Canada n'a ainsi été appelé à témoigner devant une commission d'enquête publique. Pierre Trudeau a certes comparu le 22 juillet 1980 devant la commission MacDonald qui enquêtait sur les agissements suspects de la GRC au Québec, mais cela s'est fait dans un tel secret qu'il a fallu dix jours pour que la presse le découvre. C'est la première fois également que deux premiers ministres vont témoigner l'un après l'autre, Paul Martin étant convoqué devant le commissaire Gomery après Jean Chrétien.

À la toute fin de son témoignage, alors qu'il est contre-interrogé par son avocat David Scott, Jean Chrétien décide de clore l'audience par une bouffonnerie destinée à tourner en ridicule le commissaire Gomery. Il vient tout juste d'expliquer qu'il a souvent reçu en cadeau des balles de golf de dirigeants politiques lors de ses voyages à l'étranger. C'est pourquoi, raconte-t-il, on lui a fait fabriquer des balles de golf ornées de ses initiales et de la feuille d'érable, question de rendre la politesse aux chefs d'État et de gouvernement qu'il visitait ou qui le visitaient. Mᵉ Scott demande alors à Jean Chrétien s'il peut montrer au commissaire quelques exemples des balles reçues en cadeau. Jean Chrétien sort d'une mallette avec un plaisir évident quelques boîtes de balles de golf:

M. CHRÉTIEN. – Oui, oui. J'ai une balle ici avec le sceau du président des États-Unis et signée par un Texan du nom de George Bush.

Mᵉ SCOTT. – Très bien. Et les autres?

M. CHRÉTIEN. – J'en ai une ici signée par un gentilhomme du Tennessee, Al Gore, avec la colline du Capitole sur la balle.

Mᵉ SCOTT. – Je vous arrête là, monsieur, si je puis me permettre…

M. CHRÉTIEN. – Non! Non! Non! c'est trop amusant. J'en ai une ici qui m'a été donnée – ces balles m'ont été données – une très belle présentation, monsieur le président, par un gars d'une petite ville qui s'appelle Hope en Arkansas. Regardez la belle boîte. Son nom, son sceau, la balle, belle boîte, et vous ouvrez la boîte et il y a une balle signée par un gars d'une petite ville qui s'appelle Hope, au Tennessee, signée Bill Clinton et le sceau.

Mᵉ SCOTT. – Quel sceau?

M. CHRÉTIEN. – Le sceau du président des États-Unis. Ici j'en ai une d'un autre gars du Texas, d'une petite ville, Crawford, au Texas: George W. Bush avec le sceau du président et sa signature. Ici j'en ai une d'un gars d'une petite ville, je crois, de Manille aux Philippines: le président Ramos et le drapeau de son pays. Cela est très habituel. J'en ai une ici par un groupe très connu, Ogilvy Renault. Vous les connaissez? M. Roy et M. Mulroney et Mˡˡᵉ Gomery sont tous des employés de cette firme. Je ne peux pas les qualifier de Westmount cucul. Ce serait une contradiction.

Mᵉ SCOTT. – Très bien. Monsieur Chrétien, avez-vous reçu ces balles des personnes que vous avez identifiées?

M. CHRÉTIEN. – Oui. Une seule m'a été donnée par quelqu'un d'autre; celle de George W. Bush. Les autres, je les ai reçues des personnes elles-mêmes.

Mᵉ SCOTT. – Et leur avez-vous donné des balles de golf avec la feuille d'érable et votre signature?

M. CHRÉTIEN. – Oui, et j'en ai donné à leurs gardes du corps ou à leurs partenaires qui ont joué au golf avec nous.

John Gomery reste impassible devant cet affront public. Lorsque Jean Chrétien se tait, il demande aux procureurs s'ils ont d'autres questions à poser au témoin. Un silence glacé règne dans la salle d'audience. À l'arrière, une petite bande des anciens colla-borateurs de Jean Chrétien, Eddie Goldenberg, Bruce Hartley, son ancien directeur des communications, le sénateur Jim Munson et Steven Hogue rigolent à qui mieux mieux du bon coup de leur an-cien patron. Le commissaire remercie poliment Jean Chrétien pour son témoignage et lève la séance.

Jamais John Gomery n'aurait cru que Jean Chrétien puisse ainsi s'attaquer à lui personnellement à travers sa fille, Sally Gomery, qui est effectivement avocate chez Ogilvy Renault et qui n'a aucun rôle à jouer, de près ou de loin, dans l'enquête publique sur le scan-dale. M. Chrétien vient de porter au commissaire un coup sous la ceinture. Une fois dans son bureau, ce dernier ne fait qu'un seul commentaire à son entourage avant de prendre son pardessus et de partir : « C'était très peu digne d'un premier ministre. »

Le soir même, aux informations télévisées, et le lendemain, dans les journaux, le coup de théâtre de Jean Chrétien fait les manchettes. L'ancien premier ministre réussit – du moins provisoi-rement – à détourner l'attention de l'essentiel de son témoignage. On ne parle que de la gaminerie de l'ancien chef de gouvernement. Et, par le stratagème des balles de golf, M. Chrétien a aussi mis en évidence le fait que le procureur principal de la commission, Ber-nard Roy, travaille dans le même bureau d'avocats que l'ancien premier ministre conservateur Brian Mulroney, question de tenter de discréditer la commission d'enquête.

Mais revenons au témoignage de Jean Chrétien. Ce dernier commence sa prestation par une longue déclaration préliminaire, un privilège que lui accorde le commissaire Gomery par déférence pour la fonction qu'il a occupée. L'atmosphère est déjà tendue et, visiblement, l'ancien premier ministre n'apprécie guère d'être pré-sent en ces lieux, dans l'ancien hôtel de ville d'Ottawa, rue Sussex, ni le fait d'être interrogé par Me Bernard Roy, un ancien adversaire politique. Hostile, répondant aux questions avec agacement, levant souvent les yeux au plafond ou regardant ailleurs, Jean Chrétien ne cache pas que les activités de commandite ont une véritable di-mension politique, qu'elles sont supervisées au niveau politique, et que l'idée d'augmenter la visibilité du gouvernement fédéral au Québec est née au cours des semaines difficiles qui ont suivi le réfé-rendum de 1995. Cette idée a été approuvée par tout le cabinet, dit-il. Conformément aux témoignages d'Alfonso Gagliano et de Jean Pelletier, il nie cependant que son bureau à l'époque prenne les décisions et détermine à qui l'argent doit être versé. Même si les documents de l'ancienne greffière du Conseil privé, Jocelyne Bourgon, démontrent que la responsabilité ultime sur la façon de dépenser les fonds de commandites incombe en dernier ressort au premier ministre, ce dernier témoigne «que c'était le ministère [des Travaux publics] qui était responsable du choix des projets». «Nous avions un input politique, mais nous ne décidions pas», dit-il en parlant de son bureau. M. Chrétien insiste plusieurs fois sur le fait qu'il ne s'occupe pas de la plomberie et des détails de l'administration du programme.

Par ailleurs, il s'étonne de ce que son ministre Stéphane Dion ait témoigné quelques jours plus tôt qu'il n'avait jamais entendu parler, au début de 1996, des activités de publicité ou de commandite, tout comme d'ailleurs ses collègues Lucienne Robillard et Martin Cauchon: «Les ministres avaient discuté la stratégie et tout le monde savait qu'on allait augmenter la visibilité au Québec.» Jean Chrétien soutient de plus que Paul Martin était au courant de l'existence du Fonds de réserve pour l'unité canadienne, le fonds quasi occulte qui a servi à financer les commandites: «Au cours de mon administration, le ministre des Finances Paul Martin et moi avons toujours été d'accord pour mettre de côté 50 millions par année pour les dépenses relatives à l'unité nationale.»

Jean Chrétien réaffirme que le programme de commandites est l'un des facteurs qui ont permis le recul du séparatisme au Québec. Son mépris pour ceux qui s'indignent de l'affaire des commandites en étonne plus d'un. Il avoue qu'il n'a pas lu le rapport accablant de la vérificatrice générale de novembre 2003.

Paul Martin témoigne

Après la prestation théâtrale de Jean Chrétien, tout le monde attend le passage devant la commission du premier ministre en titre. Le jeudi 10 février 2005, Paul Martin se présente à l'ancien hôtel de ville d'Ottawa. Il est bien préparé. Quelques jours plus tôt, il est venu discrètement jauger la salle d'audience. Il s'est assis à la table des témoins pour s'acclimater aux lieux; il a demandé aux employés de la commission de lui indiquer la place du procureur qui l'interrogerait, les places des avocats des diverses parties, des représentants des partis politiques, des journalistes et du public.

Contrairement à celui de Jean Chrétien, son témoignage se déroule dans un climat de sobriété, de sérieux et de grande courtoisie.

Paul Martin explique que, même s'il a été le grand argentier du gouvernement Chrétien pendant près de dix ans, il n'avait pas la faveur de son patron dans ses plans pour contrer le mouvement souverainiste. Jean Chrétien le tenait à l'écart de sa « priorité des priorités », soit la mise en place de sa stratégie pour l'unité nationale. Il ne savait donc rien de la mise sur pied d'activités de commandite liées à cette stratégie, une version des faits qui contredit celle de Jean Chrétien et il n'est informé qu'en 1996 de l'existence du Fonds de réserve pour l'unité canadienne, géré par Jean Chrétien depuis 1993. Martin ne fait pas partie à l'époque du cercle des favoris. Il rappelle qu'il n'a pas non plus joué un rôle important dans la campagne référendaire en 1995. Il n'est qu'un petit soldat que l'on renvoie vite à Ottawa, le jour où il prétend qu'un Québec souverain perdrait du coup un million d'emplois.

Au sujet de la mise sur pied par Jean Chrétien du comité Massé pour mettre au point une stratégie pour l'unité nationale, M. Martin fait cette réponse laconique : « Encore là, on ne m'a pas demandé. »

Le procureur chargé d'interroger M. Martin, Neil Finkelstein, semble quelque peu intimidé par un témoin aussi notable. Les journalistes remarquent que ce chirurgien de l'interrogatoire ne semble pas en pleine possession de ses moyens. Il fait la partie belle à Paul Martin.

Neil Finkelstein tente d'abord de comprendre la nature du défi que doit relever M. Martin aux Finances dès 1993, lorsque les libéraux prennent le pouvoir. « Le plus grand problème que nous devions affronter était celui de la crédibilité », raconte le premier ministre, rappelant l'endettement catastrophique du Canada et sa réputation grandissante à l'étranger de « république de bananes ». La crise du peso mexicain et d'autres crises financières internationales menacent la stabilité du pays. M. Martin consacre presque tout son temps à contrer les effets néfastes de cette situation. Cette partie de l'interrogatoire – faite dans le sens du poil – donne au bout du compte l'image d'un ministre des Finances talentueux et efficace, et qui n'a absolument pas le temps de s'occuper de trivialités comme les commandites.

Me Finkelstein passe ensuite aux rapports que l'ex-ministre des Finances entretenait avec le cabinet du premier ministre. Ces rapports, affirme M. Martin, passaient presque exclusivement par deux conseillers de M. Chrétien, Eddie Goldenberg et Chaviva Hosek. M. Martin travaillait peu avec le premier ministre lui-même et son chef de cabinet, qui s'occupait de la gestion politique du dossier des commandites en coordination avec TPSGC.

C'est ainsi, raconte Paul Martin, qu'il n'est pas informé, en 1994 et en 1995, que ce soit par le premier ministre ou par les fonctionnaires de son ministère, de l'existence du fameux Fonds de réserve pour l'unité canadienne, appelé également « la réserve du premier ministre ». Ce n'est qu'en 1996, lors de la préparation du budget, qu'on lui fait part de l'existence de ce fonds de 50 millions de dollars par année, tout simplement parce que le programme se termine et qu'il faut le renouveler. L'inclusion de ces 50 millions dans le budget n'entraîne aucune querelle avec le premier ministre. Il dit ignorer, jusqu'en 2000, que ce fonds sert à financer les activités de commandite.

Martin affirme de plus qu'il n'a jamais discuté de commandites avec le ministre responsable de ces activités, Alfonso Gagliano. Cependant, le procureur met en preuve une lettre, adressée à M. Martin fin 1998, dans laquelle un dénommé Douglas Jobb de l'Alberta se plaint de ce que la part du lion des commandites aille au Québec. M. Martin répond à ce monsieur le 16 décembre : il lui signale que la responsabilité de ce dossier incombe au ministre Gagliano. C'est la cellule chargée de la correspondance à son bureau qui s'est occupée de cette lettre, une lettre « probablement signée mécaniquement ».

Mᵉ Finkelstein s'intéresse par ailleurs aux commandites versées aux Internationaux du sport de Montréal et au Festival de volley-ball Budweiser. Ces commandites, révèle-t-il avec en preuve des notes manuscrites, passent par le bureau de circonscription de M. Martin. Le personnel du député de LaSalle-Émard s'informe en effet de l'avancement de ces demandes auprès du bureau de l'ex-ministre Alfonso Gagliano. Mais M. Martin soutient qu'il n'est pas au courant des démarches de ces organismes. En tant que ministre des Finances à l'époque, il est débordé de travail et ne s'occupe pas de ce genre de choses.

Par ailleurs, la commission tente de connaître la nature des liens qui unissent Claude Boulay, du Groupe Everest, et M. Martin. Le premier ministre explique qu'il s'agit d'une « connaissance » et qu'il n'a jamais discuté de commandites avec M. Boulay et sa femme, Diane Deslauriers.

L'avocat de l'ancien ministre Alfonso Gagliano, Pierre Fournier, n'est pas aussi aimable que Mᵉ Finkelstein avec le premier ministre. En contre-interrogatoire, il demande à M. Martin pour le mettre dans l'embarras s'il a relevé M. Gagliano de son poste d'ambassadeur sur la foi des seuls constats du rapport de la vérificatrice générale. « Monsieur Fournier, répond le chef du gouvernement, nous n'avons posé aucun jugement sur M. Gagliano. Comme l'a dit le ministre des Affaires étrangères en Chambre, il y avait une controverse. Nous avons rappelé M. Gagliano pour protéger l'image du Canada à l'étranger. » Mᵉ Fournier insiste et veut savoir si le premier ministre avait d'autres motifs pour rappeler son ambassadeur que les conclusions de la vérificatrice générale. Le procureur Finkelstein et l'avocat du gouvernement, Mᵉ Sylvain Lussier, font objection. Après des échanges mouvementés, le juge Gomery ordonne à Mᵉ Fournier de ne plus poser de questions sur un sujet qui n'a rien à voir avec les objectifs de son enquête, d'autant que l'affaire de M. Gagliano est à ce moment-là devant les tribunaux. Paul Martin termine son témoignage en réaffirmant sa confiance au commissaire John Gomery, ce qui est perçu par les observateurs comme une autre flèche lancée en direction de Jean Chrétien. « J'ai hâte de lire votre rapport », lance le premier ministre au commissaire.

Moins d'un mois plus tard, la guerre reprend de plus belle entre Jean Chrétien et Paul Martin. L'ancien premier ministre revient à la charge contre la commission publique d'enquête mise sur pied par son successeur. Paul Martin monte au créneau pour soutenir son commissaire.

Nous sommes le 3 mars 2005. L'ancien premier ministre estime que John Gomery a encore dépassé les bornes et il demande à la Cour fédérale de l'obliger à se retirer de l'enquête publique qu'il préside. Paul Martin n'apprécie guère la manœuvre et annonce qu'il défendra bec et ongles l'intégrité et l'impartialité du juge Gomery devant les tribunaux. Le premier ministre entend bien que sa commission se rende à bon port.

Cette nouvelle charge de Chrétien contre Gomery n'est pas innocente. Elle survient le jour même où les militants libéraux se réunissent à Ottawa pour leur premier congrès national depuis les élections de juin 2004. Les proches collaborateurs de Paul Martin souhaitent profiter de l'occasion pour tourner définitivement la page sur les dernières années de tensions entre les deux camps de la grande famille libérale et refaire l'unité des troupes avant la prochaine bataille électorale. Au lieu de cela, la guerre reprend de plus belle entre le clan Martin et le clan Chrétien.

« Nous croyons que le commissaire Gomery doit demeurer en poste, affirme le premier ministre, que la commission doit continuer de faire son travail et que les Canadiens méritent d'avoir des réponses. C'est la position que nous avons défendue devant la commission et c'est la position que nous défendrons si besoin est devant les tribunaux. »

Jean Chrétien a de son côté une tout autre opinion de la commission d'enquête. La « goutte qui a fait déborder le vase », confie un proche de l'ancien premier ministre[1], c'est une intervention musclée, le 28 février 2005, du commissaire Gomery lors du rappel du greffier du Conseil privé, Alex Himelfarb. Le procureur de la commission, Bernard Roy, tente ce jour-là de savoir pourquoi M. Himelfarb n'a pas informé M. Chrétien du contenu des ébauches du rapport de la vérificatrice générale sur les commandites. Le greffier explique que M. Chrétien ne voulait jamais qu'on l'informe d'un rapport de ce genre avant qu'il ne soit final. M. Himelfarb souligne qu'il était d'accord avec cette politique.

« Il y a une sorte de conspiration du silence, n'est-ce pas ? Entre vous deux ? » intervient alors le commissaire.

Ces propos exaspèrent l'ancien premier ministre, qui a la conviction que le juge Gomery a déjà tiré les conclusions de son enquête avant d'avoir entendu toute la preuve. Les avocats David Scott et Peter Doody font donc valoir au nom de M. Chrétien devant la Cour fédérale à Ottawa qu'il y a « appréhension raisonnable de préjugé de la part du commissaire » et que cela prive les parties de leur droit à des « procédures équitables ». Me Jean-Sébastien Gallant, un autre avocat de Jean Chrétien, déclare dans les couloirs de la commission à Montréal que M. Chrétien est préoccupé par la façon dont le juge mène l'enquête. Le rappel du greffier Alex Himelfarb devant le commissaire « pour tester la crédibilité de M. Chrétien » peut faire croire, dans l'opinion publique, que M. Chrétien a menti. « M. Chrétien n'a pas menti, affirme Me Gallant. Il n'y a aucune preuve. » Me Gallant reconnaît cependant que le commissaire n'a pas affirmé catégoriquement que MM. Chrétien et Himelfarb avaient participé à une « conspiration du silence ». « C'est une suggestion, quand même, que le commissaire a faite », dit-il aux journalistes.

La commission d'enquête n'est pas avertie à l'avance par les avocats de Jean Chrétien des procédures entamées par leur client devant la Cour fédérale. Elle apprend la nouvelle par la télévision sans même avoir reçu copie de la requête de l'ancien premier ministre. John Gomery, lui, ne semble pas se faire de soucis. « Je vais continuer à faire mon travail ! » lance-t-il aux journalistes en sortant pour déjeuner. « Pour nous, commente plus tard le porte-parole de la commission, François Perreault, cette requête n'est pas une surprise, compte tenu de ce que Me Scott a dit à Ottawa au mois de février lorsqu'il a déclaré qu'il examinerait toutes les avenues possibles. »

Le 1er avril, dans un geste d'appui à la commission d'enquête, le gouvernement de Paul Martin demande à la Cour fédérale de régler le plus vite possible cette question toujours pendante de la destitution du commissaire. Le gouvernement fédéral estime en effet, est-il dit, que la demande de destitution déposée par Jean Chrétien constitue une véritable épée de Damoclès au-dessus des travaux de la commission d'enquête publique. Sans une accélération du processus à la Cour fédérale, croit le gouvernement, le commissaire Gomery n'a pas la tranquillité d'esprit nécessaire pour rédiger ses deux rapports.

Le 30 mai, à une semaine de l'audience de sa requête en Cour fédérale, Jean Chrétien surprend tout le monde en suspendant celle-ci. M. Chrétien se rend aux arguments du gouvernement Martin qui affirme qu'il est trop tard pour trouver un remplaçant à John Gomery. Ça fait neuf mois que le juge entend des témoins et il en est à ses derniers jours d'audiences publiques. Mais Jean Chrétien garde des flèches dans son carquois. Il se réserve en effet le droit de soumettre à nouveau sa demande de contrôle judiciaire en arguant des mêmes motifs qu'en mars et en ajoutant des motifs additionnels si cela est nécessaire. Des proches de Chrétien laissent entendre à la presse que l'ancien premier ministre n'a pas changé d'avis sur la partialité du juge et que ce petit recul n'est que stratégique. « Il ne conclut pas que le commissaire est devenu objectif », insiste une source.

Deux jours plus tard, le 1er juin 2005, Chrétien poursuit son harcèlement. Il demande cette fois au commissaire Gomery de lui assurer qu'il sera le seul à écrire le premier rapport portant sur le récit des faits et sur l'identité des responsables du scandale des commandites. M. Chrétien s'oppose à ce que les procureurs de la commission viennent en aide à John Gomery dans la rédaction de son rapport. L'ancien premier ministre affirme que les procureurs de la commission ont entre les mains des milliers de documents qui n'ont pas été mis en preuve et que le contenu de ces documents, une fois communiqué au commissaire, pourrait changer du tout au tout la preuve entendue en public. M. Chrétien estime que ses droits seraient ainsi lésés puisque ses avocats n'auraient pas la possibilité de contre-interroger les témoins sur ces documents. Mᵉ Peter Doody, un des avocats de M. Chrétien, est particulièrement préoccupé par la possibilité que les conclusions du commissaire n'entachent la réputation de son client.

Le procureur principal de la commission, Bernard Roy, rétorque que seuls les éléments examinés en public par la commission sont considérés par le commissaire dans la rédaction de son rapport.

Le commissaire Gomery reçoit plutôt mal la requête de Jean Chrétien. « Je n'accepte pas facilement la proposition que je pourrais être influencé de quelque façon par des faits autres que ceux que j'ai entendus dans cette salle d'audience, lance-t-il à Mᵉ Doody. J'ai pris grand soin, depuis le début de cette commission, de tenir compte seulement de la preuve présentée publiquement, sous serment. »

L'affaire est classée. Du moins le croit-on. Mais voilà qu'à la mi-juin 2005, *La Presse* révèle que le gouvernement de Paul Martin, malgré ses dénégations aux Communes, a signé un accord secret avec les avocats de Jean Chrétien[2]. L'accord reconnaît à l'ancien premier ministre le droit de s'attaquer de nouveau en Cour fédérale à la partialité du commissaire John Gomery.

Cet accord a été conclu la journée même où Jean Chrétien retirait sa demande de destitution du commissaire Gomery, le 30 mai 2005. L'avocat principal de l'ancien premier ministre, Mᵉ David Scott, avait indiqué ce jour-là que son client se réservait le droit de soumettre à nouveau une demande de révision judiciaire. Il se gardait bien toutefois de mentionner qu'il avait obtenu à ce sujet l'appui formel et écrit du gouvernement Martin. Les déclarations de Mᵉ Scott avaient été interprétées par plusieurs comme un baroud d'honneur de Jean Chrétien.

Mais il n'en était rien. À la stupéfaction générale, on apprend que, pour le retrait des procédures contre le commissaire Gomery, M. Chrétien a exigé en retour certaines garanties. Dans une lettre datée aussi du 30 mai 2005, et adressée aux avocats de Jean

Chrétien –, soit David W. Scott, Peter K. Doody et Jean-Sébastien Gallant –, le ministère de la Justice accepte de ne pas s'opposer à ce que Jean Chrétien revienne à la charge contre le juge Gomery. Me Brian J. Saunders écrit:

> Nous comprenons que votre client a reconsidéré sa position et se prépare maintenant à retirer sa demande de révision judiciaire. Nous reconnaissons, s'il va de l'avant, qu'il aurait le même droit que toutes les autres parties devant la commission de déposer à nouveau une requête en révision judiciaire après que la commission aura déposé son rapport. Nous reconnaissons également, dans l'éventualité où votre client demande une révision judiciaire du rapport de la commission, qu'il aura le droit de soulever les mêmes arguments avancés dans la demande actuelle sur la base des mêmes faits allégués. Nous ne l'empêcherons pas, en particulier, de soulever l'argument de la partialité s'il le souhaite.

Soulignons que l'avocat Brian J. Saunders est directeur général et premier conseiller général à la section des causes civiles du ministère de la Justice. Comme tous les procureurs du gouvernement à la commission, il reçoit ses directives du greffier du Conseil privé, M. Himelfarb, le plus haut fonctionnaire du gouvernement auprès du premier ministre et celui qui est considéré comme le chef d'orchestre de la stratégie gouvernementale.

En permettant que le ministère de la Justice passe une entente avec Jean Chrétien, le gouvernement Martin se ménage un plan B, dans l'éventualité où le rapport du juge Gomery serait trop dur pour le Parti libéral du Canada et le gouvernement en place. Une nouvelle attaque de Jean Chrétien en Cour fédérale contre le commissaire Gomery pourrait remettre en question la valeur ou l'utilité même du second et dernier rapport de la commission, prévu à l'origine en décembre 2005 mais reporté par la suite au 1er février 2006. Ce scénario, s'il se réalisait, libérerait le premier ministre de sa promesse de tenir des élections générales trente jours après la publication du rapport final de la commission.

Interrogé par *La Presse* sur la lettre d'entente entre le gouvernement et Jean Chrétien, le porte-parole de la commission, François Perreault, se dit « choqué ». « Nous osons croire, ajoute-t-il, que le cabinet du premier ministre n'a rien à voir là-dedans étant donné l'appui incontestable que M. Martin a démontré à l'endroit du juge Gomery. »

Le gouvernement Martin est dans l'embarras. Son ministre des Travaux publics, Scott Brison, responsable du dossier des commandites, a nié aux Communes le 1er juin qu'une entente ait été conclue entre son gouvernement et Jean Chrétien. Interrogé par le député conservateur Vic Toews, le ministre Brison réitère le soutien du gouvernement au « travail du juge Gomery » puisqu'il souhaite que « les Canadiens connaissent la vérité ». Le député conservateur Gary Lunn revient à la charge sur l'hypothèse d'une « entente en catimini ». « M. Chrétien a le droit et l'habitude de prendre ses propres décisions, répond Scott Brison. Je crois que c'est exactement ce qu'il a fait dans ce cas. Il a pris une décision en ce qui a trait à sa propre démarche dans le cadre d'une enquête judiciaire. Il a le droit de le faire. Il a exercé ce droit à titre personnel. »

L'un des avocats de Jean Chrétien, Peter Doody, a pourtant confirmé à *La Presse* que lui et ses collègues avaient bien reçu cette lettre du gouvernement Martin. « Cela nous a rassurés quant à la poursuite des procédures et de la marche à suivre », déclare-t-il.

Le chemin vers la vérité dans le scandale des commandites est semé d'embûches. La réputation et l'héritage politique du 20e premier ministre du Canada sont en jeu dans cette affaire. Seulement, cette fois, il n'est plus en position de bâillonner cette commission royale d'enquête comme il l'avait fait à l'été 1997 pour l'enquête publique sur les dérapages militaires en Somalie.

CHAPITRE XIX

Les fruits de la colère

La crise politique déclenchée par les révélations faites à la commission Gomery sur le financement occulte du Parti libéral du Canada prend des proportions colossales au printemps 2005. Après les témoignages de Jean Brault, Chuck Guité, Michel Béliveau, Benoît Corbeil, Marc-Yvan Côté et Daniel Dezainde, la Chambre des communes se transforme en une vraie foire d'empoigne. Le chaos s'installe et le gouvernement est complètement paralysé.

Les libéraux tentent encore de convaincre que ce n'est qu'une poignée des leurs qui ont fait le sale travail et que le parti est la victime de ces mécréants. Ils rappellent que ces escroqueries se sont produites voici plusieurs années et que l'actuel gouvernement ne peut en être tenu responsable. Cette explication ne passe pas. Les libéraux de Paul Martin se sentent peu à peu dévorés par la commission d'enquête qu'ils ont eux-mêmes créée.

« Remboursez l'argent sale ! C'est ce que les gens veulent ! » Dans un brouhaha indescriptible à la Chambre des communes, le jeudi 7 avril 2005, les trois partis de l'opposition affichent une rare unanimité en réclamant que le PLC rembourse immédiatement les 2,2 millions « d'argent sale » qui, selon les déclarations de Jean Brault de Groupaction, lui ont été remis en échange de contrats de commandite. Le numéro deux du Parti conservateur, Peter MacKay, soutient qu'il y a maintenant « une montagne de preuves » que le gouvernement libéral a participé à « une conspiration criminelle » sans précédent dans l'histoire du pays. En conférence de presse en l'absence de son chef Stephen Harper, parti à Rome pour assister aux funérailles du pape Jean-Paul II en compagnie du premier ministre Paul Martin, Peter MacKay affirme que c'est l'existence même du pays qui est en jeu : « Le résultat destructeur est une menace séparatiste qui met l'unité nationale en péril. La corruption des libéraux a miné la confiance envers les institutions publiques et la politique fédérale. La corruption des libéraux est devenue le principal allié du mouvement séparatiste dans sa lutte pour détruire le Canada. »

Fruit du hasard, quelques minutes avant la période des questions, le commissaire John Gomery venait de décréter la levée partielle de l'ordonnance de non-publication sur le témoignage explosif de Jean Brault. Les libéraux ont tous la mine déconfite, conscients que les travaux parlementaires seront dorénavant dominés par les révélations fracassantes de la commission Gomery. Le chef du Bloc Québécois reprend à son compte l'essentiel du témoignage de Jean Brault en énumérant tous les moyens utilisés par les libéraux : « Contributions politiques, argent comptant, fausses factures, honoraires professionnels factices, paiements de factures à la place du Parti libéral et embauche d'individus qui n'ont jamais travaillé pour Groupaction. » « Comme l'attirail déployé et les montants empochés dans le seul cas de Groupaction sont maintenant connus, demande-t-il, est-ce que le premier ministre va au moins donner l'ordre au Parti libéral de déposer 2,2 millions de dollars dans la fiducie de l'argent sale ? » Le ministre des Travaux publics, Scott Brison, rétorque que Gilles Duceppe ne fait qu'avancer des allégations, « le même genre d'allégations qui disent que le Parti Québécois a aussi reçu des fonds inappropriés ». Mais du même souffle, il soutient que « quiconque s'est livré à ce genre de malversation, peu importe son allégeance politique, subira toutes les conséquences prévues par la loi ».

Bill Blaikie, un vieux routier de l'aile parlementaire néo-démocrate, intervient pour exiger qu'au moins un ministre se lève et accepte « la responsabilité collective » de ce qui s'est produit : « Ce que nous voulons du premier ministre, du vice-premier ministre et des libéraux, c'est un simple acte de contrition. Ce n'est pas le Bloc qui a terni le fédéralisme au Canada, c'est le Parti libéral. Il est temps qu'il en assume la responsabilité. »

Le raz de marée qui s'abat sur les libéraux fait déjà des victimes. Le lieutenant de Paul Martin au Québec, Jean Lapierre, annonce, quelques minutes après la levée de l'ordonnance de non-publication, que le chef de cabinet de la ministre Liza Frulla, John

Welsh, est suspendu avec solde. Dans son témoignage, M. Brault a indiqué avoir embauché M. Welsh au salaire de 97 000 $, à la demande des dirigeants libéraux, alors que ce dernier n'a jamais travaillé pour son entreprise. Selon Jean Lapierre, le PLC a passé ses livres comptables au peigne fin et n'a rien décelé d'anormal. Toutefois, il qualifie « d'extrêmement sérieux » le témoignage de Jean Brault « et c'est pourquoi, ajoute-t-il, on a demandé à la GRC de venir enquêter parce qu'on pense que le parti s'est fait flouer ».

Rien ne va plus pour le PLC. L'onde de choc est telle que des libéraux provinciaux de l'Alberta et du Manitoba renient leurs cousins fédéraux et songent même à changer le nom de leur formation politique.

Un gouvernement aux abois

Paul Martin rentre de Rome le 8 avril et supplie l'opposition officielle de ne pas provoquer d'élections générales avant que le juge Gomery n'ait remis son rapport d'enquête. La requête du chef du gouvernement mêle à la fois le défi politique à la mise en garde. « Est-ce que le chef de l'opposition a le courage de donner aux Canadiens la garantie qu'il donnera au juge Gomery le temps de présenter son rapport et qu'il n'obligera pas les électeurs à participer à des élections avant qu'ils n'aient les réponses qu'ils méritent ? » demande le porte-parole de M. Martin, Scott Reid.

Les conservateurs refusent de donner quelque garantie que ce soit à propos de l'échéance électorale, balayant du revers de la main la supplique du premier ministre. « Ce ne sont ni les libéraux ni le Bloc qui vont dicter le moment de la prochaine élection, déclare Dimitri Soudas, le porte-parole de Stephen Harper. C'est la population canadienne qui va en déterminer la date. »

L'opposition soutient que le gouvernement Martin n'a plus l'autorité morale pour gouverner et le PLC prend de plus en plus des allures de château de cartes. Au moins cinq de ses députés songent à rallier le Parti conservateur. Le député d'Edmonton-Beaumont, David Kilgour, est le premier à l'envisager. « Le Parti libéral, par rapport au bien public, a des allures de vautour qui tourne au-dessus d'un veau à l'agonie, commente-t-il publiquement. Nous sommes un pays du G7 et nous agissons comme une république de bananes. Y a-t-il un autre pays aussi corrompu que le nôtre en ce moment ? » Un autre libéral, le député de London-

Fanshawe en Ontario, Pat O'Brien, réfléchit à son avenir politique : « J'ai eu des discussions en profondeur avec quelques dirigeants élus du Parti conservateur ces derniers jours. Le tapis qu'ils m'ont déroulé m'incite à me joindre à eux. Je suis très encouragé à le faire. D'autant plus que trois autres simples députés libéraux m'ont dit également qu'ils avaient été pressentis par les conservateurs. Et je suis certain, franchement, qu'il y en a davantage. » Les trois partis de l'opposition pourraient ainsi se retrouver avec en tout 179 sièges et le gouvernement minoritaire de M. Martin, avec 128 sièges (en comptant celui du président de la Chambre), ce qui rendrait possible l'adoption d'une éventuelle motion de défiance.

Malgré la grave crise qui ébranle son gouvernement, Paul Martin maintient le 11 avril 2005 qu'il a toujours l'autorité morale pour diriger le pays. C'est la première fois que le premier ministre rompt le silence depuis la publication des révélations de Jean Brault. Il se dit « outré » d'apprendre que son parti a pu profiter d'une caisse occulte et, du même souffle, il affirme être l'homme de la situation, soulignant qu'il a lui-même aboli le programme de commandites, congédié Alfonso Gagliano de son poste d'ambassadeur au Danemark, remercié les présidents de sociétés d'État mêlés au scandale et créé la commission Gomery.

Le Bloc Québécois tente de démontrer que Paul Martin était au courant des présumées malversations du PLC. Le député bloquiste Michel Gauthier rappelle que l'adjointe de circonscription de Paul Martin, Lucie Castelli, a siégé à la Commission des finances du PLC avec Alain Renaud, l'ancien employé de Groupaction, et avec Jacques Corriveau, l'ami de Jean Chrétien : « Comment le premier ministre peut-il nous dire qu'il ne savait rien de ce qui se passait dans les commandites quand sa propre adjointe de comté siégeait à la Commission des finances, là où cela se passait ? » M. Martin réplique que le travail de Mme Castelli s'est limité à vendre des billets pour des soupers-bénéfice.

Tous les partis de l'opposition sont prêts à se lancer dans une nouvelle bataille électorale, moins d'un an après le dernier scrutin. Les sondages publiés au cours des jours précédents démontrent que les libéraux sont en chute libre. Le 12 avril, le chef du PC, Stephen Harper, confirme son intention de déposer une motion de blâme pour renverser le gouvernement et forcer la tenue d'élections générales en juin. Il veut simplement laisser le temps à la commission Gomery de terminer ses audiences. Le Bloc Québécois est prêt de son côté à déposer une motion de défiance dès le lendemain mais, devant le refus du PC et du NPD d'appuyer sa démarche, il fait marche arrière. Après avoir longuement consulté les chefs conservateur et néo-démocrate, Gilles Duceppe dépose cependant une motion qui demande «au gouvernement d'ouvrir immédiatement un compte en fiducie afin de permettre» au PLC d'y verser tout l'argent provenant des firmes et individus liés au scandale des commandites.

> Ce gouvernement n'a ni la légitimité morale ni l'autorité morale pour gouverner et il ne mérite pas notre confiance. Cela dit, ni le Parti conservateur ni le NPD n'aurait appuyé une motion de défiance et ce faisant, *a contrario*, une motion de défiance battue, ça revient à accorder un vote de confiance au gouvernement, ce qui aurait été un recul. Nous préférons continuer à mettre de la pression, et faire en sorte que ce gouvernement qui prétend avoir l'autorité morale le prouve en mettant sur pied une fiducie, en y mettant les sommes d'argent qui ont été identifiées jusqu'ici à la commission Gomery et qui sont de plus de deux millions de dollars.

Paul Martin craint un découragement général de ses troupes. Il envoie une lettre ouverte aux militants libéraux les enjoignant de tenir le coup: «D'ici à ce que la commission Gomery ait fini son travail, nous devons continuer de faire le nôtre. Surtout, nous devons être fiers de qui nous sommes, de ce que nous avons fait de bien et de ce que nous continuerons de faire. C'est la raison pour laquelle je suis, comme vous, fier d'être libéral.»

Paul Martin se résigne quand même à faire face s'il le faut au jugement des électeurs dans les prochaines semaines: «C'est évident que si Stephen Harper et le Bloc Québécois sont prêts à travailler main dans la main afin de forcer une élection, eh bien, il y aura une élection!» L'avenir de son gouvernement repose entre les mains des trois partis de l'opposition. À l'issue d'une réunion de son caucus, le 13 avril, il tente de parer les coups en affirmant, dans une déclaration lue aux journalistes, que ses adversaires fuiraient leurs responsabilités en provoquant la chute de son gouvernement avant que le commissaire Gomery ne dépose son rapport final.

Entre-temps, David Kilgour, qui a déjà exprimé son dégoût pour le scandale des commandites, claque la porte du parti libéral et siégera dorénavant comme député indépendant.

Aux Communes, le Parti conservateur multiplie les attaques contre le premier ministre. Il laisse entendre que ce dernier s'est parjuré lorsqu'en février, devant la commission Gomery, il a minimisé l'importance de ses liens avec Claude Boulay, l'ancien président de Groupe Everest. Alain Renaud vient d'affirmer devant la commission qu'il a vu M. Martin, M. Boulay et la femme de ce dernier, Diane Deslauriers, casser la croûte ensemble au congrès libéral de 1996 à Ottawa et discuter d'un contrat, celui d'Attraction Canada, que voulait obtenir Groupe Everest. Le chef conservateur Stephen Harper interpelle le premier ministre à ce sujet durant la période des questions. M. Martin esquive d'abord la question pour ensuite nier avec véhémence tout commerce avec Claude Boulay : « Je n'ai jamais discuté d'aucun contrat quel qu'il soit avec M. Boulay. Je ne me prête pas à ce genre de joute politique. »

Tout n'est pas complètement catastrophique pour Paul Martin, puisque le député libéral ontarien Pat O'Brien décide de ne pas mettre à exécution sa menace de passer chez les conservateurs.

Le 21 avril, les révélations de Benoît Corbeil jettent encore une fois la consternation chez les députés libéraux fédéraux. Plusieurs affirment en privé qu'une cuisante défaite électorale leur pend maintenant au bout du nez. L'abattement est tel que plus du tiers des députés libéraux brillent par leur absence aux Communes, à commencer par le premier ministre lui-même, alors que les banquettes de l'opposition sont entièrement occupées. Stephen Harper dénonce alors avec virulence l'absence de M. Martin, comparant ce dernier à « un quelconque leader en fuite ».

La situation est intenable pour le gouvernement. Paul Martin décide de sauver la mise. Il s'adresse à la nation le soir même, à la télévision, un procédé rarement utilisé dans l'histoire politique récente du Canada. « Fondamentalement, commente Gilles Duceppe, ils sont paniqués. Ils ont tenté plusieurs stratégies et elles échouent les unes après les autres. (...) M. Martin est un homme d'hésitation. Maintenant, c'est un homme désespéré. »

Dans un ultime effort pour se gagner quelques mois au gouvernement, Paul Martin exhorte les partis d'opposition à ne pas précipiter le pays dans des élections avant le dépôt du rapport final de la commission Gomery. Il reconnaît ses torts : « Ce qui s'est passé avec les commandites, admet-il, est survenu sous un gouvernement libéral. Les politiciens qui étaient au pouvoir à ce moment doivent être imputables. Et je m'inclus dans ce groupe. J'étais le ministre des Finances. À la lumière de tout ce qu'on a appris depuis un an, je suis désolé que nous n'ayons pas été plus vigilants, que je n'aie pas été plus vigilant. L'argent des contribuables a été mal utilisé et mal dépensé. C'est inacceptable. » Puis, le premier ministre fait une promesse solennelle : « Je m'engage ce soir devant vous, dit-il, à déclencher des élections générales dans les trente jours suivant la publication du rapport final du juge Gomery. Laissons le commissaire faire son travail et présenter les faits. Ensuite, les Canadiens se prononceront. »

La requête du premier ministre est rejetée immédiatement par Stephen Harper et par Gilles Duceppe, qui répliquent en direct à la télévision au discours de M. Martin. Le chef du NPD, Jack Layton, qui est le dernier à prendre la parole, tend pour sa part une perche au premier ministre. Si ce dernier accepte de modifier considérablement le budget fédéral déposé en février, le NPD ne se joindra pas aux autres partis pour renverser le gouvernement.

Les trois chefs de l'opposition s'entendent toutefois pour dire que la crise qui secoue le gouvernement Martin n'est pas une crise nationale, mais bien un scandale qui éclabousse uniquement le PLC. « Nous sommes tous témoins d'un triste spectacle : un premier ministre dont le parti baigne tellement dans la corruption qu'il est incapable de faire son travail et de diriger le pays, un chef de parti qui cherche à gagner du temps, qui demande une autre chance », déclare d'emblée Stephen Harper. « Pour diriger un pays, un gouvernement a besoin d'avoir la confiance de la population et du Parlement, surtout s'il est minoritaire. En agissant comme il l'a fait, Paul Martin a brisé ce lien de confiance, ce qui rend impossible le maintien de son gouvernement au pouvoir », renchérit Gilles Duceppe. « Ce scandale de corruption n'est pas une crise pancanadienne. Oui, c'est une question très préoccupante, mais c'est une crise au sein du Parti libéral, pas une crise du pays », affirme à son tour Jack Layton.

Le premier ministre avait reproché à l'opposition de saboter la conduite des affaires publiques au Parlement en parlant de provoquer des élections anticipées moins d'un an après le dernier scrutin. La réplique de Stephen Harper est cinglante : « Est-ce que les Canadiens croient vraiment que la commission Gomery existerait si les libéraux avaient formé un gouvernement majoritaire ? Et est-ce que vous croyez vraiment que les libéraux finiront par entamer des poursuites contre eux-mêmes et se demander à eux-mêmes des comptes ? Je ne crois pas. Et je ne pense pas que vous le croyez. »

Le suspense se poursuit

Stephen Harper n'attend pas longtemps avant de passer aux actes. Dès le lendemain, le 22 avril, il dépose aux Communes une motion qui exige la démission immédiate du gouvernement libéral. La motion sera mise aux voix au plus tard le 18 mai. Si elle est adoptée, les électeurs seront convoqués aux urnes le 27 juin suivant. Paul Martin a environ trois semaines pour trouver une parade.

Dès le 26 avril, il réussit à contrer l'inexorable. Il conclut avec le chef néo-démocrate un accord de principe par lequel son gouvernement accepte de revoir le budget 2005-2006 pour y ajouter diverses mesures sociales et renoncer, pour l'instant, à réduire les impôts des grandes entreprises.

« Le NPD va appuyer le gouvernement jusqu'à ce que le budget reçoive la sanction royale », déclare Paul Martin aux journalistes dans le hall de la Chambre des communes. Le NPD obtient ainsi, selon Jack Layton, des investissements de 4,6 milliards de dollars, échelonnés sur deux ans, dans des domaines qui lui sont chers. Le gouvernement investit 1,6 milliard dans le logement social, dont une partie pour les autochtones. Il consent à verser aux provinces un transfert social supplémentaire de 1,5 milliard pour réduire les droits de scolarité des études postsecondaires. Dans le domaine de l'environnement, le NPD obtient de Paul Martin 900 millions pour diverses initiatives, comme d'aider les municipalités qui veulent améliorer leurs services de transport en commun. Cinq cents millions de dollars sont consacrés à accroître l'aide internationale du Canada.

Pour trouver cet argent et sauver son gouvernement, Paul Martin fait d'importantes concessions. Il renonce aux diminutions d'impôt promises aux grandes sociétés, tout en maintenant celles pour les PME. Pour trouver le reste des 4,6 milliards promis au NPD, il accepte de puiser 1,2 milliard dans le fonds d'urgence du gouvernement.

Cet accord circonstanciel n'a cependant pas encore été entériné par le Parlement. Le PC et le Bloc peuvent toujours défaire le gouvernement sur le budget s'ils parviennent à se gagner l'appui des députés indépendants. Martin est loin d'avoir réussi son coup. Il reste d'ailleurs évasif sur les chances de son gouvernement de survivre à un vote de défiance. « Ce que feront les bloquistes et les conservateurs, cela reste à voir », dit-il.

Jack Layton se défend bien de se porter au secours d'un gouvernement qui n'a plus d'autorité morale : « Je sais que l'on va m'accuser de cela, reconnaît-il. Mais nous n'appuyons pas un gouvernement, nous appuyons un meilleur budget qui donne des bénéfices aux gens. Il devrait y avoir une élection sur la corruption des libéraux et leurs promesses brisées – et il y en aura une. »

Stephen Harper est furieux : « Si M. Martin et M. Layton pensent que 4,6 milliards peuvent faire oublier la corruption, je ne suis pas de cet avis. » Gilles Duceppe fait remarquer de son côté que l'accord ignore les grandes priorités du Québec que sont la réforme de l'assurance-emploi ou la diminution du déséquilibre fiscal.

Paul Martin croit qu'il a négocié un compromis « normal » avec le NPD, un compromis qui reflète le programme des deux partis politiques. Un gouvernement minoritaire doit accepter ce genre de compromis. Et il n'a nullement honte d'avoir pactisé avec Jack Layton. « La seule chose qu'on a sortie de notre programme et du budget, ajoute-t-il, ce sont les baisses d'impôts aux grandes entreprises parce que le NPD n'est pas capable de voter pour cela. »

Stephen Harper ne renonce pas à ses projets. Il est plus que jamais déterminé à renverser le gouvernement même si, selon les derniers sondages, le PLC a repris une légère avance dans les intentions de vote. Les conservateurs, qui ont l'appui du Bloc Québécois dans leur démarche, jubilent le 5 mai, quand le président des Communes, Peter Milliken, statue que la motion qu'avait déposée Stephen Harper le 22 avril et que contestaient les libéraux est recevable.

Mais cette explosion de joie est vite contrariée. Tony Valeri, le leader du gouvernement en Chambre, annonce qu'il ne considère pas la motion en question comme une motion de défiance envers le gouvernement. Selon lui, si la motion de M. Harper est adoptée, elle donnera simplement instruction au Comité des finances de recommander la démission du gouvernement. « Ce n'est pas une motion de blâme. Des instructions à un comité ne constituent pas un vote de censure. Essentiellement, la Chambre donnerait une directive au comité de faire quelque chose. Le comité devrait donc le faire et sa recommandation devrait ensuite être acheminée aux Communes. Cela devrait être débattu et voté. On serait probablement en juin avant que tout cela se produise », déclare Valeri.

Le Bloc accuse les libéraux de s'accrocher désespérément au pouvoir en refusant de reconnaître que la motion est une motion de blâme. « C'est honteux. Ils jouent avec les règles. Ils s'accrochent. Non seulement ils n'ont plus de fierté, ils n'ont plus de dignité dans la Chambre des communes, mais en plus, ils sont en train de dénaturer la nature des mots et des motions. Je n'ai jamais rien vu de semblable. C'est pitoyable. C'est un gouvernement qui se traîne actuellement à genoux dans le gravier. Il faut que ça finisse, cette affaire-là », commente Michel Gauthier.

Paul Martin entreprend d'amadouer David Kilgour. Il convoque son ancien député à son bureau et s'engage à accroître les efforts militaires et humanitaires du Canada au Darfour, une cause que défend farouchement M. Kilgour. Le premier ministre a l'intention d'investir près de 50 millions dans cette région du Soudan. Le sénateur Roméo Dallaire – général à la retraite – assiste à la rencontre.

En principe, le Parti conservateur et le Bloc Québécois ont suffisamment de poids aux Communes (153 députés en tout) pour renverser les libéraux (131) même si ces derniers ont l'appui des néo-démocrates (19 députés). Pour assurer la survie de son gouvernement, M. Martin doit obtenir l'appui des trois députés indépendants qui siègent aux Communes. Les indépendants Carolyn Parrish et Chuck Cadman ont fait savoir qu'ils appuieront les libéraux. Le sort du gouvernement Martin repose donc entre les mains de David Kilgour.

Le 2 mai, à la reprise des travaux parlementaires, Stephen Harper convoque une réunion extraordinaire de son caucus. Il compte faire le point sur les démarches entreprises pour mettre fin à ce qu'il appelle la « misère de ce gouvernement libéral ». À l'issue de la réunion, Harper paraît sur le sentier de la guerre. « C'est impossible pour le Parti conservateur d'appuyer le gouvernement avec son programme, son budget, ses scandales et ses problèmes de corruption », déclare-t-il, visiblement exaspéré. Si les élections doivent avoir lieu en juillet, tant pis, elles auront lieu en juillet, laisse-t-il entendre.

Les libéraux, de leur côté, lancent une opération de charme auprès des électeurs en faisant pleuvoir les millions pour financer divers projets d'infrastructures partout au pays. Ils annoncent pas moins de 79 projets, de la lutte contre la surpêche jusqu'à l'aide aux personnes âgées. Le ministre Jean Lapierre confirme de nouveaux investissements de 269 millions dans les infrastructures du Québec. Le premier ministre, lui, fait pleuvoir la manne libérale au Manitoba, avec un premier accord sur son programme universel de garderies qui se chiffre à 176 millions en cinq ans. Il fait de même en Saskatchewan avec un cadeau de 146 millions. L'Ontario touche pour sa part, seulement pour l'année 2005, 280 millions pour les garderies et 602 millions pour le logement social.

Le pays est en pleine campagne électorale non déclarée. Le NPD a déjà choisi et réservé son avion de campagne. Le PC a mobilisé ses troupes ; au Québec, il a choisi ses candidats dans près de 80 % des circonscriptions.

Le vote fatidique sur la motion conservatrice du 22 avril a lieu le 10 mai 2005. Le PC et le Bloc plantent ce jour-là, du moins le croit-on à l'époque, ce qui risque d'être l'un des derniers clous dans le cercueil du gouvernement libéral minoritaire de Paul Martin. Dans une atmosphère survoltée, les libéraux, pourtant appuyés par les néo-démocrates, perdent le vote à 150 voix contre 153. Le gouvernement refuse malgré tout de considérer ce vote comme un vote de défiance. L'opposition l'accuse de s'accrocher au pouvoir et de faire fi des traditions parlementaires les plus fondamentales.

Parfaitement conscient de la fragilité de son gouvernement, le premier ministre Martin promet pour bientôt un vote sur le budget afin de ne pas accentuer la colère de l'opposition. Il précise que les trois partis de l'opposition se verront accorder avant la fin du mois les séances auxquelles ils ont droit pour déposer des motions de leur choix, dont une motion de censure. Les stratèges libéraux préfèrent voir tomber le gouvernement à la suite d'un vote sur le budget plutôt qu'à la suite d'une motion le tenant responsable du scandale des commandites. Mais ils espèrent toujours clore le bec au PC et au Bloc en remportant le vote sur le budget, seul véritable vote de confiance à leurs yeux, grâce à l'appui des trois députés indépendants, ce qui demeure un scénario plausible.

La situation n'en est pas moins intenable pour Paul Martin. Les partis d'opposition, sauf le NPD, ne se présentent plus aux travaux des comités permanents, empêchant ces derniers de fonctionner faute de quorum. De plus, l'opposition dépose systématiquement des motions d'ajournement des travaux de la Chambre.

Le vote portant sur le budget Goodale-NPD doit avoir lieu le jeudi 19 mai et les troupes de Harper et de Duceppe apprennent que le député indépendant David Kilgour a clairement indiqué de quel côté il penchait : « Il y a un consensus clair que ce Parlement ne fonctionne plus, qu'il est temps que le peuple décide qui il veut avoir comme gouvernement. »

Le 18 mai, un coup de théâtre spectaculaire change la donne du tout au tout. Convaincue que seul le mouvement souverainiste sortira gagnant d'élections hâtives, la députée vedette du PC, la multimillionnaire Belinda Stronach, quitte sa formation politique pour se joindre aux libéraux et devenir du coup ministre des Ressources humaines. Mme Stronach a pourtant voté la semaine précédente avec le Bloc Québécois en faveur d'une motion du PC exigeant la démission du gouvernement libéral. Paul Martin cache mal sa joie d'accueillir cette étoile montante de la politique canadienne au sein de son équipe. Harper, lui, encaisse mal la défection de Mme Stronach. L'ancienne présidente directrice générale de Magna International l'a affronté dans la course à la direction du parti l'année précédente et elle a joué un rôle de premier plan dans la fusion de l'Alliance canadienne et du Parti progressiste conservateur en 2003. M. Harper est conscient que ce revirement rend « moins probable » la défaite du gouvernement le lendemain. Les conservateurs n'ont pas vu venir le coup, d'autant que Belinda Stronach a participé au cours de la fin de semaine à une séance de formation des candidats conservateurs en prévision de la prochaine bataille électorale. Au même moment, elle négociait en coulisses son passage chez les libéraux.

Harper, en furie, veut quand même essayer de renverser les libéraux. Il sait que l'avenir du gouvernement repose maintenant entre les mains des trois députés indépendants. Il suffirait que deux de ces députés votent avec le PC et le Bloc pour que le gouvernement tombe.

Le lendemain, le 19 mai, le gouvernement Martin survit *in extremis* au vote de confiance sur le budget grâce au député indépendant de la Colombie-Britannique, Chuck Cadman. Le vote est on ne peut plus serré, soit 152 à 152, ce qui oblige le président de la Chambre des communes, le libéral Peter Milliken, à voter avec le gouvernement comme le veut la tradition parlementaire lorsqu'il y a égalité des voix. C'est la première fois dans l'histoire du Canada qu'un président doit intervenir de cette façon sur une question de confiance. Résultat : le budget Goodale-NPD est renvoyé pour examen au Comité permanent des finances. Il est peu probable que le projet de loi revienne aux Communes avant la fin de l'été pour son adoption en troisième lecture, donnant ainsi quelques mois de répit au gouvernement Martin.

Quelques minutes après le vote, Paul Martin rencontre son caucus. Il a l'air d'un homme qui vient de remporter des élections générales. Il invite ses troupes à redoubler d'ardeur pour mériter la confiance des Canadiens.

Le PLC a annoncé la veille la création d'une fiducie dans laquelle «seront déposés 750 000 $ qui seront reversés au gouvernement du Canada, s'il est établi que le PLC a reçu des sommes de manière inappropriée» du défunt programme de commandites. Le PC et le Bloc Québécois estiment que ce fonds en fiducie n'est qu'un subterfuge pour camoufler l'ampleur des sommes véritablement détournées. Le Bloc calcule, à la lumière des témoignages à la commission Gomery, que le PLC doit verser au minimum 5,3 millions de dollars dans le fonds s'il veut éviter de faire à nouveau campagne avec de l'argent sale. Le Parti conservateur renchérit en affirmant que le fonds en question est encore vide. «Il y a un mois, le gouvernement libéral a nié qu'il y avait de l'argent sale. Maintenant, il reconnaît qu'il y en a et il a mis sur pied une fausse fiducie, mais pas un cent ne sera déposé avant les élections. N'est-ce pas la preuve que le premier ministre projette de faire une quatrième élection avec de l'argent sale volé aux contribuables?» demande Stephen Harper aux Communes.

La tempête semble passée pour le gouvernement Martin. À l'approche de l'été 2005, on apprend qu'Ottawa a créé à même les deniers publics un bureau spécial dont le mandat est de suivre à la loupe les rebondissements de la commission Gomery. Les contribuables déboursent ainsi près d'un million de dollars de plus pour payer les pots cassés du scandale. Paul Martin se défend d'avoir mis en place ce nouveau bureau pour des raisons partisanes. On découvre cependant que ce bureau, avec l'aide du greffier du Conseil privé, Alex Himelfarb, donne un coup de main aux libéraux dans la préparation de leurs réponses à la période des questions aux Communes: «Après l'argent sale, c'est l'argent public qui est au service du Parti libéral, dénonce le député bloquiste Michel Guimond. Je ne suis pas surpris de l'existence de ce comité, [on reconnaît là] la bonne vieille recette libérale.»

La session parlementaire prend fin le 29 juin. Paul Martin vient de vivre des semaines tumultueuses. La survie de son gouvernement vient d'être menacée à deux reprises. Il sait aussi que le scandale des commandites continue de faire mal à son parti au Québec. Non seulement espère-t-il remonter la pente, mais il se dit encore persuadé que la menace d'un référendum sur la souveraineté n'est pas imminente.

Qui est responsable ?

Lorsque le commissaire John Gomery dépose son rapport – intitulé *Qui est responsable ?* – le 1ᵉʳ novembre 2005, soit un an et huit mois après la création de la commission d'enquête, le public n'est pas étonné de se faire confirmer qu'il existait bel et bien, au cœur même du PLC, un système de pots-de-vin rattaché au programme de commandites et de publicité du gouvernement fédéral. Il n'est pas étonné non plus d'apprendre que les grands responsables politiques du scandale sont l'ancien premier ministre Jean Chrétien, son chef de cabinet, Jean Pelletier, et l'ancien ministre Alfonso Gagliano. Le juge Gomery estime toutefois que rien ne prouve que MM. Chrétien et Pelletier aient participé directement au système.

N'empêche qu'entre les révélations fracassantes de la vérificatrice générale en février 2004 et ce que les citoyens savent aujourd'hui, il y a un monde. Personne n'aurait pu imaginer à l'origine l'ampleur du scandale. Gravement, animé de sa propre indignation, John Gomery traduit avec justesse, dans la préface de son rapport, le désarroi général :

> Ce rapport n'est autre que la chronique déprimante des multiples carences constatées dans la planification déficiente d'un programme gouvernemental, conjuguées à l'incapacité de l'appareil gouvernemental à contrôler le gaspillage – une histoire de cupidité, de vénalité et d'inconduite au sein du gouvernement et d'agences de publicité et de communication, qui a entraîné la perte et le gaspillage de sommes considérables aux dépens des contribuables canadiens dont la colère et l'outrage sont légitimes.

Paul Martin blanchi

Le premier ministre Paul Martin sort blanchi de l'enquête qu'il a lui-même ordonnée alors que le PLC est sévèrement blâmé. « L'institution qu'est le PLCQ est forcément responsable des fautes de ses dirigeants et représentants », écrit le magistrat de 72 ans qui vient de démontrer longuement que le système de pots-de-vin révélé par son enquête a été mis en place par Jacques Corriveau. Ce système « consistait à puiser dans les bénéfices que le programme de commandites rapportait à des personnes comme Jean Brault, et probablement à d'autres. Les personnes qui ont accepté des contributions en liquide et d'autres avantages malhonnêtes se sont déshonorées et ont déshonoré le parti politique. On doit blâmer Michel Béliveau, Marc-Yvan Côté, Benoît Corbeil et Joseph Morselli pour leur inconduite. Ils ont agi au mépris des lois régissant les dons aux partis politiques. »

Quant à l'innocence de Paul Martin dans cette affaire, elle fait couler beaucoup d'encre. Peu de gens, en particulier au Québec, et peu de commentateurs semblent croire la version du juge Gomery à ce sujet. Est-il possible que pendant dix ans le ministre des Finances du gouvernement Chrétien n'ait rien su de l'effort de sa propre administration pour accroître la visibilité du gouvernement fédéral au Québec ? Est-il possible que le grand argentier à Ottawa n'ait pas su que, chaque année, des millions de dollars de son budget servaient à alimenter une telle stratégie d'unité nationale ? John Gomery estime que le rôle du ministre des Finances « ne comprenait pas la supervision des dépenses du CPM [cabinet du premier ministre] ou de TPSGC ». Fort bien, mais cela suffit-il pour conclure que Paul Martin ne savait rien des commandites, qu'il n'endossait pas tacitement la Réserve pour l'unité ? Et s'il a su et qu'il a fermé les yeux pour ne pas nuire à sa carrière politique, est-il fautif par négligence, par couardise ? John Gomery estime que Paul Martin n'a pas été négligent ni imprudent.

Lysiane Gagnon écrit, quelques jours après la sortie du rapport :

> Beaucoup de gens ne croient pas que l'homme qui a été le plus important ministre du Québec n'avait pas la moindre idée de ce qui se passait. (…) À l'époque, M. Martin était occupé à prendre le contrôle des libéraux or, de toute évidence, il connaissait le parti de A à Z. Il était de tous les événements et cocktails pour amasser des fonds ; il fréquentait les tournois de golf où il côtoyait plusieurs des protagonistes du scan-

dale, qu'il s'agisse de responsables du parti, de publicitaires libéraux, de collecteurs de fonds et de donateurs. Et il n'a jamais entendu de rumeurs à propos de pots-de-vin ? M. Martin n'était pas personnellement responsable pour le fonds spécial destiné aux commandites mais il était, en tant que ministre des Finances, le gardien des deniers publics. Pourquoi n'a-t-il pas soulevé d'objections ? Pourquoi n'a-t-il pas, au moins, posé des questions[1] ?

De nombreux commentaires de ce genre ont paru dans les journaux. Les sondages menés dans la semaine qui a suivi la publication du rapport ont démontré qu'une majorité de Canadiens ne croyaient pas en l'innocence de Paul Martin[2]. Cette remise en cause d'une conclusion du juge Gomery laisse ainsi en suspens la question on ne peut plus névralgique de la responsabilité de Paul Martin dans le scandale des commandites. Le juge a préféré, faute de preuves inattaquables, éluder ce problème. Le doute subsiste dans bien des esprits et il faudra attendre encore longtemps pour savoir le fin mot de l'histoire.

Mais on ne peut gommer le fait que Paul Martin a été très actif au PLC au plus fort de sa déchéance. « Le rapport Gomery, que le premier ministre brandit déjà comme la preuve de son innocence, est également une dure remise en cause de la moralité de son parti et du gouvernement auquel il a appartenu[3]. »

Le premier ministre a bien sûr été soulagé de lire le juge Gomery. En conférence de presse, le jour même de la publication du rapport, il déclare accepter « toutes les conclusions » du commissaire. Il accepte donc aussi, même s'il se refuse à l'énoncer clairement, de faire porter le blâme à son prédécesseur Jean Chrétien.

John Gomery constate que Charles Guité avait tout le loisir de « court-circuiter les voies hiérarchiques » et de prendre ses ordres directement du ministre Dingwall et, plus tard, du ministre Gagliano, quand ce n'était pas directement du cabinet du premier ministre, en particulier de Jean Pelletier. Guité appartient à « une catégorie spéciale », note le commissaire, qui le dispense de répondre à ses supérieurs immédiats, qui le dispense aussi « des règles ordinaires de reddition de comptes et de respect des pratiques et procédures normales ».

Chuck Guité travaille en étroite collaboration avec le cabinet du premier ministre pour choisir des événements à commanditer et le montant des commandites. « M. Guité déclare qu'il rencontrait périodiquement M. Pelletier, écrit John Gomery, parfois en présence de M. Carle, et qu'ils examinaient les listes de commandites proposées, lesquelles étaient approuvées une fois que M. Pelletier avait présenté des suggestions de modification. M. Guité considérait que ces suggestions étaient des instructions. » Le juge Gomery ne prête aucune foi à la défense de Jean Pelletier qui affirme n'avoir jamais procédé au choix des agences. « Le choix des agences était une décision tout simplement trop importante pour être laissée entièrement à un fonctionnaire de rang intermédiaire », tranche le commissaire.

> [M. Guité] affirme catégoriquement que ce n'était pas lui qui prenait les décisions sur les propositions de M. Corriveau. Il a déposé devant la Commission une liste manuscrite d'événements de commandite et de montants de la main de M. Pelletier comme preuve de son affirmation que ce dernier lui suggérait des événements et des montants et ne se contentait pas d'approuver passivement des listes déjà préparées par M. Guité. L'explication de M. Pelletier est qu'il avait rédigé cette liste comme une sorte d'aide-mémoire durant une rencontre avec M. Guité parce que celui-ci n'avait pas pris de notes.

John Gomery ne croit pas à cette version des faits : « L'idée que M. Pelletier aurait pris des notes pour aider M. Guité à se souvenir de ce dont il avait été question lors d'une réunion est improbable et ne concorde pas avec le reste du témoignage de M. Pelletier. »

> La Commission estime qu'en dépit de ses réserves au sujet de la sincérité de M. Guité sur d'autres sujets, son témoignage à propos du rôle de M. Pelletier dans le choix des événements et les sommes à verser à leurs promoteurs est crédible, que les suggestions de M. Pelletier aient été formulées sous forme d'instructions ou de manière moins directe. Quand une personne dans la situation de M. Pelletier donne un avis ou fait une suggestion, c'est équivalent à un ordre, et il est probable que M. Guité dit la vérité quand il affirme avoir interprété ces suggestions et avis comme des instructions.

Il en va de même pour le rôle joué par Alfonso Gagliano pendant qu'il est à TPSGC. Le commissaire n'accorde aucune crédibilité au témoignage de l'ancien ministre : « La preuve démontre de façon écrasante que M. Gagliano était un gestionnaire interventionniste qui s'intéressait de très près au programme de commandites et jouait un rôle actif dans sa direction. »

La fameuse « direction politique » dont parle Paul Martin en février 2004 est confirmée. Elle est un des facteurs, selon John Gomery, qui a contribué au scandale. La décision de diriger le programme de commandites à partir du cabinet du premier ministre est « sans précédent » ; elle court-circuite « tous les systèmes et mécanismes de contrôle ministériel que le sous-ministre de TPSGC aurait normalement dû appliquer ». Le sous-ministre Ran Quail a pour ainsi dire été mis sur la touche par Jean Pelletier, mais M. Quail, ajoute le commissaire, a aussi abdiqué ses responsabilités en n'exerçant pas une surveillance de tous les instants et en n'appliquant pas de sauvegardes administratives pour éviter le détournement des deniers publics. Il est sévèrement blâmé dans le rapport.

Enfin, John Gomery s'élève contre « l'absence délibérée de transparence dans la façon dont le programme a été lancé, financé et administré ». Il reproche aux sociétés d'État et à la GRC de s'être associées au programme, puisque le transfert de fonds de TPSGC à ces entités « est contraire à l'intention de la politique du Conseil du Trésor sur les paiements de transfert ». Ces organismes n'auraient pas dû, non plus, accepter d'argent pour promouvoir la présence fédérale puisqu'ils sont déjà tenus de le faire « en vertu du Programme de coordination de l'image de marque ». Le commissaire s'insurge enfin contre le versement par TPSGC d'honoraires à des agences de communication pour « qu'elles transfèrent des fonds d'un ministère ou d'un organisme fédéral à un autre sans avoir à faire quoi que ce soit d'autre que de servir de boîte aux lettres ».

Jean Chrétien blâmé

Si l'ancien premier ministre, Jean Chrétien, est tenu politiquement responsable du scandale par le commissaire, c'est qu'il a choisi de son plein gré, malgré les recommandations contraires du greffier du Conseil privé, de conserver la responsabilité des activités de commandite. M. Chrétien avait aussi sous ses ordres son chef de cabinet, Jean Pelletier. Et comme ce dernier « n'a pas pris les précautions les plus élémentaires contre les risques de mauvaise gestion, une partie du blâme pour la mauvaise gestion qui a suivi » revient à M. Chrétien.

Jean Chrétien réagit avec virulence au rapport Gomery. Le jour même de sa parution, dans une conférence de presse explosive à l'Amphithéâtre national de la presse à Ottawa, il annonce qu'il va demander à la Cour fédérale une révision judiciaire des conclusions de l'enquête. M. Chrétien reprend ses accusations de partialité à l'encontre du commissaire.

Le rapport Gomery établit par ailleurs que les agences de communication choyées par Ottawa ont contribué hors de tout doute et de diverses manières à la caisse du PLCQ. « Les contributions politiques étaient l'une des principales raisons pour lesquelles elles obtenaient des contrats de commandite », écrit le juge.

John Gomery se penche longuement sur le rôle joué par chacune des principales agences impliquées dans le scandale et il en fournit des évaluations détaillées. De Jean Brault, l'ancien président de Groupaction, il affirme que son témoignage a été « le plus complet et le plus candide » de tous ceux fournis par les représentants des cinq agences les plus favorisées par les libéraux. « La Commission estime que tout ce qu'a déclaré M. Brault est digne de foi », écrit le commissaire. C'est en effet grâce à Brault que la vérité est mise au jour en ce qui a trait aux contributions irrégulières versées au PLCQ. John Gomery découvre ainsi que les commandites obtenues par Luc Lemay sous le nom d'Expour et de Polygone le sont grâce à Jacques Corriveau. « Je suis arrivé à la conclusion, écrit-il, que M. Corriveau avait exploité sa réputation, son amitié avec le premier ministre et l'influence qu'il pouvait exercer au sein du PLCQ pour favoriser les intérêts des sociétés de M. Lemay tout autant que les siens et ceux du PLCQ. »

Ainsi, John Gomery accepte le scénario brossé par Jean Brault relatif à la façon dont il a été amené à profiter de la caisse des commandites ; notamment l'intercession d'Alain Renaud en sa faveur auprès de Chuck Guité et du PLCQ, les rencontres avec Guité et Carle dont celle au Molson Indy à Vancouver. Jean Brault confirme avoir embauché, à la demande de Jacques Corriveau, Serge Gosselin à 7000 $ par mois pendant un an sans que ce dernier ne se soit jamais présenté à ses bureaux. M. Brault confirme que Groupaction fait à plusieurs reprises des contributions non déclarées au PLCQ, en espèces ou au moyen de fausses factures. Il confirme aussi les pressions exercées sur lui pour qu'il garde à son emploi Alain Renaud, les soupers chez Frank avec Joe Morselli à qui il glisse une enveloppe avec 5000 $ en argent liquide pour payer Beryl Wajsman de sorte que ce dernier puisse continuer à amasser tranquillement des fonds pour le PLCQ. « Les contributions non déclarées de Groupaction, conclut John Gomery, doivent être dénoncées. M. Brault a tenté d'acheter une influence politique pour permettre à Groupaction d'obtenir davantage de juteux contrats de commandite. Ses motifs étaient répréhensibles. Le comportement des représentants du PLCQ était tout aussi déplacé et répréhensible. »

Jacques Corriveau est davantage écorché par John Gomery. Dès 1994 ou 1995, on fait comprendre à Guité que cet « ami très, très intime du premier ministre » doit recevoir toute son attention. Le commissaire est persuadé que Jacques Corriveau est au cœur du dispositif mis sur pied pour renflouer le PLCQ : « M. Corriveau était l'acteur central d'un dispositif bien huilé de pots-de-vin qui lui avait permis de s'enrichir personnellement et de donner de l'argent et des avantages au PLCQ. » Le juge reproche d'autre part au président de Pluri Design d'avoir délibérément induit la commission en erreur : « M. Corriveau dit que son souvenir de certains événements a été affecté par l'anesthésie qu'il a subie pour une opération chirurgicale en novembre 2004. La Commission reste sceptique au sujet de cette explication. »

Le rapport Gomery établit que, de 1998 jusqu'à la fin du programme de commandites, Jacques Corriveau obtient de nombreuses commandites pour Expour et Polygone. Il reçoit en retour de M. Lemay entre 1997 et 2004 quelque 6 millions de dollars en commissions pour des services qui, selon le juge, « dans la presque totalité des cas », n'ont pas été rendus : « (…) les factures étaient destinées à camoufler l'entente de commission, probablement pour dissimuler le fait que M. Corriveau n'était pas enregistré comme lobbyiste rémunéré », conclut le commissaire.

Corriveau met au point un autre stratagème, explique John Gomery, celui de faire payer par Jean Brault à Pluri Design « 10 % des commissions gagnées pour gérer les contrats de commandite accordés aux entreprises de M. Lemay ». Ces commissions sont réclamées avec de fausses factures. Selon M. Brault, cet argent sert à financer le PLCQ, un aveu jugé crédible par le commissaire. John Gomery est aussi convaincu que Daniel Dezainde, l'ancien directeur du PLCQ, dit la vérité lorsqu'il témoigne que Jacques Corriveau lui a confié un jour, lors d'un repas chez Magnan, qu'il a mis au point un système de pots-de-vin à partir des agences de communication, lui permettant d'en garder une partie pour lui-même et de mettre le reste à la disposition du PLCQ. Le commissaire estime que le témoignage de Dezainde est d'autant plus crédible qu'il est confirmé par Françoise Patry, la présidente du PLCQ.

Jacques Corriveau, tranche le juge, utilise les sommes reçues de Groupaction en plaçant des employés du PLCQ sur sa liste de paye ou encore en acheminant des paiements en espèces à des cadres du parti. John Gomery est convaincu que Jacques Corriveau a versé de l'argent comptant à Michel Béliveau, quand ce dernier était directeur du PLCQ, afin d'aider au financement de certaines activités du parti. Les enveloppes d'argent liquide reçues par Benoît Corbeil et Marc-Yvan Côté ont bel et bien existé.

Vient ensuite Jean Lafleur, sans doute le témoin le plus détestable pour John Gomery : « Il est évident que la Commission avait devant elle quelqu'un qui préférait passer pour un imbécile plutôt que de dire la vérité. »

Le commissaire épingle les multiples irrégularités qui entachent les transactions de LCM, qu'il s'agisse « des frais de production et des honoraires facturés pour le simple fait d'avoir ouvert un dossier, des maquettes facturées au taux fixe de 2750 $ pièce, des taux horaires injustifiables en regard des services fournis, et un gonflement des heures consacrées à certains projets ». Il dénonce la coopération entre Jean Lafleur et Chuck Guité « pour justifier l'utilisation de sous-traitants afin de contourner la politique du gouvernement sur les marchés ». Quand Jean Lafleur sous-traite à Publicité Dézert, l'entreprise de son fils Éric, il permet à cette dernière « de facturer une marge bénéficiaire à LCM sur le prix payé pour obtenir les biens et services achetés à d'autres fournisseurs, et [il permet] à LCM de facturer une commission de 17,65 % sur le montant de la facture de Publicité Dézert ». Cela gonfle inutilement la facture.

Mais la plus intéressante des constatations de John Gomery au sujet de Jean Lafleur concerne ses liens avec Jean Pelletier. Selon le juge, il est clair que, lors de leurs témoignages, les deux hommes ont voulu camoufler ces liens. Les deux hommes prennent régulièrement des repas ensemble pendant des années et ils prétendent tous deux ne jamais avoir discuté de commandites à ces occasions. Le commissaire rejette ces affirmations. Il est « hautement improbable », écrit-il, que Jean Pelletier « ait eu le temps, à l'été ou à l'automne de 1997, de prendre des repas avec un inconnu pour le simple plaisir de sa conversation. Il est encore plus improbable qu'ils n'aient pas discuté du programme de commandites qui était soudainement devenu la source de contrats la plus importante, et de loin, de l'agence Lafleur ». Que Jean Lafleur se plaigne à Jean Pelletier de la baisse du volume de ses contrats et lui fasse parvenir en juin 1998 des listes de contrats qu'il a obtenus et de contrats qu'il souhaite décrocher, ce simple fait ajoute à la preuve, selon le juge, du rôle central joué par M. Pelletier dans le choix des événements à commanditer. Ce n'est pas à Chuck Guité ou à Alfonso Gagliano que Jean Lafleur soumet ses propositions. C'est au chef de cabinet du premier ministre du Canada.

Le cas de Gilles-André Gosselin et de Gosselin Communications est un peu particulier. Certes, Gosselin Communications facture à maintes reprises des heures fictives sans que les fonctionnaires de TPSGC n'y trouvent à redire. Mais Gilles-André Gosselin n'est pas un bon client politique, et il en paye le prix. Entre le 28 avril 1997 et le 1er octobre 1998, grâce aux forts liens d'amitié qu'il entretient avec Chuck Guité, les contrats de commandite et de publicité obtenus par son agence s'élèvent à plus de 21 millions de dollars. Le jour où Guité prend sa retraite, la principale source de revenu de Gilles-André Gosselin se tarit. Pourquoi ? Jean-Marc Bard, le chef de cabinet de Gagliano, lui a fait comprendre que ses concurrents ont manœuvré contre lui. Gilles-André Gosselin n'est pas assez reconnaissant envers le PLC.

C'est aussi grâce à son amitié avec Chuck Guité que Paul Coffin fait des affaires avec lui. L'agence Coffin Communication obtient de gérer des contrats de commandite et de publicité à TPSGC sans avoir les compétences requises pour ce travail. Guité le sait, mais ferme les yeux. Paul Coffin devient vite le champion des honoraires et des frais de production, qui atteignent de 1998 à 2000 des sommes égales à celles versées aux organisateurs d'événements commandités. « Coffin admettra la falsification de ses livres de comptes et de ses factures », rappelle John Gomery. On connaît la suite : l'inculpation et le plaidoyer de culpabilité de Paul Coffin en Cour supérieure du Québec.

Claude Boulay, le fondateur du Groupe Everest, n'est pas coupable des mêmes méfaits que ceux perpétrés par ses concurrents. Il n'a pas surfacturé ses services au gouvernement. Il a cependant géré ses activités « d'une manière qui est, dans le meilleur des cas, douteuse et, dans le pire, contraire à l'éthique ». Ce que John Gomery lui reproche, c'est d'avoir réclamé des commissions doubles.

M. Boulay demande en effet une « commission de sollicitation » du promoteur de l'événement commandité quand il a déjà reçu de TPSGC la commission usuelle de 12 % pour gérer le contrat de commandite. « Je crois qu'une agence de communication, commente le commissaire, est censée être loyale envers son client qui, dans ce cas, était TPSGC. » Au sujet des liens, dont l'enquête fait longuement état, entre la famille Boulay et Paul Martin, John Gomery conclut que M. Martin n'est « jamais intervenu dans l'octroi de contrats à l'agence de M. Boulay ».

Reste Chuck Guité, un « homme sans scrupule » constate le juge. Et même si certaines parties de son témoignage sont dignes de foi, notamment en ce qui a trait à Jean Pelletier et à Alfonso Gagliano, John Gomery affirme que l'homme n'est pas fiable. « C'est un témoin qui n'a tout simplement aucune crédibilité » surtout lorsqu'il s'agit de comprendre les activités qu'il mène après sa retraite de la fonction publique. Ces contrats qui lui rapportent plus d'un million de dollars en trois ans ne sont que des retours d'ascenseur. Le juge croit qu'il y a des ententes secrètes entre Guité et les agences à qui il donne des contrats :

> Il n'existe aucune preuve directe que des ententes ont été conclues avec ces agences alors que M. Guité était encore dans la fonction publique, mais la réticence des témoins à révéler la teneur de leurs conversations avec M. Guité au moment où les premiers contrats étaient accordés, conjuguée à la preuve des paiements faits à la société Oro après son départ à la retraite, me permet de déduire raisonnablement qu'il y a eu de telles ententes et que M. Guité s'en est servi pour convaincre des gens comme MM. Brault, Hayter, Lafleur, Coffin et Boulay de l'enrichir, sous le prétexte de services de consultation, une fois qu'il aurait pris sa retraite.

La démocratie bafouée

Le scandale des commandites apparaît comme une plaie vive au cœur de la démocratie canadienne.

Des hommes politiques ont voulu imposer une idée indéfendable en démocratie, vendre un pays au lieu de tenter de le faire aimer. Comme si le citoyen n'était plus qu'un consommateur et que le marketing se substituait à la politique. Et ces hommes politiques croyaient de plus que pour vendre l'idée de ce pays, tous les moyens étaient bons.

Il leur fallait aussi identifier un parti politique à cette cause et faire en sorte que l'on ne puisse dissocier le PLC de l'idée d'unité canadienne, pour perpétuer leur pouvoir et, par la même occasion, entretenir le mode de vie princier de ceux qui acceptaient de faire la propagande de ce même parti au Québec.

Aujourd'hui, nous contemplons le tableau désolant des responsables politiques du scandale et de ceux qui ont tiré profit de la panique générale pour s'enrichir à la faveur du laxisme administratif. C'est comme s'il y avait deux scandales parallèles se nourrissant l'un l'autre. Il y a ceux qui voulaient sauver le pays à tout prix et ceux qui se sont sauvés avec la caisse. Le « patriotisme » de certaines agences de communication et de certaines personnes influentes au PLC se monnayait à gros prix et souvent cash. Mais, parmi cette cohorte de copains et de coquins, certains ont décidé de parler et de faire éclater la vérité.

Les révélations entourant le scandale des commandites sèment aujourd'hui la consternation. Elles salissent non seulement le Parti libéral du Canada – dont la grande majorité des militants ont travaillé par conviction sincère – mais elles salissent aussi l'image du Canada. Les Canadiens ont tenu jusqu'à tout récemment l'intégrité de leurs institutions pour acquise. Si le scandale des commandites a un tel impact, c'est parce qu'il met en lumière les failles du système. L'abus du bien public est dans l'histoire des peuples l'une des causes les plus courantes de perversion de la démocratie.

Lorsque la commission se penche pendant des mois sur les causes du scandale, lorsque le commissaire réfléchit aux recommandations qu'il doit faire pour qu'un tel scénario ne se reproduise plus, c'est à la survie de l'État de droit qu'ils s'attachent, à celle des fondements mêmes de la démocratie. Le juge Gomery affirme que rien ne peut justifier l'abus du bien public, même pas la raison d'État. « Dans notre régime de gouvernement, écrit-il, il vaut mieux laisser à la fonction publique le soin d'administrer les programmes, ce qui comprend le choix de leurs bénéficiaires. C'est seulement ainsi que le gouvernement peut éviter l'apparence ou la réalité de l'octroi arbitraire d'argent public aux amis et militants actuels ou potentiels du parti au pouvoir, à des fins purement politiciennes. »

Jean Chrétien avance un curieux raisonnement le 30 mai 2002 à Winnipeg pour justifier l'existence du programme de commandites: même si des millions de dollars ont pu être volés dans le processus, cela a peu d'importance puisque les commandites ont permis d'en sauver davantage en gardant le Canada uni. Ce faisant, Jean Chrétien affirme que la fin justifie les moyens, principe qui est l'une des pires menaces pour la démocratie ainsi que l'a clairement énoncé le commissaire Gomery. Jean Chrétien dira même plus tard qu'il ne valait pas la peine de mettre sur pied la commission d'enquête puisque celle-ci allait coûter plus cher que les sommes dérobées au Trésor public. « Lorsqu'il y a des commissions d'enquête publiques, les coûts qui y sont associés sont toujours plus élevés que ce que le public croit au début », commente à ce sujet Lawrence Le-Duc, professeur de sciences politiques à l'Université de Toronto et spécialiste des pratiques démocratiques. « Mais je ne crois pas, dit-il, que l'on puisse appliquer la norme du montant d'argent volé pour décider d'une commission d'enquête. Je crois que le premier critère à appliquer pour mettre sur pied une commission d'enquête est celui de l'importance de la question qui doit faire l'objet de l'enquête[4]. »

« Rien ne saurait justifier que la confiance du public dans l'intégrité de nos institutions démocratiques soit ébranlée », écrit John Gomery dans la préface de son rapport. Pourtant, c'est bien là ce qui s'est produit avec le scandale des commandites. Et cela n'a fait qu'alimenter le cynisme déjà passablement élevé à l'égard de la classe politique. « Quand on est cynique, rappelle le politologue Jean-Herman Guay, on est désabusé ; quand on est désabusé on va moins voter. Et quand on va moins voter, la pire des choses arrive : on laisse la vie politique se dérouler sans l'œil attentif du citoyen. Ça c'est dangereux ! C'est extrêmement dangereux à long terme[5] ! »

Dans son rapport, le juge John Gomery exprime cependant sa confiance dans la capacité de survie, la résilience de notre système démocratique. Malgré la perversion de la démocratie que révèle le scandale des commandites, il conclut que les mécanismes autorégulateurs de nos institutions ont fonctionné comme prévu.

> Je me dois de mentionner que le gouvernement, en s'infligeant une enquête aussi exhaustive que celle-ci, menée par un commissaire indépendant, armé du pouvoir de contraindre la fonction publique à produire des documents incriminants et de citer à comparaître des témoins de toutes les couches de la société, et doté en outre du vaste mandat d'enquêter et de faire rapport sur des questions risquant de mettre ce même gouvernement dans l'embarras, prouve que nos institutions démocratiques fonctionnent bien et objectivement.

Elles fonctionnent bien et objectivement, mais auraient-elles fonctionné de la sorte si Paul Martin avait été à la tête d'un gouvernement majoritaire à la suite des élections de juin 2004 ? Constatons simplement que les garde-fous de notre démocratie sont parfois bien fragiles.

En tirant au clair l'affaire des commandites, la commission Gomery a quant à elle eu un effet bénéfique sur la démocratie. C'est la concentration des pouvoirs au cabinet du premier ministre qui se trouve remise en cause. « Nous pourrons dire, affirme Jean-Herman Guay, que nous aurons tiré profit de ce qui s'est passé pour mieux éclairer et pour mieux comprendre, selon la fameuse expression de Montesquieu, la séparation des pouvoirs. Nous comprendrons qu'il faudra encore accentuer la démarcation entre l'exécutif, le législatif et le judiciaire, sans pour autant enlever la responsabilité ultime au pouvoir exécutif, bien sûr[6]. »

Enfin, il y a une autre conséquence du scandale des commandites sur laquelle John Gomery n'épilogue pas, sans doute parce qu'elle relève de la sphère du politique. Jean Chrétien a affirmé à maintes reprises que l'intention première du programme de commandites était de « sauver le Canada ». Au printemps 2002, il déclarait à la Chambre des communes : « La réalité est que ce programme de commandites a été très bénéfique pour le Canada. En 1995, le Canada était à la dérive. Nous sommes allés au Québec et avons expliqué aux Québécois ce qu'est le Canada. Les résultats aujourd'hui démontrent que le gouvernement a bien agi puisque le danger de la séparation est beaucoup moindre qu'il ne l'était en 1995. »

Aujourd'hui, le constat est tout autre. Les responsables politiques du scandale n'ont rien sauvé du tout. Ils n'ont réussi qu'à faire reculer la cause fédéraliste au Québec. Dix ans après le référendum de 1995, le mouvement souverainiste n'a rien perdu de sa vigueur. Il a plutôt gagné en force. Un nouveau référendum sur la souveraineté du Québec point à l'horizon. Ainsi, en voulant « sauver le Canada », Jean Chrétien aura peut-être favorisé l'avènement de la souveraineté du Québec.

Reg ALCOCK, président du Conseil du Trésor.

Joane ARCHAMBAULT, épouse de Jean Brault.

Jean-Marc BARD, chef de cabinet d'Alfonso Gagliano (a remplacé Pierre Tremblay en janvier 1999).

François BEAUDOIN, président de la BDC.

Michel BÉLIVEAU, directeur général du PLCQ de 1996 à 1998.

Ron BILODEAU, greffier adjoint du Conseil privé, secrétaire associé du Cabinet.

Guy BISSON, président de la Commission des aînés du PLC.

Richard BOUDREAULT, employé et actionnaire de Groupaction.

Don BOUDRIA, leader en Chambre du gouvernement et ministre des Travaux publics du 15 janvier 2002 au 26 mai 2002.

Claude BOULAY, président de Groupe Everest.

Jocelyne BOURGON, greffière du Conseil privé de 1994 à 1999.

Jean BRAULT, président de Groupaction Marketing.

Scott BRISON, ministre des Travaux publics en juillet 2004.

Martin CAUCHON, ministre de la Justice de janvier 2002 à décembre 2003.

Jean CARLE, directeur des opérations au cabinet du premier ministre Jean Chrétien d'octobre 1993 à février 1998, premier vice-président de la BDC de février 1998 à août 2001.

Jean CHRÉTIEN, premier ministre du Canada de 1993 à 2003.

Joe CLARK, chef du Parti progressiste conservateur de 1998 à 2002.

Janet COCHRANE, sous-ministre de TPSGC d'avril 2001 à juin 2003.

Denis CODERRE, directeur exécutif adjoint et directeur des opérations du PLCQ de 1993 à 1996, secrétaire d'État au Sport amateur en août 1999, ministre de la Citoyenneté et de l'Immigration en janvier 2002, et président du Conseil privé de la Reine en décembre 2003.

Roger COLLET, sous-ministre adjoint à Patrimoine Canada de 1992 à 1996 et directeur exécutif du Bureau d'information du Canada de 1996 à 1998.

Marie COSSETTE, procureure adjointe à la commission Gomery.

Benoît CORBEIL, directeur général du PLCQ de 1998 à 2001.

Marc-Yvan CÔTÉ, ancien ministre libéral provincial et organisateur du PLCQ.

Guy COURNOYER, procureur adjoint à la commission Gomery.

Allan CUTLER, directeur des marchés au SPROP.

Michelle D'AURAY, employée du secrétariat des Affaires intergouvernementales de septembre 1994 à septembre 1996 et, à partir de septembre 2000, dirigeante principale de l'information au BIC.

Pierre DAVIDSON, employé occasionnel de LCM et patron de la firme Xylo Concept Graphique inc.

Roger DESJEANS, comptable de Groupaction.

Diane DESLAURIERS, épouse de Claude Boulay.

Daniel DEZAINDE, directeur général du PLCQ de mai 2001 à 2003.

David DINGWALL, ministre de TPSGC de novembre 1993 à janvier 1996.

Percy DOWNE, chef de cabinet du premier ministre Jean Chrétien (successeur de Jean Pelletier) de 2001 à 2003.

Gilles DUCEPPE, chef du Bloc Québécois.

Odilon ÉMOND, surintendant adjoint de la division du Québec de la GRC.

Neil FINKELSTEIN, procureur adjoint à la commission Gomery.

Sheila FRASER, vérificatrice générale du Canada.

Alfonso GAGLIANO, ministre de TPSGC de juin 1997 à janvier 2002.

Michel GAUTHIER, député de Roberval et leader en Chambre du Bloc Québécois.

John H. GOMERY, juge de la Cour supérieure du Québec chargé de présider dès février 2004 la Commission d'enquête sur le programme de commandites et les activités de publicité.

Ralph GOODALE, ministre des Travaux publics du 26 mai 2002 à septembre 2003.

Andrée GOSSELIN, épouse de Gilles-André Gosselin.

Gilles-André GOSSELIN, associé dans Gosselin Communications Stratégiques inc., époux d'Andrée Côté.

Yves GOUGOUX, président de BCP.

Jon GRANT, président de la SCHL.

Charles « Chuck » GUITÉ, directeur exécutif de la DGSCC de 1997 à 1999, directeur exécutif du SPROP, patron de Oro Communications.

Stephen HARPER, chef de l'Alliance canadienne de 2002 à 2003, chef du Parti conservateur du Canada depuis 2003.

John HAYTER, président de Vickers & Benson.

Alex HIMELFARB, greffier du Conseil privé depuis mai 2002.

Jim JUDD, secrétaire du Conseil du Trésor d'avril 2002 à novembre 2004.

Marc LEFRANÇOIS, président du conseil de VIA Rail de février 1993 à septembre 2001.

David MARSHALL, sous-ministre des Travaux publics à partir de juin 2003.

Paul MARTIN, ministre des Finances de 1993 à 2002, et premier ministre du Canada depuis décembre 2003.

Marcel MASSÉ, ministre des Affaires intergouvernementales de 1993 à 1996, président du Conseil du Trésor et ministre responsable du Programme d'infrastructures de 1996 à 1999.

Tony MIGNACCA, organisateur politique pour Alfonso Gagliano.

Gaétan MONDOUX, promoteur de salons de chasse et pêche.

Joe MORSELLI, travailleur du PLCQ.

David MYER, directeur général des achats à la DGSCC.

Richard NEVILLE, sous-ministre adjoint de TPSGC, services ministériels.

André OUELLET, PDG de Postes Canada de 1996 à 2004.

Stephen OWEN, ministre de TPSGC de décembre 2003 à juin 2004.

Denyse PAQUETTE, adjointe de Chuck Guité.

Mario PARENT, employé de TPSGC, puis de Gosselin Communications Stratégiques inc.

Jean PELLETIER, chef de cabinet du premier ministre Jean Chrétien de 1993 à 2001, et président de VIA Rail de 2001 à 2004.

François PERREAULT, porte-parole de la commission Gomery.

Ran QUAIL, sous-ministre de TPSGC de juin 1993 à avril 2001.

Alain RENAUD, homme d'affaires.

Bernard ROY, procureur principal de la commission Gomery.

Isabelle ROY, adjointe politique au bureau du ministre Gagliano.

Gaétan SAURIOL, comptable de Pluri Design.

David SCOTT, avocat de Jean Chrétien.

Robert-Guy SCULLY, communicateur/producteur et actionnaire de la maison L'Information Essentielle.

Jim STOBBE, sous-ministre adjoint de TPSGC de 1990 à 2000.

Bernard THIBOUTOT, patron de l'agence de communication Commando.

Huguette TREMBLAY, responsable de la procédure de sélection des agences à TPSGC.

Michèle TREMBLAY, patronne de l'agence Tremblay-Guitet.

Pierre TREMBLAY, chef de cabinet d'Alfonso Gagliano de juin 1997 à septembre 1999 et successeur de Charles Guité à la DGSCC de septembre 1999 à septembre 2001.

Michel VENNAT, président de la BDC.

Beryl WAJSMAN, travailleur du PLCQ.

John WILLIAMS, allianciste, président du Comité des comptes publics.

Howard WILSON, conseiller en éthique du gouvernement.

Giuliano ZACCARDELLI, commissaire de la GRC.

Notes

Notes de l'introduction

1. Bradley Miller, « Gagliano's Granddad », *The National Post*, jeudi 7 avril 2005, p. A19.
2. Lawrence Martin, *Iron Man, The Defiant Reign of Jean Chrétien*, Toronto, Viking Canada, 2003, chapitre VI.
3. *Ibid.*, p. 126-127.

Notes du chapitre premier

1. *Le Devoir*, 11 novembre 1995, p. A12.
2. C'est nous qui soulignons.
3. C'est nous qui soulignons.
4. C'est nous qui soulignons.
5. Alfonso Gagliano, « Tous les ministres étaient d'accord », *La Presse*, 29 octobre 2004, p. A19.
6. C'est M. Gagliano qui souligne.
7. Commission Gomery, pièce 134.
8. Transcriptions de la commission Gomery, volume 48, le jeudi 9 décembre 2004, p. 8430-8431.
9. Commission Gomery, pièce 131 A.

Notes du chapitre II

1. NdA : entre 1998 et 2000.
2. Joël-Denis Bellavance, « Le conseiller en éthique enquête sur l'affaire Boudria », *La Presse*, 22 mai 2002, p. A1.

Notes du chapitre III

1. Joël-Denis Bellavance, « Un contrat sur cinq est irrégulier », *La Presse*, 26 septembre 2002, p. A1.
2. *Ibid.*

Notes du chapitre IV

1. Michel Vastel, « Tous coupables ! », *Le Soleil*, 11 février 2004, p. A1.

2. Voir le chapitre III.

3. Gilles Toupin, «Sheila Fraser, vérificatrice nouveau style», *La Presse*, 11 octobre 2003.

4. «Rapport de la vérificatrice générale du Canada à la Chambre des communes», novembre 2003, Bureau du vérificateur général du Canada, chapitre 4, p. 3, paragr. 4.9.

5. *Ibid.*, chapitre 4, p. 23, paragr. 4.83.

6. *Ibid.*

7. *Ibid.*, chapitre 4, p. 24, paragr. 4.85.

8. Susan Delacourt, «Just one way to do it», *The Toronto Star*, 28 février 2004, p. F 01.

9. Manon Cornellier, «La crise appréhendée», *Le Devoir*, 28 février 2004, p. B1.

10. Gilles Toupin, «Paul Martin en chute libre», *La Presse*, 14 février 2004, p. A1.

11. François Cardinal, «Victime du scandale des commandites, la médaillée olympique Myriam Bédard dit avoir été forcée de démissionner de VIA Rail», *La Presse*, 27 février 2004, p. A1.

12. *Ibid.*

Note du chapitre V

1. Gilles Toupin, «Dommages collatéraux du scandale des commandites, confusion, panique et zizanie chez les libéraux», *La Presse*, 18 février 2004, p. A1.

Note du chapitre VI

1. Nous reviendrons plus longuement sur le témoignage du ministre Gagliano au chapitre XII et sur celui de Charles Guité au chapitre XI.

Notes du chapitre VII

1. William Mardsen, «High rollers chewed fat over cigars», *The Gazette*, 28 février 2005, p. A3.

2. *Ibid.* Traduction libre.

3. *Ibid.*

4. Vincent Marissal, «La "cliquocratie"», *La Presse*, 20 février 2005, Cahier Plus, p. 6.

5. *Ibid.*

Notes du chapitre IX

1. John H. Gomery, «Qui est responsable? Rapport factuel», Commission d'enquête sur le programme de commandites et les activités publicitaires, p. 246.

2. *Ibid.*, p. 246.

3. *Ibid.*, p. 246.

Notes du chapitre X

1. Cette section porte plusieurs noms au fil des années. Au début des années 1990 elle s'appelle Publicité et recherche. En janvier 1995, elle prend le nom de Secteur de la publicité et de la recherche sur l'opinion publique (SPROP)

pour finalement être transformée en novembre 1997 en Direction générale des services de coordination des communications (DGSCC).

2. Nathaëlle Morissette, «Un programme géré secrètement», *La Presse*, 14 octobre 2004, p. A12.

Notes du chapitre XI

1. John H. Gomery, « Qui est responsable ? Rapport factuel », Commission d'enquête sur le programme de commandites et les activités publicitaires, p. 172.
2. *Ibid.*, p. 169.
3. Gilles Toupin, « Le témoin-clé du scandale des commandites règle ses comptes, Chuck Guité met en cause Martin », *La Presse*, 23 avril 2004, p. A1.
4. Kathryn May, « Grits abused, manipulated lucrative ad contracts : Guité », *Ottawa Citizen*, 5 mai 2005, p. A1.

Notes du chapitre XII

1. André Noël, « Gagliano anéanti », *La Presse*, 16 janvier 2002, p. A1.
2. André Noël, « Missive embarrassante pour Gagliano », *La Presse*, 13 février 2002, p. A1.
3. Don Martin, « Something seems rotten in Denmark : Canada's latest ambassador is front and centre in the latest Liberal scandal », *The Daily News* (Halifax), 21 mars 2001, p. 23.
4. Voir chapitre II.
5. « Recall Gagliano », éditorial, *The Winnipeg Free Press*, 9 mai 2002, p. A14 (Traduction libre).
6. Voir chapitre IV.
7. André Duchesne, « Gagliano se dit harcelé », *La Presse*, 12 février 2004, p. A2.
8. Les Whittington, « Gagliano : I thought of calling in police / Ex-minister says bureaucracy dissuaded him / Responsibility in sponsorship scandal denied », *The Toronto Star*, 6 mars 2004, p. A04.
9. *Ibid.*
10. André Noël, « Un proche des Hells et un proxénète ont participé à la campagne d'Alfonso Gagliano », *La Presse*, 27 mars 2004, p. A1.
11. André Noël, « Le président de Lafleur Communications a été vu au local électoral de Gagliano en 2000 », *La Presse*, 29 mars 2004, p. A1.
12. Voir chapitre VI.

Note du chapitre XIII

1. Don Martin, « Canada's Watergate », *The National Post*, 8 avril 2005, page A2.

Note du chapitre XIV

1. *Le Soleil*, 14 avril 2005, p. A1.

Notes du chapitre XV

1. André Noël et Vincent Marissal, « L'argent des commandites a financé le Parti libéral du Canada. Benoît Corbeil contre-attaque », *La Presse*, 21 avril 2005, p. A1.

2. *Ibid.*

3. André Noël et Vincent Marissal, « Parizeau avait raison affirme Benoît Corbeil », *La Presse*, 21 avril 2005, p. A2.

4. *Ibid.*

5. *Ibid.*

6. Elizabeth Thompson, « Candidate given $5,000 for campaign expenses », *The Ottawa Citizen*, 12 mai 2005, p. A4.

Notes du chapitre XVI

1. Denis Lessard et Nicolas Bérubé, « Joe Morselli : "Le vrai boss" », *La Presse*, 12 mai 2005, p. A6.

2. Daniel Leblanc, « Gomery's query about diner rises in importance », *The Globe and Mail,* 9 juin 2005, p. A6.

3. « Guide to the Gomery inquiry : You are here », *The Globe and Mail*, 16 mai 2005, p. A10. Traduction libre.

Notes du chapitre XVII

1. Michel Vastel, « L'argent "vraiment" sale », *Le Soleil*, 26 mai 2005, Forum, p. 21.

2. *Ibid.*

Notes du chapitre XVIII

1. Gilles Toupin et Joël-Denis Bellavance, « Nouvelle requête de récusation contre le commissaire. Chrétien revient à la charge », *La Presse*, 4 mars 2005, p. A1.

2. Gilles Toupin, « L'ex-premier ministre a le feu vert pour réattaquer la crédibilité du juge Gomery. Entente secrète entre Martin et Chrétien », *La Presse*, 13 juin 2005, p. A1.

Table

Rodolphe Morissette, *Les juges, quand éclatent les mythes. Une radiographie de la crise*

André Néron, *Le temps des hypocrites*

Stéphane Paquin, *La revanche des petites nations. Le Québec, l'Écosse et la Catalogne face à la mondialisation*

Jacques Parizeau, *Pour un Québec souverain*

Jacques Pelletier, *Les habits neufs de la droite culturelle. Les néo-conservateurs et la nostalgie de la culture d'un ancien régime*

André Pratte, *Les oiseaux de malheur. Essai sur les médias d'aujourd'hui*

Michel Sarra-Bournet (sous la direction de), *Le pays de tous les Québécois. Diversité culturelle et souveraineté*

Serge Patrice Thibodeau, *La disgrâce de l'humanité. Essai sur la torture*

Daniel Turp, *La nation bâillonnée. Le plan B ou l'offensive d'Ottawa contre le Québec*

Pierre Vallières, *Le devoir de résistance*

Pierre Vallières, *Paroles d'un nègre blanc*

Michel Venne, *Les porteurs de liberté*

Michel Venne, *Souverainistes, que faire ?*

CET OUVRAGE
COMPOSÉ EN GOUDY 11 POINTS SUR 13
A ÉTÉ ACHEVÉ D'IMPRIMER
LE VINGT-NEUF DÉCEMBRE DEUX MILLE CINQ
SUR LES PRESSES DE TRANSCONTINENTAL
POUR LE COMPTE DE
VLB ÉDITEUR.

IMPRIMÉ AU QUÉBEC (CANADA)